国家社科基金后期资助项目

近代日本国民的铸造

——从明治到大正

The Study of Japanese Nation Moulding in
Modern Times：From Meiji to Taishio

田雪梅 著

商务印书馆
The Commercial Press
创于1897

2019 年·北京

图书在版编目(CIP)数据

近代日本国民的铸造：从明治到大正/田雪梅著. — 北京：商务印书馆，2016(2019.10 重印)
（国家社科基金后期资助项目）
ISBN 978 - 7 - 100 - 12672 - 4

Ⅰ.①近…　Ⅱ.①田…　Ⅲ.①政治制度史—研究—日本—近代　Ⅳ.①D731.39

中国版本图书馆 CIP 数据核字(2016)第 256788 号

近代日本国民的铸造
——从明治到大正

田雪梅　著

商　务　印　书　馆　出　版
（北京王府井大街 36 号　邮政编码 100710）
商　务　印　书　馆　发　行
北京艺辉伊航图文有限公司印刷
ISBN　978 - 7 - 100 - 12672 - 4

2016 年 12 月第 1 版　　　开本 787×1092　1/16
2019 年 10 月北京第 2 次印刷　　印张 19
定价：58.00 元

国家社科基金后期资助项目
出版说明

后期资助项目是国家社科基金设立的一类重要项目,旨在鼓励广大社科研究者潜心治学,支持基础研究多出优秀成果。它是经过严格评审,从接近完成的科研成果中遴选立项的。为扩大后期资助项目的影响,更好地推动学术发展,促进成果转化,全国哲学社会科学规划办公室按照"统一设计、统一标识、统一版式、形成系列"的总体要求,组织出版国家社科基金后期资助项目成果。

全国哲学社会科学规划办公室

序

　　明治维新开启的近代日本政治史是日本研究的一块宝藏，其间蕴藏着日本近世与近代系列纷繁复杂的政治现象背后的政治逻辑，也隐含着左右日本与东亚诸国不同历史命运的奥秘。由于历史因素的影响，中国学术界对于近代日本政治史的研究多以军国主义的兴起和发展为线索，侧重于对近代日本的侵华政策以及中日关系等领域的研究，对于日本崛起过程中的"国"的探讨较多，而对"民"的研究则较为薄弱。从这个意义上讲，西南交通大学田雪梅教授的专著《近代日本国民的铸造：从明治到大正》以近代"国民"的形成为焦点，以"日本在近代国家转型潮流中，最早也最有效率地铸就了近代国民，这是其国家建设取得成功的重要原因"这一判断为前提，系统研究了近代日本民众的政治存在状态和存在属性，是国内有关近代日本国民问题的重大研究成果，其问世可喜可贺！

　　这部著作源自作者在复旦大学攻读中外政治制度专业博士学位时所提交的学位论文。制度和人的关系一直是政治学研究的重要主题，作者对此极具兴趣。入校后，作者基于自身的研究基础，查阅大量资料，广泛听取各方意见，结合政治学关于现代国家的相关理论，选定了近代日本国民国家（nation-state）这一研究领域，以"国民"概念的界定为切入口，系统研究和分析了在近代日本国家转型过程中民众从幕末的臣民转变为近代国家所需要的国民的过程，并致力于得出具有普遍意义的结论。该选题具有前沿性和创新性。成功完成这一研究不仅极大地提升了国内日本学界有关这一领域的研究水平，而且对于更加深入、细致地研究政治学中有关国家建设等诸多理论问题具有重要意义。

　　在研究和写作过程中，作者获得日本国际交流基金"海外日本研究"的资助去日本庆应义塾大学访学一年。在日期间，作者广泛阅览文献资料，充分借鉴日本学界关于本课题的探讨和研究成果，吸取日本学者的意见。尤其是作者前往东京大学图书馆、早稻田大学图书馆、日本国会图书馆等地，查阅《日新真事志》、《山梨日日新闻》、《自由灯》、《自由新闻》等明治时代的报纸杂志，掌握第一手资料，使得对问题的理解和分析具有更加厚实的基础。

该书主要由近代国民的相关理论（理论篇）、铸造近代日本国民的构想（思想篇）、国家强制与民权运动这一涉及近代日本国民铸造的两大动力机制（动力篇）、从征兵制至甲午战争期间媒体视野下日本民众政治意识的变迁（历程篇），以及明治到大正时期近代日本国民铸造的基本特点、经验和教训（总结篇）等相互衔接几大篇章构成，其研究创新主要体现在以下几个方面：

首先，从比较的视野对"国民"概念进行了界定，明确提出"去地域化"与"去奴仆化"是形成近代国民的两大条件。其次，首次系统地整理了近代日本有代表性的知识分子、政治家、官僚和社会文化人关于铸造国民的构想，并分析了各自特点以及影响，这些工作是以往学术界没有做过的。再次，作者从自上而下与自下而上相结合的角度对近代日本国民的铸造进行了深入分析，系统总结了该铸造过程的特点、基础和经验教训。不仅如此，作者还以当时日本地方媒体的报道为切入点，微观地观察了从《征兵令》发布到甲午战争时期几个相关事件，分析日本民众国家意识的变迁，并指出了甲午战争在近代国民铸造上的标志性意义，这一分析方法在中国的日本学研究领域也具有创新性。

理念意义上的国民国家以国家为最高的和超阶级的政治存在，强调国民在国家中的主体地位，并以此要求每一个普通人对国家尽忠。但是现实中的国家是具有阶级性的，所谓日本近代国民国家也绝非是一个超阶级的存在。明治维新以后的日本统治阶级开展的"国民铸造"运动，其实质是要将原本隶属于不同领主、拥有不同身份的千千万万个普通百姓，统一打造成能够在新的历史条件下为日本新的统治阶级及其主导下的对外侵略扩张尽忠的"国家臣民"。在研究中，作者充分注意到了近代日本"国民"铸造过程的这一本质，深刻揭示了甲午战争对于日本国家走向和国民形成的重大负面影响，以及随后日本在走向军国主义的过程中，"国民"向"臣民"、"皇民"回归的悲剧历程。这样的研究，纠正了某些日本学者相关研究中的错误认识，还原了历史的本来面貌，体现了中国学者的学术良知。

现代公民的培育是现代国家建设的核心内容，也是当今中国国家建设的重要课题。为了更加有效地开展思想政治教育、塑造健康向上的现代公民，亟需更加深入地研究其他国家和民族历史上的相关实践。就此而言，该书的出版也是非常有意义的，读者可以从中获得丰富的启迪和参考。

谨此为序，并向作者致贺！

臧志军

2016 年 5 月

目　　录

绪　论

人类政治史最重要、影响最深远的"现代现象",莫过于 16 至 17 世纪欧洲国民国家(nation-state)①的诞生。这种全新国家形态的出现,是欧洲的绝对主义国家体系及其近代历史诸多现代性因素耦合的结果。持续不断的战争成为推动国民国家出现的原始动力,以市场为领地的资本逻辑则是根本动力,资本主义发展的要求和专制王权扩张要求的合作,形成了统一的国内市场,它"使一切国家的生产和消费都成为世界性的了"②,也必然要求有作为公共性权利的国家界定以及产权和私人利益的保护。恩格斯(Friedrich Von Engels)曾说:"日益明显日益自觉地建立民族国家的趋向,成为中世纪进步的最重要杠杆之一。"③17 世纪,以英国为先导,西欧国民国家逐步形成,通过资本主义的全球扩张,国民国家作为一种政治文明形态获得了普遍适用意义,列宁(Vladimir Ilyich Ulyanov)称其为"典型的正常的

①　关于"国家"一词的英文的三种不同词语,正如许多学者早已指出的那样,如果要区别使用的话,"country"表达的是地域国家的含义,"nation"侧重于文化国家,而"state"则意指政治国家。"nation-state"一般译为"现代民族国家",也有的作者译为"近代国家"、"近代民族国家"、"现代国家"等,是有别于此前存在的传统国家(traditional state)的现代国家形式,最早是指出现于西欧、在摆脱中世纪和教权控制过程中所诞生的现代主权国家。在这一过程中,民族的形成与国家的创立并头齐进,并基本具备了同一形态。陈乐民指出:"欧洲的'民族国家'不是一个普世性的概念。……nation-state 指基本上一个民族构成一个国家的那种国家形态……'民族国家'是一个欧洲概念。"但在社会科学领域的西方中心主义影响下,民族国家已被抽象化为现代国家(其核心特征为建立于一定地域和人群上的主权)的一般分析概念,具有双重身份:拥有国家主权的近代民族和主权属于民族的近代国家。或者说,既是产生于近代的政治意义上的民族模式,又是资本主义诞生以来确认主权属于全体公民的国家模式。其实质性特征是主权国家、理性化国家和合法性国家。目前,学术界用词并不十分规范。在日本,一般不采用"民族国家"的说法,"nation-state"一般被译为"近代国民国家"或"国民国家"。本书统一采用"国民国家"的说法,但在引文时保持他人的原文用法。

②　《马克思恩格斯选集》第 1 卷,北京,人民出版社,1995 年,第 274～276 页。

③　〔德〕恩格斯:《论封建制度的瓦解和民族国家的产生》,《马克思恩格斯全集》第 21 卷,北京,人民出版社,2003 年,第 452 页。

国家形式"①。至19世纪，世界上大部分国家都主动或被动地卷入了国民国家的浪潮之中，整备制度、强化主权、致力统一、实现认同。没有跟进的传统国家，则不可避免地将最深重的民族灾难留给了20世纪，直至今日仍在承受着历史所带来的巨大隐痛。

第一节　问题缘起

一、问题的重要性和特殊性

在国民国家建设这一点上，日本是亚洲极具代表性的国家。19世纪中叶，当世界各国在加速发展国际关系和地区性交往之时，日本还在利用地理上孤立的自然条件，强制性地推行锁国政策，维系着长期分裂、各自为政的封建制度，直至1853年的黑船来航。在西方帝国主义面前，它似乎只有与中国等被征服的亚洲国家一样的命运，全无自卫能力而等待着沦为殖民地。但是随后十年的重大决断和三十年的发展历程证明，在面临重大国际压力的历史转折关头，相较于其他非西方国家同期的历史，没有一个国家像日本那样在西方经济和军事技术优势的挑战面前做出如此迅速和成功的反应。"废藩置县、置产兴业、文明开化"的政策，将日本从殖民地的危机中挽救出来。日本按照西方样式在幕藩体制基础上迅速建立了近代国民国家，一跃成为东方强国，成为最后抓住时代机遇的幸运儿。其后日本又经历了走向军国主义的重大歧途，但值得惊叹的是，"二战"结束之后不久，它又迅速从战败的深刻挫折中重新站立起来，成为世界经济大国。

日本近代国家这样强劲而急速的发展，与近代中国孱弱衰微的发展状况以及亚洲其他国家大都屈服于外来殖民统治的状况形成了鲜明对比。这个远东的蕞尔岛国，究竟是由怎样的因素推动了近代国家的发展呢？围绕日本自明治维新以后令人瞩目的国家转型和社会变化，一百多年来，"日本一直是一块充满魅力、引发赞叹、诱导嫌恶的磁石，或者说是由此产生某种混合情感的磁石"②，吸引了无数学者从各种角度对其持续不断地解读和回答。③ 但

---

①　〔苏〕列宁：《论民族自决权》，《列宁全集》第25卷，北京，人民出版社，1988年，第225页。

②　〔以〕S. N. 艾森斯塔特：《日本文明——一个比较的视角》，王晓山、戴茸译，北京，商务印书馆，2008年，第1页。

③　关于日本奇迹和日本独特性的相关研究，已经有汗牛充栋的成果。主要成果可参见上书"序言：日本之谜"部分所作的相当充分的研究综述；另可参见美国学者埃德温·赖肖尔所著的《日本人》（孟胜德、刘文涛译，上海，上海译文出版社，1989年）等相关书籍。因研究主题不同，在此不再赘述。

正如赖肖尔(Edwin Oldfather Reischauer)所指出的,谁也不能完美地解释清楚到底是哪些特性结合在一起,造成了 19 世纪日本与其他非西方国家之间极为悬殊的差异。这一问题也是日本人文社科学界研究的热点。① 从政治史的角度来看,近代国家的形成是一个重要的起点,"它承上启下,使得这一时代的精神结构,几乎蕴含了现代日本人精神发展的一切可能性",不仅对日本政治和社会的发展产生决定性影响,也为世界政治发展提供了新的模式。这正是笔者将研究视野集中于该领域的重要原因。

在确定研究问题方面,笔者受两位日本史专家的启发较大,一位是信夫清三郎,另一位则是松本三之介。信夫清三郎曾指出,面对西方强迫开国的压力,幕末(日本德川幕府统治的末期,简称"幕末",下同)维新史的重要课题是建立近代民族国家,②它意味着明治政府肩负着创立中央集权的国家和形成近代国民的双重任务,即首先是创立新"日本",其次是形成新"日本人"的问题。③ 而后一课题,则是"使对政治的关心更加渗透到社会底层,并以此把国民从以前对国家秩序无责任的被动状态中解放出来,从而在政治上动员一切力量"④。松本三之介则将明治时期的国家主义区分为政府主导的国家主义和以国民为中心的国家主义。他指出国民中心的国家主义与自由民权思想和社会主义思想相结合,蕴藏着两种潜在的变化的力量。明治的精神结构,可以说是国家主义、平民主义和自由主义的三位一体,它在自由民权运动中表现得淋漓尽致。⑤ 此外,读者阅读日本近代史,可以注意到"国民"一词频频出现:"国民国家"、"国民运动"、"国民精神"、"国民组织"、"国民体制"和"国民主义",等等。"国民"的本来意义是什么?"国民"究竟是怎样的一种政治存在?它是怎样被锻造出来的?这一过程有怎样的特点?正因为这样的阅读和联想,使笔者在国民国家的浩瀚领域中将问题聚焦在近代日本民众与国家的关系上,探讨日本是怎样铸造近代国民的也即新"日本人"的问题。

---

① 参见〔日〕松本三之介:《国权与民权的变奏——日本明治维新精神结构》,李冬君译,北京,东方出版社,2005 年,第 1 页。

② 19 世纪中叶,胜海舟、横井小楠、坂本龙马和西乡隆盛等思想家和政治家曾经明确地提出建立大"公"日本的政治口号,开始明确地提出日本列岛建立统一国家的目标,认为应该超越各藩私利,尤其是德川家族应该放弃自居中央的观念,各藩联合,建立列岛统一的政权。

③ 参见〔日〕信夫清三郎:《日本政治史》第 3 卷,吕万和等译,上海,上海译文出版社,1988 年,序,第 4 页。

④ 〔日〕丸山真男:《日本政治思想史研究》,王中江译,北京,生活·读书·新知三联书店,2000 年,第 297 页。

⑤ 参见〔日〕松本三之介:《国权与民权的变奏——日本明治维新精神结构》,李冬君译,北京,东方出版社,2005 年,第 2 页。

二、目前学术界研究的状况

围绕着近代日本国民的铸造问题，学术界已有的研究还较为有限。在日本学界，继丸山真男提出"近代国民论"后，尹健次、西川长夫、牧原宪夫、玉井清、门松秀树、高桥哲哉、小路田泰直、佐谷真木人等从"国民诞生"和"民族认同"角度，铃木贞美、松本三之介、铃木健二、有泉贞夫、安在邦夫、鹿野正直、石川一雄、色川大吉等从"民族主义"角度，西川长夫、安丸良夫等从"国民国家"和文化人类学角度，佐佐木毅、金泰昌、小路田泰直、黑田由彦等人则从"公"与"私"关系的公共哲学角度，对此进行了一定程度的相关研究。其中采用了比较分析（如西川长夫、牧原宪夫）、个案和实证分析（寺崎修、玉井清等）①以及跨学科融合的多维方法，突破了以前单一学科的狭隘视野和理论局限，开启了政治学研究的新方向，但也存在着国民概念歧义较多、理论分析和宏观把握不足等弱点。

中国学者则更侧重于近代日本天皇制、大陆政策、军国主义等方面的研究，较少以近代国民国家为研究对象，而从事近代日本国民研究的学者就更少了。② 与论题有相关性的学者主要有向卿、陈秀武、林呈蓉、王文岳、武心

① 这些著作分别是：丸山眞男：『日本政治思想史研究』，東京，東京大学出版会，1952 年；『戦中と戦後の間』，東京，みすず書房，1976 年；尹健次等：《近代日本的民族认同》，《民族译丛》1994 年第 6 期；『日本国民論—近代日本のアイデンティティ』，東京，筑摩書房，1997 年；牧原憲夫：『客分と国民のあいだ：近代民衆の政治意識』，東京，吉川弘文館，1998 年；玉井清編集：『戦時日本の国民意識—国策グラフ誌「写真週報」とその時代』，東京，慶應義塾大学出版会，2008 年；大石学：『一九世紀の政権交代と社会変動—社会・外交・国家』，東京，東京堂出版，2009 年；高桥哲哉：《国家与牺牲》，徐曼译，社会科学文献出版社，2008 年；小路田泰直：『国民「喪失」の近代』，東京，吉川弘文館，1998 年；佐谷眞木人：『日清戦争—国民の誕生』，東京，講談社，2009 年；松本三之介：『明治思想における伝統と近代』，東京，東京大学出版会，1996 年；氏著：『明治精神の構造』，東京，岩波書店，1993 年；铃木贞美：《日本的文化民族主义》，魏大海译，武汉，武汉大学出版社，2008 年；鈴木健二：『日本のナショナリズムとマスメディア—資本主義・国民国家・マスメディアの相互規定性において』，東京大学博士論文，1996 年；有泉貞夫：『明治国家と民衆統合』，東京，岩波書店，1976 年；安在邦夫：『日本の近代—国家と民衆』，千葉，梓出版社，1984 年；鹿野政直、由井正臣編集：『近代日本の統合と抵抗〈1〉1868 年から1894 年まで』，東京，日本評論社，1982 年；石川一雄：『エスノナショナリズムと政治統合』，東京，有信堂高文社，1994 年；色川大吉：「天皇制のイデオロギーと民衆意識」，『色川大吉著作集』第 2 巻，東京，筑摩書房，1995 年；西川長夫、松宮秀治編著：『幕末・明治期の国民国家形成と文化変容』，東京，新曜社，1995 年；安丸良夫：《近代天皇观的渗透》，刘金才等译，北京，北京大学出版社，2010 年；佐佐木毅、金泰昌主编：《日本的公与私》，刘雨珍、韩立红等译，北京，人民出版社，2009 年；黑田由彦：《日本现代化进程中公共性的构造转换》，《吉林大学社会科学学报》2005 年第 11 期；寺崎修、玉井清：『戦前日本の政治と市民意識』，東京，慶應義塾大学出版会，2005 年；等等。

② 早期主要集中于日本国民性和民族性的研究，如缪凤林的《中日民族论》、戴季陶的《本论》、王文萱的《日本国民论》等。"国民性"和"国民"虽只有一字之差，但含义相差甚远。

波、戴宇、周颂伦等人。① 虽然研究角度有异，但总体上主要侧重于思想文化史和社会史研究，观点多强调国家对民众的控制和操纵。虽谈及臣民和国民，但并未对概念进行界定，而从政治学角度进行的系统研究的则更为鲜见。从现有文献来看，该问题应是中国目前日本史研究的薄弱环节，内容上有待挖掘，在研究的切入点、理论和方法上也有突破空间。

在西方学者的相关研究中，卜正民（Timothy Brook）等人的民族身份认同的独特性角度、戈登（Andrew Gordon）的"帝国民主主义"角度、布莱克（Cyril E. Black）的日本教育角度、艾森斯塔特（Samuel Noah Eisenstadt）关于市民宗教模式的比较现代化视角，②具有视角宏大、跨时段长、以历史社会学和文化人类学研究方法为主等特点，但从国民角度涉足者较少，论述亦较为粗略。

综上所述，关于近代日本国民的研究，主要存在以下问题："国民"这一概念尚未明确和得到澄清，造成了自说自话、难以争鸣的现状，需要对国民进行较准确的定义；近代国家转型对铸造国民提出何种要求、国民铸造需要哪些条件，还未从理论上得以充分阐释；以政治学视野对近代日本国民铸造的动力、特点、经验教训和启示进行系统的分析与总结的成果亦较为鲜见。这种现状，正是笔者进行本研究的基本动力。

三、前提的设定及其缘由

对于该问题的研究，笔者是建立在以下两个前提的基础之上的：第一，日本是亚洲地区国民国家建设方面的成功国家；第二，近代国民的铸造既是国民国家建设的基础，也是国民国家形成的基本内容。日本在近代国家转型潮流中，最早也最有效率地铸就了近代国民，这是其国家建设取得成功的重要原因。

---

① 这些研究主要有：向卿：《日本近代民族主义（1868～1895）》，北京，社会科学文献出版社，2008 年；陈秀武：《近代日本国家意识的形成》，长春，东北师范大学出版社，2008 年；林呈蓉：《从历史风土探讨日本"国家意识"的建构》，《台湾国际研究季刊》2006 年 9 月第 2 卷第 3 期秋季号；王文岳：《追求经济国度：日本共同体形构的政治经济分析》，台北，台湾大学政治学所博士论文，2007年；武心波：《一个"古怪"而"特殊"的国家——战后日本的"国家再造"虚实探》，《日本学刊》2004 年第 1 期；"天皇制"与日本近代"民族国家"的建构》，《日本学刊》2007 年第 3 期；戴宇：《略论日本近代国民国家的形成》，《日本研究》2004 年第 1 期；周颂伦：《近代日本社会转型期研究（1905～1936年）》，长春，东北师范大学出版社，1998 年。

② 具体请参见：〔加〕卜正民、施恩德编：《民族的构建：亚洲精英及其民族身份认同》，陈城等译，长春，吉林出版集团有限责任公司，2008 年；〔美〕安德鲁·戈登：《日本的起起落落——从德川幕府到现代》，李朝津译，桂林，广西师范大学出版社，2008 年；〔美〕西里尔·E. 布莱克等：《日本和俄国的现代化——一份进行比较的研究报告》，周师铭等译，北京，商务印书馆，1992 年；〔以〕S. N. 艾森斯塔特：《日本文明——一个比较的视角》，王晓山、戴茸译，北京，商务印书馆，2008 年。

应该说，这两个前提并非学术界的共识性结论。其原因除学术本身即是异见的表达之外，大致有二：第一，国民国家的理论直到 20 世纪 90 年代才逐步成为政治学领域重要的分析框架。如前所述，西方学者偏重于采用现代化的理论，而国内学术界则往往将目光集中于日本的军国主义、天皇制等问题上，虽有学者进行了政治制度分析，但也只重在说明制度缺陷是如何导致近代军国主义的。第二，如前所述，"国民"究竟指的是"国家的成员"，还是指的"人民"，抑或指的"民族"，每个研究者的含义不一，因此结论也迥然不同。"国民"究竟是一个在怎样的语境下使用的词语，内涵应是什么，并未得到澄清，以致难有共识。

即或如此，从已有的有影响之观点来看，笔者认为，上述前提仍是可以成立的。原因是：

第一，这些观点都肯定了日本明治维新后成功实现了近代化。艾森斯塔特就指出，日本明治维新开创了历史上的现代时期，构成了日本现代化模式的主要轮廓。日本不仅是完全且比较成功地实现了工业化和现代化的非西方国家，而且是以与西方根本不同的方式来组织生活的。① 布莱克则认为，日本在 1870 年以后的第一个二十年从封建割据的分散的王国发展成了中央集权的君主立宪制国家。虽然这些新的制度在 20 世纪 30 年代所采取的形式是危险的和不稳定的，但到了 1941 年，当代政治秩序的所有主要因素在日本都已存在。因此明治维新是"革命性的"。② 诺曼（E. Herbert Norman）也指出，日本一举从封建制度跃入了资本主义，建立了现代国家。③ 而丸山真男则赞叹，在 19 世纪，只有日本没有被殖民的命运所压倒，而是自主地打开了局面。他评价明治维新是排除了国民与国家政治秩序之间的障碍、打开民族主义发展轨道的划时代变革。其著作《日本政治思想史研究》即是着眼于"何故日本成功地建立起了东方最初的现代国家"这一问题、以中国为潜在比较对象而从思想史进行分析的成果。④ 富永健一认为，从古代化出发的明治国家逐渐在制度上实现了"现代化"，问题只在于支持这种国家制度的是何种精神。⑤ 部分日本学者则直接称明治后的国家为

① 参见〔以〕S. N. 艾森斯塔特：《日本文明——一个比较的视角》，王晓山、戴茸译，北京，商务印书馆，2008 年，第 31～33、8～10 页。

② 参见〔美〕西里尔·E. 布莱克：《日本和俄国的现代化——一份进行比较的研究报告》，周师铭等译，北京，商务印书馆，1992 年，第 188～189 页。

③ 参见〔加〕诺曼：《明治维新史》，姚广廙译，北京，商务印书馆，1992 年，第 49 页。

④ 参见〔日〕丸山真男：《日本近现代思想史》，王中江译，北京，生活·读书·新知三联书店，2000 年，第 280 页。

⑤ 参见〔日〕富永健一：《日本的现代化与社会变迁》，李国庆等译，北京，商务印书馆，2004 年，第 286 页。

"近代国家"。在中国近年的日本研究中,越来越多的学者也倾向于以现代化、民主化、宪政以及大众社会的观点来分析日本政治和社会。①

这些观点都承认转型后日本政治社会的"近代性"或"资本主义性质",都认为日本是因最早接纳了现代性而成长起来的现代国家。尽管没有明确提出"国民国家"的概念,但对近代性和现代化所作的"中央集权"、"君主立宪"、"宪政制衡"、"官僚制"、"民主化"等解释,均属于近代国民国家范畴的含义(关于近代国民国家的含义和特点,笔者将在后面详加阐述)。承认日本的近代化,实际上便是在某种程度上承认其国民国家的建设卓有成效。即在如何形成"新日本"的问题上,日本领导人实现了根本性变革,建立了中央集权的政治体制,实现了国家的统一,具有了近代国民国家典型的外在特征。这在学术界并无严重分歧。

第二,20 世纪 90 年代之后逐步兴起的国民国家论者,大部分都认为日本是国民国家建设的成功者。以理论上有代表性的西川长夫为例,他指出,由于日本领导人紧紧地抓住了形成国民国家这一任务,引进统治装置和国家装置,因此使得国民国家的形成进行得比较顺利,明治维新处于非西欧世界国民国家形成的起点。② 安丸良夫对日本近代国民的形成予以充分肯定,他精妙地描写了"天皇"是怎样被作为统合的象征得以创造出来的,而多木浩二和藤谷等人则分析了其向民众渗透的过程,指出被视觉化的天皇之存在具有重大意义。③ 龟井胜一郎也明确指出,日本在名和实上都具有独立国家统治力的只有明治时代;日本均一性的原型,是在天皇制下确立的,它对明治以后国民性的形成具有重大作用。④ 信夫清三郎通过理性分析后认为,明治政府以确立天皇制和形成臣民的方式解决了国家建设和形成国民这一双重课题;日清战争(即甲午战争)最终统一了日本的国民。⑤ 而美国学者戈登也高度评价日本成为欧美地区之外唯一的立宪民族国家,在当时的非西方地区中,日本是第一个及唯一一个能成功跨越工业革命的国家。⑥

---

① 参见本书参考文献,此处不再赘述。

② 参见牧原宪夫编、今西一(ほか述):『"私"にとっての国民国家論—歴史研究者の井戸端談義』,東京,日本経済評論社,2003 年,179～183ページ;西川長夫、松宮秀治編:『幕末・明治期の国民国家形成と文化変容』,東京,新曜社,1995 年。

③ 参见安丸良夫:『近代天皇像の形成』,東京,岩波書店,2007 年;多木浩二:『天皇の肖像』,東京,岩波書店,1988 年;T. フジタニ(ほか):『天皇のページェント—近代日本の歴史民族誌から』,米山リサ訳,東京,日本放送出版協会,1994 年。

④ 参见龟井勝一郎:『現代史の課題』,東京,岩波書店,2010 年,54～56ページ。

⑤ 参见〔日〕信夫清三郎:《日本政治史》第 3 卷,吕万和等译,上海,上海译文出版社,1988 年,第 6 页,第 299 页。

⑥ 参见〔美〕安德鲁・戈登:《日本的起起落落——从德川幕府到现代》,李朝津译,桂林,广西师范大学出版社,2008 年,第 7 页。

第三，从日本最后走向军国主义道路的政治实践来看，这种适应国家时代需要而产生的"新日本人"即所谓"国民"究竟是什么样的人，迄今为止存在着较大争议。笔者采纳了目前"国民国家论"中西川长夫、安丸良夫等人的研究观点和立场作为前提，即最早、最有效率地建构了近代国民，是日本近代国民国家成功的重要原因。笔者认为，国民应该具备两个条件，如后面将详细介绍到的，一是国家意识，即"民族"特质；二是权利意识和自我意识，即"公民"特质。首要的是民族特质，其次是权利意识，二者不可偏废，但两者之间亦存在先后轻重的问题。民族特质即国家意识的具备是近代国民的核心。对于后发国家而言，民族特质的成功塑造往往是决定国民国家建设成功的重要环节。西川和安丸等人的"国民"重在"民族"含义，与笔者所持含义有部分相同。但对于"国民"的其他含义，笔者则和他们有不同意见。澄清和界定"国民"等概念，正是本书的任务之一。

四、具体研究设想和框架

鉴于前期研究的现状，笔者拟通过对明治到大正时期具体历史的分析，结合政治学、社会学和文化人类学相关理论，通过对国民概念的界定，就近代日本国民的铸造问题进行系统分析。笔者认为，近代日本国民的铸造，既有日本社会的思想启蒙，也有自身的途径和特点；既有成功，也伴随着失败和代价。因此，本书将由国民构想、国家强制、民权运动、意识变迁、特点和经验教训六部分构成。

在本书的绪论部分，主要是厘清相关概念，提出近代国民形成的重要条件。

在第一章"铸造近代日本国民的构想"中，主要要探讨的问题是：铸造近代日本国民的构想得以提出的背景是什么？当时的政治家、自由知识分子、行政官员以及社会文化人是如何在认识日本、理解日本国情的基础上来提出这种设想的？尤其是如何在西洋模式和日本传统之间取得平衡的？此章主题虽已有浩繁成就，但缺乏政治学视野的归纳和总结，笔者将以福泽谕吉——体制外自由知识分子、森有礼——体制内的教育行政官员、木户孝允——政治家、陆羯南——社会文化人为重点，试图在日本学者的研究基础上对其国民的构想进行相关归纳和总结。

在第二章中"国家强制与国民铸造"中，鉴于近代日本国民的铸造首先来自于国家权力的强制作用，即国家要民众成为国民，因此笔者拟从"去地域化"——政治集中的制度化实践（打破地域割据）、"去奴仆化"——政治扩大化的制度变革（打破身份制度），以及"被创造的传统"——关于国民教育的制度化实践三个方面对国家强制力量与国民铸造的关系进行系统分析。

在第三章"民权运动与国民铸造"中,针对近代日本国民的铸造过程中有来自民众的动力,即民众自己要想成为国民,其自下而上的反抗和博弈,不断掀起的民权运动同样也推进了国民的形成这一事实,本章拟从"去奴仆化"的抗争——自由民权运动的兴起、"去奴仆化"的再觉醒——大正时代的民众抗争两个方面对民权运动与近代国民形成的关系进行深入探讨。

如果说,以上章节都是宏观俯瞰的话,那么在第四章"走向国民:媒体视野下民众政治意识的变迁(1873～1895)"中则通过若干事例(《征兵令》颁布、自由民权运动高涨、甲申事变、宪法祭、甲午战争)中民众的反应,从微观角度揭示民众国民化的过程。笔者想要探讨的是:上述两个方向(国家强制和民权运动)的国民化,最终是在哪里形成的? 实质是什么? 给近代日本带来怎样的影响?

在第五章"近代日本国民铸造的特点、经验和教训"中,笔者试图从理论的高度和世界史的视野对近代日本国民铸造的特点、取得的经验以及付出的代价进行概括说明,以对东亚地区各国国民的铸造有所启示。

笔者相信,对该问题的研究,将有助于弥补中国目前在此问题上学术研究的不足。从现实角度看,中国和日本同属东亚的后发国家,在 20 世纪上半叶都曾经经历了国家建设和国家认同的失败。当代中国正处于从传统国家向现代国家的急速转型期,急切期待既有国家认同又有权利意识的现代国民的迅速成长。近代日本国民铸造的成功经验,可给当今中国进行的国家建设、塑造现代公民以及实现国家认同等方面提供有益的参照和借鉴。此外,近代日本国民演变成国家臣民并最终走向对外扩张从而导致国家破灭的深刻教训,不仅给当前正加速走向右翼的日本政治再次敲响了警钟,而且对于中国崛起过程中如何遏制极端民族主义泛滥也有重要的警示作用。同时,该问题的研究,对于中国客观认识近代日本的政治变迁和历史轨迹、增进双方的相互理解和沟通、促进中日和平也具有重要的现实意义。

第二节　国民与国家的关系:近代国民的相关理论

一、相关概念的界定

在政治学中,"人与政治的关系",更具体地说,"人在与国家关系中的地位"是一个根本性问题,是检验政治制度的试金石。人类历史上,相对国家而言,大致有"臣民"、"市民"、"公民"和"国民"几种存在形态,此外还有"庶民"、"人民"等概念。日本学者加藤节指出,语言为人们所创造的政治世界带来了一项重要的特征,即被人们称为思想或者观念以及一般被称为意识形态的语言体系,由于其抓住了人们的内心世界,从而成为改变政治现实的一个重要因素,是对政治进行理解的关键之一。英国学者霍布斯(Thomas Hobbes)曾提出"从人们所持有的思想观念的分裂中寻找社会解体的原因",休谟(David Hume)也有把"意见"视为"统治的基础"的见解。① "臣民"、"公民"、"市民"和"国民"这样的语言体系,便是对政治现实的典型反映,是与一定政治形态相适应的人的存在形态。对这些概念进行界定,是理解政治体系变迁的钥匙。

(一)"既无国家意识又无权利意识"的"臣民"

何为"臣民"? 邓恩(John Dunn)曾借用查理一世(Charles Ⅰ)的话说:"臣民与主权者是完全不同的存在。"②在国家产生前的部落时代,每个人是部落民,或称"族民"。国家产生之后,血缘关系退居次要位置,社会共同体转变为地域共同体和政治共同体。与君主专制制度以及绝对主义国家相适应的国家成员称为"臣民",又称"子民"或"庶民"。

臣民的首要特征是君臣关系的不平等。"臣"即"臣服"、"臣属",意味着被动的服从和受统治,"草民"、"蚁民"等蔑称即显此意。臣民在社会本质上是君臣关系的共同体,是君的绝对权力和臣的绝对服从,是君的高高在上和臣的俯首叩拜。臣民没有独立地位和自主权利,只有纳税和供养官家的义务。青年马克思(Karl Heinrich Marx)曾尖锐地批判过封建专制制度的"非人"性质,指出其唯一原则就是"轻视人类,使人不成其为人"。即使在最开明的统治下,臣民仍然是纯粹的被统治者,没有平等身份,必须听命于专制君主的意志。

臣民的第二个特征是没有主动性。对臣民而言,国家权力表现为外在权力。第一,国家权力不属于臣民,他们无权参与国家事务;第二,国家权力服务于统治集团的利益,臣民总是牺牲者、被压迫者和被剥夺者。因此,臣民对国家必然是疏远和冷漠的心态。历朝的更迭对于臣民而言,只有主子残暴与贤明的区别。王朝的兴衰沉浮,只是百姓茶余饭后的谈资,与自己实际的生存状态没有多大联系。他们只关心自己,不关心国家,只会消极服从,不会积极参与。他们所忠诚的对象只是自己所服从的主子,所认同的只是自己所居住的狭隘的宗族共同体。

---

① 参见〔日〕加藤节:《政治与人》,唐士其译,北京,北京大学出版社,2006 年,第 40 页。

② J. Dunn, *Western Political Theory in the Face of the Future*, Cambridge: Cambridge University Press, 1979, p. 3.

在"上智下愚"、"民可使由之，不可使知之"的专制时代，臣民的这种地位也被普遍内化为臣民意识，即将专制统治者对臣民的蔑视和侮辱内化为民众自己的观念，使他们认同这种不平等，安于被压迫的屈辱地位，习惯于单方面的服从和效忠。没有独立意识，没有平等要求，"宁做太平犬，不做乱离人"，这是臣民心态的写照。顺从、忠诚、忍耐是臣民的美德。消极被动、逆来顺受、怯懦畏缩、谨言慎行、不知尊严为何物，是臣民性格的特征。①

臣民意识、臣民性格和臣民道德共同构成了臣民文化。用阿尔蒙德(Gabriel A. Almond)的解释来说，就是政治体系的成员对政治体系的角色、结构、权威、规范以及自己在体系输出方面的责任等有较明确的认知、情感和价值取向，而对于政治体系输出方面的取向以及社会成员作为政治参与者的自我取向却非常低，集权型政治体系中弥漫的都是这种臣属性政治文化。② 这是一种具有明显奴性特征的政治文化，它往往是集权政治的心理基础。

(二)"以利益为根本并最终与国家主权相结合"的"市民"

"市民"在中国原是一个中性概念，并不包含价值判断的因素。《吕氏春秋·简选》中"驱市人而战之"和荀悦的"山民朴，市民玩，处也"中的"市人"之意都表达了"市民"一词的本义，即居住于城市之中的人。环境造成了其与山民性格上的差异，山民质朴，而市民则开放而不拘谨。③但在欧洲，"市民"是一个很复杂的学术概念，它和以后的"公民"等是一组吊诡的概念，包含了社会历史演变所累积的多层意义。就历史属性而言，市民阶级和市民法乃是中世纪城市的产物。12世纪地中海贸易的重新开放产生了近代意义上的西方城市和市民阶层。随着欧洲城市的复苏和发展，出现了最早的居民——以商业交换为主、独立自主且不受封建权利义务束缚的商人，而"商人"(Mercatores)一词的最初含义与"市民"(Burgenses)一词大体相同，也包括手艺人在内。④ 这些商人在不断的城市自治斗争中逐步演化成了后来的"市民"，在语言体系中开始出现"Bourgeoisie"(法语)、"Bürgertum"(德语)和"Burgens"(拉丁语)，这便是最初的市民概念，特指取得了各种商业经营权利并以经济利益为主导的人。早期的市民身份包括：过城市集体

---

① 本概念借用了丛日云的《从臣民到公民》的诸多思想，具体内容请参见丛日云编著：《中国公民读本》，天津，天津教育出版社，2006年。

② G. A. Almond and S. Verba, *The Civic Culture: Political Attitudes and Democracy in Five Nations*, Princeton: Princeton University Press, 1963, pp. 17~18.

③ 参见韩水法：《理解市民与公民概念的维度》，《文景》2008年第11期。

④ 参见郑戈：《迈向一种法律的社会理论——马克斯·韦伯法律思想研究》，第七章，法律快车知识网：http://www.lawtime.cn/info/lunwen/falixue/2006102642770_2.html，最后访问时间为2015年12月20日。

生活并依赖于商品交换的人；为了摆脱奴役和迫害而进入城市自治的自由人；在社会中平等相处的人；为了争取经济权利而不惜暴力的人。① 缘于城市，一切为了自身的商业资本、经济利益和交往自由是市民行动的本质内容，所以"市民"概念与"资产阶级"相关。商业贸易和手工业活动逐渐松弛了对土地的依赖，固着于土地上的封建人身依附关系也就随之消失，因而城市是自由人的联盟，一开始就不能采取专制统治形式，而是通过制定法律来调节内部关系，市民阶级由此获得了必要的人身自由。争取人身自由的权利构成了城市运动的主要内容，并往往与城市争取封建领主的自治斗争联系在一起。在多数情况下，城市市民用金钱向封建领主赎买城市的自由，并通过同封建领主订立"宪章"或特许状等形式加以巩固。因此，市民阶级本身不仅仅是在城市发展中掌握巨大财富的阶层，还包含有政治权利的意义。城市司法自治下的罗马司法复兴，赋予了市民个体在法律上的平等地位，权利、自由与平等的信仰开始植根于西欧社会的思想观念中。城市市民通过集体斗争获取城市自治权力的行为实践，增强了市民个体对城市公共权威的认同，这种对抽象的公共权威的顺服，为国民国家的形成奠定了重要的历史前提。这种理性主义政治文化的发展，也从理论上规定了近代民族国家的政治思想框架。②

近代商业发展强化了地区之间的联系，领土兼并的战争造就了西班牙、英国和法国等由君主领导中央权力的国民国家，市民面临着两难困境：商业发展需要突破自治城市的壁垒，但又担心自身的生命、财产权利受到国家权力的侵犯。

在调和国家与市民关系上，博丹(Jean Bodin)和洛克(John Locke)分别从国家主权和自然权利两方面进行了阐述。经济交往目的的合理性和过程的规范性，需要统一的国家权力来保证。博丹指出，构成国家的市民(civis)，可以有不同地域的法律、语言、习俗、宗教和种族，他们拥有一个统一法律和制度的统治者主权。③ 随着民族国家的建立，过去归属城市自治的市民事务归化到国家权力，市民后面有了国家的限制。洛克在其《政府论》中认为，市民首先是作为生产、产业活动的主体，作为所有者，他们有权保存、活用其财产。市民把自己的代表送进议会，政府要在产业保护和扶植方面起到作用，所以他强调市民的生存权、自由权和财产权为基础的自然权

---

① 转引自〔英〕巴特·范·斯廷博根编：《公民身份的条件》，郭台辉译，长春，吉林出版集团有限责任公司，2007年，译者序，第3页。

② 参见朱耀辉：《城市文明与西欧民族国家的兴起》，上海，复旦大学博士论文，2003年。

③ 转引自〔英〕巴特·范·斯廷博根编：《公民身份的条件》，郭台辉译，长春，吉林出版集团有限责任公司，2007年，译者序，第3页。

利,强调国家唯一的目的是保障社会的安全以及人民的自然权利,否则人民就有权利采取行动甚至以暴力方式收回权利。①

市民遵循自由主义和经济交往的逻辑,把国家视为保障自由市场有效运行的工具。对于市民而言,个人自由是本源性价值,国家是保障性工具,宪政的任务是限制国家权力的扩张。黑格尔(Georg Wilhelm Friedrich Hegel)说,市民"都把本身利益当作自己的目的"②。一旦国家无法保障个人自由或者个人自由无须国家这种工具来保障,市民必将毅然弃之。这样,市民的物质利益与公共权力结合起来,财产保障成为政治参与的先决条件,这两点成为市民阶层进入并支持国家的基础。有学者在黑格尔语义的基础上阐发道:"产生国民的第一步,就是要有大量的直接向国家纳税、同时又有参与国家事务愿望的那种人,就是纳税的第三等级。……民主的动力的确应该是非主非奴的自由人、国家的纳税者。"③借此,拥有财产但又服从国家统治的市民角色逐渐转变为"公民","公民"概念(英文的"citizen"既是"市民"又是"公民")开始成为 18 世纪后期的统一使用词汇。

综上所述,所谓市民,是在 12 世纪后西欧城市复苏、商业发展后出现的以自由贸易和经济利益为根本,掌握了大量财富并最终与国家主权相结合的群体。佐伯启思将这种由私人权利出发,追求自由、民主主义及博爱与和平的民众称为"市民"(civil),并指出又可称其为"私民"。他认为"市民意识"(civil mind)提倡近代的个人权利,这个词正如"civil"一词那样,意味着礼貌和格调。④ 总之,以利己之心为行动原理,追求个人权利和个人利益,保持与国家的对立,这便是政治学意义上的市民。他们按照自由主义原则进入到最弱意义上的政治国家,形成理性选择的公民性格。从这个意义上讲,市民是公民的前身,为公民的产生做了最充分的准备。

而当下媒体广泛使用的"市民"一词,已经与政治学上具有如此历史变迁之"市民"一词的概念相去甚远,不如说又回归到其最初的本义——"居住在城市里的居民",一个没有价值色彩的中性词语。

(三)"具有公民权利并积极参与公共生活"的"公民"

斯宾诺莎(Benedictus Spinoza)曾说,人并非生而为公民,而是被造就为公民的。⑤ 公元前 6 世纪最早出现于古希腊城邦的古典公民,亚里士多

---

① 参见〔英〕洛克:《政府论》下篇,叶启芳、瞿菊农译,北京,商务印书馆,1982 年,第 3、58、76~90 页。

② 〔德〕黑格尔:《法哲学原理》,范扬、张企泰译,北京,商务印书馆,1961 年,第 201 页。

③ 转引自秦晖:《中产阶级并非民主的必要条件》,《东方早报》2010 年 1 月 25 日。

④ 参见佐伯啓思:「「市民」とは誰か?—戦後民主主義を問いなおす」,東京,PHP 研究所,1997 年,154~156ページ。

⑤ 参见〔荷〕斯宾诺莎:《政治论》,冯炳昆译,北京,商务印书馆,2003 年,第 42 页。

德(Aristotle)认为是唯一"有权参加议事和审判职能的人"①,他们通过公民大会民主讨论问题。西塞罗(Marcus Tullius Cicero)将古希腊公民叫作"公共、民主和主动"的公民,并赋予其美德、爱国和奉献的精神。古罗马将公民特权扩展到绝大多数男性公民,被称为"私人、服从和被动"的公民,在形成完善的法律体系过程中,其美德为克制、平等与和平。② 古希腊强调公民的选民特权、古罗马强调臣民和市民服从法律构成古典公民的基本雏形,虽不是现代意义上的公民,但这种角色的意蕴在漫长的中世纪被完整地封存起来,经过文艺复兴启蒙运动的观念萌动,公民获得了古希腊罗马时代的全部资源支持,并在法国大革命后以法律形式完全确立了现代公民的角色形态。17 世纪中叶,英国平等派向议会提交的《人民公约》,是历史上最早以公民资格作为政治纲领的文件,主张凡是不依赖于别人生存的人都应有选举权。此后,它发挥选民角色功能,成为民众政治权利提升的标志。法国《人权和公民权利宣言》中的公民成为一个承载着政治与法律意义的概念,它不仅是指作为积极参与代议选举的选民,而且是指人在法律上的地位。普选权成为衡量公民资格的重要指标。参与选举和投票是公民权利与义务的集中体现。选民成为现代公民角色的主要承担者和表达方式,公民概念由此具有了自由、平等、独立等多重意义。公民就是"一个在人民参与自我治理的过程中具有政治权利的人"③,其中最主要表现为其作为选民平等参与选举和投票。法国大革命后,西方各国宪法确立了公民角色和公民资格,形成了公民—国家的权利义务模式。18 世纪中后期,公民角色开始走下特权的神圣殿堂,逐渐泛化为普通民众受到尊重和捍卫尊严的代称。普通民众通过斗争获得平等参与政治的合法权利,将自身的地位提升到前所未有的平等高度。公民成为西方近代最有活力的社会角色。在这个过程中,公民统合了市民、臣民和选民的三种角色,自由主义原则、国家主权原则、民主共和原则以及主权在民的观念都整合为国民国家的基本原则,公民就是与这种国家形态相适应的身份存在。它强调了以下基本特征:

第一,公民是近代国民国家建立后与民主制度发展相联系的范畴,具有个人的独立和尊严。这种身份的取得是无条件的,与其对经济发展的贡献

① 〔古希腊〕亚里士多德:《政治学》,颜一、秦典华译,北京,中国人民大学出版社,2002 年,第408 页。

② 参见〔英〕恩靳·伊辛、布雷恩·特纳:《公民权研究手册》,王小章译,杭州,浙江人民出版社,2007 年,第 129～130 页。

③ 〔英〕巴特·范·斯廷博根编:《公民身份的条件》,郭台辉译,长春,吉林出版集团有限责任公司,2007 年,译者序,第 3 页。

无关,代表一种平等的政治地位。

第二,公民是与公民权相联系的范畴。公民权制度是现代国家的一项基本制度,国家是所有具有公民权的人的联合。这些权利,在 18 世纪主要是指个人的诸如财产、自由和正义等必要权利;在 19 世纪主要是指政治权利,包括参与政治权力运作的权利;在 20 世纪还包括社会权利,强调经济与社会保障的公民权利。①

第三,公民是与参与公共生活相联系的范畴。公民既是治理者也是被治理者,这要求公民具有自立、裁决和忠诚的素质,责任感和参与意识是衡量公民的重要因素。佐伯启思将"civil"视为追求共同体中公共事业和共同利益发展的人,他们不把国家与私生活视为对立的两面。这种对公共事业与国家事业怀有义务的观念、重视勇气与名誉的古老美德被他称为"市民精神"(civil spirit)。

第四,公民还是与多样性、异质性相联系的范畴,意味着对异质性的容纳和包容而非排斥。阿伦特(Hannah Arendt)认为,公共性要求人们思维的多样性:正是因为每个人站在不同的立场进行思考,才认为每个人的看法、想法具有意义。这才是真正的公共生活(public life)。② 根据这个观点,在只有一种观点横行的时候,已找不到公共的空间。人的这种生存状态,当然不是公民。阿尔蒙德也指出,公民文化的主体是公民,与臣民文化相比较,公民文化更强调公民广泛的政治参与、政治责任感、能力和主体性地位等。强调政治输入程序里的个体参与,是对高效政府工作的最好支持,也是最好的监督。

日语中的"公民",原指"律令制国家之民",作为"citoyen"的译语,本可以在国民的意义上使用"公民"一词,但在《明治宪法》第二章"臣民权利义务"中,一般国民被规定为"臣民","公民"一词以后主要使用于地方自治体的场合。比如"二战"前就规定,"在地方居住两年以上者叫公民,拥有选举权","公民可以在地方公职上就业"。1931 年,日本中学设立的"公民科目"其讲授内容便是宪政自治的基础素养。因此,地方居民从此被冠以"公民"之谓。

(四)"既有国家意识又有权利意识"的"国民"

霍布斯鲍姆(Eric Hobsbawm)曾感叹道,假若不对"民族"这个单词及其衍生的有关词汇有所了解,我们几乎无法对近两个世纪的人类历史做出解释。③

---

① 参见〔英〕巴特·范·斯廷博根编:《公民身份的条件》,郭台辉译,长春,吉林出版集团有限责任公司,2007 年,第 3、56、105～106 页。

② ハンナ・アレント:『人間の条件』,志水速雄訳,東京,筑摩書房,1994 年,85～86ページ。

③ 转引自孟庆澍:《世界舞台上的民族主义》,《读书》2010 年第 2 期。具体内容可以参见〔英〕埃里克·霍布斯鲍姆:《民族与民族主义》,李金梅译,上海,上海世纪出版集团,2006 年。

　　"国民"(nation)是与"国家"和"民族"相关的概念。在欧洲,作为近代现象出现的"nation",既是民族,又是国民;"nation-state",既是民族国家,又是国民国家。但是,国民并不等于民族。① 民族原本只有自然的文化的属性,按照黑格尔的说法,"nation"来自于"nasci"(出身)的拉丁文"natio"。最初概念指的是与拥有公民权的"罗马人"相区别的帝国内部众多的"种族"或者"部落",以及居住在罗马周边、尚未拥有共同体价值的国家(civitas)中未开化的人群,其含义大致与英语"race"(人种)的含义相近。中世纪的"natio"一词表示因出身的不同而相互区别的大学生团体,或者宗教公会成员的地域归属,"nation"原本的意义已不复存在。

　　当革命埋葬了专制主义而建立起近代国家的时候,为了摈弃专制君主家产的私人特性,强化作为统治机构(state)内涵中的公共性与共同体性质,"国民"(nation)的概念被人们发掘出来。自发的"民族"当其走向自觉,追逐各自的经济利益、文化利益并企图以国家形式来表现和维护自己利益时,它就不能不涂上政治色彩,成为政治的实体。第一轮民族运动过程中,作为运动主体的民族从自在实现了自觉,也实现了从纯粹文化意义上的民族(ethnos)向政治意义上的民族(nation)的转变。② 此时的"国民"已经断绝了与古希腊罗马时期的"natio"、"gens"和"ethnos"等诸概念的关系,指的是作为一种公共领域的政治社会的成员资格,从而获得了近代意义。

　　英文中的"nation"有两层含义:一是在特定地域上生活并根据自己意愿结成统一的政治共同体的全体人民,这个意义上的"nation",汉语译为"国民",即前述的"政治意义上的民族",具有政治的属性;二是历史上形成的族裔文化共同体或人口集团,即英文的"people",或"ethnic group",即汉语的"族",它具有自然的人种的属性。两层含义都具有族裔和文化内涵,使人很容易把历史上形成族裔文化共同体与构成国民国家全体国民的民族混为一谈,从而增加理解问题的难度。为了更好地说明民族和国家,国内学术界现在对这些概念的区别是:英文"nation"译为"国民"或"国族"③;"民族"

---

① 关于"国民"和"民族"的区别和关系,是一个极为复杂的问题,已经有众多学术成果问世。这里只作最简单的区分,重点阐述"国民"的含义。

② 参见王希恩:《民族过程与国家》,兰州,甘肃人民出版社,1998年,第179页。

③ 许宝强、罗永生编译的《解殖与民族主义》(2004年)中,就把"nation"译为"国族",把民族主义翻译成为"国族主义",以彰显国家与民族之间的区别。另外,马戎在《民族与社会发展》(2001年)中区分了族群、民族和国家的概念,辨析了其间的逻辑联系,认为现代汉语中的民族应作"族群"(ethnic group)解释。宁骚在《民族与国家》(1995年)中也试图厘清国家、国族、民族和族体的概念,认为族类共同体的历史发展脉络,是从部落到部族、从部族到民族,再由民族锻造出国族的过程。因此,民族的概念只有在"族类共同体"形成与发展的过程中才能把握。

则专指与英文"people"相对应的历史上的族裔文化共同体；英文"ethnic group"则译作"族群"，即多民族社会中具有自己种族文化特征的人口集团。[①]

这样，在国家形成过程中，"国民"这种成员资格就意味着：

第一，国民具有族属身份，要具有对统一主权国家的认同。所谓"认同"，是指自我在情感上或信念上与他人联结为一体的心理过程。白鲁恂（Lucian W. Pye）曾提出，后进的现代化国家在政治发展过程中可能遇到的国家认同的六个危机中，最首位和最基本的就是民族国家的认同危机。"一个新国家的人民需要逐渐将他们国家的领土确认为自己真正的家园，应当感觉到他们的个人认同部分地是与他们成为一体的有明确疆域的国家来界定的。"[②]"民族国家认同是民族与国家之间的一种关系，它是那个民族的人民认同他们国家的时候成立的。……它是派生于两者之间互相统一的概念，我们把这种统一性看作其最基本的特征。"[③]除了最基本的法律的政治认同之外，这种认同还需要共同的语言、传统、文化和历史作为支撑。"我们同属于一个国家"的感受究竟是如何产生的？福泽谕吉是如此说明的："共有世代沿革，同抱回顾之情"——共有历史就会是国民。[④]国家作为想象的共同体被创造出来正是建立在共有历史的基础之上。

第二，国民是具有公民权的人，国家是公民的联合。国民同时作为公民存在，享有国家法律所赋予的权利和自由。公民权提供了一种新的政治联系，一种比种族和地域联系更广泛的联系，也创造了一种新的认同，将共同体成员的政治纽带从亲族认同转向地域认同，政治—地域上休戚与共的团结意识的出现，又使这种认同从地域上升到对国家整体的认同，国民由此具有公民特质。

可以看出，"国民"一词突出以下意蕴：强调民众的均质性，即没有差异；强调主权和国籍，即有国家的疆域意识；强调国家共有文化和历史，即有强烈的认同意识，这又使国民具有了民族特质。这样，国民权利、国家归属和国家认同构成了近代国民的三大支柱，同时具备民族特质和公民特质，是国民的内在属性。既有权利意识又有国家意识，这便是国民。

如果说，公民强调的是"人之所以成为人"所应由国家保障的权利及义

[①]　参见王建娥等：《族际政治与现代民族国家》，北京，社会科学文献出版社，2004 年，第 56 页。

[②]　Lucian W. Pye, *Aspects of Political Development: An Analytic Study*, New York: Little, Brown & Company, 1966, p. 63. 其他危机包括合法性危机、政府权力渗透危机、参与危机、整合危机和分配危机。

[③]　Leonard Binder, *Crises and Sequences in Political Development*, Princeton: Princeton University Press, 1971, pp. 6, 13.

[④]　参见〔日〕佐佐木毅、〔韩〕金泰昌主编：《国家·人·公共性》，金熙德、唐永亮译，北京，人民出版社，2009 年，第 15 页。

务,那么,国民则强调的是"人之所以成为国家的人"所应具备的条件。公民的形成,更多的来自于几个世纪以来成员自身的不断抗争以及与国家妥协的结果。国民的形成,则更多体现的是国家主动的、有意识行为的产物。臣民体现的是"无我",市民体现的是"私我",公民体现的是建立在"私我"基础上的"公的我",而国民在融合这种"私我"和"公我"基础上强调"有归属的我"。这样的"归属感",既指国籍,又指主权,更指文化和历史的认同。当我们从这个角度来看待一个社会成员的政治资格的时候,这便是国民。当每一个人已经自觉地将国家之事作为自己之事去考虑和对待,并同时具有平等意识和权利意识之时,他们就成为了国民,也就具有了国民意识。

由于内涵的部分重合,现代社会中,"公民"一词往往和"国民"混同使用。"国民国家"往往被"公民国家"、"国民制度"被"公民制度"、"国民权利"被"公民权"所替代。在一个已经完成国民国家建设的社会,这样的替代并无不妥。作为该社会成员,具有既是公民又是国民的双重属性。每个政治成员在公共政治领域出现的是国民或公民的身份,在私的和文化的领域则是民族的身份。这种状态,避免了民族之间的利害冲突。但在谈论国民国家形成过程中人的政治存在状态时,"国民"一词具有"公民"无法取代的特定内涵。在抽象的国民概念中,各民族的差异和多样性被消除,国家的统一得以实现,国民国家得以成立。

上述几对概念的区别简要归纳于下表中。

"臣民"、"市民"、"国民"、"公民"概念的比较

	存在状态	存在时段	侧重层面	交互关系	参照对象	存在目的
臣民:既无权利意识又无国家意识	"无我":无权利、不平等、被动性、服从、忍耐、冷漠	君主专制、绝对主义专制时期:前资本主义形态;等级社会、地方分裂的经济①	人的自觉性、主体性的缺乏与泯灭;存在空间与社会联系的狭隘	地域性、碎片性的存在,原子式的个人 社会基础:以血缘—地缘性的族群为单位	君主	个人及家族的生存

---

① "臣民"的存在时段只是相对于产生这种政治状态的制度而言。即使这种制度消失了,只要作为政治社会成员的思想意识还有"臣民意识",就很难说他已经脱离"臣民"状态。关于经济状态的标准,参见〔英〕德里克·希特:《何谓公民身份?》,郭忠华译,长春,吉林人民出版集团有限责任公司,2007年,第5页。

（续表）

市民:有基于利益保护的对私权利的认识,但无明显的国家意识	"私我":以商品交换和自由贸易为业,主张交往自由,有个人权利和个人利益意识,并对国家提出权利保障要求;"臣服"与"对抗"并存	中世纪城市共和国出现——近代国家诞生:渗透性阶级结构、可以自由进入市场	人的主体性和自觉意识不断萌发,商业往来大大拓展其社会生活空间,并借雄厚的私有财产提出政治要求	地域性但已经是集团性的存在,①仍未完全摆脱碎片化状态 社会基础:一个个新兴的共同体及其政治单元,主要表现为市场关系下由自由民组成的自治体(市民社会)	国王	个人私有财产的增值和保障
公民:有权利和义务意识,不强调均质性	"公的我":有平等的公民权,参与政治及其他公共生活,有包容性,有独立的判断和个人尊严;"合作、参与"与"抗议"并存	国民国家诞生至今:平等社会,可以自由进入且受国家保障的市场	人的主体性充分发挥和张扬,权利保障和社会责任感强;社会生活空间已拓展到主权国家并逐步具有全球意识	已经摆脱地域性而具备明显的国家意识和国际意识 社会基础:伴随现代国家成长逐步发育出来的个人自由结社的"公民社会"	国家、政府	个人自由和个人权利的保障,共和国的存续

① 中世纪市民身份意味着具有居住在某个城市或其他自治城市的特权,这种身份大致相当于基尔特等同业公会的成员资格,这种组织构成了市民社会的基本组织成分。参见〔英〕德里克·希特:《何谓公民身份?》,郭忠华译,长春,吉林人民出版集团有限责任公司,2007年,第6页。

（续表）

国民：既有权利意识又有国家意识：民族与公民的两重特质	"国家的我"：有主体意识，有平等的公民权、有明确国籍和国家认同，也有相应的对国家的义务；"参与"、"认同"与"忠诚"同在	国民国家诞生至今：平等社会，可以进入且受国家保护的市场	人的主体性自觉性的发挥要以国家为中心，对地域和部落的认同要上升到对国家的认同	具备强烈的国家意识和国际意识。个人是同质性的个人，被国家所整合 社会基础：国家所整合的均质性的民族，被整齐划分的行政单位和组织	国家、民族	个人权利得到国家保障、国家及民族的存续和发展

从上表可知，市民的存在为现代公民的兴起奠定了基础，是早期自由主义的成员资格。即使近代资本主义国家建立以后，公民仍然在很长一段时间继续维系着市民的特性——以财产权为核心，对国家权力进行制约。市民是发展到公民或国民的过渡概念，而国民与公民概念之间在内容上有较大重合，但侧重不同。在这四组概念中，具有鲜明对抗性色彩的是臣民和国民。臣民既无权利观念，也无国家观念，而国民既要有权利观念也要有国家观念。如上表所述，前资本主义时代与国民国家时代、等级社会与平等社会、地方分裂的封建经济与可以自由进入的市场经济、孤立的原子式的个人与作为共有历史和文化的统一的国家成员，两种不同政治成员的存在形态，是完全不同体制的产物。二者不容共存，处于永恒的矛盾之中。身为臣民，他就不可能是国民；而要想成为国民，必须首先要摆脱臣民的状态。

二、近代国民形成的基本理论

国民无疑是人的近代性的政治存在形态，其概念的内涵是理想状态的。达到理想状态需要很长阶段，迄今为止的人类发展，可以说尚未完全实现。国民国家建设之初要形成的国民，我们称为"近代国民"，是国民发展的最基础阶段。近代国民并非自发形成，而是源于国民国家的政治构建。形成近代国民是近代国民国家的重要内容，根据政治学的理论，国民国家建设有制度和民众两方面的要求。前者是对国家体制和国家形态的基本要求——从割据走向统一,从分散走向集中,从模糊的疆域转变为清楚的主权界限。后者是对这个统治国度的民众的要求——从对地域的认同转变为对国家的认同,从依附的人身关系转变为独立的平等的关系,从君主的生杀予夺转变为政府通过法律对个人权利的保障,即从传统的"臣民"转变为近代"国民"。摆脱臣民状态,这便是国民国家建设的必然要求。

（一）近代国民国家的兴起

国家并非一开始就具有民族的外观。到了中世纪晚期,国民国家的形成才在欧洲成为历史发展的普遍趋势,并于 17 世纪上半叶最终得到巩固。三方面的巨大变革孕育、形成和巩固了国民国家。

一是 15～16 世纪民族语言取代部族语言、地区方言和外国语言而成为通行全国的语言。这一变革,在英国完成于 1500 年,法国完成于 1539 年,荷兰完成于尼德兰革命胜利之后,西班牙则完成于 15 世纪末。此外,葡萄牙、丹麦和瑞典等国家都分别在此期间内逐步形成了各自的民族语言。

二是代表民族的王权在形成中的近代资产阶级支持下完成了国家的统一与独立。中世纪晚期以后,在王权与附庸的斗争中,王权是进步的因素,在封建主义表层下形成着的一切革命因素都倾向于王权,在全国范围内确立了中央集权的绝对主义的君主专制。[①] 这个过程中,清除了异族统治,收复了领地,具备了自己明确的统治区域;通过教会改革,取得了世俗王权对教权、民族教会对罗马教廷的胜利;王权依靠与市民和中小封建主的联盟,使用武力和联姻等方式,逐步取得了中央对地方、王权对贵族权力的胜利,逐渐实现了国家和民族的统一。

三是形成了民族意识。民族宗教作为维系民族情感的纽带受到普遍重视,驱逐和迫害异教徒,强制推行宗教政策,以达成全体成员信仰的同质性,从 16 世纪末开始逐步成为各国采取的普遍手段。西班牙对毛里斯科人和犹太人的驱逐、法国的胡格诺战争以及英国与爱尔兰人之间的宗教冲突,都强化了各国民族意识和民族认同,为民族国家的建立提供了条件。[②]

总之,王权的普遍加强,打破了中世纪分割孤立的格局,树立了以君主为整个民族主权象征的世俗统治权威,提升了民族情感认同,从而催生了国

[①]　〔德〕恩格斯:《论封建制度的瓦解和民族国家的产生》,《马克思恩格斯全集》第 21 卷,北京,人民出版社,2003 年,第 453～454 页。

[②]　张树青等:《关于民族国家的思考》,《兰州大学学报》1999 年第 4 期。

民国家的诞生。"国王的神话粉碎了领土割据，建立了适应经济需要的辽阔共同体，所有居民都被忠君的思想联结在了一起。"①1648 年《威斯特伐利亚和约》确认了国家主权的原则，国民国家的国际体系确立起来。这个阶段，只有德意志和意大利没有跨进近代历史的大门。其原因，正如恩格斯所指出的："那里没有王权，也没有那无王权便不能出现的民族统一。"②

中央集权建立了国家内部的纵向联系，但封建经济基础遏制了国家内部横向联系的发展，严重阻碍了经济的商品化趋势和向资本主义转化的趋势。而横向的连带关系则是民族市场、民族语言、民族意识以及文化同质性成长的出发点。新型市民阶级往往被排除在国家政权之外，鄙视工商的封建观念使资产阶级的行为方式和思想价值观念得不到承认和尊重，甚至在法国还出现了资产阶级在致富之后通过购买官职和爵位重新成为新贵族的情况。③ 取代王权成为国家的领导阶级、对王权的民族国家进行资本主义的改造成为新兴资产阶级面对的重要课题。英国从 17 世纪中叶揭开了斗争的第一幕，法国大革命在 18 世纪提供了更激烈的模式，19 世纪德国和意大利的统一则标志着国民国家第二个发展阶段的结束。两个世纪里，资产阶级的启蒙思想家以理性为武器，抹去了专制君主的神权光环，将最高权威的合法性从超自然的力量转引到人民手中，资产阶级成为国家的统治阶级，"主权在民"的理性原则"在实践中表现为也只能表现为资产阶级的民主共和国"④，转化为"以资产阶级在法律面前平等和法律承认自由竞争为基础"⑤的代议制度。君主立宪制和民主共和制成为国民正常的国家政权形式。⑥ 完成了资本主义改造的西欧国家，为其他地区的国民国家的建立提供了范式。由于各国历史发展状况和面临的国际条件不同，国民国家的建立在世界范围内呈现出成效迥异、纷乱杂陈的局面，无论从理论还是从实践

---

① 〔法〕莫里斯·迪韦尔热：《政治社会学》，杨祖功、王大东译，北京，华夏出版社，1987 年，第59 页。

② 〔德〕恩格斯：《论封建制度的瓦解和民族国家的产生》，《马克思恩格斯全集》第 21 卷，北京，人民出版社，2003 年，第 458 页。

③ 参见〔美〕贾恩弗兰科·波齐：《近代国家的发展——社会学导论》，沈汉译，北京，商务印书馆，1997 年，第 78 页。佩里·安德森（Perry Anderson）对绝对主义国家进行了深入的研究，指出"'民族主义'一类的思想观念与绝对主义的内在特性格格不入"。参见〔英〕佩里·安德森：《绝对主义国家的系谱》，刘北成、龚晓庄译，上海，上海人民出版社，2001 年。

④ 〔德〕恩格斯：《反杜林论》，《马克思恩格斯选集》第 3 卷，北京，人民出版社，1995 年，第 57 页。

⑤ 〔德〕恩格斯：《共产主义原理》，《马克思恩格斯选集》第 1 卷，北京，人民出版社，1995 年，第 215 页。

⑥ 参见宁骚：《民族与国家——民族关系与民族政策的国际比较》，北京，北京大学出版社，1995 年，第 288 页。

上看,都没有一成不变的模式。①

(二)近代国民国家的共同特征

国民国家作为迄今为止人类创造的最有效的政治组织单位,②已有相当多的学者对此作过概括。③ 根据相关研究,④可以总结出国民国家以下几个鲜明特点:

1.主权独立和领土统一

国家主权是指国家在一国之内拥有的不可分割、不可转让的最高管辖权和最高决定权,具有普遍的效力和独立自主性。⑤ 它意味着政府不效忠于任何更高权力,其本身在国内秩序中是最高的。霍布斯将主权视为国家的灵魂,博丹将其作为国家最本质的特征。前现代国家,人类社会主要以氏族、家族和部族等共同体构成,这些政治单元独立存在,分散而互不联系,其行政机构并没有成功地在其领土范围内合法使用暴力的权力。王朝君主国

---

① 在梳理西欧近代国家发展的具体进程上,有代表性的研究如下:查尔斯·蒂利(Charles Tilly)所著《强制、资本与欧洲国家,公元990～1992年》一书代表着他关于国家构建的最系统、最全面的思考。他关注的焦点是对强制工具的集中控制,使用的变量是资本和强制。从间接统治到直接统治的转化过程实际上是国家构建和民族构建的双重过程,蒂利概括了通向直接统治的典型道路。佩里·安德森的《绝对主义国家谱系》一书中认为,封建主义是产生现代国家前身——绝对主义国家的基本前提。当市场关系和绝对财产权利观念取代了领地承担的封建义务的时候,绝对主义国家就诞生了。划分欧洲绝对主义谱系的基本根据是国家权力的集中程度。迈克尔·曼(Michael Mann)在《社会权力的来源》中用"社会权力"(把民族和地域整合进支配框架中的能力)对世界历史进行了梳理。他认为,社会权力的四个来源(经济、意识形态、政治和军事)是基础性权力。欧洲近代以来的政治发展实际上就是这四种结构性基础构建的过程。战争不仅对国家使用权力的能力提出了挑战,而且培养了民族意识和民族认同,直接推动了国家边界的清晰化。

② 参见〔美〕罗伯特·吉尔平:《世界政治中的战争与变革》,武军等译,北京,中国人民大学出版社,1994年。

③ 杨雪冬在《民族国家与国家构建:一个理论综述》一文中提炼出不同学者对民族国家的研究,指出了国家构建的基本构件:1.核心的能动者;2.有效率的职业官员队伍;3.可持续的财政;4.全面的合法性;5.市民社会。马克斯·韦伯(Max Weber)在《经济与社会》中提出了"理性化"和"合理性"概念,指出国家构建被视为实现理性化的过程;合理性实现的程度决定了国家构建的成败,并总结了理性的国家有五个基本特征。吉登斯(Anthony Giddens)的《民族—国家与暴力》特别强调国家的控制能力,一是国家行为的"非暴力化",二是国家反思性监控和协调的系统化,认为"民族国家"与"传统国家"、"绝对主义国家"的最根本区别是"反思性监控"的全面化。查尔斯·蒂利在《西欧民族国家的兴起》中出于分析的便利,提出"国家构建"先于"民族构建",将二者视为民族国家发展的两个不同历史阶段。前者表现为政权的官僚化、渗透性、分化以及对下层控制的巩固;后者表现为公民对民族国家的认同、参与、承担义务和忠诚。参见中央编译局网站 http://www.cctb.net/zjxz/xscgk/200502240720.htm,最后访问时间为2010年10月4日。

④ 参见宁骚:《民族与国家——民族关系与民族政策的国际比较》,北京,北京大学出版社,1995年,第271页。

⑤ 参见〔英〕戴维·米勒、韦农·波格丹诺、〔中〕邓正来主编:《布莱克维尔政治学百科全书》,北京,中国政法大学出版社,1992年,第725页。

家促进了近代西欧民族国家主权观念的启蒙与觉醒，权力所辖之处皆处于有效统治范围，高度抽象的国家主权更清晰地展现出来。国民国家的形成过程，是国家确立自己疆域和空间活动范围即领土的过程，国家疆域是神圣和不可分割的，主权是区分"我者"与"他者"的基准线。"传统国家有边陲而无国界"①，国民国家建立后，将国界变成为国家主权得以实施、利益得以实现的法律上的极限，边界的确定成为极为重要的事情。国家开始有了统治边界明晰化的国家主权。

领土统一不仅是主权独立的必要保证，将全体成员联合在一个尽可能大、尽可能集中的国土范围，也是资本主义经济发展和统一国内市场的需要。将分散的世界联为一个整体，为分散的自给自足的地方性经济活动转向全民族统一的经济联系提供了舞台，也为民众从对地方性共同体的忠诚转向对国家的忠诚提供了空间平台。

2. 国家权力的集中及对地方的有效控制

主权独立和领土统一要求实行集中的政治，体现在政治体制上便是国家权力的集中及对地方的有效控制。统一的中央权力机构建立起来，中央政府或君主成为国家主权的集中代表。国家权力的集中过程，是全民族的利益战胜地方利益的过程。传统国家分散割裂的状态本身也意味着利益的割裂和分散，它导致了政治忠诚的纷繁歧异：人们或忠诚于家族、氏族、宗族、部落之类的血缘集团或半血缘集团，或忠诚于村社、城镇、领主、行会、宗教团体，以及对这些利益给予保护的那些人。② 国民国家的建立和巩固，还依赖于权力对社会的强大渗透力。如查尔斯·蒂利所言，国家的建构表现为政权的官僚化、渗透性、分化以及对下层控制的巩固。随着官僚制的日益完善，中央政府不仅在法理上也在实际支配能力上使国民国家的内外主权得到保证。国家权力的集中及对地方的有效控制，加强了全国范围内的经济联系，摧毁了"一切古老的、等级的、狭隘地方性的、小民族的、宗教信仰的以及其他的隔阂"③，从而使自身成为唯一的权力源泉。即如鲁迅所说："无

---

① 〔英〕安东尼·吉登斯：《民族—国家与暴力》，胡宗泽等译，北京，生活·读书·新知三联书店，1998年，第4页。

② 参见宁骚：《民族与国家——民族关系与民族政策的国际比较》，北京，北京大学出版社，1995年，第273页。

③ 〔苏〕列宁：《关于民族问题的批评意见》，《列宁全集》第24卷，北京，人民出版社，1990年，第29页。

穷的远方、无数的人们都和我有关。"①而官僚组织日臻完备,部门的分工高度专业化,部门之间的协调、合作和一体化不断加强,进一步使国家成为民族意志、利益和尊严的体现者,成为民族延续性、认同性和统一性的代表者。

3. 主权人民化与民主化

统治权的权力归属、权力配置和权力行使的制度性问题,是国民国家的重要课题。17世纪法国思想家拉布吕耶尔(La Bruyere,Jean de)曾响亮地提出"专制之下无祖国"的口号。当民众成为专制统治之下的臣民时,他们不会产生热爱与忠诚祖国的感情。17世纪英国思想家洛克、18世纪法国思想家孟德斯鸠(Charles de Secondat,Baron de Montesquieu)和卢梭(Jean-Jacques Rousseau)等人从自然法和社会契约理论入手,提出了议会主权论、三权分立和制衡的学说以及人民主权学说。他们主张主权属于人民,法律和政府原则都是为了保证人民主权,政府权力来自人民并服从人民意志,从而确立了现代国家制度的合法性。通过权力归属的主权在民原则、权力配置的代议和分权原则、权力行使的法治原则,国民国家构造了其政治体系,并以明确的法律固定下来。这样,人民主权取代了王权,从前的臣民变成了公民。因此,国民国家不仅是民族—国家,还是民主—国家,它通过主权人民化和民主化的制度安排,获得政治权力的合法性。主权人民化的重要表现,首先是选举体制的普遍推行,分享国家主权,国家权力交接有国家成员公认的手段、方式和程序。其次是国民在国家事务中的作用不断扩大,参政程度的提高,最重要的表现就是现代政党制度的诞生。通过政党来组织人民参政,使政治超越村落、城镇和行业的狭隘领域,使一定阶级或阶层的意志在国家范围内得到汇集。以各种方式将组织起来的政党纳入国民代表机构中去,是国民国家的生命力所在,国家政权成为最后的仲裁者,其所代表的利益便有了全民族利益的外观。再次,它还表现为自治范围的扩大,国家开始把更多的职能逐渐交给社会去行使。

4. 国民文化的同质性

国民国家的本质是民族和国家的统一。它被定义为"两种不同的结构和原则的融合,一种是政治的和领土的,另一种是历史的和文化的"②。这说明,国民国家不仅仅是一个由领土、主权和人口结合起来的政治实体,还是有共同历史和文化的稳定的共同体,全体居民被共同的文化纽带联结成

---

① 鲁迅:《这也是生活》,《且介亭杂文末编》(附集),北京,人民文学出版社,2007年。
② 〔英〕戴维·米勒、韦农·波格丹诺、〔中〕邓正来主编:《布莱克维尔政治学百科全书》,北京,中国政法大学出版社,1992年,第490页。

统一的集合体，具有国民文化的同质性。

前现代时期，各地区各族群的文化纷繁歧异，语言大相径庭，信仰、生活方式、社会风尚和法制观点迥然不同。中世纪后频繁的外来冲突和国家战争不断冲击着各种族自我认识与认同的形成。[①] 15 世纪以来随着世界市场的逐步扩大，"各民族之间的精神产品成了公共的财产"，传统文化经过扬弃，被吸收、被集中到本国传统文化中。[②] 在这个过程中，各国政府采取了一系列法律和行政的措施，比如，通过编撰本民族的历史，整理和阐发本民族的神话与传说，提倡统一的民族语言或发展民族文学等，培植和发展国家的共同语言与共同的社会、法律及政治文化，以达到挖掘和培育强烈的民族意识、唤起民族觉悟的目的。[③] 资产阶级的统治确立起来后，国家竭力传播和宣扬有关公民的权利义务、忠于国家和民族、遵守法纪、国家统一而不可分割、国家主权神圣不可侵犯等政治意识，使全体成员自动地抑制和克服政治认同的离散性，达到国家和民族的完全同一。[④] 近代教育文化机构在全国各地广泛设立，报纸、刊物、广播和电视等传播媒体广泛深入社会生活，发达的近代交通和通信条件，为全国共同文化的兴起和传播创造了巨大的可能性和现实性。历史上所形成的人口集团，都被组织到国民国家的框架之中，并形成了相应的集体心理和政治文化。安德森（Benedict Anderson）提出了"被创造的传统"的见解，将国民国家称为"想象的共同体"。[⑤] 经过几个世纪的整合，这种"被创造的传统"形成了同质性国民文化，社会凝聚力得以增强，一个稳定的有共同文化和历史纽带的"想象的共同体"由此成为民

---

① 黑斯廷（Hastings）的《民族体的建设》以英国为例，考察了种族认同在加强民族意识和民族主义形成中的重要意义。作者指出，频繁的外来侵略和边界冲突不但培养了英国人作为一个民族的自我意识，而且外来侵略者还被英国人本身所吸纳和消化。转引自崔玉军：《全球化、民族认同与现代性——〈民族与民族主义读本〉评价》，《国外社会科学》2006 年第 6 期。

② 厄内斯特·盖尔纳（Ernest Geller）认为民族主义在本质上是一种现代现象，在现代社会中民族成员之间广泛的交流激发了民族需求，他坚持是民族主义"发明"了民族（同上文）。

③ 安东尼·史密斯（Anthony D. Smith）提供了民族和民族主义起源的多种角度，即历史、种族基础、文化因素和种族神话等。他认为民族的连续性在很大程度上有赖于神话创造，因为神话对族群团结和认同不但非常有效，而且非常必要（同上文）。

④ 布鲁伊利（John Breuilly）的《民族主义与国家》将民族主义视为一种政治动员力量和运动，是攫取与保留国家控制的根据，而现代国家对权力和资源的控制则成为民族动员的重心所在（同上文）。

⑤ 本尼迪克特·安德森（Benedict Anderson）强调民族主义的出现是因为，技术（尤其是印刷技术）的发展和方言的传播摧毁了宗教共同体与王国，使得它们将自己想象为一个拥有同一种语言的一个共同体。民族这一"想象的共同体"遂由此诞生。参见〔美〕本尼迪克特·安德森：《想象的共同体：民族主义的起源与散布》，吴叡人译，上海，上海世纪出版集团，2005 年。

众政治认同的主要对象。①

5.统一的国内市场

发端于欧洲中世纪的市场资本主义是国民国家诞生的原动力。"资产阶级在它已经取得了统治的地方把一切封建的、宗法的和田园诗般的关系都破坏了。"它使"一切国家的生产和消费都成为世界性的了"。② 地区的分散割裂严重阻碍了资本主义的发展。新兴资产阶级"它力求保证有自己的'本族'市场。市场是资产阶级学习民族主义的第一个学校"③。国民国家从分散和分裂走向统一的过程,根本上就是为了解决资本主义发展所需的统一国内市场问题。统一国内市场的形成,扩大的商品和服务网络促进了劳动分工和经济分工,日益增强了各地经济相互依存关系,推动了国家地区间经济联系,逐步造成了生产资料、财产和人口的集中,并必然形成政治的集中与分散居民的一体化。国家的统一成为不可逆转之势,国民国家形成是一个从分散和分裂走向统一的过程,"各自独立的、几乎只有同盟管地、各有不同利益、不同法律、不同政府、不同关税的各个地区,现在已经结合成为一个拥有统一的政府、统一的法律、统一的民族阶级利益和统一的关税的国家了。"④

总之,"国民国家几乎无可争辩地是世界秩序的基础、个人忠诚的主要对象和人们认同的主要确立者,无论对个人还是对世界的安全,它都比以往任何政治形式和社会组织有意义得多。"⑤国民国家在对具有不同历史文化传统的地区和人民进行内部绥靖的基础上,建立起统一的中央权力机构,通过统一的法律制度,将其地域上所有的人都纳入其司法行政统辖之下,使之结成了利害相系、命运与共的政治共同体,成为世界体系中相对独立的政治单元。曾经作为人类共同体基本要素的某些特征,如共同祖先的血缘纽带,失去了其意义,而新的要素,如领土和人民主权,则应运而生并且占据主导

---

① 关于民族和民族主义的问题,目前学术界存在着以盖尔纳、霍布斯鲍姆、吉登斯、迈克尔·曼、本尼迪克特·安德森等为代表的"现代主义"民族理论与以约翰·哈金森(John Hutchinson)、阿德里安·哈斯廷斯(AdrianHastings)、阿姆斯特朗(J. A. Armstrong)以及安东尼·史密斯等为代表的"族群—象征主义"民族理论的分歧和对峙。前者重点在于强调民族的现代性、政治性、市民性以及其缘起的西欧性,反对民族只是现代史发展过程中的暂时现象的观点。"现代主义"理论迄今还在西方学术界占主导地位。参见叶江:《当代西方的两种民族理论——兼评安东尼·史密斯的民族(nation)理论》,《中国社会科学》2002 年第 1 期。

② 参见《马克思恩格斯选集》第 1 卷,北京,人民出版社,1995 年,第 274～276 页。

③ 〔苏〕斯大林:《马克思主义和民族问题》,《斯大林选集》上卷,北京,人民出版社,1979 年,第 70～71 页。

④ 《马克思恩格斯全集》第 1 卷,北京,人民出版社,1972 年,第 255～256 页。

⑤ A. D. Smith, *Theories of Nationalism*, New York: Holmes & Meier Publishers, 1983, p. 3.

地位。①

（三）近代国民形成的条件

政治的行动归根结底在于作为主体的人的行动。按照现代化理论,社会现代化归根结底依赖于人的现代化。人的现代化不仅是社会发展的最高目标——马克思曾经提出过"人是人的最高本质"也是社会发展的重要前提。恩格斯曾指出:"由整个社会共同经营生产和由此而引起的生产的新发展,也需要完全不同的人。"②英格尔斯(Alex Inkeles)对各国现代化进程的研究说明,只有国民从心理、道德和行为上都能与各种现代化形式的经济发展同步前进,这个国家的现代化才能真正实现。"再完美的现代制度和管理方法,再先进的技术工艺,也会在传统人的手中变成废纸一堆。"③现代化理论与国民国家理论有视角上的差异,但其强调对现代人的塑造给我们以重要启示。前已述及,国民国家建构有制度和民众两方面的要求,前者涉及国家体制和国家形态的变革,后者则要求所统治国度的民众从传统的臣民转变为近代国民。那么,近代国民需要具备什么条件呢? 从国民国家产生后的实际状态来看,衡量近代国民形成的标志,笔者认为最重要的是以下两个条件:

1."去地域化"——打破地区割据,达成对国家的认同,形成具有一体感的统一民族特质

去地域化的要求之一来自于商品经济发展和统一国内市场的要求。国民应该摈弃狭隘地域主义和族群观念,具备对统一国民国家的认同,具有与国家命运共生的连带感,将对地域的忠诚转变为对国家的忠诚。这是国民"成为现代公民的先决条件,也是所有民族国家的政治体制得以生存的前提"④。这需要共同的语言、共同的历史、共同的文化价值和共同的心理取向。建构近代国民的过程,正是在具有不同历史文化和种族联系的人口中创造出统一性和凝聚力的过程。国家应该为政治共同体成员的这种转变提供渠道和方式,并使之制度化。一般说来,它体现在以下两方面:

第一,领土的统一和主权的确立。国家的独立和统一确立了明晰的生存范围、利益范围和统一的归属对象,是近代国民形成的最基础环境。近代国民通过领土聚合在一起,"一般说来,自由制度的一个必要条件是,政府的

---

① 参见王建娥等:《族际政治与现代民族国家》,北京,社会科学文献出版社,2004年,第57页。

② 《马克思恩格斯选集》第1卷,北京,人民出版社,1995年,第242页。

③ 〔美〕A.英格尔斯:《人的现代化》,殷陆君译,成都,四川人民出版社,1985年,第8页。

④ 〔英〕A.D.史密斯:《民族国家》,〔英〕戴维·米勒、韦农·波格丹诺、〔中〕邓正来主编:《布莱克维尔政治学百科全书》,北京,中国政法大学出版社,1992年,第490页。

范围应大致和民族的范围一致。"①黑格尔曾指出:"民族不是为了产生国家而存在的,民族是由国家创造的。"②

第二,国家统一文化的形成。国民是由具有不同种族和文化的人口集团组成的。在对峙的国际关系中,国家疆域的确定性和疆域内人口的非均质性,急需要国家对内部成员进行文化整合,通过颂扬民族精神、民族特性和民族自豪感,强调民族感情的神圣性和民族文化的同质性等形式,培育民族共同的自我意识。这种意识的形成,只有政治地域的整合远远不够,仅仅通过国家也无法在其成员之间建立起一种自觉的联系。只有历史记忆以及对"祖先的崇拜",才能发挥这样的作用。英国哲学家休谟(David Hume)早在 18 世纪就指出国家及其政策对统一文化的形成具有重要的作用。人类学家格罗斯(Feliks Gross)强调,欧洲文化的主要特征就是它的多样性和差异性,统一即单一的文化,往往是国家强加的。③ 他认为通过编撰历史、发明传统和"意识形态的虚构"等活动,在原本具有人种、语言、宗教、文化、地位和身份等各种价值差异的人群中逐步产生了内聚力,就逐步形成了共同文化。④ "尝试通过现在理解和解释过去,通过过去来理解现在,那些创造历史遗产的世世代代由此而联系在一起,休戚与共、息息相关。于是,我们便具有了凝聚力和同情心。"⑤

哪些因素对于近代国民意识的形成起了直接的推动作用呢?

其一,共有"我们的历史"。密尔(John Stuart Mill)曾指出共有国民史是产生国体感情的最强有力的原因。其结果是形成记忆的共同体,大家具有共同的骄傲和羞耻、欢喜与悔悟,过去的事件将其相互联结在一起。⑥ 共有象征、信仰、传说和苦乐与共的历史经历,区分了"我族"与"他族"的区别,催生了共同利益和历史连带感,推动了国民意识的形成。

其二,形成共同语言。共同语言促成了成员之间频繁的、无阻碍的交往

---

① 〔英〕J. S. 密尔:《代议制政府》,汪瑄译,北京,商务印书馆,1997 年,第 225 页。

② 转引自王缉思:《民族与民族主义》,《欧洲》1993 年第 5 期。

③ 参见〔美〕菲利克斯·格罗斯:《公民与国家:民族、部族和族属身份》,王建娥、魏强译,北京,新华出版社,2003 年,第 194 页。

④ 从这个角度看,作为国家基础的"国民"不过是为达成民众的同质性而将各种有差异的价值加以整合而编织出来的虚构观念。"国家"这一事物,从象征意义上讲就是虚构。但一个重要的不容否认的事实是,虚构发挥着十分重要的作用。19 世纪以来,靠着维持这种虚构而产生了国民国家,经过了这些阶段,各地区创造出了虚构的国家,以此为单位发生了各种各样的事情,它具有无可怀疑的、作为社会政治框架的实体性和现实性。而在虚构未能成功的地方往往沦为殖民地。

⑤ 转引自王建娥等:《族际政治与现代民族国家》,北京,社会科学文献出版社,2004 年,第 60 页。

⑥ J. S. ミル:『功利主義論』,東京,中央公論社,1967 年,33ページ。

和沟通,唤起了共同的民族意识。

其三,共同的宗教成为联结政治共同体成员感情的重要纽带。从中世纪后期开始,欧洲的王权国家便逐步推行了统一的文化政策。如通过立法和行政的手段实现语言的统一;通过制定政策,实行教育体系的统一;建立覆盖全国的通信和大众传播网络;实行宗教改革,驱逐异教徒等方式,竭力使具有不同文化背景的成员形成统一的政治认同。这种政治文化的核心内容就是对国家的认同与忠诚,对国家的命运、利益和尊严怀有神圣的情感,为近代国民国家的产生奠定了基础。

2."去奴仆化"——打破身份制度,以平等的公民身份取代等级制的属民身份,以形成"公民"特质

近代国民的建构是对旧的权力结构和社会体系的挑战,在观念上需要重新调整个人与法律、政治与社会的关系。政治前提的一致是维系国民情感的重要因素。将全体成员结合在同一个共同体中的政治前提是,民众有权选择自己生活于其中的共同体形式,有权知道自己所在的共同体中拥有多大范围的行为自由,有权决定管理该共同体的政府形式。作为国民,首先必须是具有平等的政治、社会、经济和文化权利的个体,具备追求个人权利、反抗强权的独立和自主的意识,具备参与国家公议、承担社会责任的意识。日本学者坂本多加雄强调,国民是自觉的存在,指的是参与国家这一组织体其中的意思。地域联系和生活在共同地域上的人民之间的联系和交往,是公民权制度的历史根源。[①] 没有地区利益和地区政府,没有地方水平上的公民参与,任何民主制度都不可能存在。[②] 换言之,当国家成员逐渐自觉到自身的义务和权利的情况,他(她)就已经是"国民"。作为国家,要为政治成员这种意识的培育和权利的获得提供以下文化和制度的保障。

首先,通过"去身份制",实现政治共同体成员在法律和政治上的平等权利。其次,通过建立代议制为核心的宪政体制,将人民主权观念、法治思想等落实到制度层面,转换为人们共同遵守的法律制度,并使之成为共同接受的行为规则和价值观念。再次,有效划分中央和地方的权力,地方分权和自治制度是造就具备这样素质国民的最有效的试验地和训练场。第四,鼓励地域性非政府组织和团体的发展,发展市民社会。市民社会与国民国家相互依存,互相补充。最后,不断推进宪政改革,不断完善福利保障制度,进一

---

① 参见〔美〕菲利克斯·格罗斯:《公民与国家:民族、部族和族属身份》,王建娥、魏强译,北京,新华出版社,2003年,第199页。

② 同上书,第210~211页。

步保障公民权。国民国家通过公民权的扩大，为新的社会力量提供了政治表达的渠道，创造了"人之所以为人"的条件，进而创造出民众对国家的政治归属感，增强其对国家权威的认同，并使其能够为捍卫国家的独立、自由和利益而战，从而铸就出国民不同于臣民的最本质特征。

上述条件中，对于后发展国家，第一个条件是核心指标。"去地域化"是近代国民建构的最基本、最核心的条件，民族—国家由此得以体现。"去奴仆化"是国民最本质的特征，如卢梭所言："没有自由，便没有祖国。"民主—国家因此而得到保证。两个指标缺一不可，"去地域化"的民族特质的形成和发展，必然要求具备"去奴仆化"的公民特质，公民特质对权利和参与的要求，是民族特质发展的结果，反过来又有效提供了统一民族特质形成的重要保证，在此过程中，完成臣民向近代国民的转化。

如果从国民的完满和理想状态来进一步分析，笔者认为，成熟的国民实际上还需要另一个条件，即"去孤立化"，以包容意识和团结意识稳固国家认同。① 政治意义上的国民，文化意义上的民族和族群并不是一个固定的、均质的社会有机体，而是一个混合体，一些不同的甚至彼此对立的集团结成的联合体。② 政治共同体的正常运行和长治久安，也取决于社会的包容程度和社会成员的接纳尺度。共同体最强大的力量来自民族成员之间的认同。在国民国家框架下，国民还应该具备允许多样性存在、尊重不同观点的包容意识以及地域性广泛联系和合作的团结意识，通过自治和参与共治，创造族际成员和社会之间的协调。地域性团结是公民团结的基础，它是一种与血缘联系不同的团结，更为广泛，全面包容。③ 民主性公民国家的根基，是最基层的邻里之间经常性的交往关系，最基本的社会需要就在那里产生。④ 国民国家要从制度上培养国民这种意识和素质。

"去孤立化"是随前两个条件发展而出现的对国民的更深层次要求，强调国民是促成国家与社会、中央与地方平衡和协调的主体。不过，由于它是显示国民成熟和理想状态的指标，而非本书所探讨的近代国民，目前学界也

---

① 参见 A. D. 史密斯的《民族主义》(2006 年)、雷恩哈德·本迪克斯的《民族国家的建设与公民权：对变革中的社会秩序的研究》(1964 年)以及查尔斯·蒂利的《西欧民族国家的形成》(1975 年)等著述都从国家构建角度谈到了国民形成所需条件这一核心问题。本书吸收了这些著者的一些观点。

② 参见〔美〕菲利克斯·格罗斯：《公民与国家：民族、部族和族属身份》，王建娥、魏强译，北京，新华出版社，2003 年，第 185 页。

③ 同上书，第 207 页。

④ 同上书，第 208 页。

有一些争议，在本书中并不采纳其为分析指标。

综上所述，近代国民的形成，需要"去地域化"，以达成对统一国家的认同；需要"去奴仆化"，以强化对国家的认同。

第一章　铸造近代日本国民的构想

"在 1853 年 6 月美国的佩里率舰来到浦贺港以前,日本是一个停滞的封建国家……一个与世隔绝、过着太平生活的国家……在长达二百年期间,除了漂流国外的渔民之外,日本人谁也没有去过外国。"①这种停滞、太平和孤立的状态,被佩里率领的美国舰队打破了。"黑船来航"意味着一个时代的终结,日本面临着或是生存或是灭亡的危急关头。危机激起了日本社会的强烈反应,也激发了知识分子和领导阶层对铸造"新日本人"的诸多构想。废除幕藩体制,改变民众隔离、孤立与无力的状态,使其关心国家、胸怀国家,成为一致共识。明治政府迅速调整了国策,开启了明治维新,拉开了近代日本国家建设的大幕。

第一节　幕藩体制下的臣民

所谓幕藩体制,是一种具有特定内涵且存在于一定历史时期的封建统治形式。广义的幕藩体制是指日本近世时期的社会组织和结构,即由幕府和藩②组成的统治体制。在近代日本到来之前的两百年间,是日本历史上一个史无前例的安定时期——德川时代。德川武家两百多年的统治,是极为典型的幕藩体制。较多的学者认为应始于 17 世纪的江户时代(1603～1868 年)。③

1600 年,德川家康在关原之战击败石田三成,赢得了推翻丰臣秀吉政权的关键一仗。1603 年,他就任征夷大将军,开设幕府于江户,开始了德川

---

① 〔日〕吉田茂:《激荡的百年史——我们的果断措施和奇迹般的转变》,孔凡、张文译,北京,世界知识出版社,1980 年,第 4～5 页。

② "藩"是与"幕府"相对而言的对封建领国的称呼,也是领主在领国内的统治机构。

③ 高柳光寿、竹内理三主编的《角川日本史词典》(東京,角川書店,1982 年)、小叶田淳等主编的《日本史词典》(東京,数研出版,1983 年)等都持此说。

幕府统治时代。征夷大将军是日本武士的最高统帅，名义上是天皇封赐，表示对皇室的尊崇，以此提高其统治的合法性，其前提是要稳操皇室。德川家光在其统治时期延续了织田信长和丰臣秀吉的政策，在经济上继续支持天皇朝廷运作，使其摆脱数年来财政拮据的状况。幕府颁布了一系列法度，委任朝廷公卿百官，赐予封地。天皇子嗣一人须居于德川家族在日光的家庙，以为人质。此外，幕府还会派官监视皇室举动，从而使幕府实际上与天皇平起平坐。这便是日本长期存在的二元统治结构。福泽谕吉曾言，日本是天皇（至尊）和幕府将军（至强）两个因素共同在起作用，"假使在幕府执政的七百年间，王室掌握着将军的武力，或幕府得到王室的尊位，而集至尊和至强于一身，并且控制着人们身心，则决不会有今日的日本。"①

作为上层建筑，幕府体制的重要特点是，对内采取严格的身份制度和地方分国的封建领主制度，对外实行严格的锁国政策。

一、世袭的身份制度

德川幕府实行严格的世袭身份制度，人分为士、农、工、商四等，还有公卿、神级、僧侣和学者等特别身份。士农工商有固定的身份，分属不同社会阶级。在每一种身份中，再细分为各种阶层。每个人被固定在自己应处的位置上，不准错离一步，甚至在文字和语言的用法等细节上都有着严格区别。因身份不同而各有法律管治，与德川幕府关系亦因身份而异。上下尊卑、服从和效忠成为社会关系的基础。

在幕藩体制下，武士是统治阶级，以将军和大名、直属武士②的关系为中心，享有种种特权，他们将自己定位为庶民的模范。德川时代，武士占日本总人口的 6%～7%。被统治阶级中，农民人口占 80%。工匠与商人合称"町人"，地位很低，完全受人宰制，③约占人口的 10%，主要集中在城下町，与农民分离。在幕府出台登记令后，村民不许改变户籍，甚至旅行也要事先取得许可。他们的身份被固定下来，累世不得改变。町人地位虽低，但不像农民那样受限。近世商业的发展导致一批新兴商人抬头，有的甚至富甲一方。此外，还有许多人群无法按此标准归类，如僧侣、娼妓和各类三教九流

---

① 〔日〕福泽谕吉：《文明论概略》，北京编译社译，北京，商务印书馆，1982 年，第 18 页。

② "大名"，即被分封统治一个藩王的国主、城主，掌握所辖地区的军政大权，领有一万石以上禄米，臣服于将军的封建领主。直属武士是直属德川将军家族、俸禄在一万石以下的武士，即旗本、御家人的总称。

③ 町人虽排名之末，但其负担比农民轻，他们凭其经济实力而成为江户时代城市文明的主要创造者。

之辈,被称为"贱民等级"。贱民主要有秽多和非人两种,①到 18 世纪上半叶名称才统一,身份才固定下来。美国日本史学家霍尔(J. W. Hall)称德川的政治制度为"身份统治"。

身份统治体现在物的方面。在德川时代,全部土地属武士阶级所有,德川家拥有最高的土地所有权,其他任何阶级不能私有土地。全国土地的四分之一由将军直接管辖,余下的四分之三分给大名,这叫"恩偿",大名再分给家臣。将军因此与大名结成"御恩"效忠以及奉公的主从关系。大名对土地的所有权是暂时和不稳定的,将军经常进行调动"转封",但"领主可变,而农民不得变"。将军、大名新旧交替时,需要重新确认上述主从关系。每个大名都需从将军那里取得"领知朱印状",大名还须向将军提出自己领地的继承人,呈报封地清册,得到承认和批准。

将军拥有这样的权力,首先是因为幕府是一个全国性的官僚组织机构,凭借强大的军事和经济实力,拥有对各藩的绝对权限。本百姓②体制是将军拥有最高所有权的封建领主所有制的基础。本百姓从事农业生产,生产与缴纳年贡以及其他苛捐杂税,是武士阶级共同剥削压榨的主要对象。该体制的本质,就是本百姓用自己的全部剩余劳动乃至必要劳动供整个武士阶级挥霍。而石高制③的推行,强化了将军对土地的最高所有权。

全部土地分割为自治的、互相连带的町村,处于统一管辖之下。德川氏是全国最大的领主,其权限的合法性得到朝廷的承认。其他领主则臣服于将军,通过分封的形式,取得领地的合法权限。根据与将军的亲疏关系,藩主分为"亲藩"、"谱代"和"外样",政治地位也各不相同。他们对领地都有统治权,发给家臣俸禄,要求他们臣服,从而结成封建关系。

领主在其领地内具有统治权和独立性的另一方面是它要接受幕府的监督,履行对将军的义务。作为忠臣的保证,他们出公差时要将妻子留在江户。公差的内容包括参觐交替④、定期和临时的进城拜谒将军、贡献物品、担任重要地区的警卫等,从而形成了具有统一性的、上下级的封建关系。这种关系是幕府凭借强大的实力、巧妙的策略,依靠对分封土地的完全统治权和社会阶层间的固定秩序得以强制、紧密维系的。幕府为了维持这种封建

---

①　贱民中绝大多数是随着 17 世纪后半叶商品经济的发展,出现在贫农和城市贫民中的没落者。

②　本百姓是指登记在检地(16 世纪后期至幕府末期,日本领主对于农民的保有土地进行的测量和调查)账上的、固定于耕地的独立小农。

③　石高制:不以耕地面积而以稻谷产量多少计算经济实力的制度。

④　江户幕府控制藩侯、大名的一种方策,规定诸藩侯、大名在一定期间内必须居住在江户。

秩序,对任何形式的变化都不感兴趣。1856 年,美国第一任总领事哈里斯在其日记中写道,日本对于任何事情,都是遵守"静止的东西,不宜让它活动"这一格言。①

总之,以大名为代表的封建制是支撑幕府统治基础的一个大框架,幕府处于中心的支柱地位,作为大领主而拥有人力和物力资源。②

二、地方分国的封建领主制度

自德川时代起所形成的类似西欧领主制的幕藩体制,在政治上的表现形式之一便是地方分国制度。③ 幕府作为全国统一政权是集权的,但从它与藩的关系来看又是分权的。藩对幕府有相对独立性,为幕府"所不干预"④。各藩在财政上不依赖于幕府,收入来源为领地内农民所纳年贡。只要在政治上不违背幕府的法度,在藩内便有独立的行政、立法、司法、征税和军事统帅权。"藩上层领主对于本藩领国的有效治理及其对幕府权力的恭顺,是使以幕府为核心的武家政权成为一个统一整体的不可缺少的黏合剂。"⑤

地方分国的概念在日本早已有之,《汉书·地理志》就记载有"夫乐浪海中有倭人,分为百余国,以岁时来献见云",说明了日本列岛原来部落国林立的状况。公元 3 世纪前期,形成了以"邪马台国"为中心的三十个小国联合政权。3 世纪后期,建立了以邪马台国为中心的大和政权。6 世纪,大和王朝试图引进隋唐的先进制度,强化中央集权的力量。⑥ 按照司马辽太郎的观点,"在豪族环伺的现实中,大和政权建构出了'中央—地方'的都鄙⑦意识的社会氛围"⑧。为强化中央集权的朝廷统治的正当性,公元 620 年,日本开始编纂国史。公元 701 年,日本史上首部律令法典编纂完成,律令的内容反映出代表朝廷中央最高存在的"国家意识"。中央政权还要求各地方分国针对地方的乡土特产、山川原野的由来和特殊古老的传承等编纂成地方

---

① 参见〔日〕吉田茂:《激荡的百年史——我们的果断措施和奇迹般的转变》,孔凡、张文译,北京,世界知识出版社,1980 年,第 4 页。

② 参见〔日〕坂本太郎:《日本史》,汪向荣等译,北京,中国社会科学出版社,2008 年,第 282 页。

③ 分国制度,按照信夫清三郎的解释:平安时代(794~1185 年),授公卿等以"国司"之权,分管各国,是为"分国"之滥觞;战国时代(1477~1575 年),各地大名称其武力统治区域为"分国",并各自制定其"分国法"(家法)。

④ 石井紫郎校注:「徳川成憲百箇条」,『日本思想大系 27 近世武家思想』,東京,岩波書店,1974 年,473 ページ。

⑤ 施超伦:《幕藩体制下日本武士阶级的精神观念形态》,《世界历史》1991 年第 1 期。

⑥ 参见五味文彦、高垠利彦、鳥海靖:『詳説日本史研究』,東京,山川出版社,1998 年。

⑦ 即京城和边邑,借指全国。

⑧ 司馬遼太郎:「坂の上の雲」,『文藝春秋』1999 年第 1 号。

的《风土记》。这说明在一千年前的日本已经存在"地方分国与统合国家"两种不同层次的"国家"概念。岩波书店出版的《广辞苑》里，"くに"（国·邦）的语辞解释有"国家、国土"之意，但同时也有相对于中央的"地方、地域"的含义以及"故乡"的含义。这种二元并存的"国家"观念，在民众意识中根深蒂固。初次见面，日本人询问对方的老家，用日语表达为："お国は何処ですか？"江户时代的人可能回答"萨摩国人"，近代之后萨摩国人会回答"鹿儿岛县人"。"お国"中的"国"便是指的地方层次的国家。

地方分国制度，不仅体现在藩与藩的关系上，还体现在藩内村与村的关系上。明治维新前，地理环境和封建割据的幕藩体制将日本分割得支离破碎，"日本全国几千万人民，被分别关闭在几千万个笼子里，或被几千万道墙壁隔开一样，简直是寸步难移。"①民众事实上分属于不同的藩。"藩即国"，藩的边境设有关卡，藩与藩之间的流动是不自由的，所以当时最大的地域社会是藩民形成的藩社会。德川时代有三百多个藩，藩主林立。由于当时交通不便，藩社会内部被封闭性的村落共同组织所分隔，农民的生活大部分被封闭在村落内部。"安定地维持百姓的基础就是实现和保持百姓与土地的结合"。村与藩贯彻着集权与分权相结合的原则。各藩藩主则以"五人组制度"强化对农村的控制。村在政治上是一个自治单位，幕府和藩不过问村务。村对内是一个紧密的结合体，农民高度依赖村集体，与村不可分离；对外是一个独立的单位，农民以村为单位与外界发生联系。一般说来，除与领主以及必须与外村发生联系外，村是孤立的、闭塞的。

三、严密的锁国政策

闭关自守的锁国制度是幕府对内政策的必然延续，也是幕藩体制特征不可分割的组成部分。德川幕府体制建立后，曾自称"大君"，宣称"日本国主源家康已统一全国"，在对外关系上打出了"大君外交"路线。② 但在1624～1641年间，幕府逐步形成锁国体制。幕府发布锁国令，主要内容是：（1）禁止日本人出航海外；（2）禁止基督教；（3）限制外国船的贸易。在与外国船的贸易中，禁止葡萄牙和西班牙人前来，对于中国船和荷兰东印度公司，则只限于在长崎进行贸易。③ 锁国令的目的不仅仅是针对基督教的威

---

① 〔日〕福泽谕吉：《文明论概略》，北京编译社译，商务印书馆，1982年，第156页。

② 一般将"大君外交"体制解读为日本脱离"华夷体制"而独立的宣示，或是"日本型华夷体制"的确立。

③ 参见〔日〕信夫清三郎：《日本政治史》第1卷，周启乾译，上海，上海译文出版社，1982年，第19～20页。

胁,而是推行"强本弱末"政策——强化作为本的幕府,削弱作为末的诸藩,特别是西部的外样大名,保证幕府能稳固地控制大名。但对外开放和奖励贸易的政策使西部大名强大起来,这与幕府的"强本弱末"政策发生了矛盾,并带来了危险性。幕府曾经禁止建造大船并实行贸易统制,但未能成功地禁止西部大名的贸易活动。有的西部大名为贸易而信奉基督教,幕府便以禁止基督教之名,同时禁止了这些西部大名的贸易活动。

在藩主林立的幕藩体制下,德川幕府的锁国政策本质上是专权手段的体现,造成幕府在对外关系上(情报和贸易)的独占局面。这种手段人为地保持了日本封闭的状态,有利于巩固刚刚建立起来的统一政权。只有切断日本与外部世界的联系,才能把所有的日本人都封闭在列岛范围内,幕府的各项分而治之的政策才能奏效。凭借自给自足的经济生活,在文化思想方面,日本列岛也萌生了关于"国家意识"的思考,形成了以本国为中心的国际秩序观。继 17 世纪儒学家熊泽藩山的"身土不二"概念①之后、山鹿素行的"日本主义"、本居宣长所批评的"慕夏"思想,最典型地反映了当时日本思想界试图描绘出以日本为中心的独自的国际秩序——与西欧国家秩序和以中国为中心的华夷秩序都不同的大君外交秩序。而 18 世纪以新井白石、大槻玄泽为代表的兰学者②从抵抗中华思想的角度,进一步描绘出以日本为核心的"华夷秩序"——各个国家都可把本国视为"中国",即"中央之国",强调国家间的自主平等关系,为近代国家意识的崛起埋下了伏笔。

四、占统治地位的儒学

德川幕府禁止了战国时代颇具影响的基督教,将朱子学确定为正统学问,以儒家学说作为文教政策的基础。被称为"官学之祖"的林罗山的思想,是德川初期时代思潮的集中体现。它强调"君臣、父子、夫妇、兄弟、朋友"的五伦道德是近世社会的根本规范。"此五者,自古至今存于天地之间。此道正乃为达道。""君父之尊,臣子之卑,犹天地之位,不可乱也。然上之心通下,下之情达上,君臣父子之道相行,上下贵贱之义相接,阴阳内外之理相

①　"身土不二"用语出自 14 世纪中国的佛教书中,强调人的身体与所居地的风土密不可分。从养生学的观点来看,居住地三里四方或四里四方的邻近地区所培育出的食材最有益于健康。此概念正好适用于外来物资取得不易的锁国体制时代。

②　兰学是江户时代时经荷兰人传入日本的学术、文化、技术的总称,引申可解释为西洋学术,也称"洋学"。兰学者即是对兰学研究做出贡献的日本学者的总称。借助兰学,日本得以学习欧洲在当时在科学革命所达致的成果,奠下日本早期的科学根基。

协,乃天道行于上,人伦明于下之所以也。"①"上下定,贵贱不乱,则人伦正。人伦正,则国家治。国家治,则王道成。此礼之盛也。"②

遵从圣人的教诲、养成德行以治天下是儒学的理想,而圣人的教诲,以君臣关系中的忠和亲子关系中的孝为轴心,忠孝乃儒学德行之根本。忠与义,则是主从意识的核心,所谓"顾其身,得主人,尽奉公之忠,交友厚信,慎独身,专于义"③。经过德川时代,武士由在原来领地中从领主那里领取支配权的家臣移住到城下町,变成从主君,一身一家的荣辱兴衰便同自己所属藩国的命运紧密相连。在武家和武士间,对藩主的"忠"成为日本式儒学的首要特征。正田健一郎指出,忠对旗本和御家人而言便是对将军的孝,对藩士而言就是对大名的孝。换言之,忠便是对公的孝。"家"仅是一种"以主君为首的经营实体"④,而不是作为私有单位存在,也没有上升到近代国家的高度,藩便具有了"亦家亦国"、主君便具有了"亦父亦君"的性质,武士的一切观念与行为便无不带有尽忠奉公的色彩。主君既是一家之主又是一国之主,是不能选择的,"脱藩"受到禁止。武士要维护主君的地位和荣誉,要把对主君的忠诚转化为对藩国即整个集团的忠诚。"主之命则亲之首亦取之","离亲子兄弟而立忠",甚至需要舍生取义,为主君复仇或殉死。"君即便不君,臣亦不可不臣"。藩国能够继存或昌盛,武士的生活、地位和荣誉就有保障。在这里,忠与孝、公与私、个体与群体的关系有机地融合到一起。在将军—大名—武士的自上而下的主从关系中,主从意识,包括英雄主义、自律、献身、节欲、忠诚和珍惜名誉等中心价值观念,构成了武士阶级内部价值伦理的基本内容。为家国负责与献身,遂成为一种至高无上的价值伦理,这是幕藩体制能够长期维持的重要原因。

儒学思想对近世日本的绝对统治,强化了日本社会的停滞和封闭状态。丸山真男曾指出,德川时代种种的立场乃至学派,除了安藤昌益以外,全都无条件地肯定了封建社会秩序,并大体上把它作为不可缺少的条件来加以论证。这无疑使其社会政治更加呆板化和单调化。⑤ 福泽谕吉对此深刻地揭示道:"日本的学者被关进政府的牢笼里,他们把这个牢笼当作自己的天

---

① 转引自丸山真男:《日本政治思想史研究》,王中江译,北京,生活·读书·新知三联书店,2000 年,第 162~163 页。

② 同上书,第 165 页。

③ 田原嗣郎、守本顺一郎:『日本思想大系 32　山鹿素行』,東京,岩波書店,1970 年,32ページ。

④ 正田健一郎編集:『日本における近代社会の形成』,東京,三嶺書房,1995 年,225~226ページ。

⑤ 参见〔日〕丸山真男:《日本政治思想史研究》,王中江译,北京,生活·读书·新知三联书店,2000 年,第 158~159 页。

地,而在这个小天地里苦闷折腾。""政府的专制是怎样来的呢？即使在政府的本性里就存在着专制的因素,但促进这个因素的发展,并加以粉饰的,难道不正是儒学的学术吗？"①总之,这种意识形态下,根本没有国家意识、平等意识和权利观念产生的空间。

五、从臣民走向国民

(一)幕藩体制下的臣民铸造

一言蔽之,幕藩体制的本质就是在武士阶级掌握土地垄断权的基础上,把日本列岛上的每一个人固定和束缚在某一等级和某一地区,从纵横两方面分而治之的封闭体制。它对于民众的政治意识产生了决定性的影响。

第一,由于彻底推进兵农分离,统治者与被统治者的世界被明确分开。天皇为太阳后裔,下临人间,授予将军统治大权,将军君临万民,武士辅助将军治理天下。这种政治秩序,经过德川家族的种种神话、文字记载或口口相传,得到民众的承认和臣服。武士阶级把作为政治主体的一切责任担在肩上,占人口十分之九的庶民则完全作为政治统治的客体,被动地遵循着所被给予的秩序,其中绝大多数的农民承受着贡租这种外在强加的无可奈何的厄运。他们服从它只是因为"对蛮不讲理的人毫无办法",而不是从内心对秩序的自觉。"只要年贡交清,百姓心安理得"。商人则被安排在社会的最下层,他们"只知利,不知义,唯以利身为心",许多人并不要求把通过劳动财富所获得的社会势力推进到政治领域中,而是一味沉溺于官能享乐的世界中,享受着变化无常的私下自由,或者对于现实政治的统治关系,充其量投以心地不正的嘲笑,全然不见将政治秩序作为自我之物积极认同的自觉意识。不具任何公共义务意识,被驱逐于伦理之外,他们对政治"无感",也是自然的。若按竹越与三郎的观点,"夫以一社会制一社会,以一阶级制一阶级之国,假令有几千万众,假令有善美之法典,此唯是社会,不得称之为民族。人为之阶级全灭,由人民与政府二大要素,组织一国,至此始可称之为一个民族。"②这样的分割状况,哪能谈得上是一体的民族？

第二,纵向的身份隔离与横向的地域割据相互纠葛,酿成了特有的地方主义。武士阶级和庶民内部进一步等级区别及其固定化,妨碍了民族统一意识的发展。藩的相互隔离和对立意识超乎想象,"邻藩如隔万里云山,几

---

① 〔日〕福泽谕吉:《文明论概略》,北京编译社译,北京,商务印书馆,1982 年,第 146~147 页。

② 竹越與三郎:「新日本史」,松島榮一編:『明治文学全集 77 明治史論集 1』,東京,筑摩書房,1965 年,160ページ。

同外国一般"。各藩之间、各村之间相互隔离的状况使得整个社会不能形成共同的社会生活和经济生活。生活在这种格局中的认同意识,事实上只能是一种居于狭隘的血缘与地缘关系基础上的藩国意识。松平定信感叹道:"日本人原多狭隘性,所以住在下町的不知山手①。走出川崎的人很少,所以认为海就像品川,河川就像大川、玉川。只考虑眼前之事,没有深谋远虑,久之愈加狭隘。"②幕府虽然是事实上的中央政权,全国性的市场自江户中期后亦已形成,教育也有较高程度的普及,但江户时代的日本与欧洲的情况相左,"藩即国"的理念带有浓厚的、封闭的地域色彩,并未将藩视为一个整体的国家。按照林呈蓉的观点,纵观日本两千多年的历史,多数时候在日本人的脑海里,地方分国的概念是凌驾于统合国家的概念之上的。③ 对一般民众的生活而言,"抽象的遥远日本国"与他们无关,那只是德川家族的问题,自己生活周遭非常具体的村落、邻里(町内会)所结构而成的故里之"国"更具有意义,他们只需要实现对藩国的纳税、务工及不反抗的义务即是合格的藩民。其"国家认同"只是地域层次上的"藩国认同",抑或更低层次的村落共同体的认同。对于各藩藩士来讲,其责任意识是以直接的君主为对象,终极的归属集团并非幕府,而是自己所出身的藩。"对幕藩体制下的武士及人民来说,'国'意味着领主的支配和地域,即等于本藩,并不是指超越藩的日本全体。"④所谓奉公,最终没有超出由封建俸禄所结成的个人关系。藩地意识的强烈桎梏,使"脱藩"成为维新志士能够自由从事政治活动的非常手段。

上述体制的特点,决定了德川时代的民众从本质上便是"臣民"——不是作为天子的臣民,而是作为藩属的臣民。身份制度使其自甘为臣,"家臣"、"贱民"、"非人"和"秽多"等词的广泛应用,便是明证。没有自由迁移的权利,没有阶层上升的可能,没有反抗的权利,各安其位,无私奉献,对藩主尽忠是最重要的道德标准。地方分国的政治状态决定了民众的视野只可能停留在自己所生活的藩和村落,难以产生对"日本"国家的认同,而锁国体制和儒学意识形态则进一步强化了上述意识。既无国家观念亦无权利意识,

---

① 东京在明治维新以前被称为"江户"。那个时候,以将军的城堡(现在的皇宫)为中心,诸侯和武士居住的地区和商人居住的地区被划分开来。前者被称为"山手",后者被称为"下町"。体现的是社会阶层的差别。在近代的东京,这种差别仍然存在。

② 松平定信:《闲余漫话》,转引自丸山真男:《日本政治思想史研究》,王中江译,北京,生活·读书·新知三联书店,2000 年,第 274 页。

③ 林呈蓉:《从历史风土探讨日本"国家意识"的建构》,《台湾国际研究季刊》2006 年 9 月第 2 卷第 3 期秋季号。

④ 遠山茂樹:『明治維新』,東京,岩波書店,1967 年,73～74ページ。

专制政治下臣民的基本要素——具备。不知世界为何物的懵懂民众，就在这种道德教化下一辈一辈终其天年，尽忠着这个他自身无法掌控的藩国。在这样的民众体认中，在这样的体制架构下，德川幕府保持了两百余年的安定。

明治维新前，这种精神状态已经病入膏肓。幕末外国人的记录中经常有这样的描述——携带双刀的武士充满敌意的目光与一般庶民的友好态度形成鲜明对比。1864 年 8 月，英、美、法、荷联合舰队占领马关炮台的时候，"日本人对于正在作业的人不断显示出极其友好的态度，进而又自愿帮助移动大炮。他们真的非常高兴拆开这种给他们增添麻烦的玩具。"丸山真男评价道，"这种具体的个人之间的亲密感情，只是意识形态以前的自然感情，而不是自觉的国际平等意识。封建制度下的民众仅仅处于政治统治的客体地位，国家意识本来就与他们无关。"①这是何等让人尴尬的场景！福泽谕吉也曾指出："人民……一切只听从政府，不关心国事。结果，一百万人怀着一百万颗心，各人自扫门前雪，莫管他人瓦上霜。对一切公共事务漠不关心……终日惶惶唯恐沾染是非，哪有心情去考虑集会和议论！"②民众明哲保身、事不关己等自私自利的禀性，是民众政治能动性长期被否定的必然结果，是长期幕藩统治所结出的精神恶果。作为统治客体，庶民被逼到私生活的狭隘角落，当然不能期待他们具有什么国民的责任意识。

（二）外患：告别臣民的契机

前已述及，丸山真男曾指出，人类因代代定居在固定土地上而自然对其土地乃至风俗所怀有的眷恋——这种本能的乡土爱，即使是培养民族意识的源泉，它也不能很快成为创造政治性民族的力量。走向民族国家，一定要表现为一种决断性行为。……在内部秩序结构不利于国民国家建立的情况下，国家是无法从内部形成国民的，民众的大多数依然维持其自然的、非人格性的存在。这说明政治上的民族意识不是一种自然的、自发性存在，其产生需要一定的历史条件。在一定的历史发展阶段上，民族以一些外部刺激为契机，通过对以前所依存的环境或多或少地加以自觉的转换，把自己提升为政治上的民族。通常促使这种转换的外部刺激，就是外国势力，即所谓的"外患"。③

---

① 〔日〕丸山真男：《福泽谕吉与日本的近代化》，区建英译，上海，学林出版社，1992 年，第141 页。

② 〔日〕福泽谕吉：《文明论概略》，北京编译社译，北京，商务印书馆，1982 年，第 70 页。

③ 参见〔日〕丸山真男：《日本政治思想史研究》，王中江译，北京，生活·读书·新知三联书店，2000 年，第 269～270 页。

佩里军舰的到来,既把日本民众意识的四分五裂暴露于光天化日之下,同时又是使民族统一观念成长发芽的契机。广濑旭庄叹道:"今之尤可忧者,异国也。吾阖国之人心,官有官之心,诸侯有诸侯之心,麾下有麾下之心,诸侯之臣有诸侯之臣之心,农有农之心,工商有工商之心。然往时各安其分,相安无事。然所谓亿万之人有亿万之心者,以之不可胜敌。……今也,官不好战,诸侯好战。麾下之士有好战者,有不好战者。上忧财乏,下惜出财。士好凶年,而工商好丰年,农因贫富不同,或好凶年,或好丰年。人心之不同,各如其面,同忧、同乐者极少。如此与异国战,可知其危。方今之急务,乃使人人知异国之大患,一心尽防御之术。"①

西方各国的军事和经济力量自 1853 年起进入日本后,德川政权全然无法应对,地方分国的制度使其无法有效征税,身份制度的桎梏使藩国的臣民无法调动,崛起的新型商人阶层和西欧列强的枪炮也使幕府无法再垄断对外关系。所有存在等级体制之内的诸种对立和矛盾,到了幕末都集中爆发了出来。权力分散、难以举国一致,近世封建制度已经走到崩溃的边缘。

从这个角度看,"黑船来航"实际上意味着由国民国家和殖民主义构成的欧美国际秩序同东亚国际秩序的冲突。"19 世纪后逼迫东亚'开国'的西方压力,是饱经了西方史上也未曾有过的产业革命实践或正在经历这个实践的列强的压力。这种压力不能单纯用狭义的军事侵略来解释,它包含了渗透政治、经济、文化和教育等社会全部领域的巨大力量。"②这种冲突开辟了一条道路,那就是前者对后者破坏的开始,以及后者由于打破了地区割据和身份制度而迈向"国民"的新"意识"之形成。德富苏峰曾这样描写当时的情形:"国外的警报,立即诱发了对外的思想,对外的思想又很快激发了民族精神,民族精神马上鼓吹起民族的统一……这就是说外国的思想刺激了日本的国家观念。日本的国家观念产生之日,就是各藩的观念灭亡之日。""各藩的观念灭亡之日,就是封建社会的颠覆之日。"③

具有与国家的连带感,形成民族一体化意识,实现对国家的认同,并在此基础上实现民族独立和个人的独立自尊——作为近代国民的基本要求开始迫切地被提到议事日程上来。塑造近代国民,培养民众对于国家的共属

---

① 转引自丸山真男:《日本政治思想史研究》,王中江译,北京,生活·读书·新知三联书店,2000 年,第 243 页。

② 〔日〕丸山真男:《日本近代思想家——福泽谕吉》,区建英译,北京,世界知识出版社,1997 年,第 6 页。

③ 转引自丸山真男:《日本政治思想史研究》,王中江译,北京,生活·读书·新知三联书店,2000 年,第 281 页。

意识，关心和参与国家政治，应对外来危机，挽救"日本国"，是幕末知识分子和领导阶层面临的最严峻的挑战。

按照绪论的相关理论，近代国民民族与公民两方面特质的形成，需要国家提供有效措施和制度保证：一是政治力量向国家凝聚；二是向民众渗透国家思想并赋予其基本权利，把国民从以前对国家秩序无责任的被动状态中解放出来，从而在政治上动员一切力量。幕府体制本身存在的机理，就是规定垂直式的等级身份制，承认水平式的地域的割据性，自然无力将全体国民的意志集中起来，因此成为了形成民族统一意识和走向民族一体化的最大桎梏，"德川幕府的现实政策正是最大限度地利用这种结构，一味地阻止民族统一意识从下面成长起来。"①要告别臣民，铸造时代所需的日本国民，只有摆脱这种历史环境才有可能为之。

第二节　福泽谕吉关于近代日本国民的构想

在国际重压下，清除臣民意识、培养民众与天下忧乐与共的气质、"使全国人民的心里都具有国家的思想"②这一巨大课题，首先寄托在了思想家的身上。用丸山真男的话来说，"必须是由几个指导性的思想家来完成"③。福泽谕吉是幕末知识分子中涌现出来的最杰出的启蒙思想家，从《劝学篇》开始，他就开始表达自己关于铸造日本国民的思想，对当时的日本起到了振聋发聩的作用，他也由此成为引导日本近代文明方向的最具代表性人物。

1835 年，福泽谕吉出生于大阪的一个下级武士家庭，从小亲历了下级武士生活的凄惨状况，具有对封建等级制度的叛逆精神。十三岁起，他就广泛接触汉学，十九岁时在长崎学习兰学，后进入绪方洪庵。1858 年，福泽谕吉奉藩命上京，在筑地铁炮洲开设学塾（今庆应义塾大学的起源），但真正对其思想产生影响的是西方文明。自 1860 年起，他获得三次游历欧美诸国的机会，广泛地接触与了解了西方文明，也认识到日本学习西方的必要性和紧迫性。其间，福泽谕吉被雇用为幕府的翻译官，但没有中断洋学研究和教育，随着文明开化时代到来，他开始了绚丽多彩的社会启蒙活动。与同时代

①　〔日〕丸山真男：《日本政治思想史研究》，王中江译，北京，生活·读书·新知三联书店，2000 年，第 274 页。

②　福沢諭吉：「通俗国権論」，『福沢諭吉全集』第 4 卷，東京，岩波書店，1959 年，34ページ。

③　丸山眞男：「戰中と戰後の間」，東京，みすず書房，1976 年，144ページ；也可参见氏著：「福沢の秩序とその人」，『三田新聞』1933 年 11 月 25 日号。

其他思想家不同的是,福泽谕吉走出在器物层面上学习西方的窠臼,着重从内在的精神来理解西方文明,致力于把日本建设为资本主义文明国家,扮演了日本近代"文明指导者"的角色。福泽谕吉的思想对中国近代启蒙也产生了重要影响,并成为19世纪末以来中国学界研究的重要课题。

一、福泽谕吉关于铸造近代日本国民的基本主张

(一)"天不生人上人,也不生人下人"的天赋人权观

《劝学篇》是福泽谕吉关于国民思想的最初著作,以此为开端,福泽开始表达其国民观念。他敬慕美国政治,将其《独立宣言》中的"所有的人都是生来平等的"一语铭刻于心,这是其《劝学篇》开篇章第一句"天不生人上人,也不生人下人"的来源。他的天赋人权观主要表现在:

1. 人生而平等是人类的根本原则

"这就是说天生的人一律平等,不是生来就有贵贱上下之别的。""这种平等是指基本权利上的平等。""所谓基本权利,就是人人重视其生命、维护其财产和珍视名誉。因为天生人类,就赋予了身心的活动,使人们能够实现上述权利。"[①]他痛斥了幕府时代的身份等级制,将幕府与人民之间的关系批判为"根本上是弄错了人类平等的大原则,把贫富强弱的现实情况用作为非作歹的工具,致使政府倚仗富强的势力来妨碍贫弱的人民的权利。因此一个人必须时时刻刻记住相互平等的原则,这是人类世界最紧要的事情"[②]。

2. 自由的重要性

福泽谕吉认为自由是既享受权利又履行义务的自由。其平等概念蕴含着"万人皆平等,自由自在,互不妨碍他人,各自愉快地度过社会生活"的理想。他认为要改变日本的落后状态就必须从根本上使人民得到自由和独立。他反复告诫国民,自由的真谛是不妨碍他人而发挥自己的自由。[③]一个人有身体、智慧、情欲、诚心和想法五种性质,如果能自由自在地运用这些性质的力量,自身就能够获得独立和自由。"假如一国的自由遭到妨害,就是与全世界为敌亦不足惧,假如个人的自由遭到妨害,则政府官吏亦不足惧。"[④]

福泽谕吉的上述思想影响极大,植木枝盛的《民权田舍歌》——"天之造

---

① 〔日〕福泽谕吉:《劝学篇》,群力译,北京,商务印书馆,1984年,第2、4、9页。

② 同上书,第12页。

③ 参见上书,第44～45页。

④ 同上书,第6页。

人,天下万人皆同。无人上之人,无人下之人,此则人人同权。国人之权伸张。政府者,民之立法。法律者,保护自由也",也是接受上述福泽谕吉有关平等和自由思想的结果。①

(二)人的独立自尊是文明精神的根本

福泽谕吉提倡"独立"观念,提出了"独立自尊"的思想。《劝学篇》中倡导的第一个观点是个人独立。人的独立精神是文明精神的根本。② "所谓独立,就是没有依赖他人的心理,能够自己支配自己"③,包含着由自己判断事理,处置事情和独立生活的含义。人民有无"独立精神"是衡量一国文明程度的标尺。没有独立的精神,文明的形式也成为无用之物。培养独立自主的国民精神是日本富强的人格基础。"一国不自尊,而国未有能自立焉者也。""夫国家本非有体也,借人民以成体,故欲求国之自尊,必现自国民人人自尊始。"梁启超由此称赞福泽谕吉的"独立自尊"为德育最大之纲领,④并借其思想倡导"故欲求国之自尊,必先自国民人人自尊始"⑤。福泽谕吉的这种思想主要体现在:

1.“有政府无国民”:对专制主义“权力偏重”的批判

以福泽谕吉为代表的启蒙思想,其核心可以归纳为排除"权力偏重"——社会价值集中于政治权力的传统倾向。⑥ 福泽认为,妨碍个人身心独立的是亚洲的专制主义。"在亚洲各国,称国君为民之父母,称人民为臣子或赤子,称政府的工作为牧民之职,在中国有时称地方官为某州之职。这个'牧'字,若照饲养兽类的意思解释,便是把一州的人民当作牛马看待。"⑦传统的名分等级制度使人被约束在固定的框架中而丧失了自主性。"农民要无缘无故地对武士低声下气,在外让路,在家让座,甚至自己喂的马都不能骑。这岂不是蛮不讲理吗?"⑧他对传统名分观念进行了批判,"由于人极力维持上下尊卑的名分,一意倡导虚名,以实施专制,毒害所及,遂成为人间

---

① 参见《民权自由论附录》,转引自丸山真男:《日本政治思想史研究》,王中江译,北京,生活·读书·新知三联书店,2000 年,第 246 页。

② 参见〔日〕福泽谕吉:《劝学篇》,群力译,北京,商务印书馆,1984 年,第 27~28 页。

③ 〔日〕鹿野政直:《福泽谕吉》,卞崇道译,北京,生活·读书·新知三联书店,1987 年,第 65 页。

④ 参见梁启超:《新民说》,郑州,中州古籍出版社,1998 年,第 134 页。

⑤ 参见梁启超:《论自尊》,同上书,第十二节。

⑥ 参见〔日〕丸山真男:《日本近代思想家——福泽谕吉》,区建英译,北京,世界知识出版社,1997 年,第 3 页。

⑦ 〔日〕福泽谕吉:《劝学篇》,群力译,北京,商务印书馆,1984 年,第 61 页。

⑧ 〔日〕鹿野政直:《福泽谕吉》,卞崇道译,北京,生活·读书·新知三联书店,1987 年,第 66 页。

社会所流行的欺诈权术。"①

福泽谕吉判断日本落后的根本原因在于封建体制中"有政府无国民"的"权力偏重"。"我国人民之所以没有独立精神,是由于数千年国家的政权完全由政府一手掌握,从文事武备到工商各业,以至于民间的生活细节,都要归政府管辖。……政府不仅占有土地,还像占有奴隶一样占有人民,人民不过是国家的食客。人民既成了流浪的食客,仅得寄食于国中,便把国家看成旅馆一般,从来没有加以深切的关怀,也得不到表现独立精神的机会,久之就酿成全国的风气。"②"政府是在上面掌管着国家,而百姓仅在下面依赖着国家,忧国之事是上面政府的责任,和下面的百姓无关。"③权力的偏重不仅仅表现在政治专制上,而且普遍浸透到人与人的关系中。他指出日本历史或日本社会的特点是:"日本只有政府,没有国民,我国人民是把自己的全部精力为古代的道理服务的精神奴隶。"④要实现日本的独立,最重要的是完全改变这种"有政府无国民"的状况,培养出能与政府对抗的国民。他大力宣传"在抵御外辱、保卫祖国时,全国人民要有独立的精神",进言政府"与其束缚人民而独自操心国事,实不如解放人民而与人民同甘共苦"。⑤

2. 民为国之主体:"一身独立,才能一国独立"

福泽谕吉的"国民"重在个人。要实现日本的文明,关键就在于培养出具有独立精神的个人。积极地培植自主、独立的国民性,其目的在于保持日本国家的独立。"把今天的日本人民引进文明境地,只是为了保持国家的独立。因此,国家的独立是目的,国民的文明是达到这个目的的手段。"⑥然而,他很清楚个人和国家的关系,那便是"一身独立,才能一国独立",个人的独立是国家独立的优先前提。对此,他从三个方面加以论证:第一,"缺乏独立风气者,不可为国思虑深切";第二,在国内得不到独立地位的人,也不能在接触外人时保持独立的权利;第三,没有独立精神的人会仗势做坏事。⑦

"日本亦然,西洋国亦然,同于天地间,共沐一日轮……从天理人道,互

---

①　〔日〕福泽谕吉:《劝学篇》,群力译,北京,商务印书馆,1984 年,第 63 页。

②　同上书,第 28 页。

③　同上书,第 29 页。

④　〔日〕鹿野政直:《福泽谕吉》,卞崇道译,北京,生活·读书·新知三联书店,1987 年,第 82 页。

⑤　〔日〕福泽谕吉:《劝学篇》,群力译,北京,商务印书馆,1984 年,第 18 页。

⑥　〔日〕鹿野政直:《福泽谕吉》,卞崇道译,北京,生活·读书·新知三联书店,1987 年,第 83 页。

⑦　参见〔日〕福泽谕吉:《劝学篇》,群力译,北京,商务印书馆,1984 年,第 18～19 页。

相结交。于正理面前，非洲黑奴亦应敬畏。于正道面前，英美之军舰亦不足恐。若遭国耻，日本国中之人民，不余一人舍命保护国之威望，此乃一国之自由独立。"①这段话是对近代国民独立理念本质的出色描写。"中华—夷狄"的傲慢蔑视态度受到了挑战，而代之以"于正理面前，非洲黑奴亦应敬畏"之新型国民的自尊态度。可见，该时期的福泽贯彻了"法"优位的观念。在这个逻辑里，个人主义与国家主义、国家主义与国际主义取得了出色的平衡。

3. 学实学、长智德：获得独立的途径

"国民"意识的产生不是自发的，而是需要某种飞跃的。被束缚于卑屈之中的人民，怎样才能获得"独立"？福泽谕吉提出了通往独立的两条道路。

第一是求实学。人的贫富贵贱之分，"只是其人有无学问所造成的差别"。这种学问必须要有助于人们处身立世，因而必定是实际有用的学问，即求"实学"。"我们应当把不切实际的学问视为次要，而专心致志于接近世间一般日用的实学。""实学宗旨是要求从小勤奋学习，成年之后将所学知识用到实际之中，以求生活独立，安身立命从而达到人生目的。"②福泽谕吉把读诗作文等虚浮的文学视为对社会不实用的文学，认为日本社会停滞之原因便在于缺乏数理认识和独立精神两点。所谓"独立的精神"，在伦理上是指自由平等的人际关系，在逻辑上是指客观地有法则地把握认识对象的方法——"数理学"的思维方法。这两者是近代欧洲文明优越性的根本秘密。"文明进步完全依赖于科学发展，绝不会有例外"，掌握了实学，增长了见识，则个人可以独立，一家可以独立，国家也就可以独立。福泽谕吉把一直被轻蔑的实用学问作为新时代的学问，并建立了一种新的学问价值观，实学从以伦理为核心转为以物理为核心，具有革命性。③ 他并非只强调物质而忽略精神与伦理，而是把物理学作为确立新的伦理与精神的前提，精神在此被赋予了新的内涵。引起他关心的，不仅是自然科学发展本身所带来的成果，更重要的是创造出近代自然科学的人的精神存在方式。从这个意义上说，福泽的实学已基本摆脱了传统儒学的束缚，意味着精神层面上的变革。

第二是长智德，以树立文明的精神。福泽谕吉是一个开拓文明化方向的批判者。他把文明区别为外在文明和内在精神两个方面，认为外在文明

① 〔日〕福泽谕吉：《劝学篇》，群力译，北京，商务印书馆，1984 年，第 4 页。

② 〔日〕福泽谕吉：《福翁百话——福泽谕吉随笔集》，唐沄等译，上海三联书店，1993 年，第69 页。

③ 参见〔日〕丸山真男：《福泽谕吉与日本近代化》，区建英译，上海，学林出版社，1992 年，第30 页。

易取,内在文明难求。谋求一国文明,应先攻其难而后取其易。他认为彼时的日本开设学校,倡办工业,徒有文明之名,而无文明之实,缺乏内在的精神。文明的精神是指人民的"风气"。这种风气,既不能出售也不能购买,更非人力一下子所能制造出来,它普遍渗透于全国人民之间,广泛表现于各种事物之上。文明化的次序首先是改变天下人心,打开改变人心的端绪,则政令法律的改革自然可以畅通无阻了。①

那么什么是文明呢? 福泽谕吉回答,"所谓的文明是指人的身体安乐,道德高尚",即"智德"。他评价的标准不是每个人的优劣,而是着眼于"充溢全国的风气"。"从国民的一般智德,可以看出一个国家的文明状况。"智慧就是人思考、分析和理解事物的能力,道德是人的内心准则。在他看来,道德和智慧都有"公"和"私"之分,人类文明的进步就是由私智私德发展为公智公德的结果。只有两者兼备才能成为全面发展的人。福泽谕吉认为日本从古至今在国民思想中认可的只是私德,如温良恭俭、无为而治、任者如山,而缺乏公德,因而主张把私人道德扩大到公共道德。

4. 主人与客人的二重性:国民的义务和职责

福泽谕吉受卢梭和维兰德(Francis Wayland)的社会契约思想的影响,把政府看作人民协商和人民意志的产物,认为形成政治社会的国民具有按照步骤形成政府的能动作用。"政府者,集人心成一体,所以力达众人之意也。"②《劝学篇》展现了他关于国民构成政府行使统治的"主人"的义务与服从于统治的"客"的义务这种二重性的设想:

"凡属人民,均应一身兼负两种职责:一方面应在政府领导之下,充当一个公民,这是做客的立场。"③"另一方面全国人民共同协商,结成一个称为国家的公司,制定法规,并付诸实施,这是当家做主的立场。"④以客人的身份,即是尊重国家法律和人人平等原则。以主人的身份,即是订立约法,设立政府,委以国政,民为邦本,人民就是主人,政府只是代表或经理。"原来人民和政府之间的关系是二位一体的而有职责的区分,并建立在下属紧密的约束之上,即政府代表人民执行法律,人民则遵守法律。"⑤"既然政府代

①　参见〔日〕鹿野政直:《福泽谕吉》,卞崇道译,北京,生活·读书·新知三联书店,1987 年,第 77~78 页。

②　福沢諭吉:「西洋事情」,『福沢諭吉選集』第 1 卷,東京,岩波書店,1980 年。

③　〔日〕福泽谕吉:《劝学篇》,群力译,北京,商务印书馆,1984 年,第 44 页。

④　同上书,第 38 页。

⑤　同上书,第 12 页。

表全体国民而行使政权，那么政府所做的就是国民的事，国民也就必须要服从政府的法令，这也是国民和政府间的约束。"①这意味着国民一个人做两个人的事：第一是建立代表自己的政府，来制裁国内的恶人和保护善人；第二是严守同政府的约束，服从国法，并接受保护。②从这种认识出发，他在官民关系中站在拥护人民的立场上，"制定法律，保护人民本来就是政府应尽的职责，不能叫作恩惠。"③

除服从法律外，他还进一步阐述了国民的职责："官吏的薪俸和其他政府的各项费用，都由国民来负担。"④民众负担保卫国家一切费用的职责"决不应稍露不满之情"⑤。"不论契约的作者是谁，只要制定一种契约，日子久了，就可以养成遵守契约的习惯……必须制定一个双方互相监督的办法。否则本来不是这个政府的本色的专制，也将习惯地成为它的本色。"如果政府实行暴政，屈从政府和用实力对抗政府两种方法均不可取，上策是"坚持真理、舍身力争"⑥。

（三）以士族为铸造国民的先锋和主体

在一般民众国民意识欠缺的状况之下，想要建设近代国家，必须要将士族作为新时代国民的核心，将其作为国民精神的模范，提倡士族精神，这是福泽谕吉铸造国民思想的重要内容。

之所以持这种认识，福泽谕吉认为原因有三：一是士族率先接受和传播西洋文明而自我更新，促使新的精神文明普遍渗透于全国人民之间，由此而成为一种人民的风气；⑦二是旧时代的士族，大部分在维新后已经演变成新体制的官僚、工商业主和知识分子，形成地域社会的中间阶层。在区分"国权"和"政权"的基础上，士族是"治权"的担当者，是"能使精神高尚，并能对肉体之外的事情赴汤蹈火的种族"。福泽谕吉特别撰写了《防止外交蔓延一事》和《维持保护士族精神》，高扬士族精神，希望士族能成为国民的中坚。"一国的文明，既不可由上面的政府发起，又不能自下面的一般人民产生，而须由居于二者之间的人来兴办。……这些大专家（即所谓"中产阶级"）……居于国内的中等地位，用智力来领导社会的人们……所以兴办文明史的是个别人，而保护文明事业的则系政府，这样一国人民就能把增进文明引为己

---

① 〔日〕福泽谕吉：《劝学篇》，群力译，北京，商务印书馆，1984 年，第 39 页。
② 参见上书，第 32 页。
③ 同上书，第 31 页。
④ 同上书，第 12 页。
⑤ 同上书，第 40 页。
⑥ 同上书，第 41 页。
⑦ 参见〔日〕福泽谕吉：《文明论概略》，北京编译社译，北京，商务印书馆，1982 年，第 12 页。

任,互相比赛竞争,互相羡慕夸耀。国内有一件好事,全国人民都拍手称快,唯恐别国捷足先登,所以文明的事业都能成为增长人民志气的工具,一事一物无不有助于国家独立。"①

福泽谕吉将国民形成的课题放在世界史这一长远、宽广的视野下进行考察,强调积极发挥士族的立场和作用,显示了其作为一个独立知识分子的立场。福泽谕吉的对手井上毅在该问题上和福泽见解相同。他在《士族处分意见》中反复说道,"众所周知,士族是我国的精神,今天还有士族,是我国之大幸。""要维持国家的独立,推进文明开化,往往不在于官,而在于有一个中坚种族,并壮大其力量。"他也建议政府应该"致力于笼络士族,和士族一道前进","与农商共进"。他还认为花一百年取得的成果,若与士族共进,"只需要五十年"就能取得初步成效。虽然两人倡导士族精神的目的是不同的,但不容否认,他们都认识到了"士族精神"的重要性,期待士族在国家建设中发挥作用。

二、福泽谕吉关于铸造近代日本国民构想的鲜明特点

与其他同时代的思想家相比,福泽谕吉的思想具有如下鲜明特点:

(一)敏锐性、系统性和启蒙性

所谓敏锐性是指其率先意识到了国民铸造对于近代日本国家的极端重要性。"必须使全国充满自由独立的风气。人人不分贵贱上下,都应该把国家兴亡的责任承担在自己肩上,也不分智愚明昧,都应该尽国民应尽的义务"。② 在福泽谕吉倡导独立自尊之前,民众大多数只作为政治统治的单纯客体存在,对所给予的秩序只知道逆来顺受,环境的变化对他们来讲只是周围的变化而不是其自身的变化。从将秩序一味看作外来给予而接受的人,转换为能动地参与秩序的人,只有个人具有主体自由才可能实现,③而"独立自尊"当然比其他任何事物都更意味着个人的自主性。福泽谕吉看到日本传统的国民意识中最缺少的就是自主的人格精神,完全抓住了问题的症结,显示出其思想极强的敏锐性。

所谓系统性是指其著述甚丰,内容涉及面广,涉及国民铸造的概念、必要性、途径和承担主体等方面,形成了一个较完整的思想体系,即要以个人的独立自尊为前提,以国家的独立为目的,以士族为主体,以实学、智德和公

---

① 〔日〕福泽谕吉:《劝学篇》,群力译,北京,商务印书馆,1984 年,第 29～30 页。
② 同上书,第 15 页。
③ 丸山眞男:「福沢の秩序とその人」,『三田新聞』1933 年 11 月 25 日号;氏著:『戦中と戦後の間』,みすず書房,1976 年,144ページ。

议为途径，铸造能够为国舍身的人。他第一次明确了国民的概念，提出国民是"没有贵贱上下之分"的"国家中的人"，"不是政府的玩具，也不是政府的刺"，是"将国家扛在自己身上"的具有报国大义的主体。在其国民概念形成前后，以废藩置县的《户籍法》为契机，政府法令中开始普遍采用"国民"一词，①在近代日本的知识分子中，还没有人像福泽谕吉这样对自己作为知识分子作用的独特性具有如此强烈的意识，并对政府的位置、态度和执政方式等进行过如此深入的思考。丸山真男由此赞扬福泽谕吉是"在依旧存在的国际重压中，挑战'让全国人民的大脑中都抱有国家意识'这一'切实课题'的伟大思想家"②。

　　而启蒙性则是指其站在世界史和文明史高度，运用西方政治学的基本理论赋予"国民"时代内涵，并通过一系列社会活动实施了对日本民众的思想启蒙。"想要废除数百年来的旧习，不得不割断人情，而割断人情的利器只有成为普遍道理的学说。"③福泽谕吉被誉为"日本的伏尔泰"，他心目中的国民具有独立自尊、责任与义务兼备的近代人格，引领近代日本摆脱传统的国民观念，完成了其向近代价值体系的转换。丸山真男将其思想启蒙定位为"为了独立自尊的市民精神的斗争"和"为了市民的自由的斗争"，④认为福泽谕吉在日本思想史上的意义在于"在个人的深层自由中传播国家"，扮演了文化巨匠的角色。⑤梁启超也评论道："日本人之知有西学，自福泽始也；其维新改革之事业，亦顾问于福泽者十而六七也。"⑥其思想之影响涉及政府和民众两方面：

　　首先，颁布了《学制》。1872 年文部省颁布的《学制布告》⑦以宣传新国

---

　　①　在接受废藩置县和四民平等政策、打破封建割据和身份差别的统一体这几方面，政府法令和福泽的"国民"概念是共通的。不同的是，福泽的"国民"是承担国家的主体，而政府法令所体现的"国民"，其出发点是政府所支配的客体。

　　②　参见丸山眞男：「福沢の秩序とその人」，『三田新聞』1933 年 11 月 25 日号；氏著：『戦中と戦後の間』，東京，みすず書房，1976 年，144 ページ。

　　③　福沢諭吉：「藩閥寡人政府論」，『福沢諭吉選集』第 6 卷，東京，岩波書店，1981 年，79 ページ。

　　④　丸山眞男：「福沢諭吉の儒教批判」，『丸山眞男集』第 2 卷，東京，岩波書店，1996 年，141ページ。

　　⑤　参见〔日〕近代日本思想史研究会：《近代日本思想史》第 1 卷，马采译，北京，商务印书馆，1983 年，第 30 页。

　　⑥　梁启超：《论学术之势力左右世界》，《饮冰室合集（1）·文集之六》，北京，中华书局，1989 年，第 115～116 页。

　　⑦　即《明治五年太政官布告第二百十四号》，也就是被学术界惯称的"学事奖励被仰出书"（即《关于奖励学业的告谕》）。参见藤田英典编集：『教育学年報 6　教育史像の再構築』，横浜，世織書房，1997 年，90～94 ページ。

民教育理念、提倡国民皆学、教育机会均等为目标,清楚地体现了福泽谕吉思想对政府的影响。《学制》首创的日本义务教育制度,其基调和《劝学篇》强调的学问与出身立世相联系以及学问应是实学的观点相一致。《学制》的精神还通过各地方官厅、各府县的就学告谕和开设的学校普及于全国。中央和地方官府广泛阅读、接受和利用福泽谕吉的思想,其著作被作为教科书发行使用,以致有"文部省在竹桥,文部卿在三田"①的说法。

其次,启发了民众的自由民权思想。不少人因为阅读了福泽谕吉的著作,精神上受到极大启发。或者树立了自由民权思想,或者参加了自由民权运动,或让自己的子女上庆应义塾,或者积极参与社会活动,其人生由此具有了新的出发点。对于农民来说,福泽谕吉极富激励性的论述,例如"今天的普通百姓,明天也许成为参议员,去年的大夫,今年会成为町人。贵贱更替,贫富轮回,世间之事实在有趣……富贵之门是敞开的",等等,给他们增添了极大的生活勇气。他在《劝学篇》里称赞日本民间流传的农民运动的领袖佐仓宗五郎,认为自古以来"主张人民的权利,提倡真理,进谏政府,终于舍身成仁而无愧于世的"②,只有他一人,高度评价他为捍卫民众革命而献身的精神。这使福泽谕吉在农民心目中也成为与佐仓宗五郎一样的崇拜对象。鹿野正直在其著作中用"小川金平"、"林金兵卫"等事例说明了福泽谕吉的著作和思想的影响,"这些实例告诉我们,他的思想以远远超过其他思想家的规模,直接浸入国民的心中,起到了使自由、独立的观念与日本实际相结合、灵活移植近代文明的功能。"③井上毅在一份文件中说:"福泽谕吉的著作每出一本,天下少年靡然遵循,似扎根脑中,浸入肺腑,父不能制子,兄不能禁弟,这种影响岂是布告号令所能挽回的?"④石井南桥也指出,由于福泽的影响力,"'权理'(当时将权利当作权理)这个词,最近广为流行。"⑤自由民权思想的勃兴及其运动的发展,即是福泽启蒙的最直接成果。

(二)路径明确:从思维方式和生活态度的转变着手铸造国民

除了指出"求实学"、"长智德"的基本方向外,福泽谕吉留给后世的最大遗产之一,还在于他通过对日本人思维方式和日常生活态度的透彻批判,提

---

① 转引自福泽谕吉:《福泽谕吉教育论著选》,王桂主译,北京,人民教育出版社,1991年,第30～31页。

② 〔日〕福泽谕吉:《劝学篇》,群力译,北京,商务印书馆,1984年,第44页。

③ 〔日〕鹿野政直:《福泽谕吉》,卞崇道译,北京,生活·读书·新知三联书店,1987年,第108页。

④ 同上书,第109页。

⑤ 石井南桥:「明治の光」(1875年),明治文化研究会编:『明治文化全集24　文明開化篇』,東京,日本評論社,1992年。

供了铸造近代日本国民的重要途径。

1. 主张从一切"惑溺"(指没有主体性的轻信轻疑)中解放出来，倡导"怀疑"的美德

在福泽谕吉看来，具有主体性是民众素质的最重要部分，学会发挥自己的主动性，从轻信中解放出来，敢于怀疑，是人独立和解放的标志之一。他批判过去的教育培养的是"被人治的小人"，是"站在好政府之下蒙受好政府德泽的人民"。他认为，欧洲思想家以"人权"、"契约"为武器，承认和鼓励人的独立性，而日本历史上既没有形成过这种"人权"，也不曾订立过这种"契约"。"这个世界史的课题在后来的自由民权运动才第一次被提出来，到了此时，日本的思想界才开始探求人权和契约"的成立根源。[1]

2. 强调开展讨论和举行会议的重要意义

在西方，许多民众自发通过演说和议论等方式参与公共事务，议会政治就是民众在各个领域自发结社和讨论的"习惯"在政治领域的表现。福泽谕吉受基佐(François Pierre Guillaume Guizot)、密尔、托克维尔(Alexis de Tocqueville)思想的影响很大，因此他在《劝学篇》中大力提倡演说，认为西方盛行的"人民的会议、社友的演讲"等是促进人民相互交流的手段，有利于民众养成当众发表意见的风气。福泽想使日本民众也养成这种社会风气，并将此作为国民铸造的重要途径，为此，他在庆应义塾内部举办演讲会，建立演说馆。森有礼、福泽谕吉等创办的"明六社"的社会活动也主要是召开演说会，《明六杂志》刊登的都是社员的演说笔记，这对日本人的思想革新造成了很大影响。通过演说来启蒙群众，通过讨论承认不同意见，这种方式开始为人们所接受。

此外，福泽谕吉还提出了"设立民选议院建议书"。随之而来的，是日本国内围绕开设议院问题而展开的大论战。这刺激了人民对政治的关心，在全国各地陆续出现了一些提倡自由民权的政治团体，它们以民众名义开展活动，并逐步发展成社会运动。

3. 倡导树立男女之间的新伦理

福泽谕吉将男女平等作为形成国民的基础性工作，对以男尊女卑为天经地义的旧风气进行了大胆批判。在《劝学篇》中，他进一步阐述其尊重妇女的观念，"须知生存于人世间的，男的也是人，女的也是人。"[2]福泽认为应该改变

---

① 参见〔日〕近代日本思想史研究会：《近代日本思想史》第1卷，马采译，北京，商务印书馆，1991年，第56页。

② 〔日〕福泽谕吉：《劝学篇》，群力译，北京，商务印书馆，1984年，第47页。

日本妇女地位低下的局面,给予妇女财产权和更多的自由,将夫妻间平等的原则确立为家庭的根本,并极力主张一夫一妻制,建立以夫妻为核心的家庭。此外,他还在家中带头实行男女平等观,将自己的四个儿子和五个女儿平等对待。

（三）亲身实践：以私的立场推动国民的铸造

福泽谕吉的国民铸造是从自身开始的。作为独立的知识分子,他以个人的立场推动着铸造国民的实践。新政权成立时,福泽辞去幕臣职务,坚持不入仕,选择了"放下双刀,读书度日"的生活和在政府之外的私立立场,确立了自己作为边缘知识分子的角色。以废刀节酒的生活方式,从自己内心开始"清除奴隶之心",这便是卢梭所谓通过"自我革命"实现从内心到生活的全局性变革,也正是福泽谕吉"一身独立"思想的基础。福泽谕吉的观点是,要铸造国民,必须要"走在别人前面","让自己来开私立的先河"①。

与新政府的官僚大多埋头于制度改革的调查、立案不同,为创造出独立的个人和自发的结社,福泽谕吉创办了庆应义塾。对他来讲,庆应义塾就是由志同道合的独立的个人的"约束"而结成的集团原型,目的是培养有自由精神的人才,实现学问的独立和知识分子的独立。福泽谕吉想通过私立的庆应义塾,通过教育和出版,对民众进行启蒙教育,他的这一运动开了日本私立大学的先河。此后,同为私立大学的早稻田大学创始人小野梓所提出的"国民的独立是一国独立的基础,国民精神的独立又是国民独立的根基。由于国民精神的独立又发端于学问的独立,故国欲独立首先学问必须独立"②,其思想来源就是福泽谕吉。福泽引进了维兰德的《道德科学》,采用英美两国的启蒙教育方法,还为庆应义塾制定了"社中约束"。这种思想本身就是他接受维兰德"道德科学纲要"后的产物,同时也是对维兰德个人主义和社会契约论进行脱胎换骨地改造的产物。

设立庆应义塾既是开启了日本私立大学的先河,同时也首开日本演讲、议论的先河,不只在教育史上具有重大意义,也在政治上具有典型意义。在福泽谕吉六十岁诞辰的庆贺晚会上,他坦言,将长年在无知识状态中昏睡的无气力的愚民改变成洋洋大观的新社会的担当者国民,将奉行锁国主义的东洋小国变化为充满活力的独立国是自己一生的"作业"。③ 在这个意义上,福泽被称为"知性的使命预言家"和"维新最大的指导者",确实是名副其实的。

---

① 福沢諭吉著、富田正文校注：『福翁自伝』,東京,慶應義塾大学出版会,2009 年,297ページ。

② 松本三之介、山室信一編：『日本近代思想大系 10　学問と知識人』,東京,岩波書店,1988年,152ページ。

③ 参见福沢諭吉：『福沢諭吉全集』第 15 巻,東京,岩波書店,1970 年,336ページ。

（四）前后矛盾：铸造国民思想的本质转变

福泽谕吉的早期思想逻辑是非常清楚的："国家的独立是目的，国民的文明则是达到这个目的的手段。"为了加强国权，必须推进国民的文明，也就是必须扩大民权。扩大民权，培养具有独立自主精神的国民，是加强国权的前提条件。民众和国权在他看来是互相补充的关系。但自从1881年政变后，其观点为之一变。在《时事小言》中，福泽谕吉强调："我曾经多次倡导民权论，但却忘记了重大之处。……忘记了什么？这就是没有论及国权问题。"①他将原来二者的相互补充关系理解为矛盾关系，认为过分强调民权，会导致国内斗争激化，现在应该叫停，由此表现出了批判和压制自由民权运动的态度。"永远充当皇室的羽翼"②，这是福泽对民权论者的忠告。

福泽谕吉对国权的理解也发生了变化。在他那里，国权原本只是意味着日本的独立，摆脱不平等条约，确立与欧美列强平等的地位。但不久，他便开始从与欧美列强竞争的角度认识国权，认为"国际交往的根本在于实力"，并要求恢复日本"固有之文明，"③大力鼓吹对外扩张，国权也就具有积极对外扩张之含义了。"我们应该认识到，保护亚洲东方乃是我日本的责任"，"国家一旦遭受耻辱，日本全国人民哪怕丢弃性命、一人不剩也不能使国家的威光蒙尘"。这些原本是他从启蒙角度来培养人民爱国心的言论，也反映出其内心要求民众对国家绝对服从的真实想法。这样，福泽谕吉就将民权与国权对立起来，并提出了国权优先的主张。从此，其思想便一直朝着牺牲民权的方向发展下去。

丸山真男是如此谈及福泽思想前后之本质变化的："……谕吉的国权论渐渐失去了初期的自然法色彩，向'国家存在理由'的主张转化……但当他看到朝鲜和中国清代儒教主义根深蒂固的现实，并为此感到焦躁和绝望时，又反而产生出一种确信，认为推进东洋近代化的使命应由日本来承担……而且由于在谕吉的思想中，国际关系始终先于国内问题，因此其国权论越发展，其对国内政治的态度便越妥协。无疑，他在抽象的意义上始终坚持了自由进步的原则，但这些原则的具体化日程却因对外问题越来越往后推迟。"④福泽思想中这种双重性和矛盾，不仅与同时代的自由民权论者（如中

---

① 福沢諭吉：「时事小言・通俗外交论」，『福沢諭吉著作集』第8卷，東京，慶應義塾大学出版会，2003年，5～6ページ。

② 同上书，第137页。

③ 同上书，第106页。

④ 〔日〕丸山真男：《福泽谕吉（1834～1901）》，《日本近代思想家——福泽谕吉》，区建英译，北京，世界知识出版社，1997年，第4页。

江兆民)具有共性,同时也表现在 19 世纪 80 年代兴起的"日本主义"或"国粹主义"(陆羯南、三宅雪岭等首倡)的思想运动中。

福泽谕吉思想的转变意味着近代日本启蒙时代的结束,之后的日本逐渐放弃了独立自尊的近代性质,很快走向武力扩张和牺牲民权的道路。然而福泽谕吉思想的影响却超越时空,持续地对近代日本的走向产生了深刻影响。正如一些学者所指出的那样,为启蒙所培养起来的国民精神,在民众斗争中发展,变得更加强韧,更加丰富,远远超过了其母体的界限,从根本上挖掘出其母体所没有接触到的课题。①

第三节　森有礼关于近代日本国民的构想

森有礼是明治时期日本最有代表性的思想家和行政官僚之一,也是最早重视以国家介入的方式来创造国民的独特人物。1847 年,森有礼出生于萨摩藩,曾作为该藩的留学生留学英国,后去美国,加入了基督教的新兴宗教团体"新生社"。他遵从哈里斯②的教导,在国家重建中看到了人类的希望并带着对日本国家"再生"的强烈使命感回到日本。回国后,森有礼成为官僚,同时也以启蒙思想家的身份开展各种活动。在历任美国代理公使、清国公使和英国公使后,他出任文部大臣,成为日本国教育领域的领导人物。1889 年,森有礼在伊势神宫被刺杀,终年 42 岁。

幕末明初,西欧列强的殖民扩张对日本构成了极大威胁。森有礼被派到美国时,一个美国人曾经在他面前谈及佩里来航一事,并指责日本没有勇敢精神。森有礼顿感"惭愧之极"、"如刺在身",并一直对美国人的这种评价难以忘怀。③ 由于在西洋度过了人生四分之一的时间,这使他能从比较的观点看待日本和西洋。森有礼一直关注当时世界中日本的位置和如何形成日本人对国家的认同问题,他曾对井上毅说:"我走在路上,或是乘坐人力

---

① 参见〔日〕近代日本思想史研究会:《近代日本思想史》第 2 卷,马采译,北京,商务印书馆,1991 年,第 58 页。

② 哈里斯教团是一个纪律严格、劳动超强的组织,也是一种近似于柏拉图所提倡的最小化自己所有的共产团体。在这里,人抛弃自己的财产,无报酬地为社会劳动,并从社会获取必要的用品生存,人所期望的是能在生活中亲自体验到人最终的一体性。参见林竹二:「森有礼とトーマスレイクハリス」,『日米フォーラム』1963 年第 9 卷第 3 号,51ページ。

③ 参见長谷川精一:『森有礼における国民的主体の創出』,京都,思文閣出版,2007 年,5ページ。

车，要是此时去想这位车夫的头脑里是否会有日本精神的问题，我心里就会产生很失望的情绪。"①他认为，在这种危机状况中，一个民族只有具备进行激烈变革的能力才能在危机中拯救自己，彼时的日本就有进行这种激烈变革的必要。要将西欧的冲击作为国家变革的契机，当前最不可缺少的是通过进行国民启蒙，创造出能够支撑国家独立的自觉的日本国民，从根本上重新塑造人的意识、气质及体格。②他在1887年《关于日本教育方针的意见书》（即《阁议案》）中谈及欧美诸国不分上下、男女，国民都有爱国精神时便指出："我国自中世纪以来，按照文武之业，承担国事的只有士族，现在承担'开化运动'的也仅限于国民的极少部分人，其余多数民众茫然不理解国是什么。"③森有礼的课题，就是要创造出自己所期望的"日本国民"，即构成日本国家的自觉的主体。④为此，他殚精竭虑，形成了与福泽谕吉既有区别又有联系的近代国民观，深刻地影响了近代日本国民的形成进程。

一、森有礼关于"创造日本国民"的主张

（一）培养国民主体：途径在教育，重点在好臣民

在森有礼留学时曾参加的"新生社"的教义中，新生的个人使命是出了教团后要让世界得到新生。森有礼认为"再生日本"是自己的责任所在，⑤因而决心回国。他给自己定下的任务是"通过组织国民教育塑造国民的命运"⑥，认为培养国民的最根本的途径是教育。"我关心教育一事，也宣扬其是最有价值、最有必要的事。因此，我现在的职务责任很重。"⑦他指出，学政的目的并不是为了人，而是为了国家。"国家是寿命无限的活体"，国家的兴旺是由于"国人全体拥有的国家公利情操的发达"，国家的衰落是"对个人一己私利的欲望的增长"，所以"致力于学问教育的人的信仰中心是国家"，不以国家为中心的人没有从业资格，不能采用这样的人，要"将不具有爱国心的人从日本的国民共同体中排除"。⑧成为"国民"，就是将自己从只考虑

---

① 森有礼著、大久保利谦编：『森有礼全集』第2卷，東京，宣文堂書店，1972年，531ページ。
② 参见林竹二：「森有礼研究一 森駐米代辦公使の辞任」，『東北大学教育学部研究年報』1967年第15集，17ページ。
③ 森有礼著、大久保利谦编：『森有礼全集』第1卷，東京，宣文堂書店，1972年，345ページ。
④ 同上书，第581页。
⑤ 長谷川精一：『森有礼における国民的主体の創出』，京都，思文閣出版，2007年，22ページ。
⑥ 林竹二：「森有礼研究二 森有礼とキリスト教」，『東北大学教育学部研究年報』1968年第16集。
⑦ 本山幸彦：「森有礼の国家主義と教育思想」，『人文学報』（京都大学人文科学研究所）1958年第8号，91ページ。
⑧ 森有礼著、大久保利谦编：『森有礼全集』第1卷，東京，宣文堂書店，1972年，663ページ。

自己的低层次的"私"的状态中解放出来,提升为自觉地承担国家的"具有国家公利情操"的更高层次的存在,即国民的主体。近代个人主体性的确立,就是"国民主体化"的确立,其重点就是"好臣民"的培养。教育之义是"熏陶培养"专门的"正确人物"——"气质可靠、善务国益、善于随机而动"的"我帝国必须之善良臣民"。[1] 他进一步指出:"善良的臣民是什么,可以说就是充分尽帝国臣民的义务。"他坚信只要他献身于此,所有日本人就可以成为这种臣民。[2]

(二)创造新的传统:将天皇作为"神圣的道具"

在明治时期,天皇被看作国民统合的中心。森有礼在《阁议案》中指出,万世一系的皇室从未受过外国屈辱,是一国富强的基础,是"唯一的资本,至大的宝源"。为表达国民对皇室的崇敬,1887 年以后,他主持制定政策,将天皇作为"神圣的道具"进行活用,成为创造"新传统"的始作俑者。例如,将天皇的"御真影"发放到全国各地的学校,用于学校的各种仪式,并进而出现在宪法纪念庆典上。此外,他还发明了在游行中高唱"万岁"的方法等。

记述日本优秀的历史和传统,是森有礼创造新传统的重要手段。他从日本原有的存在方式中去寻找其国民之根和共同历史记忆的起源。他以日本地理位置为据,认为由于处于这种地理位置,日本才能够保持其独特性。日本的国民构造是均质性的,均质的日本人所创造的日本文化的特征,是连绵不绝地对皇统的深深崇敬之心和对异文化积极机智的摄取、引进和吸收的能力。"日本人对于各国最好的东西都能机敏地承认其价值。几百年前,日本人就从朝鲜和中国引进了艺术、习惯和法令。直至三百年前,吸收外部世界的能力也是我国国民的最大特征。"无论如何引进异质文化,日本人强烈的爱国心是不变的,这是历史的事实,也是日本的实态。[3] 此外,森有礼将"祝日"、"大祭日"的仪式引进学校,要求在全国各个学校以同一时刻和同一形式举行仪式,从而增强师生们的日本人意识。

(三)重视师范教育:铸就帝国臣民之伟业

为了创造国民的主体,森有礼任职期间最重要的实践之一,就是高度重视师范教育并形成了一套统治管理政策。1885 年 12 月,他在演讲中谈道:"普通教育的作用取决于在教员方面获得需要的人才。培养能承担这种重

---

[1] 森有礼著、大久保利谦編『森有礼全集』第 1 巻,東京,宣文堂書店,1972 年,584 ページ。

[2] 关于"臣民"概念和"国民"概念这一点,请参见后文"森有礼'创造日本国民'构想的鲜明特点"第一部分关于这两个词的相关解释。

[3] 参见長谷川精一『森有礼における国民的主体の創出』,京都,思文閣出版,2007 年,285～286ページ。

大责任的教师的是师范学校。师范学校对学生的教育若能得到理想的结果，普通教育的事业就已经完成了十分之九，或可以说是完成十分了。……但这并不容易，只能依赖作为普通教育根本的师范学校尽其职分。其他国家增进国运的方法或许很多，但十之八九需依靠师范学校的力量。"①次年4月，他主持制定了《师范学校令》。该令第1条就规定："师范学校是造就教师的地方，但是应该注意的是必须要让学生具备顺良、信爱、威重的气质。"②他在巡视全国进行的多场演讲中反复指出，教师要"以教育事业为本，对教育的苦乐倾注全力并与教育相终始。这个职业是一项需要成为终身教育的奴隶并且要尽力的重任，图谋自己的利益占十分之二三，其余十分之七八则是为完成国家的目的，必须要具有为国家牺牲的决心"③。师范学校的学生是未来的老师，在学校的行为要有"行为证书"，毕业后的薪俸基准应该是"行为学问都好的第一，行为优秀学问一般的第二，行为一般学问优秀的第三，行为学问都一般的第四"④。

在看到学生种种不规律的生活态度后，森有礼很有感触，⑤于是着手整肃校纪，大力改进校风，提倡"教室外的教育"。他在埼玉师范学校建立寄宿制，将有关学生的座次、进出、起卧等相关事情都规范起来，不分男女一起实施，进行"道具调教"的严格管理。⑥ 宿舍中装配了自习室、寝室、吸烟室和饮水室，铺设了野外兵式大体操场，还让陆军预备役军人昼夜监督宿舍学生，使该校成为了全国参观学习的模范学校。⑦

此外，森有礼还推出了"临时入学制度"，即让考生先入学三个月，考察其资质（天性）品行，认为其适当之后再允许其入学。并采取"师范生秘密忠告法"，即从各年级学生中每周找一人或数人以书面形式将同年级学生所关心的事情进行报告，月末校长将这些报告收集上来。报告所涉及的人、事、资料等都将作为学生的就业单位和对校长、各科教师的判断材料。⑧ 但这种制度受到了后人的恶劣评价。

---

① 森有礼著、大久保利谦编：『森有礼全集』第1卷，東京，宣文堂書店，1972年，481ページ。

② "顺良"、"信爱"、"威重"糅合了元田永孚的修正意见，森有礼的表达为"从顺"、"友情"、"威仪"。他利用学事巡视之际所进行的全国各地的演说中强调了这三个气质。

③ 森有礼著、大久保利谦编：『森有礼全集』第1卷，東京，宣文堂書店，1972年，569、585、563ページ。

④ 同上书，第523页。

⑤ 江木千之：「兵士体操を復興せよ」，『教育时论』1916年第1138号，3ページ。

⑥ 森有礼著、大久保利谦编：『森有礼全集』第1卷，東京，宣文堂書店，1972年，479ページ。

⑦ 町田则文：『明治国民教育史』，東京，昭和出版社，1928年，197ページ。

⑧ 森有礼著、大久保利谦编：『森有礼全集』第1卷，東京，宣文堂書店，1972年，643ページ。

（四）兵式体操：培养有敢为之勇气和忍耐之国民

森有礼是日本最早注意在国民的高度来进行身体改造的人。[1] 他认为，"我国人民最欠缺"的是"身体的能力"。这个身体的能力不只是"从身体健康的角度"，还包括敢为之勇气。"只有按照军人方式采取强迫体操，并尽可能推广。我国应该参考瑞士等国实行的军人学校的制度，建立相应的制度。"[2]他提出日本教育最重要的是锻炼法，"气质锻炼就是专注于人心淳化风俗之义"，"保持一人一己之体躯健壮即是达到全国富强的大基础"，锻炼身体是锻炼气质不可缺少的一环。[3] "按照兵式体操所养成的人，第一是养成军人对所讲内容服从的习惯，第二是按照军人结构设置伍长，第三是设立司令官，统帅之并保持其威仪。要让学生兼备为兵卒、为伍长、为司令官的三种气质。"[4]为此，森有礼令人写出《队列运动法》作为教科书，并下发了《兵式体操培养大纲》。该《大纲》指出兵式体操不只是让人体力发达，还能培养遵守秩序、不为物事所动的忍耐习惯，这是体育中最需要的，在培养今后教师素质方面是当务之急。[5] 在其推动下，1886 年公布的《师范学校令》、《中小学校令》中加进了"兵式体操"课程，在师范学校，体操科占课程总时间的 21.5%。

1887 年，森有礼就如何更彻底地贯彻兵式体操阐述了自己的意见。在《阁议案》中，他写道，全国从 17～27 岁的男子，若都按照护国的方针，给他们出版简易教程，同时每月举行一两次讲座，集中当地民众来听讲，或让他们参加运动，就能向全国"普及忠君爱国的意志"，并达到"一般教育的水准"，也能提升底层民众的素质，"举国全部驱除奴隶卑屈之气"，将对维持国体起到重大作用。[6] 在《兵式体操的建议案》中，为了"国家的长远富强计"，他提出了两个方案：第一，分割中学以上各学校的教学时间，将体操管理的权限从文部省移到陆军省，选拔武官进行真正的练习，"文部省自身不要插手此事"。这样，以后征兵时，其效果就会非常明显。第二，针对超学龄的人及交不起学费而在家学习的人是已就学人数的几倍这一实际情况，不在学校者应该"编成壮士团体以为郡区之乡勇"，"责令陆军每周对其进行两次操

---

① 多木浩二指出："在日本，对身体所产生的效用进行关注，森有礼是最早的。"参见佐藤秀夫编：『続・現代史資料 10　教育—御眞影と教育勅語 3』，東京，みすず書房，2004 年。

② 森有礼著、大久保利謙編：『森有礼全集』第 1 卷，東京，宣文堂書店，1972 年，328ページ。

③ 同上书，第 333 页。

④ 同上书，第 484 页。

⑤ 参见文部省：「本省事務」，『文部省第十三年報』1885 年 11 月号，3ページ。

⑥ 参见森有礼著、大久保利謙編：『森有礼全集』第 1 卷，東京，宣文堂書店，1972 年，346ページ。

练"。在沿海，也可"与海军商议训练船只"。该方法不只是能强乡勇，也"使臣民知有护国之大任"，"足以培养尚武之志"，"国家万一有事之时人人都具忠诚之心并能勇敢战斗"。① 可见，森有礼不只是要在学校实施兵式体操，更希望将其扩大到全社会。不过，由于森有礼被暗杀，上述提案并未得以实行。

1889 年 1 月《征兵令》修正后，森有礼特别要求师范毕业生要利用该制度，因为"自己服过兵役的人一开始就能较好地实现培养学生这一国家教育的目的"②。他还要求在全国学校的教室中都要挂出母亲教育子女的图、孩子成人后入伍前与母亲分别的图、困难之际孩子英勇战斗的图，以及孩子的战死报告寄给母亲的图。③ 在他看来，这些都是民众需要学会的、以备今后到军队后能拼死战斗以归属于国民共同体的方法。这种舍身的"护国精神"，就是民众的觉悟。

二、森有礼"创造日本国民"构想的鲜明特点

（一）培养"善良的臣民"与培养"国民的主体"的矛盾

在日本第一次使用"国民"一词，一般认为是在 1871 年公布的《户籍法》（太政官布告第 170 号）中。④ "臣民"成为正式的法律用语是在《大日本帝国宪法》（即《明治宪法》，下同）中。森有礼作为明治时期国家的领导人，面临的不是"臣民"或是"国民"的问题，而是如何创造出"臣民这样的国民"的问题。他在教育巡视的演说中用了"臣民"一词，但是《阁议案》中又使用"国民"一词来谈对国家的自觉。在《明治宪法》的制定会议中，围绕"臣民权利义务"，森有礼和伊藤博文曾进行了激烈论争，对他来说，"臣民"是作为对天皇主权"有绝对服从关系的国人"，同时也是"自觉意识到作为国家成员的主体能动地位"的主体。通过教育培养出"善良的臣民"，就是创造出了"国民的主体"。这种臣民就是具有对国家的自觉并能为国尽力的国民，即"为国而生"。⑤ 正是"服从"和"成为主体"这种看上去矛盾的二者相互关系，构成了解释森有礼关于近代国民主体形成机制上的关键。⑥ 森有礼的这种国民形成的主要方法，就是将学校作为规范训练的空间，通过实施师范教育和兵式体操等一系列政策和做法，培养学生"有规范地生活"的习惯，在创造

---

① 森有礼著、大久保利謙編：『森有礼全集』第 1 卷，東京，宣文堂書店，1972 年，347ページ。

② 参见上书，第 675 页。

③ 参见上书，第 594、664 页。

④ 参见山内昌之：「国民は何か？」『民族・国家・种族』，東京，岩波書店，1996 年，11ページ。

⑤ 参见森有礼著、大久保利謙編：『森有礼全集』第 1 卷，東京，宣文堂書店，1972 年，568ページ。

⑥ 转引自長谷川精一：『森有礼における国民的主体の創出』，京都，思文閣出版，2007 年，34ページ，序章，第 30 号注释。

出顺从的身体的同时,创造出自律的、具有保卫帝国的觉悟和机能的日本臣民。

(二)消极自由观与积极自由观并存

德富苏峰曾指出,森有礼的前半生是个人主义者,其后半生是国家主义者;前半生主张由人民来废除武器的废刀论,其后半生是强行给人民武器的军事教育的坚决推行者。① 确实,早期的森有礼认识到"公"、"私"两大领域的区别,具有自由主义的性格。他在《日本宗教的自由》中主张,良心的自由和宗教的信仰是人本来就具有的权利,任何政治权力都不能侵犯,并强烈主张男女权利平等。成为文部大臣后,他也曾在宪法制定会议中指出,人民的财产权和言论自由权利是自然权,并不是由宪法第一次赋予的,取缔自由权、不对其加以保护的情况就是专制。但是,森有礼的思想并非如德富所言有如此决然的前后之分,②他在前期和后期都有关于区别"公"领域和"私"领域的相关认识,承认"私"领域的自由主义观点和创造国民主体的课题意识是同时并存的。如果按照伯林的消极自由观和积极自由观来划分的话,③森有礼关于宗教自由和宪法制定会议的发言属于消极自由观,而创造国民主体这一课题则属于积极自由观。在他看来,把通过禁欲主义抑制欲望、强化理性看作通向自由之道,让自己回归到超越个人利益的国家,成为国民,不是对个人的束缚,而是一种解放,是从只满足于"一己之私利欲望"的低层次的自我提升到"具有国家公利情操"的高层次的自我。这种思维方法,就是基于积极自由的想法。按照这种观点,将国家政治从外在的环境灌输到个人思想意识中的国民教育,就具有使个人成长向上并进而解放自己、获得自由的巨大责任。

森有礼所处的时期是日本企图摆脱殖民地危机、形成国民国家的时期。这个时期,如丸山真男所说,是在"陆羯南和陆奥宗光们的冷静的国家理性中保持个人主义与国家主义巧妙平衡的非常幸福一瞬"的时期,④也是如司马辽太郎所说,把即将迎接开化期的小国所弥漫的"健全的民族主义""作为权力政治的自我认识"的时期,⑤因此,森有礼思想中的两种倾向在其前期尚可

---

① 参见森有礼著、大久保利谦编:『森有礼全集』第 1 卷,東京,宣文堂書店,1972 年,516ページ。

② 关于这个说法,有一些争论,具体请参见園田英弘:『西洋化の構造—黒船・武士・国家』,京都,思文閣出版,1993 年,286、317ページ。

③ 消极自由是指人要做什么的时候具有不能被妨碍的自由,否定国家对"私"领域内个人的干涉。积极自由是指个人有干什么的自由,是将"自己是主人"作为自由的本质。参见〔英〕以赛亚·伯林:《自由论》,胡传胜译,南京,译林出版社,2003 年。

④ 参见丸山眞男:『丸山眞男集』第 4 卷,東京,岩波書店,1995 年,24ページ。

⑤ 参见司馬遼太郎:「坂の上の雲 1」,『文藝春秋』1969 年 7 月。

协调,到了后期,已无法继续协调了。森有礼创造国民思想中的两种自由并存状态使其思想解释变得困难,从本质上讲,也是他应对这个时期的矛盾表现。

(三)对国家的责任与担当

哈里斯教团对国家的责任和自觉意识一直影响着森有礼。"新生社"的体验,使他深感个人新生与国家新生是紧密相连的,他应该为了祖国日本之"新生"而献身。年轻时所具有的由自己承担国家命运的自觉意识,实际上和森有礼在成为行政官僚后"应强化国家意识"的观点是连续的。在其最倾力以注的师范教育制度和理论中,可以看到这种决定性的影响。①

留学生和外交官的经历让森有礼不断体验到欧美激烈的国际竞争,并且让他认识到,誓死为国的爱国心并非是自发产生的感情,而应该是统治者将国家建设作为自己的使命、具有明确意图并在国民中创造出来的。统治者不应当只是命令国民成为"好臣民",而应设法通过教育培养出"好臣民"。森有礼为了创造出国民的主体,留下了许多演讲和谈话观点,并实行了独特的教育政策。支撑他的是"如果说我国处于三等地位,就要进到二等,如果处于二等地位,就要进到一等,最终成为万国之冠,必须为此而努力"②的强烈使命感。"我们具有开拓我们国民命运的重责。不仅如此,我们所进行的事业,必定为其他的亚洲各国所垂范。我们必须竭尽全力,审慎地沿着这个正确方向迈进,并以最大的热情来努力。"③他在文部大臣的官邸贴的座右铭即是"要有鞠躬尽瘁的觉悟"。这种承担国家命运的使命感和强烈的爱国心的碰撞,转化为其以死相拼的自我责任感,以及作为日本人就要为日本国家献身的无限荣耀感。这种使命感与福泽谕吉要以"一身独立"来实现"一国之独立",进而使日本成为文明之国的出发点是一致的。

(四)较强的社会实践性

作为体制内的教育行政官员,森有礼思想与福泽谕吉思想的最大不同之处在于其社会实践性相当强。它不仅仅是演说,更重要的是会变成一种政策,产生极大的社会效应。森有礼上台后,迅速推动制定了一系列法令,如 1886 年的《帝国大学令》、《师范学校令》、《小学校令》、《中学校令》和1889 年的《实业教育令》,通称《学校令》,取代了过去的教育法令。在短时间内还建立起了一个以小学为基础,包括普通教育、师范教育和实业教育的

---

① 参见辻本雅史：「森有礼の思想形成—近代国民教育の構想」、『研究紀要』（京都光華女子大学）1984 年第 22 号,38ページ。

② 森有礼著、大久保利謙編：『森有礼全集』第 1 巻,東京,宣文堂書店,1972 年,486ページ。

③ 本山幸彦：「森有礼の国家主義とその教育思想」、『人文学報』（京都大学人文科学研究所）1958 年 8 号。

完整的教育系统,从而确立了日本现代教育体制。但森有礼在使日本学制西化的同时,却将教育的灵魂国家主义化,将教育的目标设定为要培养学生具有忠君爱国的道德品质,成为"尊王爱国"的忠顺臣民。

森有礼创造国民的思想,后来都作为国民化的意识形态,融进了教育过程之中,给日本国民主体性的构造提供了新的思路。他从形成国民主体的技术角度制定了发展师范教育、将兵式体操从学校扩大到社会,在学校实施"国民皆受军事训练"的教育,以及将天皇作为"神圣的道具"等诸多政策规定,在小学教师和师范院校学生中培养、灌输了国家主义精神与培养学生的尚武精神,为今后民众效忠国家打下了基础。他在任期间,以天皇为中心的各种国家礼仪得到创制,为推进产生国民记忆的国民化方案也不断出台。森有礼的上述做法,实证了霍布斯鲍姆所谓"传统的发明"的观点。从传统的共同体向新的共同体转换的时候,国民通过对过去的回顾来实现自身变革,即国民的"回溯前进"。① 国民史,就是让人们共有这是"我们的历史"的亲近感,从而创造出国民的共同体。述说"国民故事"的国民历史,就将述说者本身或听者本身变成了国民的主体。

森有礼所制定的这些法令和政策,对近代日本的中小学教育影响至深,中小学生在成长过程中完整地接受了其思想,成为他按照其设想和愿望塑造出来的新一代日本国民——"善的臣民"。

三、森有礼"创造日本国民"构想的消极影响

森有礼的思想迎合了明治中期日本国家确立近代性及日本自身主体性的需要,相关政策的推行又对之后日本的发展产生消极影响,它主要体现在:

(一)对"非国民"的排除堵死了日本与其他共同体对话的道路,强化了自身的封闭性,为日本以侵略他国来形成自身国民提供了思想向导

森有礼为了创造国民的主体,在确立近代国家的"大义"之下,对国家思想淡薄者,即不想成为国民主体的人采取了不容忍的态度。"均质化国民"即是这种思想的体现。这种态度表现在国际上,就是他在批判西洋列强的"友强拒弱"和"技巧权谋"的同时又认为,对于不想成为由近代国际社会成员之一的朝鲜没有必要使用万国公法,将日本强加给朝鲜的不平等条约看作"最高的幸福"。这种排除"非国民"、"非文明国"的做法,显示了其国民主体形成的构想具有排斥和否定他者的特点。这种思想无疑是与当时日本国

---

① 参见大沢真幸:「A. D. スミス〈ネーションのエスニックな諸起源〉」,『ナショナリズム論の名著50』,東京,平凡社,2002年,312ページ。

内已经抬头的弱肉强食、脱亚入欧的舆论氛围是吻合的。其结果便是，对他者的不宽容逐渐演变成对他者的肆意侵略，从而堵死了与亚洲其他国家的相互交流、沟通、和解的可能性。

1889 年 2 月 11 日，国粹主义者西野文太郎听信森有礼有轻视天皇权威行为的谣言，认为他动摇了对日本人的认同，从而将其作为"非国民"的异质加以暗杀。以创造日本国民主体为一生课题的森有礼，到最后却成为被排除的"非国民"，这也是对于其"对非国民加以排除"思想的最大反讽。

（二）客观上散布了为国家"杀人成仁"和"为国而死"的意识形态

在森有礼的思想中，国民对死的自觉是不可少的，国民置于比家族成员更优先的位置。丧失家族成员之悲痛，要服从于为国牺牲之伟大。为创造这样的国民觉悟，政府应该实施相应的政策。森有礼的兵式体操理论以及前述教育者有必要服兵役的言论，就是建立在预设战争的基础上的，即有了对外威胁就想起要完成国民的重要任务，从而参加战争保卫国家。为让所有的国民自觉认识到为国拼命而战是意义深远的国民义务，他谈到了作为军人母亲的觉悟。森有礼认为对母亲来说，要超越对儿子的私的情感，将其提高到"国家公利的情操"这一更高层次上，在教育儿子好好完成作为国民服兵役乃至为国家而死的光荣义务。要对父亲进行"国民教育"和"国民启蒙"，教育他们应"以自己的儿子为国战死而骄傲"。森有礼的上述思想和政策，在国民统合程度较低的明治中期具有一定的合理性，但在客观上散布了所谓为国家"杀人成仁"和"为国而死"的意识形态，为以后日本战时动员的策略提供了基础。酒井直树曾指出："在观念上，散布着这样的理想——通过杀人确保共同性，以自己为了同胞而杀人的犯罪方法建立起国民共同体。"[1]

（三）实施师范教育和兵式体操等一系列规训，在规范人身体的同时也禁锢了人的思想和灵魂，从而为天皇制国家主义的推行奠定了民众基础

福柯（Michel Foucault）曾在其著作中引用塞尔万（Servan）的话："愚蠢的专制君主或许用铁锁捆绑了奴隶，但真的政治家是用他们自身所抱有的观念之锁链来束缚他们。而且这种锁链，对我们来说只要不清楚其构成，只要我们相信它是我们自己做成的，就会逐渐成为更加牢靠的锁链。……最坚固的帝国（即人的支配）不可动摇的基础，是建筑在柔软的脑纤维之上的。"[2]根据福柯的理论，"规训"就是对身体运用（包括体力）的严密管束的

---

[1] 酒井直樹：『死産される日本語・日本人—「日本」の歴史・地政的配置』，東京，新曜社，1996 年，83、87ページ。

[2] 〔法〕米歇尔・福柯：《规训与惩戒》，刘北成、杨远婴译，北京，生活・读书・新知三联书店，2007 年，第 113 页。

方法,不只是为了让别人去做他想做的事,还要通过技术手段,按照其规定的速度和效果使他人行动,并研究怎样才能掌握他们的身体。通过对身体的构成要素、动作、行为的强制,"人体被包含在权力装置中,这种装置对人体进行检查、分解和再构成"——这就是权力力学的"政治解剖"。这种规训,就是要制造出"驯顺"的身体。① 规训要求特定的封闭场所,从修道院到寄宿制度的学校、军营、工厂和医院。每个人被看作可视性的存在,每个人的意志沟通被遮蔽,可以进行个人行为的监视、评价和奖惩以及每个人的质、量差异的测定。可以说,规训造就了成为监视、评价、处罚目标的个人。

参考福柯的"规训"的权力概念,就能够理解森有礼师范学校政策和兵式体操论等种种方法:军营化的、封闭的宿舍,狭小的共同寝室,对个人被固定化空间的分配,始终处于舍监的监视之中,从衣服的折叠方式到桌上书的摆放方法等进行细微规定,采用"师范生秘密忠告法"实施相互监视,用喇叭的声音来区分时间,采用影响毕业生出路的"行为证书"等进行奖惩的方法,"教室外的教育"则对学生坐姿、进出、衣食、起卧等都进行了详尽规范。以上这些,都被说成是"要体验规范",兵式体操的宗旨就是"给予学生规范的习惯",学校则成为规训的空间。学生通过服从,体验规范,养成顺从的习惯,就可以成为自觉的有秩序存在的"主体"。这种做法,符合森有礼培养学生"规范的习惯"不是"他律的强制",而是创造出自律的主体的一贯思想。通过这种方式,个人会经常提醒自己,我的身体是我个人的同时,它还是为了我所属的学校、职场、军队以及是为了国家而存在的。

森有礼的上述思想和政策的实施所带来的消极后果,便是强制性地造成了民众的臣民化状态。尽管他认为这是国民主体形成的重要途径,但臣民化的民众为天皇制国家主义推行奠定了民众基础。在"二战"后,森有礼的思想被认为是国家主义的始作俑者而遭到了严厉批判。武田清子指出:"森有礼的文教政策所形成的教育,是要形成一个只需在国家富强方面发挥作用、作为国家工具而存在的人物形象而已。个性的尊重、主动性的形成、人格的自我形成等现代教育思想的特色,在其人性论中并没有留有余地,采用的教育方法不过是军队式的千篇一律、一个模子里铸造出来的机械人的制造方法。在真正的意义上,可以说这是欠缺人性论的观点。日本国民的

---

① 参见〔法〕米歇尔·福柯:《规训与惩戒》,刘北成、杨远婴译,北京,生活·读书·新知三联书店,2007 年,第 155~156 页。

人性形成这一最重要的课题，被从属于国家目的，而且是作为奉献工具的教育人物模具和机械的制造法急性处理的结果。其结果，是在近代日本历史上长久地留下了'丧失人性'的悔恨。"①

第四节　木户孝允和陆羯南关于近代日本国民的构想

如果说，福泽谕吉和森有礼分别代表了当时日本自由知识分子和体制内的行政官僚，其思想和政策极大影响了日本国民形成进程的话，那么，木户孝允和陆羯南则分别作为明治初期政治家的代表与明治中后期社会文化人的代表参与了铸造日本国民的构想，他们的思想也具有较大影响力。

一、木户孝允关于铸造近代日本国民的构想及其特点

维新变革的领导人对于近代国家建设的构想，尤其是关于近代国民的构想，是日本近代政治思想中的重要研究课题。在明治初期的核心政治领导人中，木户孝允(1833～1877年)对近代国民教育的思考较为突出，在日本历史上留下了深刻影响。德富苏峰对其给予了高度评价："不管怎样，木户最让人佩服的，不是其行政手腕，而是其政治见识。有洞察国家前进之明，且这并非高远之理想，是坐而谈之、站而行之的问题……他并非哲学家，而是经世者。维新三杰中，一般认为，伟人是南洲先生(即西乡隆盛)，有实力的政治家是甲东先生(即大久保利通)，而所谓谈西洋、自由、政治活动家典型的便是松菊先生(即木户孝允)，这个人实际是立宪政治家在日本的第一模范人物。"②

1871年秋，明治政府派出了岩仓使节团出访欧美，耗时近两年。这是政府为国民国家建设这一新课题所进行的最大的准备工作。木户孝允等政治家最先参加。欧美之行，他们参观了工厂、军队、学校和议会等近代设施，在所住旅馆招请本国学者和外交官，开始进行宪政制度的研究。木户自身具有旺盛的知识欲，并广泛召集各领域的有识之士，与之交换意见。这锻炼了木户极强的信息收集能力和敏锐的情报判断能力，从而催生出其富于"经世见识"的诸多国家构想。这些构想主要表现在：

---

① 转引自長谷川精一：『森有礼における国民的主体の創出』，京都，思文閣出版，2007年，30ページ。

② 德富猪一郎：『木户松菊先生』，東京，民有社，1928年，36ページ。

(一)与万国对峙，须尽快以公议形成国民

为与万国对峙，木户孝允非常重视民众力量，要求尽快形成"民"(nation)。"国家之所以为国家者，在于人民；人民之所以为人民者，乃为国家尽其义务也。我人口虽号称三千余万，推其实际计算之，只不过二三百万人耳。何则？孝允尝历览西洋诸国，其人民不问贵贱，不论贫富，莫不为国家尽其义务，而我国则反之。农唯以出谷粟为己任，工唯以制杂器为己业，商唯以通有无为己职，皆于国事毫无关涉。国家之正气在民心，民既已无心国事，何足以为民哉？"①他认为，若不把尚不足以为民的农工商培养成"民"，国家就不可能与万国对峙。木户也希望作为知识分子的士族要为此努力。"苟不关心国事，余未见人民之所以为人民者。而我国四民之中，尚能知廉耻，存爱国之心，欲为国尽义务者，唯士族之中居多。此可谓三千万人之中，能免于为器械者(通有无之器械、制杂器之器械、出谷粟之器械)只不过二三百万人也。"②

幕末期间，民众所迸发出的巨大的政治力量超出了木户孝允的想象。由此，他深切感受到政治主体需要不断扩大到身份下层的民众中去的迫切性，"虽说是御一新(即明治维新)，不过就两千人尽力而已"，"中人以下"之国民，"只管安心于等待目前之人情，察百年之利害而尽力者万人中难有一人"。木户将五条誓文第一条"兴列侯会议"改为"广兴公议"，指出"可决万机公论"，期待公议能发挥不断扩大政治主体、否定诸侯权力最后确立中央国家主权的积极作用。为此，他提出了如下大胆设想："然若解天下一般人民从来之束缚，让其各自拥有自由之权，朝廷之政自然单独运营之时，则诸藩无法守住旧习，随后可成附和朝廷之状。"③这里，他表达了通过解放国民的政治能量、依靠其力量来最终破坏旧体制的设想。这与大久保利通将民众看作"气性薄弱"、"无气无力之人民"，④以强调政府强力领导的必要性形成了鲜明对比。

木户孝允的思想与福泽谕吉在此前后发表的《劝学篇》有共通之处。福泽提出了"一身独立而后一国独立"的纲领，指出了"无独立之气力者思国不深切"。木户与福泽往来频繁，⑤可以猜测，他应是受到了福泽思想的影响。

---

① 〔日〕信夫清三郎：《日本政治史》第2卷，周启乾等译，上海译文出版社，1988年，第416页。
② 同上。
③ 日本史籍協会編：『木戸孝允文書』第1卷，東京，東京大学出版会，2003年，103～104ページ。
④ 日本史籍協会編：『大久保利通文書』第5卷，東京，東京大学出版会，1968年，563ページ；第7卷，東京，東京大学出版会，1969年，446ページ。
⑤ 日本史籍協会編：『木戸孝允日記』第2卷，東京，東京大学出版会，1967年，417ページ。

（二）发展小学教育，渐进地培养适应现代化的国民

木户孝允在1869～1871年间曾提出了国民教育的种种提案，其特点是从国家统一、富国强兵、皇国维持的视野来发展民众教育和学校组织的，具有相当现实的政治意图。明治维新后，"文明开化"成为时代之流。木户毫不怀疑国民具有自发适应近代化的能力，但他注意到这种风潮所带来的重大弊害，国民"只满足于今日之私利"，社会弥漫着"侥幸之心"和"轻躁浮薄之风"。① 他最担心这种风潮要将国民推向与维新变革理念不同的方向上去："不顾二十年来千辛万苦之境"，"爱国之心淡薄"。为避免这种弊害，将国家导向"真之开化"，必须切实使国民全体适应近代化。他将这种希望寄托于小学教育之中。

在《以普通教育之振兴为急务的建议书案》中，木户孝允指出："考虑将来形势之官僚，应知一般民众无识贫弱，终至今日之体面不存……原来国之富强在于人民之富强，一般人民不脱离无识贫弱之境时，王政维新之美名必失其实，进而期望一般人民之智识进步，法文明各国之规则，渐在全国振兴学校，大事教育，此今日之一大急务也。"②此建议书否定了只以"二三英豪"就决定之事，大胆地提出了"一般人民之智识进步"，人民之力被认为是国家富强的推动力。建议书还指出了只要"王政之专压"继续，"人民之无识贫弱"也继续，国家富强就无法实现。木户指出："皇国今日之人情规模尤其狭小，只探人之非，妒人之能……只将目光放在国内，不知宇内之大势对我皇国之紧急。"③他将封建制度下横的地方割据与纵的身份隔离相互结合产生的国民的宗派主义看作"无识贫弱"，"以万国之眼观之，皇国之诸事不过是十岁或十一二岁的小儿所为"。④ 对此，木户进行了深刻的反省，认为为了改变民众的封闭和被动状态，须在全国设立学校。"我今日之文明不是真文明，我今日之开化也非真开化，十年之后防其病，只有创办学校之真学校。"⑤他采取开放渐进的立场，从"人"的观点出发，指出"国由人成立，若要一点点切实渐进，不要退步，便是总体之幸福"，因此对国民应该"推进一般之开化，启发一般之人智"。⑥ 进而，他提出了对于小学教育的构想，认为在教育内容上应特别强调"修身之学要达到欧洲之十倍"⑦，并急切地对文部

---

① 日本史籍協会編：『木戸孝允文書』第4巻，東京，東京大学出版会，2003年，100ページ。
② 日本史籍協会編：『木戸孝允文書』第8巻，東京，東京大学出版会，2003年，78～79ページ。
③ 日本史籍協会編：『木戸孝允文書』第3巻，東京，東京大学出版会，2003年，242ページ。
④ 同上書，335ページ。
⑤ 日本史籍協会編：『木戸孝允文書』第1巻，東京，東京大学出版会，2003年，320ページ。
⑥ 日本史籍協会編：『木戸孝允日記』第2巻，東京，東京大学出版会，1967年，226ページ。
⑦ 日本史籍協会編：『木戸孝允文書』第7巻，東京，東京大学出版会，2003年，15ページ。

省也提出了"振兴忠义仁礼之风的教育",认为这样就能填补伴随开化而来的精神空虚,进而生出爱国之心。①

创办学校,全民就学,成为木户孝允创造国民教育的辉煌道标。他对国民进步十分期待,"再没有比看到小学校的少年进步更让人高兴之时了"②,日本会因此渐进实现现代化,并一定会产生"世界上最有内涵的人"③。更重要的是,他认识到彼时西方与日本之差只在"学与不学而已",从而显示出其不盲目追随西方文明,而是以国家对外独立为目的选择近代化道路的主体性。

（三）制定政规法典,形成和谐一致的国民

制定"正是非曲直,使千载亿兆立于无误之基础"④的律法是木户孝允所提出的消除文明开化之弊的核心措施之一。赴欧美考察的木户深感"彼等之宗教密布于农村",并注意到个人的精神生活才是从根本上支持开化的事实。他在考察中所获得的最大收获,就是要根据国家的义务和策略来安排处理问题的"次序"。为避免波兰的悲剧,木户认为,必须要形成自发地与"君"和谐一致的国民。引进立宪制度,通过制定"政规法典"来解决的根本问题就在于达到这个目的。针对现实中政府虽不断呼吁"一君万民",但人民仍然处于无权地位,除少数人外,普通民众没有政治要求的现状,他将立宪政治描绘成将来唤醒人民自发性的一种媒介。1873年7月和9月,他还草拟了关于制定宪法的意见书,强调以国会为中介来统一人民的必要性。

（四）通过地方自治,逐步培养有参与意识的国民

木户孝允预测未来国民的政治参与度将会增强,指出:"他日,随着人民之智识的愈益进步,人民就愈益希望获得自主自由权,应该按照各国之体制,开设下院,或为国民代表参加政府议论。到那时,政府并无抑制之道理。"⑤在木户看来,只有地方自治才能伸张国民之气象,只要重视以教育、近代化和自治来涵养民众政治能力,届时便可以期望有国民切实的政治参加。⑥

木户孝允将积累地方自治以后的国家发展和富国强兵作为理想。"关于一般民众,减其租税,使其致富劝业,各自自由之道理,若能有一人对一

---

① 参见日本史籍协会编:『木户孝允文书』第4卷,東京,東京大学出版会,2003年,320ページ。
② 日本史籍协会编:『木户孝允文书』第7卷,東京,東京大学出版会,2003年,70ページ。
③ 同上书,第36页。
④ 〔日〕信夫清三郎:《日本政治史》第2卷,上海,上海译文出版社,1988年,第366页。
⑤ 日本史籍协会编:『木户孝允文书』第8卷,東京大学出版会,2003年,61ページ。
⑥ 参见日本史籍协会编:『木户孝允日记』第3卷,東京大学出版会,1967年,113ページ。

村、一村对一郡、一郡对一国、一国及至全国富强的基本变化，就尽到了永恒的诚心。""道路、堤防、桥梁等以及各县应课民之物，在町就町议，在村就村议，众心一同……他年要进行这种整合，渐进至区会、县会终至国会。"①

民众获得教养和自治能力，通过议会制度将国家权力逐渐委让给国民，这便是木户孝允的设想和期望。但1877年木户去世，他永远失去了亲身实现上述构想的机会，其具体措施之后就不得不有赖于大久保利通和伊藤博文了。

总之，在皇国维持、富国强兵和国家统一的目标下，倡导公议、启蒙民众开设小学校、制定法规政典以及实行地方自治，这便是木户孝允关于铸造国民的构想。作为维新时期的政治家，其构想始终服从于明治初期国家体制构建的大框架，他所讲的"国民"最重要的含义，是在于形成为国承担义务的"无私"的"国民"，"人民之所以为人民者，乃为国家尽其义务也。"应该说，木户孝允的思想体系虽不及福泽谕吉，其社会效应和渗透的深远程度也不及森有礼的教育政策，但是具有上述二人无法企及的宏观决策和战略意义，成为引领和推动日本走向国民国家的大智慧。

在木户孝允那里，"皇国维持"是确定不移的、无条件的。与其反抗该框架，不如依赖它，采取引导民众政治意识的启蒙方法，通过具有自我思考、自我意志、对自己的判断能承担责任的民众教育来形成"自由的、独立的、自治的人格"。但是，这种民众教育之根本，仍然保留着"虽望文明开化之域，自己皇国还是皇国，有万世不可更换之体"②的信念，"君臣之道，与西洋日新国不可同日而论"③。木户的国民构想所潜伏的最大"毒素"便在这里。当"将天朝作为一名物和心得"、"公然议论共和政治"、"连路上的小孩都可以谈论权利"——这些自由民权思想出现于眼前之时，自由民权运动就极大地动摇了绝对主义国家权力之基础，成为"皇国维持"目标之大威胁。此时，木户当然就要提议"孔夫子之学"，"修身学要是欧洲的十倍"了。

正因如此，信夫清三郎评价木户孝允"是当时政治家中最善于作理性思维的人"。他以法国的伏尔泰（Voltaire）和莫贝乌（又称"莫普"，René Nicolas Charles Augustin de Maupéou）比喻福泽谕吉和木户孝允，指出日本的绝对主义从"启蒙绝对主义"向"立宪绝对主义"过渡，在木户身上得到了最充分的体现。④

---

① 日本史籍協会編：『木戸孝允文書』第8卷，東京，東京大学出版会，2003年，175ページ。
② 参见日本史籍協会編：『木戸孝允文書』第3卷，東京，東京大学出版会，2003年，189ページ。
③ 同上书，第82页。
④ 参见〔日〕信夫清三郎：《日本政治史》第2卷，上海，周启乾等译，上海译文出版社，1988年，第418～419页。

二、陆羯南关于铸造近代日本国民的构想及其特点

陆羯南(1857～1907 年),日本明治中后期著名的报人和思想家,近代日本杰出的民族主义者,勇于与政府进行对决的政论记者。他长期担任《日本》报(前身为《东京电报》)的社长和主笔,提倡"国民主义",反对明治政府的欧化主义。以陆羯南、德富苏峰等为代表的明治时期的青年,都有少年时在义塾学习传统儒学知识、后又进入学校接受近代高等教育的经历。在急剧变化的历史苦境之中,在如何构建近代民族国家问题上,陆羯南的心理上存在着传统与近代之间的矛盾。其政治思想的核心是鼓吹"国民精神"和国民政治,其创办的报纸《日本》则成为主要宣传阵地。陆羯南独特的铸造国民的思想主要表现在以下几方面:

(一)国民政治:以"国民的独立"为前提的"国民的统一"

陆羯南在其代表作《近时政论考》中,集中反映了他关于国民政治的见解:"所谓国民政治,对外意味着国民的独立,对内意味着国民的统一。所谓国民的统一,亦即必须要将本来应属于全体国民的东西国民化。过去尚未形成国民的统一,若说是形成了统一,也不过是外观而已。深入察其实情,则不免成为个别阶层、个别地方、个别执政党的专利品。像帝室、政府、法制、司法、军队、租税等,大凡这些事物本来应属于全体国民,然而在过去却被国民中一部分人据为私有,实质上并未形成国民的统一。国民论派拟在内部纠正这一偏颇和分裂。因此所谓国民政治,在这点上即俗称的舆论政治。将'天下乃天下人之天下'这一名言适用于实际,让全体国民分担国民的任务,成为国民论派关于内治的第一要旨。因此,国民论派就确认了立宪君主政体是一种善的政体。"①

明治中期对于国家独立的危机感,是陆羯南谈论该问题的现实依据。在西欧先进国家,国民的统一是每个人作为权利主体而存在的自我,二者不能分开并统一表现为国民国家的形成。而在日本,国民统一并不具有形成近代国民即市民的法律制度,它是明治政府通过专制方式加以实施的。②在陆羯南看来,这些都是因为专制政治和法律制度横行所导致的。所以他所谓国民的统一,不是单纯停留在外表上的政治统一,还应该有国民形成的问题。他要寻求国民的政治自觉和政治参与,"将本来属于国民全体的东西

① 西田长寿(など)编:『陸羯南全集』第 1 卷,東京,みすず書房,1968 年,67ページ。
② 转引自小股憲明:『近代日本の国民像と天皇像』,大阪,大阪公立大学共同出版会,2005年,264ページ。

还给国民"，强调实现国民政治的必要性。国民的主体性政治参加，意味着个人从名义上的国民成长转变为实质性的国民。建立在作为政治主体的国民同意基础上的政治运行是国民统一的核心。

很明显，陆羯南论述国民政治的基本前提是以国民的独立为必要条件的。他的国民观念在某种意义上即是指国民独立自尊的观念。他分析当时的国际社会，都是以"国民"为本位的，故必须"在国民生活上，以全体国民构成一'大我'的观念"。"近时的国际公法虽逐渐惠及他国之国民"，"但这种恩惠仅给予具有独立国'证书'的人民，对没有取得独立的国家人民，绝不施行这种恩惠！"他提出，"首先致力于国民的独立与繁荣"是国民政治最紧迫的课题。①

陆羯南的"国民的独立"不只是对外之独立，还有文化上独立的含义。他痛切地感受到，作为后进国除学习西方先进国以外并无其他可保证国家独立之道。"吾辈寻求发挥国民观念之道……采用先进国文明极有必要。"②而对他来说，更迫切的是要日本国民致力于克服劣等感，唤起民族自负心。所以，陆羯南主张在经济上和政治上应该向西方学习，但在社会和习俗上却必须保存固有文明，尽可能保存日本的国粹，才能避免被西方文化同化而丧失自我，避免日本国民的分裂。"吾辈希望政治上独立，同时亦希望文化上独立。故而吾辈要求国语独立、文学独立、工艺独立、政体独立、礼仪独立、风俗习惯独立和宗教独立。如果上述诸事有不适用于道理人伦的地方，应改良者予以改良，致力于保持独立的本色。"③这便是陆羯南"国民独立"的全部意义，也意味着其对幕末维新以后的外来文化呈压倒性优势的抵抗，构成了他反对欧化主义的理论基础。陆羯南紧密联系世界文明之进步这一普遍理念，进一步提出了自己的独特见解。

陆羯南认为，近代世界是以个人为本位，以平等博爱同仁的世界理想为目标，另一方面也以国家的国民为本位，以爱国独立这一国民观念为宗旨。④ 这种世界理想和国民观念不是相互对立，而是相辅相成，共同构成世界文明之根基。"国民的观念只是达成世界理想的道路，今日之世界秩序也不允许人类一蹴而就达成理想世界。"所以"吾人欲达至世界理想之域，完成人类理性（即博爱），必先努力于国民之独立和繁荣。若只是醉心于高远之

---

① 参见《世界の理想と国民の観念》，『日本』1900 年 1 月 6 日号。转引自邹晓翔：《试论明治中期"国民论派"陆羯男的政治思想》，《东北亚论坛》1995 年第 2 期。

② 西田长寿（など）编：『陆羯南全集』第 2 卷，东京，みすず书房，1969 年，375 ページ。

③ 同上书，第 371 页。

④ 参见上书，第 370 页。

理论,失去国民之观念,忽视国家生活,其目的一步也无法达成,以至于自身也无立足之地。不只无法达成世界人类的博爱,一国同胞也要归于衰灭"①。但天赋国民的任务在于致力于世界文明,对世界文明的希望,不能只寄予某个特定的民族和国家,各国国民都要积极谋求世界文明的发展进步,"国民论派第一是要认识到世界中各国民的对等权利"②,它们以各自独特的文化而独立,并以各自的方式贡献于世界文明。

关于近代国民的权利和自由平等与国民统一的关系方面,陆羯南认为,在近代国家中权力集中的同时,作为支撑国家底层的政治扩大(即政治参与)也不可缺少。由于并不存在自由平等和国家之间的价值优劣,所以他一开始就抛弃了将自由平等作为超过一切的价值与国家对立起来的理论思路,也坚决排斥离开民权的国家至上主义。他强调国家权威不是"无限权威",个人自由"不是无限自由",而是"二者相互关联相互限制"③,有调和发展的必要。"国家权威下的自由,吾辈相信会是真的自由。"④正因如此,寻求自由与权威的调和,便成为其君民和合的民族共同体构想的重要出发点。

(二)国家政体:君民和合的民族共同体

对陆羯南来说,国家是一个有机体,其内部是一个完整的小宇宙,虽有种种阶级和主张,但都从各自的角度在发挥作用,保持着整体的协调。基于这种国家观,陆羯南否定了明治时期以前由特权阶级支配的"器械"国家,肯定了明治时期作为四民⑤协和的"机关"国家。⑥ 这种国家建立在君民合作意义的国民之上,以"上仁下忠、君民和合、蔼然相接的立宪政体"为根本保证。他认为,构成日本国家的"一君万民",这里就是构成国家之"国民"。只有人民或者只有君主都不是国民。国民不外是"意味着君民合同之国民"⑦。这样,在他的国民观念中,政府和人民是对立的,但人民和天皇并不对立,天皇就是国民。在陆羯南那里,国家内部紧张关系设定在"天皇加人民"即"国民"对"政府"之间。这与自由民权运动中"君主加政府"对"人民"是完全不同的。天皇是一视同仁、仁政爱民的王道理念的体现者,是不偏不党、公平无私的国民全体的天皇。正因如此,他认为英国的立宪政体是"最好的政体"。"一旦将它移植于日本,则必使之具有特别的风貌,谋求日本国

---

① 西田長寿(など)編:『陸羯南全集』第 2 卷,東京,みすず書房,1969 年,373ページ。
② 西田長寿(など)編:『陸羯南全集』第 1 卷,東京,みすず書房,1968 年,67ページ。
③ 同上书,第 32 页。
④ 同上书,第 31 页。
⑤ "四民"即指士、农、工、商这四个阶层。
⑥ 参见西田長寿(など)編:『陸羯南全集』第 1 卷,東京,みすず書房,1968 年,8ページ。
⑦ 同上书,第 7 页。

民与此制度的密切结合。"然而,他又是怎样使这一制度与国民密切结合的呢? 一言以蔽之,是通过执行立宪政治的政治家精神。政治家须具有谋求全体国民福利的君民共治的精神来执行宪法。陆羯南认为"日本国民的成长及荣誉在有形无形中以帝室为其源泉","天皇大权在国家和个人之上,右手制御国家权力,左手保护个人的权利,以此增进全体日本国民的隆昌庆福。"[①]他认为天皇大权既"与个人相对",又"不可混同于国家权力"。"盖一国政治忘却其国民特性时,不只违背了国政学上的原则,而且损害了国民的利益,亦即抛弃了国政的本旨。故政治上有见识者,首先具有爱国之念,而后始能谈论政治。""吾辈对政治家不讲孔孟之道,亦不言基督之教,吾辈……所言之道德,唯一诚心而已……无有斯诚心,则纵有千百才子,亦足以误国。"[②]

陆羯南有关国民政治的观点与明治初期的启蒙主义思想前后关联和呼应。日本和德国的启蒙专制主义有一个共同特点,即"不是把市民的自由原理,而是把国家的'统一原理'优先提出来,故意强调国家的使命,表明了它在国际上同英、法先进资本主义国家相对抗的企图"。陆羯南所讲的国民政治,就是围绕国家使命而展开的。其思想深处的隐忧,是担心政府自上而下的欧化主义政策,使国家抛弃本国的文化和精神传统,一切"归化于泰西"。对他而言,将西方的国民观念照搬引进是"非历史的态度",它将给日本近代化带来混乱,因而他有意识地拒绝了西欧的国民观念,自诩其天皇观、国民观才是适合日本历史和现实的极为"历史的"概念。他认为,根据其独有的国民观和天皇观便可以与藩阀政府尖锐对决,主张国民的诸项权利,也能够同时摸索国民国家的形成和非西欧型近代化的道路。可以说,陆羯南的"国民政治"的着眼点,是以植根于日本历史和文化传统的天皇及皇室为轴心,调和国内各阶级的利害关系以形成巨大的民族凝聚力,对抗来自西方列强的压力。就这一点而言,陆羯南的"国民政治"具有积极健康的民族主义的因素。

但在另一方面,陆羯南笔下的"国民政治",已游离出国民具有个性价值、享有主权的国民政治的本意。他将"国民"观念民族化,他在理论上塑造的"国民"形象,是一个包容国内各个对立阶级、各种互为对立政治主张的混沌漠然的国民形象。因此,他所谓的"让全体国民分掌国民的任务"不过是

---

① 西田長寿(など)编:『陸羯南全集』第 1 卷,東京,みすず書房,1968 年,26ページ。

② 以上两句引言分别出自陆羯南所著『国政の要旨』以及『誠心』。转引自邹晓翔:《试论明治中期"国民论派"陆羯南的政治思想》,《东北亚论坛》1995 年第 2 期。

一句空话。陆羯南具有很强的儒教伦理感，认为"国民的任务"归根结底只能诉之于政治家的"诚心"，这反映了儒教德治主义思想对陆羯南的影响。较之革命，陆羯南更重视渐进；较之法律制度，他更尖锐地指出为政者运用法律制度的道德。他参照自己的国家理念，以这种保守的立场从体制内部对当下的明治政府采取了最根本的批判。

陆羯南认为，如果立足于君民和合的国民立场，排斥特权政治，就能够在四民协和的井然秩序下实现富国，实现"国家威力之伸张"。只有这样，"国民的统一"、"国民的独立"、"各个人能力的启发"才能够全部实现，国民以各自的方式也能够得到安宁和幸福。上述观点说明，陆羯南的这种主张具有空想国民国家主义者的一面。

（三）国家出路：以天皇制弘扬"国民精神"

针对举国上下的欧化思潮，陆羯南认为，能够拯救日本的唯有国民精神。何为国民精神？他解释为"国民的自负心"，即国民的自尊心和爱国心："个人难免有贫富贤愚之差别，即使如此，个人自身却不应自侮而甘居卑屈之地。……国民要独立，必须具备国民的自负心。"[1]陆羯南要求尊重国民性，激励日本国民对欧化主义思潮进行抵抗。他所讲的"国民的特性即缘起于历史上之能力及势力"[2]，具体来说，这是日本固有的血族、言语、宗教、政体、文学艺术、风俗、习惯等。他将民族特性规定为"国民旨义"，"所谓国民旨义，意即指冀望保持和发扬一国的特性。"而日本的民族特性是与天皇、皇室密不可分的，日本与他国无法类比之独特之物就是"万世一系"的天皇，这是日本建国以来以拥戴皇室为核心的民族共同体的存在方式。他所讲的"国民精神"不外乎意味着对皇室的敬爱之意。天皇不只是历史上日本的政治中心，也是道德和文化的源泉。"欧洲各国文化因人民而起。但日本之文化因皇室而起。……皇室是慈善之源、荣誉之源、善美之源。"[3]

陆羯南从天皇制那里寻求"国民性"的核心，并以天皇作为国民统一的核心。故其关于日本帝国的想法也须要从"国民性"的角度来加以理解。"日本近世之宪法，是基于前代列圣之遗志、适应世界文明之势而产生之物，不是刀墨之吏舞文弄墨制造之物，不外是古往王政之精神成为文章现于现世而已。文明之政道、立宪政体之设立也是自古以来出于天皇陛下之大御心，此日本立宪政体以他邦和其起源不同，所以具有特殊性格。"[4]就是说，

---

① 陸羯南：「近時政論考」，『日本』1890 年 7 月 20 号。

② 西田長寿（など）編：『陸羯南全集』第 1 卷，東京，みすず書房，1968 年，67ページ。

③ 同上书，第 20～21 页。

④ 同上书，第 20 页。

宪法不是像西洋诸国那样是人民抵抗王权的产物,是被观念化为"出于天皇陛下之大御心"之产物,"立宪政体"也由此被看作在"君民和合蔼然相接之时而确立之物"。他将天皇置于绝对主权者的位置,将其机能定位为"执中",即寻求调停。具体来讲,就是国家权力内部的调停和国家权力与国民的调停。如前所述,"右手制国家权力,左手护各人权利"①,将天皇作为国民权利的守护者。其目的是通过区分天皇和国家权力,将置于绝对高位的天皇从政府这边夺回来还给国民,使现实的国家权力相对化,以此作为批判政府的政治方式。他认为,只要是以天皇制的国家体制为前提,他便获得了最强有力的批判政府的立场。

(四)国民:阶级调和的混沌之物

作为当时最著名的政论家、记者和国民主义者,陆羯南关于铸造国民的思想与福泽谕吉、森有礼和木户孝允相比,其明显特点是思想具有极强的调和性,在他那里,天皇制即君民和合的民族共同体是一个阶级调和的国民国家。

由于民族和国家的独立是至高无上的,因此要达到统一,必须以大局为重,将自由主义、平等主义与专制主义、贵族主义的因素加以均衡,调和国内各阶级的利害关系。"自由主义对促进个人才能的发展、谋求国民实力的进步是必要的,平等主义对保持国家的安宁、满足多数国民的愿望是必要的,因此国民论派将这两项原则视为政事上的重要条件。……专制的要素对国家的统辖及活动是必要的,故国民论派期望巩固天皇的大权;共和的要素对防止权力的滥用是必要的,故国民论派期望明确内阁的责任;贵族主义对保持国家的秩序是必要的,故国民论派对华族及贵族院的存在不抱异议;民主主义对权利的分享是必要的,故国民论派希望众议院健全机制和扩大选举权。"②于是,陆羯南的"国民政治"变成了无所不包的大杂烩。贵族与平民、进步与保守等对立因素皆成其"国民政治"的上好佐料。从均衡、调和的思想出发,他对维护贵族利益的藩阀政治、追求私利的资产阶级"个人政治"以及极端的君权政治统统予以严厉批判。

对于天皇及天皇制,陆羯南没有认识到社会矛盾的不可避免性,也没有认识到阶级对立是必然的对立,因此他在"国民性"的名下肯定天皇,看不到其对天皇制的抵制和批判,而是把天皇绝对化这一国家权力的意识形态作为自己的武器,通过将天皇弄成不偏不党的执中者、仁政爱民的体现者这一

①　西田長寿(など)編『陸羯南全集』第 1 卷,東京,みすず書房,1968 年,26ページ。
②　同上书,第 32 页。

理念的维度来实现国民的调和。但是,在现实中,天皇是国家权力中枢,无论他怎样从理论上区别天皇和国家权力,两者都是一体的。国家权力强调天皇的超阶级性和中立性,实质上就隐蔽天皇的阶级性,国家权力若要求国民对天皇的忠诚,现实之中就转变成为对政府的忠诚。

陆羯南的君民和合的民族共同体不存在矛盾和阶级的对立,不仅是绝不可能实现的梦想,同时也包含着极大危险。在他那里,该共同体的建立使得社会的矛盾、对立和压制不再明显,但在强调皇国的民族使命的时候,国民作为该共同体使命的忠实执行者,又必须要意识到自己的责任,国民实际上不得不成为国家的忠良臣民,这已经远离其最初的国民独立之精神了。

陆羯南思想的这一特点,就当时的形势来说具有一定的合理性。他通过创办报纸并从理论上对现实开展批判活动之时,也是天皇制作为明治时期国家体制的不可动摇之物得以确立之时。只要不想从根本上颠覆体制,潜入体制意识形态最深的人就能成为对体制最尖锐的批判者。陆羯南通过贯彻天皇制的观念,成为对藩阀政府的最尖锐批判者,并得以成为同时代民权派中的佼佼者。客观上看,在明治维新革命的成果——天皇制终于实现的 19 世纪 80 年代末,要想对这种体制进行根本性的反抗实不可能。

所有关于体制的理念都是双刃剑。陆羯南提出君民和合的民族共同体理念,希望日本国民尽快具有国民的自负心,并由此提出了民族使命的理念,发挥了对政治权力专制作用的抵抗功能。但是,君民和合的民族共同体也好,民族的使命也好,最后都在日本国内政治中发挥了与其当初意图完全不同的作用。不过,正如丸山真南所指出的:"陆羯南的日本主义企图综合民族主义和民主。虽说不太彻底,但这是对日本近代化方向和本质的正确预见。"①

---

① 丸山眞男:「陸羯南─人と思想」,『中央公論』1947 年 2 月号;另可参见氏著:『戦中と戦後の間』,東京,みすず書房,1976 年,281、294ページ。

第二章　国家强制与国民铸造

霍布斯鲍姆指出,从统治阶层观点出发,近代国家带来两大问题:第一是国家亟需实行一套新的政府形式,以便有效地管理国民,使每一个公民都能直接受到政府的管辖和监督;第二是公民效忠问题,即人民对国家即统治体系的认同问题。国家越来越仰仗一般民众的支持,国家必须建立新的公民效忠形式。①

前已述及,明治维新的课题是创立"日本"和形成"日本人"。年轻的明治政府处于极端不稳定的政治状态中,面临许多困难。大久保利通在1869年给岩仓具视的信中写道:"内外大难,皇国处于危机存亡之秋,间不容发。去年一年,兵乱渐平,呈一时平稳之势,但大小牧伯各怀狐疑,天下人心愤然,混乱较之百万兵戈更为可怕。"②在欧美列强开国的压力下,明治政府创建国民国家最紧要的课题是要实现政治的集中——结束各藩独立的分割状况,建立与万国对峙的中央集权国家,使民众处于国家机构的支配之下,在此过程中,逐步实现民众的"均质化",逐步使民众产生作为"日本国民"的共属意识和自觉意识,参与并支持国家建设。丸山真男指出,开国的意义,包括将自己向国际社会开放,同时又面对国际社会将自己划为一个国家——统一国家的双重意义,面对着双重课题的挑战,这是亚洲"后进"地区的共同命运。③ 这种命运决定了日本近代国家发展的可动机制,首先必定表现为由中央推动的近代化向地方与下层波及的过程;也决定了日本近代国民的建设,首先必定是一个国家力量的强制性将合理化的下降和共同体心情的

---

① 〔英〕埃里克·霍布斯鲍姆:《民族与民族主义》,李金梅译,上海,上海世纪出版集团,2006年,第80~81页。霍布斯鲍姆这里的"公民",即为笔者所讨论的"国民"。

② 日本史籍協会編:『大久保利通文書』第3卷,東京,東京大学出版会,1968年,161~162ページ。

③ 参见〔日〕丸山真男:《日本的思想》,区建英译,北京,生活·读书·新知三联书店,2009年,第9页。

上升过程①——官方要自上而下地强制性地推行制度改革，以达成实现
"民众统合"最基本的前提和条件。明治政府由此开始了国家制度的巨大
变革，为均质化国民的形成提供了最根本的制度基础。迫于必须铸成对
近代国家建设不可或缺的共同意识的压力，民族认同的塑造工程也加快
了脚步。② 与制度化变革相配合的另一个支柱是，国家有意识地创造了
多样化教育形式和一系列符号化方式，为民众达成对国家的认同、形成
"我们日本人"的民族意识提供了重要的精神力量和想象空间。日本通过
制度与精神两个支柱，在短短二十余年时间里成功地实现了"去地域化"，
并在一定程度上实现了"去奴仆化"，将分散的藩民整合成为一起应对外
敌的"统一国民"。

第一节　"去地域化"：政治集中的制度化实践

领土的统一和主权的确立，是国家政治集中的重要标志，是达成民众
认同的重要前提和基础。"只要不贯彻权力的集中，国家底层的均质化就
不可能。"③

明治政府立国之初面临的三大难题是：谁是国家权力的中心：藩阀还是
天皇？ 国家的版图究竟在哪里：藩域还是国域？ 国家权力运行的形式是什
么：寡头还是公议？ 不清楚第一个问题，便无法解决民众对国家的心理依归
问题；不解决第二个问题，便无法引导民众对国家的共属意识；不明确第三
个问题，便难以去除民众对国家的客人意识，难以真正达成对国家的一体
感。井上清曾言："我们日本民族，和以它为基础的政治统一体，即日本'国
民'，也是在打破封建的过程中才形成的。"④明治政府通过版籍奉还和五条
誓文，实现天皇亲政，完成了日本国家政治的权威性和合法性；通过废藩置
县，实现国家的统一，奠定了与万国对峙之基础；通过设立公议制度，扩大国
家统治基础的规模，奠定了国家政治的制度化基础。这些改革实践，为铸造
近代日本国民提供了基础性的平台。

---

① 参见〔日〕丸山真男：《日本的思想》，区建英译，北京，生活·读书·新知三联书店，2009
年，第 48 页。

② 参见〔韩〕尹健次等：《近代日本的民族认同》，《民族译丛》1994 年 6 期。

③ 藤田省三：「天皇制国家の支配原理」，東京，未来社，1968 年，108ページ。

④ 〔日〕井上清：《日本现代史》第 1 卷，吕明译，北京，生活·读书·新知三联书店，1956 年，
第 16 页。

一、天皇亲政制度:权力从幕府到天皇的回归[①]

(一)幕府危机与天皇复活的理论论证

公元 12 世纪以来,日本便进入了天皇和幕府二元政治结构的统治状态。近世朱子学将天皇和将军的关系解释为君臣关系,认为将军是天皇的代理人,受天皇委托行使统治权。按照"大政御委任"的理论,幕府获得了统治的合法性,天皇则被"冻结"起来。这种君臣关系的维系并不是一个稳定的结构,而在于力量的对比,如果幕府和天皇的力量对比失去平衡,就会出现政局动荡和政权更迭。19 世纪初,幕藩体制的结构性矛盾迅速激化,社会暴动此起彼伏,统治的合法性危机四伏。面对这种形势,以佐藤信渊和本多利明为代表的日本早期思想家提出了系统的变革论——通过重商主义实现富国强兵,建立"天下万民皆接近忠节于国君,上下信赖,万民内心一致,扶持制度,无侵国政,罪人亦鲜"的"世界第一大富饶、刚强之国。"[②]佐藤信渊要求确立国内的绝对统治,建立三台、六府、八民的严格的"垂统组织"。按照这种组织,国君完全掌握全国,民众成为臣服于国君的平等万民。这样的国家,显然是将国君作为最高统治者,超然于任何一个阶层之上的实体。民众意志服从于国君的秩序,已经超越了幕藩体制的诸侯结构而成为在日本建立西欧式的绝对主义国家思想的开端。承认统治的合法性出自天皇,承认天皇的万世一系及神圣不可侵犯,这种意识很快转变为知识分子寻求出路的精神支柱。此后,"尊王攘夷论"很快就将七百多年一直隐居于世俗之外、本作为伦理和宗教价值中心的天皇抬了出来,以此作为统合一切力量的政治权威和精神权威。现实不但创造了天皇在政治领域复活的条件,也产生了国家统一的要求。天皇由此开始被推至历史的前台。经过水户学派的藤田幽谷、藤田东湖和会泽正志斋等人的发展,"尊王的国体观"得以奠定,并在实践上对幕末志士产生了绝对的影响,成为了一切尊王攘夷运动的基础。

之后,吉田松阴系统地提出了建立近代国家的设想——绝对主义的一

---

① 天皇亲政在日本历史上并非首次,其中很著名的便是"建武新政"。打倒幕府,恢复天皇政治,是后鸟羽天皇(1180～1239 年)以来公家的理想。镰仓幕府灭亡后,1333 年 6 月后醍醐天皇重新即位,建立天皇亲政的新政权,1334 年改元"建武",重整天皇亲政的政治机构,天皇的权力进一步得到加强。镰仓时代的公武二元政治变成了公家一元政治。然而,"建武新政"只不过是后醍醐天皇的理想。由于他忽略了一个客观事实,即独立且实力颇强的武力的存在,因而新政权仅三年就崩溃了。因此,19 世纪的明治天皇亲政,准确地讲,应属于"恢复天皇亲政"。

② 转引自向卿:《日本近代民族主义(1868～1895)》,北京,社会科学文献出版社,2007 年,第110～111 页。

君万民的国体论。吉田为实现政治的集中和扩大化，从日本独特的君臣关系出发，主张公武合体的全国一致论，指出要超越藩和幕府的"天下观念"，要求打破地域和身份的封闭性，形成全国一致抵御夷狄的局面。他提出了著名的"天下乃一人之天下"的论断，指出"我八大洲者，皇祖所肇，而传万世子孙，与天壤无穷者，非他人可觊觎焉。其为一人之天下，亦明矣"。认为"一国一人、一君万民的国体具有绝对价值，是'道'，'道'乃天下公共之道，所谓同也。国体乃一国之体，所谓独也……然，国体亦道也"。他将幕府从国体中排除出去，从而使天皇成为一个内在自足的永恒存在，使一切集中于天皇，万民要以主体积极性向天皇尽忠。"普天率土之民，皆以天下为己任，尽死以仕天子，不限贵贱尊卑为之隔限，是则神州之道也。"①这种"一君万民"的构想，预示了以天皇为中心的政治一元化的发展方向。视"忠"为绝对价值的忠孝观，成为日本人实现同一性的重要凭借。对此，许介麟评价道："日本对忠的价值观，在西洋入侵之后，有凝聚全国政治力量的作用，在横断面上否定了各藩的地方割据，纵断面上则形成了以天皇为中心的中央集权国家。"②

在西欧的冲击下，"一君万民论"经过国学、水户学和吉田松阴的延续发展，使天皇的复活已没有任何理论上的障碍。随着外部侵入的加剧和幕府内部的分裂，以天皇为代表的朝廷也在寻找机会积极要求政治上的发言权。以"违敕签字"、"将军继嗣"和"安政大狱"为契机，天皇地位明显提高。在由幕藩所推动的"公武合体运动"与中下级武士所推动的尊攘运动的对抗中，天皇进一步政治化，并随着倒幕运动的到来，成为一切价值的中心。以朝廷为施行国政的轴心，已经成为当时政治形势的必然要求。1867年6月，坂本龙马的《船中八策》，提出了"使天下之政权奉还朝廷"，"设立上下议政局，设置议员参赞万机，万机决于公论"等八项建立统一国家的方策，宣布了"扩张国势，与万国并立"的新纲领，成为大政奉还运动与倒幕运动的共同纲领。1867年12月，倒幕派发动政变，颁布"王政复古大号令"，宣布诸事回复"神武创业之始"。政变后，政府召开"小御所会议"，令德川庆喜"辞官纳地"。1969年6月，戊辰战争结束，政府军终于以武力推翻幕府统治，为统一的中央集权国家奠定了基础。

天皇作为全国统合象征在政治领域的复活，体现了日本近代国家形成

<hr />

①　转引自向卿：《日本近代民族主义(1868～1895)》，北京，社会科学文献出版社，2007年，第126页。

②　许介麟：《谁最了解日本》，北京，中国文史出版社，1989，第30页。

过程中政治集中的一面。1869 年日本所形成的中央集权国家，正是通过剥夺幕府和诸侯权限，使全部权力集中于天皇的新国家政权。

（二）天皇亲政的实践步骤

天皇亲政尽管是必需的，但对于当时的日本普通民众来讲，并非一个可以轻易接受的权威。"幕藩体制下，天皇实际上也只是一个山城国三万石的小领主，其影响仅限于京都。对近畿①圈以外的民众来说，天皇与民间百姓所信仰的驱灾辟邪的牛头天王没什么两样。"②在倒幕派那里，天皇则是作为一个手段，一个由外压触发的"理念的国家观"为背景、基于名分论的传统存在。政治机制必须要创造出天皇的绝对权威，并使之渗透民间，渗透人心。他不仅仅是作为传统的伦理与宗教权威和象征，还是从传统中得以解放出来的政治君主。大久保利通和木户孝允等人煞费苦心地探索着一条必须实现天皇亲政的道路。

新政府保留了天皇传统的机构和制度，发布的各项命令都以"谕旨"或"敕谕"的方式下达，向各国发出的王政复古的通告，明确了"内外政事皆归天皇亲裁"，由天皇取代"大君"缔结一切条约。1868 年 11 月，政府在与瑞典、挪威、西班牙，以及次年在与北德意志缔结的修好通商条约中，签约的主权代表者分别是"日本天皇"、"大日本天皇陛下"、"日本天皇陛下"。这样就在对外关系上解决了天皇的地位问题，天皇作为主权代表者的地位得到确定。对内方面，当务之急是必须要树立天皇作为日本最高统治者的形象，确立天皇的权威，确定其"普天之主"的政治地位，这是国内改革的前提。

天皇地位的确立最初体现在新政府以天皇名义发布的"五条誓文"。其内容是：(1)广兴会议，万机决于公论；(2)上下一心，盛行经纶；(3)官武一途，以至庶民，须使各遂其志，人心不倦；(4)破旧来之陋习，本天地之公道；(5)求知识于世界，大振皇基。最后附有敕语："际此我国史未曾有之变革，朕躬自率先誓于天地神明之前，大定国是，立保全万民之道，尔众宜据此旨，同心协力。"由于天皇作为统一力量的存在价值，木户孝允模仿大化革新时天皇在大樟树下召集群臣向天神地祇盟誓政道的先例，专门安排了由明治天皇向神明宣誓的仪式来宣布"五条誓文"，仪式过程本身显示了"祭政一致"的理念，天皇被看成基于神意的神权统治者。在处于各种势力角逐的过渡时期，天皇的神明宣誓，其实质也是政府统合当时复杂政治势力的一

---

① 直译为"邻近国都的地方"，近畿地方包括京都、大阪、兵库、奈良、和歌山、滋贺、三重等的二府（大阪和京都）五县。

② 植村邦彦：「「近代」を支える思想—市民社会・世界史・ナショナリズム」，京都，ナカニシヤ出版，2001 年，208ページ。

种手段。

接下来，便是建立与此相适应的集权体制，即"辅弼天皇的体制"。1868年6月，新政府公布的《政体书》设立了辅相，位居行政机构的中心，任务是"辅弼天皇，奏宣议事，总督国内事务，总判宫中事务"，作为向天皇亲政制的过渡。《政体书》并没有给天皇以政体上的地位，按照设计，掌握天下权力的不是天皇，而是太政官。为了坐实"王政复古"之名，维新者使用了平安时代的官制名称。太政官制最大的特点是中央集权，下设议政、行政、神祇、会计、军务、外国、刑法七个官职。议政官负责立法，刑法官负责司法，其他五官执掌行政，执行三权分立。议政官有上下二局，上局由议定（皇族、公卿、诸侯）和参与（公卿、诸侯、大夫、士、庶人）组成，下局由议长和议员组成，议员由府、县、藩选送的贡士担任。行政官掌管行政大权，下设辅相、办事二职；神祇官以下四官分掌各种行政事务，下设知官事、副知官事等职。官吏任期四年，以公选方式产生，地方上分为府、藩、县，府、县设知府事、知县事等职，藩仍设诸侯。《政体书》的第二个特点便是大大限制了地方特权。"各府、各藩、各县，应以誓文为本，行使其政令"，府、县、藩不得私授爵位、铸货币、雇用外国人与邻藩或外国订立盟约等，否则便是以小权侵犯大权、紊乱政体。[①] 同时发布的还有告示和《近习须知》，指出由于天皇年幼尚未成年，将万机"委托总裁诸职"，一旦成年，"即将出自宸断"，指明了向天皇亲政过渡的路程。

尽管中央集权制已经建立，但并未改变藩的"以小权侵犯大权之弊"，木户孝允指责其为"不知何为大政一新，唯以打倒德川为一大快事"，这促使了新政府继续塑造天皇作为"人格化"的政治权威。1868年8月东征胜利后，新政府在这期间举行了即位、改元、奠都等象征天皇亲政的仪式，具有划时代的意义。1868年8月，明治天皇在京都举行了盛大的即位大典。大典具有浓厚的政治色彩，采用了新创的和式礼仪。在诏敕中，除在"遵照天智天皇之不朽大典为政"这种千年一贯的例文之外，还新增加了"根据神武天皇的创业以行大政"的字样。庭前神案上，装饰了直径三尺有余的地球仪，以祝愿进入世界的日本前途无量。在即位前一天，还发出布告，将明治天皇诞辰称为"天长节"，规定在这天举国上下都要庆祝。天长节在8世纪就有了，但将其规定为民众的节日则是自此时开始的，意向全国表明天皇才是日本最高统治者。朝廷继而发布诏书，改庆应四年为明治元年，强调"一世一元"，改变了古代根据吉凶祸福轻易改元的弊病，使年号具有了象征天皇在

---

① 参见〔日〕坂本太郎：《日本史》，汪向荣等译，北京，中国社会科学出版社，2008年，第362页。

位的意义，目的也是为了树立天皇的绝对权威。

为隔断天皇与象征朝廷旧弊的京都间的联系，缩短天皇与民众的距离，实现天皇的人格化，1868 年 1 月，大久保利通建议迁都大阪。几度周折，大久保等人最后接受了江藤新平等迁都江户的意见，决定天皇东幸。① 东幸的目的正如江藤所述："逐渐废除德川氏之恶政，深察民众之疾苦，兴极善美之政……以此收揽人心，以示皇恩浩荡及于万民。""若能善行此事，则可极得人心也。"②1868 年 8 月，新政府以"朕海内一家、东西同视之故"，下令改江户为东京，并布告天皇要躬亲政事。在京都公卿的激烈反对声中，天皇自京都前往东京。中途遥拜伊势神宫，亲临热田神宫，向沿路 33 个神社进献了神物，沿途接见下层民众，赐赏孝子节妇，体恤弱势群体，创造了其作为"解放者"的形象。天皇抵达江户后，政府颁发布告，声称"今者天皇东临，万机出于宸断，即日起废镇将府"。朝廷由此将关东八州直接纳入天皇统治之下。

即位、改元、迁都和行幸的主张，反映出新政府官僚急切希望借助皇威而达到精神上统一民众以实现国家统一的目的。西园寺公望的回忆是："这是为了主张自我的示威策略。……它并不是在理论上非要如此，而是实际上不得不做的事情。"③实践证明，上述措施确实取得了显著成效。天皇终于在对内和对外两方面成为"宸裁万机"的最高权力者。大久保利通等人提出天皇行幸地方的思想，后来被充分利用，成为树立天皇权威、创造国民的重要环节。

天皇回归到政治权力中心地位并得以广泛地在国民中扎下根来，其原因不只是由于强制，也与回归传统、国民心情及日本人性格有关。龟井胜一郎分析指出，长久以来，天皇一直是作为一种超越制度的存在。不管怎样的恶政，恶的是其近侧和当政者，天皇是没有罪的。天皇大致上是政治的无能力者或是无力的存在——通过德川幕府的两百多年的统治，已经被打上这种深刻的印象。④ 这种无能或无力的根深蒂固的感情持续下来，形成了民众对作为非政治存在的天皇的亲近感。天皇不只是被视为神，同时也是人性的天皇，即"民俗学的天皇"，通过民间的佛教信仰、和歌会及祖先崇拜等

---

① 表面上称"东幸"，而不称"迁都"，是为了避免遭反对而采取的一种辞令，为政者的真实意图是要迁都。是年 9 月，天皇东幸，12 月返回京都，次年 3 月，再次东幸，从此再未还幸，实际上实现了迁都的目的。

② 转引自向卿：《日本近代民族主义（1868～1895）》，北京，社会科学文献出版社，2007 年，第191 页。

③ 岩井忠熊：『近代天皇制のイデオロギー』，東京，新日本出版社，1998 年，107 ページ。

④ 参见龟井勝一郎：『現代史の課題』，東京，岩波書店，2010 年，106～107 ページ。

种种社会祭典,二者交合在一起,形成天皇大众化的强烈的心理情结。由于中世纪以后的天皇一直是一种没落者的形象,所以民众的这种亲近感中还纠缠着"对弱者的同情"。明治初期的政治家通过"王政复古",将这种感情反过来运用在政治上,实现了天皇地位的回归。

(三)天皇亲政的最高制度化

这主要体现在 1889 年 2 月《大日本帝国宪法》(简称《明治宪法》)的颁布上。作为天皇下赐给日本民众的钦定宪法,其第一章关于"天皇"的内容就占了整个宪法条文的 22%,成为《明治宪法》政治体制的核心。《明治宪法》规定,天皇拥有极大权力,宪法的修改不允许议会提出,而要根据敕命进行;宪法中有关皇室的重要事项均在议会权限之外;立法权原则上需要议会通过,但有许多例外。统帅、外交、任命、授予荣典等大权,完全不容议会插手。总之,议会"有讨论法律之权,而无公布法律之权",不具备形成国家意志的权能,议会因此不得不成为天皇的附庸和立宪制的"装饰"。君权至高无上,内阁成员对天皇而非对国会负责。《明治宪法》规定所有天皇敕令必须由内阁大臣副署,官僚的权力由此得到巩固。此外,还规定"天皇统帅陆海军",陆军参谋本部借此取得特别独立地位。《明治宪法》也写上了试图防止天皇超越一切权力的文字:"朕及朕子孙,将来必遵循此宪法条章,实践时无逸出之事。"

按照《明治宪法》的规定,天皇是国家政治、军事、法律及精神的最高权威,也是日本国家主义新意识形态的核心和民众凝聚力的源泉,处于绝对化的地位。《明治宪法》非但没有限制天皇权力,反而确立了以天皇超越宪法的权力,带来了种种争议。有人评价《明治宪法》的基本原则是赋予天皇以无限发挥权威的机构,即使采取了立宪制的外形,其实质也绝不能算是什么立宪君主制。[1] 有人认为《明治宪法》实际上采用了依靠元老、忠臣等超宪法体制的政治存在来使国家意志一元化的制度,即通过对内阁总理"辅弼"、帝国议会的"协赞"及天皇敕令需要内阁成员副署等规定,在一定程度上建立了一个所谓的"集体领导体制",同时避开了政治决策主体的明确化,采取了暧昧的关联体制。[2]

《明治宪法》的这种特点,与伊藤博文等人关于宪法的基本构想密切相关。伊藤博文等人拟定宪法的目的在于实现"宪法政治",方法是引进立宪主义,实行"立宪君主"。与当时政府内多数人一样,伊藤博文认为建立立宪

---

① 转引自殷燕军:《近代日本政治体制》,北京,社会科学文献出版社,2006 年,第 208 页。

② 参见同上书,第 182~185 页。

政治之原因是"欲谋国家进步，舍此别无其他经营良策"，其自身原本对引进立宪主义不抱信心。他认为，宪政在日本完全是新生事物，必须要首先寻求"我国的机轴，确定什么是我国的机轴"。他痛感日本没有欧洲基督教那样使人心归一的宗教，"无一可以做国家机轴者"。"没有机轴而听任人民妄议政治，则政治将丧失统纪，国家亦随之废亡"。他想到了皇室，"在我国，唯一可以成为机轴者，唯有皇室。"因此，1886 年伊藤在制宪会议上演讲，要"以君权为机轴"的宪法政治完成使人心归一的"国民"形成的任务。在其影响下，宪法起草组的注意力便放在了皇室意义上，"力求尊重君权而尽量不加束缚"，从而使"立宪君治"的君权和民权从对等的关系下降为上下臣属关系。"即君主乃君临一国邦家之上者，君主之外，皆谓臣民之义也。故必须明了，一国臣民之中不包括君主。然则皇族又当如何？其法律上之待遇，社会上之尊重，虽不同于其他一般臣民，然从法理方面言之，不践位之皇族，虽居该国上流，亦应列入国民之中。"①

　　这种构想之下，宪法草案必定使天皇地位绝对化。伊藤博文为了遮掩宪法中天皇统治与专制的区别，为了说明将民众称作"臣民"而非"国民"的理由，让著名法学家进行解释，将文字表述修改得合乎近代法理，强调"保护臣民的权利"是宪法政治的实质，指出创设宪法的精神，第一在于限制君权，第二在于保护臣民之权利。限制君权，具体表达在该法第五条"天皇经帝国议会的协赞行使立法权"。然而，他在第八条紧急敕令中又取消了议会对天皇追究责任的权利。在"立宪政体的本义"与"使君权实实在在"之间，他采取了保持"立宪政体"的外在形式，以确保君权的绝对至上。关于"臣民"的解释，宪法草案说是"服从大君"并被大君当作"大宝"、受到爱重的人，还说"此乃我国古典旧俗所存者"，西方的国民权利"故非我国宪法所取之范例也"。《宪法》规定"日本臣民的所有权不受侵犯"，但又规定"不是无限之权"，"所有权乃私法上之权利，全国统治之大权专属公法，两者丝毫无所抵触也"，也即私法要服从于公法，臣民的"各种权利"并不是人民固有之权利，参政权也是天皇所赐才到人民手中的。这样，宪法草案就把十几年以来形成"国民"的任务用形成"臣民"的办法解决了，即以"臣民"的形式形成了"国民"，或者说"国民"乃以"臣民"的特殊姿态出现。

　　正因如此，信夫清三郎指出，宪法所规定的国家体制，实际上是一个束缚议会权力的伪装的立宪政体。由"臣民"选举所构成的议会，其作用极为

———————————

　　① 〔日〕信夫清三郎：《日本政治史》第 3 卷，吕万和等译，上海，上海译文出版社，1988 年，第200～201 页。

有限。天皇这种政治存在贯穿了整个明治宪政国家对外政策和对内国民整合的始终,被置于近代政治体制变动和政治运动的中心,成为解决国内危机及提高国民凝聚力的核心。作为世俗和宗教的双重领袖,天皇不断为各种政治权力集团所利用,天皇势力自身也在利用各种势力,以保持对现实政治和社会的绝对影响。① 民众对天皇的认同,就意味着对国家的认同。天皇即代表国家,不仅仅是日本国家政治和军事领导人,也成为国民最高的精神性权威,天皇制国体被赋予"民族性"。通过《明治宪法》的制定,明治政府成功地建立了以天皇为核心的近代中央集权制,它成为了铸造"举国一致"国民的制度基础。

二、国家主权的统一:从"版籍奉还"到"废藩置县"

(一)"去地域化":"版籍奉还"与"废藩置县"

天皇成为了最高权力者,政府也借机整顿国家机构,但现实的情况是,国家仍然保留的"藩"的统治已经成为政府推进中央集权政策的障碍。木户孝允指出:"如果听之任之,则并立于世界之事必无可言,即对国内指示亦不得贯彻,朝廷之威望不得发扬,此乃势所必然。"由于当时担任新政府中坚力量的是各藩中的下级武士,他们并没有指使各藩按照新政意图行事的权力,木户由此提出,欲使新政府基础巩固,必须废除藩制,将各藩土地和人民收归政府。伊藤博文也对此表示赞同,他在很早时就指出:"欲与五洲各国并立,就不能以世禄之制建立国政,此乃人人皆知者。""必须废除主犯各拥兵权、互相对抗之弊,使其权皆归朝廷,一切政令法度皆出自朝廷","使全国政治划一"。他警告道:"我全国各藩之诸侯,若不能明察世界大势,将其政治兵马之权奉还朝廷,则百年之后,欲求耀皇国武威于海外,难矣。"②同时主张废藩的还有土佐藩的坂本龙马、后藤象二郎和佐贺藩的江藤新平。

在大久保利通和木户孝允的说服下,萨摩藩、长州藩、土佐藩、肥前藩四藩藩主于1869年3月2日联名上书政府,提出了要奉还封土和人民的申请,其他各藩纷纷响应,上表奉还。同年6月,明治政府同意了他们的申请,并向尚未上表的三十余藩发出命令。7月25日,政府收回各藩版籍,任命了274名藩知事管辖旧藩,掌管藩内行政。同时废除公卿、诸侯称谓,改称华族,以现领禄米数的十分之一为家禄,称其旧臣为士族,俸禄也做了相应

① 参见〔日〕信夫清三郎:《日本政治史》第3卷,吕万和等译,上海,上海译文出版社,1988年,第223页。

② 〔日〕信夫清三郎:《日本政治史》第2卷,周启乾等译,上海,上海译文出版社,1988年,第209页。

修改。这就是奉还版籍及其附属措施。由于藩知事和旧藩主在实质上是同样的，各藩实际上并未做多大变革，但在形式上是一项伟大变革。"藩的性格发生了根本性改变，已经不再是封建的领有单位，而转换成了与府县同一级别的地方行政单位。……藩域不再是他们的领地，不过成了'管辖地'即作为藩知事应该担责的行政区域。"①封建领主被消灭了，理所当然家臣也就失去了其存在理由。虽然藩士转化为了士族，但这意味着封建关系的废除。版籍奉还是幕末以来已经常识化的"国土王有"尊王思想的成果，实现了"普天之下，莫非王土，率土之滨，莫非王臣"的"大体"。从此，全国土地和民众才初次摆脱封建诸侯领有而归于天皇，这有利于国家的统一。② 不过，由于还残留华族、士族，保留着王臣的身份制度，适应近代国家要求的均质性国民并未形成，各藩的经济和军事结构并未改变，实质上仍不免有封建遗风残余，所以准确地说，版籍奉还只是在理论上实现了全国的统一，各藩仍然是对抗政府的潜在隐患。从 1869 年年底到翌年 3 月，山口藩爆发了两千余名士兵叛乱的事件震惊了明治政府，叛乱分子余孽藏匿于久留米藩且与熊本藩的尊攘派有勾结，政府对这两藩的动向极为关注。5 月，发生旧米泽藩藩士云井隆雄等人的反政府阴谋事件，其影响扩展到东北诸藩，让明治政府更感强烈不安。随着农民暴动日益频繁，新政危机四伏，明治政府非常警惕反政府运动与农民暴动的勾结。在这种严峻的形势下，对藩的最终处理便不能再拖延下去，废藩置县已经势在必行。

另一方面，在藩体制的维持中，也出现了由于走投无路而自发提出废藩的情况。1869 年 12 月～1871 年 7 月，一共有 13 个藩消失，其中包括比较大的盛冈藩。以此为背景，1870 年 3 月 12 日，岩仓具视赴鹿儿岛恳请西乡隆盛出马。在西乡的主导下，鹿儿岛、山口、高知三藩组成了向政府提供军队的御亲兵，政府的威力由此大大强化。

作为废藩置县的前奏，1870 年 9 月，新政府发布了藩制改革的布告，从行政和经济角度限制藩的自主权。为争取各藩有力者的支持，木户孝允及其他明治政府领导人亦实行软硬兼施的政策，一方面承诺授予各大名及其追随者在中央政府的职位，另一方面则在翌年 2 月以萨摩、长洲、土佐三藩的献兵为基础，组织了直属兵部省的天皇亲兵，并由兵部省统一管理全国军事事务。亲兵虽未真正使用过，但其力量不但大于任何一藩之武力，亦大于

---

① 毛利敏彦：『明治維新の再発見』，東京，吉川弘文館，1993 年，93～94 ページ。

② 毛利敏彦指出，从学术上来看，因实行废藩置县，日本实行个别领有制即等于"废藩"这种见解并不完全正确，"奉还版籍"才是带来废藩的决定性措施，它的实质就是废藩。废藩置县应该看作是在奉还版籍基础之上的必然结果。参见同上书，第 93 页。

任何雄藩之联合力量,构成对各大名的威慑力。军事的统一,自然而然地发展出国家统一的第二步——"废藩置县"。

1871 年 8 月,天皇召集在京的 56 个藩知事,宣布了《废藩置县之诏书》(简称《诏书》),指出:"朕思之,更始之际,欲内以保全亿兆,外与万国对峙,宜名实相符,政令归一。朕已采纳诸藩版籍奉还之议,新命知藩事,使其各奉其职。然数百年因袭之久,或有其名而无其实,以何保全亿兆、与万国对峙?朕深为感慨,故今进而废藩置县,此乃去冗就简、除有名无实之弊端,以免政令多歧之忧。汝等群臣宜体察朕意。"①《诏书》免去了 261 个藩主的知事官职,使其定居东京,领取国家俸禄,并以政府公债的形式给予旧藩主以经济上的保障,抵付了全部旧藩债。对所有府县重新划分,有归并、有分出,全国共分 3 府 72 县,②遴选人才担任府知事、县令之职(初时称"县知事"),县知事不再由原来的藩主出任,而是中央遴选后直接派出。短短三个月,日本地方制度由原来的 280 个藩变为 72 个县,大部分新任县知事都是倒幕派名藩中的中级武士。政府对大名实施巨额补偿,不少大名虽被迫退出政坛,但并无任何怨言。短短三年内,德川幕府维持了两百多年的幕藩体制便全然消失。

废藩置县彻底摧毁了藩主的割据势力,彻底砸碎了"藩即国"的封建国家观念,消除了封建权力的多样性,加速了近代国家观念的形成。作为"分国制度"的藩已经不复存在,朝廷对藩的关系已经过渡为中央对地方政府的关系。把天皇作为名义上的"主上",由宫廷势力与"列藩同盟"所形成的王政复古的朝藩体制国家,已经向以天皇为主权者的中央集权国家转化。竹越与三郎指出,"至此,七百年来之旧弊渐改其形,始可谓稍许确立与世界万国对峙之基础",这或是"我国国民真正能称为国民的第一阶段"。③

(二)建立官僚制

由于实行废藩置县,政府再次改革了官制。1871 年 9 月,新政府设立神祇官(后改神祇省)与太政官,又在太政官下新设正院、左院、右院。正院设太政大臣、左右大臣(初称"纳言"),拥有立法、行政和司法决策权。太政大臣下辖大藏、外务、工部等省。左院设议长、议官(初称"议员"),参与立法

① 大津淳一郎:『大日本憲政史』第 1 卷,東京,原書房,1969 年,432ページ。
② 1871 年 7 月,通过废藩置县,全国废除 260 余藩,划为 1 使(北海道开拓使)、3 府(东京、大阪、京都)和 302 县。同年 11 月调整为 3 府 72 县,到 1890 年再调整为 3 府 42 县,由中央政府任命府县知事。现在的日本行政区划为 1 都 1 道 2 府 43 县。
③ 竹越興三郎:「新日本史」,载松島栄一編:『明治文学全集 77　明治史論集 1』,東京,筑摩書房,1965 年,160ページ。

咨询；右院作为各省长官、次官等讨论重要政务的场所，也是"各省长官草拟当务之法及审议行政实际利害之所"，是后来内阁制的先驱，但此时立法和行政的区别尚不明确。由于认识到"祭政一致"无法有力推进与万国对峙的体制，因此在这次改革中，神祇官被降格为神祇省，并开始实行宫廷改革。

新官制实行后，三条实美任太政大臣，左大臣缺员，岩仓具视任右大臣，参议由萨摩、长州、土佐、肥前各藩的旧藩士各一人组成，即西乡隆盛、木户孝允、大隈重信、板垣退助，大藏卿为大久保利通，外务卿为副岛种臣，首任议长为后藤象二郎，副议长为江藤新平。其他各省首长大部分是由这四藩的讨幕派担任，这说明政权由封建领主和公卿之手转到了中下级武士之手。通过官制改革，维新政府体制显出了较高的运转效率。1887年，文官考试制度设立；1889年，内阁制设立。"内阁是天皇陛下委任参议评定各项立法和行政事务是否恰当的机构，是一切施政之轴心"，参议则"作为内阁之议官，掌握议决各项事务"。参议兼任各省长官，加强了各省权限。官僚制国家的出现，使明治政府比以前对民众更有引导力。按照伊藤的说法，"此时在国家中只能依靠官吏，然国家的官吏不过是主权运作的机关，绝不处于君臣之间可以遮蔽上下的位置。"①国民国家建设创造出了人民与国家机关直接沟通的官僚机构，带来了纵向的"上下贯通"，进而在日常社会中孕育了横向的国家形式，即形成国民社会。②

明治政府通过天皇亲政和奉还版籍、废藩置县的改革，建立了日本的现代国家基本框架。如果按照信夫清三郎的说法，此时的日本是绝对主义国家。③ 按照藤田省三的说法，"绝对主义最大的历史作用就在于国家建设"，它"不仅仅在基层机构中用政治权力进行资本主义的原始积累，而且通过政治上的'剥夺'把全部手段集中于国家结构的顶点，由此强制推行近代国家的原始积累并以此作为在基层中推行原始积累的前提"。主权、统一国家、官

---

① 『東京日日新聞』第 5238 号，1889 年 4 月 18 日。

② 参见藤田省三：『天皇制国家の支配原理』，東京，未来社，1966 年，70～71 ページ。

③ 所谓绝对主义，是西欧近代历史上继等级君主制之后发展起来的中央集权的"新君主国"（马基雅维里语），即"绝对君主制"，是在 16 世纪和 17 世纪欧洲宗教战争和农民战争中产生的国家形态。恩格斯将其定义为"使贵族市民等级彼此保持平衡"的平衡机制。马克思则宣称："中央集权的国家政权及其遍布全国各地的机关——常备军、警察、官僚、僧侣和法官（这些机关是按照系统和等级的分工原则建立的），是起源于绝对君主制时代，当时充当了新兴资产阶级社会反对封建制度的有力武器。"佩里·安德森指出，军队、官僚机器、外交与王朝构成封建复合体，统治着整个国家机器，操纵着国家的命运。绝对主义国家的统治就是向资本主义过渡时代封建贵族的统治。这一统治的结束标志着封建贵族阶级权力的危机，资产阶级革命的来临，资本主义国家的诞生。参见〔美〕佩里·安德森：《绝对主义国家的系谱》，刘北成、龚晓庄译，上海，上海人民出版社，2001 年，第 3～4、26 页。

僚制度、公法、私法等近代国家观念,都是绝对主义国家的产物。而佩里·安德森在对日本近世和近代进行研究后得出的结论是,"明治国家在任何范畴意义上都不属于绝对主义。作为新统治集团最初权宜之计的独裁政权很快就证明了自己绝对是资本主义国家,在几十年后反对一个真正绝对主义的斗争中,它验证了它的气概。1905 年,俄国军队在对马海峡和沈阳的大失败向世界证明了两者的差异。在日本,未经任何政治中介阶段就举世无双地完成了从封建主义向资本主义的转变。"①

　　无论是否为绝对主义,从国民国家的理论来看,在面临列强环伺的近代国际体系中,明治政府迅速地通过政治上的强硬剥夺手段将权力集中于天皇,实现了国家主权的统一和中央集权,有了明确的对国家权威的指向,这为近代日本民众产生对国家的认同提供了最基本的制度基础。

　　主权统一的同时,明治政府在利用近代国家形成之际,还有意识地利用时机扩大领土范围,为国民国家疆域的划定奠定基础。北海道原被称为"虾夷地",是今天日本少数民族阿伊努族的栖居之地。1869 年,明治政府正式合并北海道,设立"开拓使",其后开始组织大批人到北海道开荒垦地。1879年,琉球被日本吞并,改成冲绳县。开疆辟土大大扩大了日本的国域面积,随后明治政府采取一系列整合措施,开始了漫长的同化过程。

三、户籍制度、学制、征兵制、地税改革的推行与法制统一

(一)推行户籍制

　　1871 年,日本公布了《户籍法》,设立了办理编制户籍事务的官吏——"户长"。该法的太政官布告首次使用了"国民"一词。明治政府声称,其"大政之本"在于"保护全国人民",日本《户籍法》的根据便是"详细登记所应保护之人民",将"逃离其籍而缺其数"之人置于"国民之外"。其具体做法是,各地因地制宜,先定区划,每区设正副户长。区划以"四五个镇或七八个村"为一区,"一府一郡分数区或数十区","小区可至数十,大区可仅一二,皆可因时因地制宜。"1872 年,新政府废除了村吏,改称户长、副户长,大区、小区则各设区长、副区长。其任务是贯彻通告、整顿户籍、征收租税、设立小学、鼓励上学、进行兵役调查,等等。"大区"、"小区"形成了与过去的郡、村完全不同的新的行政区划——行政村,超越了过去村落共同体的范围,完全是适应中央集权要求的行政区划,是中央控制地方的方法。过去依靠一个单元

---

　　① 〔美〕佩里·安德森:《绝对主义国家的系谱》,刘北成、龚晓庄译,上海,上海人民出版社,2001 年,第 488 页。

来整体地控制全体村民成员的做法已经无法实行,政府必须要一户一户、一个一个地控制人民。通过属地主义户籍的确立,近代国家的"领土"第一次与"人民"的概念相结合而得到成立。在这里,横向的"国民"的观念开始登场。从 1871 年 4 月的《户籍法》制定布告开始,维新政府的布告、达、告谕等公文中开始普遍地使用"国民"的概念。在《户籍法》的布告中,户籍被规定为"保护全国人民"的制度基础,"逃其籍、漏其数者因不受保护、与自绝于国民之外无异。"①《户籍法》虽然没有达到近代民族国家的国民观念,但总算将人民作为统一国家的"国民"来把握,将脱籍之人置于"国民之外",从保护对象中排除出去,用人民的"标准化"和户主的设定,使"家"这个社会基本单位达到同质性和水平化,以"家"作为媒介来掌握和控制全体民众。从此角度看,户籍的编制成为铸造国民的重要措施。

（二）颁布《学制》

作为启蒙主义的产物,《学制》的制定和教育方向的奠定对形成近代国民具有极重要的意义。江藤新平在这方面起了非常基础性的作用。他改变了以往大学对国民教育不积极负责的态度,确定了由国家主动地在全国设立学校和实施国民教育的方针。就目的而言,刚开始时,政府明确表示学校是以实务学习及独立思考为目的,只有这样,一般人民才能发挥所长效忠国家。经过西欧列强的冲击和新政府领导人出使海外,明治政府已经非常清楚地认识到,全民教育是西方经济和军事力量的基础,日本若要走向富强之道,必须要实施全民的教育。1872 年 1 月,有 12 人被任命组成为"学制取调挂"②。同年 2 月,文部省明确规定了《学制》的基本方针,强调"国家之所以富强安康者,其源皆必有赖于社会文明及国人才艺大有长进"。文部卿大木乔任在给政府的呈文中,将《学制》的基本目标定为"普令人民皆大定其方向"上。同年 9 月 4 日（旧历 8 月 2 日）,文部省为颁布《学制》发布第 214 号太政官布告,宣布"自今以后,一般人民（华族、士族、农、工、商及妇女儿童）邑无不学之户,家无不学之人"③,宣示了明治政府提倡四民平等、男女平等、全民皆学的教育理念。而其根本意图,则在于将民众从封建秩序下解放出来,唤醒其国民意识,使其成为具有近代精神的国民,从而达到"一身独立

---

① 『太政類典』第 1 编第 79 卷。"国民"这一词语,在以后的公文书中就成为一般性用语了,比如 1871 年 10 月 12 日对华族下达的敕谕中也三处提到"国民"一词。但在敕语、敕谕中使用"国民"一词却是首次。之后,这一词语在公文书中就成为一般性用语了。例如,1871 年 10 月 12 日在对华族下达的敕谕中就三次提到"国民"。

② 即"学制起草委员会"。

③ 文部省编集『学制百年史 资料编』,东京,帝国地方行政学会,1972 年,11ページ。

进而一国独立"之目的,功利主义色彩较浓。① 9 月 5 日,《学制》公布,共
109 章,分"大中学区"、"学校"、"教员"、"学生及考试"、"海外留学生规则"、
"学费"六部分。《学制》的实行意味着新式教育制度的移植。学制在行政方
面学法国,第一章规定了教育实行中央集权——"全国学校由文部省统一管
辖";在制度方面学美国,学制采用了小学、中学和大学制度。文部省发出
"向国民的告谕"指出:"学问乃立身之资本,凡为人者皆不学所致之过也。
夫迷途失向,陷于饥饿,家破身亡之徒,终皆不学所致之过也。"它以"劝学"
来引导民众对国家的关心,促使民众与国家的同一化。

应该说,《学制》的推行是卓有成效的。强制教育废除了幕府时代士族
垄断教育和学问的局面,为实现四民平等、形成国民奠定了基础。1872 年,
明治政府提出要实行四年义务小学教育,凡男女学童均有资格入学。19 世
纪末,小学入学率从 70 年代初的 25%～50% 上升到 90%。随着义务教育
的不断深入,新的社会价值逐渐形成,每个人的生命应该在一个开放的环境
中成长,让他的天分得以自由发挥——这种思想对年轻人最有吸引力,成为
以后日本社会最受人认同的基本价值。选贤任能成为明治政府的基本方
针,《学制》的功利化和工具化特点得以凸显。②

(三)实行征兵制

军队与近代国家的发展有密切联系。按照查尔斯·蒂利的说法,战争
既催生了近代国家,也是近代国民形成的重要催化剂。酒井直树指出:"国
民皆兵是国民国家的重要特征……实际上具有将共同体全体成员规定为潜
在的战斗者的一面。"③近代国家中,武力不再私有,战争变成国家行为。各
国竞相组织训练职业化的常备军队,使用统一的武器、制服与旗号,由中央
直接任命军官来指挥,军人效忠于国家。近代军人的国家化,是近代国家的
重要标尺,也是形成统一国民的重要举措。明治政府废藩置县为政府带来
了一个飞跃性的扩充军备的机会。早在武士失势前,明治政府领导人就决

---

① 在《关于学制实施细目的太政官指令》中,教育被看成王权的工具,其目的在于"建设一个
具有正确思想的臣民划一的国家",要求形成的是有主体性的"臣民",即受过教育和训练的臣民以
及顺从的士兵。

② 高久领之介表达了对 20 世纪 90 年代以来"国民国家论"的疑问。他指出,对于在全国实
施建立小学、改革地租的事业,只以"国家的强制"是不能完全加以解释的。他认为,国家在地域的
登场是一种进步,表示欢迎的人还是多数,但国家的政策并非直接进入到地域,而是在各阶段有各
种弹性。他主张,比起国家的强制,更要看到地域方面的接受;比起政策,更要看到地方的实态;较
之同一性,更要看到多样性。参见大日方纯夫:「近代日本成立期研究の見取図:地域の視点から」,
『歴史評論』2002 年 11 月号。

③ 酒井直樹:『日本思想という問題—翻訳と主体』,東京,岩波書店,1997 年,120ページ。

心要从基层开始改革军队，木户孝允、大村益次郎等人对以武士—农民合作为基础的长州军队在维新战争中的重要性有着深刻体验，他们积极主张要向全国强制招募军队。军队向全国募集而非武士专有，这种观点引起了极大争议，以致大村在 1869 年被一些极端的武士暗杀于京都。政府高层内部开始也是对百姓持敌视态度，主张武士在明治政府中应有重要地位的保守观点占据上风，但山县有朋从欧洲访问回来之后，开始认识到全国征兵的作用不仅在于增强军事力量，还有利于巩固人民对政府的向心力，因而主张全面开展征兵制。1873 年，山县有朋的看法得到认同，政府下令推行全民征兵制，规定凡二十岁以上之成年男子均有义务入伍三年，退伍后担任后备兵役四年。

在征兵制实行之前，1871 年 9 月，政府就开始进行兵制改革。改组兵部省，设立陆军部和海军部，分别掌管陆军和海军。陆军中又设立掌管军令事宜的陆军参谋局，即后来的参谋本部。同月，政府建立了约一万人的亲兵队。10 月，政府又加强镇台，把以前的东山、西海两镇台改为东京、大阪、镇西（熊本）、东北（仙台）四镇台。两镇台制将军队分为政府直辖的镇台兵和各藩所辖的常备兵两个系统。四镇台制的兵制，在将城池转归兵部省管辖的同时，也把各藩的常备兵改编为镇台分营的常备兵。各地旧藩管辖的常备兵一律解散。为警备计，各地设置镇台，划定防区。四镇台制是向全国统一兵制过渡的一个标志。1873 年 1 月 9 日，四镇台制改为六镇台制。增加名古屋和广岛两镇台，总兵员三万余人。

普法战争的国际形势强化了新政府的军备意识，兵部三巨头山县有朋、西乡从道、川村纯一建议扩军，要求采取征兵制，"兵部当前目标在国内，将来之目标则在国外。然详细论之，内外犹如一体，未可截然分割。总之，备外目标既立，措施得其宜，则内忧不足忧矣。"①1872 年 3 月，政府将世袭之卒编入士族；4 月，废除兵部省，分设陆军省和海军省，亲兵队改为近卫兵，并颁布《近卫条例》；12 月，政府发布征兵诏敕和告谕；次年 1 月 10 日颁布《征兵令》。诏敕宣告"佩双刀，称武士、抗颜坐食，甚或杀人而官亦不问其罪"的封建兵制已经结束，指出了征兵制体现的是"此乃上下平等，人权齐一之道，即兵农合一之基。于是，士非从前之士，民非从前之民，均为皇国一般之民，报国之道亦固无其别"。②

---

① 山县有朋：「軍備意見書」，『山県有朋意見書』，東京，原書房，1996 年，43～44ページ。转引自信夫清三郎：《日本政治史》第 2 卷，周启乾等译，上海，上海译文出版社，1988 年，第 336 页。

② 〔日〕信夫清三郎：《日本政治史》第 2 卷，周启乾等译，上海，上海译文出版社，1988 年，第337 页。

19 世纪 70 年代初期,征兵制是四民平等在军制上的体现,按照山县有朋的说法,这是适应了"四民同胞之令"和"人权同一之法"的必然结果。面向全国统一的征兵废除了征兵方面的等级制度,对于日本国民国家的形成,并进一步强化民众的四海归一、四民同胞意识和为国担当的责任与义务意识,起到了不可低估的制度性奠基作用。安德森曾经写道:"这个重要步骤不仅向天下英才慢慢地敞开军官团的大门,也符合了如今'可得的'公民宗教的模式。"①由于征兵制的实行,士族失去了职业,也失去了作为特殊身份存在的意义,封建制的废除,可以说由此得到了最后实现。

(四)实施地税改革

要实行国家的统一和对国民的统合,进而走上富国强兵之道,需要稳定的财政来源。1867 年 12 月,维新政府明令一般农村土地属农民所有,后来又承认货币地租,允许自由耕作田地,逐渐解除束缚农民的桎梏。1872 年,撤销了宽永时期以来土地永世不得买卖的禁令,规定产权转移时只要交付地契就承认其私有财产。在此基础上,明治政府开始着手进行地租改革。

明治政府刚成立时,财政十分拮据,税收只能依赖德川幕府原有的领地,但仍然入不敷出。1873 年,明治政府发布了上谕和地租条例,开始进行税制改革。其要点是,将课税标准从原来的按产量改为按地价征收;地价根据当地的耕地、宅地的等级而定,同时还斟酌收获量、谷物市价和金融情况等各项条件;税率一律定为地价的 3%,不依年景好坏而有所增减;废除缴纳实物,改为缴纳货币;规定地租由土地所有者缴纳,等等。明治政府在 19 世纪 70 年代中期便开始丈量土地,确定每一块土地的所有权,并发给地主契约。通过这些举措,土地私有权得以确立。

采取新税制,原来只是要统合幕府及大名税收,但其重要性远远超越了财政上的作用。德川时代的土地所有权建立在各村的不同习惯上,税收缴纳以村为单位,国家本身没有既定的机关管理土地登记或契约,税率方面不以土地价值为计算基础,按田地产量抽取田赋,田赋缴纳以米等实物为主,致使政府收入常常不稳定。新税制改变了地主和国家之间的根本关系,也改变了地主之间的相互关系。不但给明治政府带来稳定的财源,使其不再受物价波动的影响,更重要的是确立了土地的私人所有权,中央政府得以跃过大名,直接与各户家长联系。民众也开始意识到其与国家间的政治、经济关系和过去已有截然不同。1877 年,税率进一步降低为 2.5%。

---

① 〔美〕本尼迪克特·安德森:《想象的共同体:民族主义的起源与散布》,吴叡人译,上海,上海世纪出版集团,2005 年,第 111 页。

实行土地改革，国家正式承认土地所有权，在创造形成近代国民的制度性环境方面具有相当重大的意义。土地私有权的承认，大大扩大了民众的经济自由，促进了经济平等，这为实现民众政治上的平等提供了保障和支持，为以后日本近代资本主义工业经济的发展奠定了各种基本设施基础。这种空间的平均化操作为近代日本国民的形成提供了社会结构基础。

（五）统一法制

斯特拉科施(Hentr E. Strakosch)在评价奥地利启蒙绝对主义法典《特利莎法典》、《约瑟夫法典》、《一般民法典》的意义时认为："对于编纂法典、创制统一法律的最强烈动机，是政治，是行政。唯有法律的统一体系，才能保障女王①改革的持久成功。"②他强调了法律的统一和体系化特别集中体现在私法领域的意义，"新的统一法必须是给正在诞生的奥地利国家以法律基础的新法"，"玛丽亚·特利莎及其后继者创制的民法典，事实上建立了法秩序的新原则，即个人之间法律地位的平等。这样一来，它就不仅决定了 19 世纪的政治形态，而且决定了经济形态。它创立了货币经济将所不可缺少的两个条件，即个人之间法律地位平等和全国各个领域都受统一法律的统治。"③

近代以后，西方列强的殖民步伐向亚洲迈进的武器之一，便是作为欧洲公约的国际法理论。日本签订了不平等条约，面临沦为殖民的危机，这成为日本有识之士要求尽快吸收西洋法律文化，改变被殖民命运的根本动因。最早意识到要从法律角度推动国家近代化并着手实施这项事务的是江藤新平。在其短暂的政治生涯中，主持明治初期的法典编纂事业是其一生中最耀眼的一页。他从 1870 年开始先后担任太政官中办、制度局御用挂和司法卿，相继编成《民法决议》80 条和《皇国民法暂行规则》1185 条，出版了供"法官之考查"的《法宪类编》，主导了维新初期的法典编纂事业。他在担任司法卿之际，还大力推进日本司法制度的改革，意图建立"法律统一的政治"，先后颁布了《司法省职制及事务章程》(即《司法职务定制》)，规定司法省"司全国之法宪，统率各法院"，为近代统一法制的确立提供了制度保证。

总之，明治维新后出于修改与西方列强的不平等条约和促进社会近代化的双重目的，在一个较短的时间内，日本模仿法国和德国等西方国家，制定了宪法、民法、商法、刑法、刑事诉讼法、民事诉讼法等一系列法典，从而在立法方面建立起完全西洋化的法律体系。这些从西方继受而来的法典规模

---

① 即指奥地利女王玛丽亚·特利莎。

② 〔日〕信夫清三郎：《日本政治史》第 2 卷，周启乾等译，上海，上海译文出版社，1988 年，第281 页。

③ 同上书，第282 页。

庞大,形式完备,内容周到细密,大量吸收了当时西欧国家法律制度中最为先进的原则规定,"使人们读到这些法典之后,就会感到当时的日本已与最高度发达的资本主义国家无异","即使用今天的眼光来看,也不得不为起草者聪明的头脑和丰富的学识而感叹。"从国民形成的角度看,明治政府急速地推进法律统一体系的建立,其意义在于,强制性地形成了全国地域同质的法律空间,为创造均质性国民提供了基础;强制性地确定了民众同等的权利和义务,创造法律地位平等的主体,为资本主义经济发展提供了重要条件。1873 年江藤新平从"正国民之地位"的观点出发,阐述了编纂民法典的意图。"正国民之地位"就是要依据"继承、赠送之法","私有、代有、共有之法"和"刑法"等确定国民的权利和义务。自己有确定国民的权利和义务才能摆正国民的地位,才能使"财用流通"无滞,国民"各勤其业",随之"工部之业"也就会兴盛起来。[1] 此言极是!

第二节　"去身份制":政治扩大化的制度变革

一、实现四民平等

明治政府实行了天皇亲政制度,将国家权力从幕府转到了天皇,为民众"去地域性"提供了基础。但这还远未达到国民国家所要求的均质性国民,即"平等地位的民众"的要求。当时,形成均质性国民的最大障碍是旧的等级身份制度。竹越与三郎曾指出:"人为之阶级全灭,由人民与政府两大要素,组织一国,至此始可称之为国民。"[2]19 世纪 70 年代,像怒涛一样滚滚而来的文明开化思想,首先将锋芒指向了旧社会的等级差别:"天道造人,尚未因其诸侯,而生四只眼、四手四足;亦未因其为秽多,而只生一只眼、一手一足。然人类咸具两眼、两手两足,不管什么从五位、权兵卫、八兵卫,皆为同等也。"[3]明治政府必须在国家统一的基础上乘势而进,消除幕府体制的标志之——身份制度,实现民众在阶级上的平等,进而创造全国民众在时间和

---

① 参见〔日〕信夫清三郎:《日本政治史》第 2 卷,周启乾等译,上海,上海译文出版社,1988年,第 276 页。

② 竹越興三郎:「新日本史」,松島栄一編:『明治文学全集 77　明治史論集 1』,東京,筑摩書房,1965 年,160 ページ。

③ 小川為治:『開化問答』卷上,国文学研究資料館,二書屋明治七年(1873 年)刊複印本,東京,平凡社,2005 年,29~30 ページ。

空间上的同质性。

作为幕藩体制的特权阶级，武士阶级在明治政府成立后被纳入到近代国家的全盘构建中，开始了几百年未有的巨大变革。1869 年 2 月，政府宣布废除公卿和诸侯的称号，改称"华族"；其他武士改称"士族"；以往的庶民（农、工、商）现在统称"平民"，以华族、士族和平民取代了过去复杂的身份制度。政府开始采取一系列措施来改变传统的身份制，如 1870 年 9 月①，平民被允许拥有名字，德川时代有关旅游、衣服、发式和有关职业的限制全部取消。1871 年 8 月，批准人们有散发带刀的自由。同年 9 月，取消武士"杀人无罪"的特权，允许华族、士族和平民之间自由通婚，废除秽多、非人之称，其身份和职业与平民相同，法律规定不能歧视他们，政府为其更名为"部落民"。同年 12 月，赋予不做官的华族、士族选择职业的自由。1872 年，实行所谓的"四民平等"政策，把下级武士转变为平民，但当时仍然保留其俸禄。同年 10 月，禁止人身买卖，废止公娼。1873 年，规定所有身份的人都可以具有迁徙自由和选择职业的自由，在很大程度上取消了身份制度的实际束缚。政府通过采取"削减俸禄"、"奉献俸禄"、"将俸禄米改为货币"、"发行货币俸禄公债"等措施，废除了武士俸禄制度，取消了其经济特权。至 1876 年，武士的经济特权被一扫而空，最后被完全消灭。

废除武士特权，实现四民平等，标志着身份制的彻底瓦解。一方面，新政权对财政及人才资源的重新分配和使用，促使社会顺利转型，身份地位僵化的社会制度开始成为一个流动性强、任人唯贤的社会；另一方面，也意味着武士以外的民众从政治上解放出来，获得相对的自由和平等，成为新社会建设和发展的主体。日本理论上成为一个平等国家，国民的均质性得到制度的保障，这为培养民众对国家的认同提供了前提条件。身份制改革之后，依靠开放流动起来的社会环境，有些平民开始发迹，武士虽失去了俸禄和社会地位，但已能自立自强。德富芦花写道："此后的日本，再不会像以前那样马马虎虎便可以了事，完全是靠实力决定胜负。……其实不只是政治，其他方面亦一样。现在日本正争取加入世界各国行列，能争取多少便争多少，考验国家实力的机会愈来愈多，此亦不正是有志之士自爱之秋？能不修身奋发吗？我所谓志士不限于政治家，它包括各方面，只要有志贡献国家的人便可以。"②长期处于被压抑地位的平民阶层涌现出了许多在政界、商界和产

① 由于日本在 1871 年前采用阴历，此后采用阳历，因此在不同著者研究中，同一事件发生的时间在月份上可能会有一定差异。下同。

② 转引自〔美〕安德鲁·戈登：《日本的起起落落——从德川幕府到现代》，李朝津译，桂林，广西师范大学出版社，2008 年，第 78～79 页。

业界的佼佼者,他们成为明治时代的中流砥柱。

不过,改革仍然有缺陷,比如还保留了皇族、华族、士族和平民的身份等级和皇族、华族的一定特权,加上以后明治政府对"家"观念的强调,实际过程中四民平等的真正形成并未能达成,这也为日本走向元老政治、民众自主性难以确立而最后成为国家臣民提供了基础。从此意义上讲,"四民平等"毋宁说是在法律上塑造了民众的均质性。但即或如此,其所带来的政治意义远超出其法律层面,也超出统治者的原初设想,从而真正将日本民众拖入了近代国家,并逐步掀起了社会的大变革。

二、确立立宪政治

明治政府自上而下的种种变革,急速且强行地施加于每一个原子式的个人身上,为形成同质性的国民奠定了制度条件,但同时也带来了人们对政权的新期待。改革越往前推进,社会各阶层越深切地卷入政治变革的大洪流中,要求参与政治的热情和渴望亦随之高涨。民众对自身权利的追求和参与政治是近代国家的基本逻辑,它必须要回答:什么人有权参与新政府?什么条件下能够参与新政府? 新政府给予民众怎样的权利? 民众应该有什么权利?

幕府体制下,人民被视为政治活动的客体,本身无任何主体能力。"仁政"只是保障其子民可以活下去。会泽正志斋曾经指出:"夫天下万民,蠢愚甚众,君子甚少。愚蠢之心一旦有所外骛,则天下由始不可治。"明治政府最初也是延续会泽的思想,尽可能将民众置于政治之外,力图封闭人民的思想,灌输正统的意识形态。但现实很快证明,明治政府试图维持传统统治的方式是无效的。要建立与"万国对峙的国家",政府还必须主动推进立宪政治,保证人民权利,实现人民的政治参与,以形成公民特质。

(一)创立公议制度

为应对幕末的外来危机,幕府实际上已经不得不放松对以前各种政治决策的限制,于是邀请各藩提出意见以解燃眉之急。老中①阿部正弘一方面奏闻朝廷,另一方面向一些地位在诸侯以下者咨询对策:"即有触忌,亦不必过虑。务必尽治虑,向上言所欲言。"这实际上已暗示了日本发展的两个方向:权力向最高主体的凝聚,以及权利向国民层的扩大。这大约是现代公议的雏形。它超出了当事者的意图,成为民族主义力学的历史性象征。刚

---

① "老中"是江户幕府的职名,是征夷大将军直属的官员,负责统领全国政务。在未设置"大老"这一职名的情况下,是幕府的最高官职。

成立的维新政府为尽快巩固权力基础，缓解政治危机，很快调整策略，出台了《五条誓文》。誓文的第一、二条"广兴会议，万机决于公论"和"上下一心，盛行经纶"所反映的便是调动和引导各阶层的政治热情的改革。"公论"意味着政府对人民参与政治的允许，通过"会议"的形式来反映公论，依靠公论来形成政治决策，誓文只是提供了一个粗略的变化方向，暂时满足了幕末已经无法按捺的社会参与欲求。

民众的公议舆论并非只停留在纸面。根据"公议"方针，政府从制度和机构层面创造了经藩议会——议事院、议法局、公议局、集议所、会议堂、众议院、集议局等，地方民会也是开放民众公议舆论而结出的一大果实。其中，两院制的"公议所"具有立法权，但成员为委任，不是民选。后改为咨询机构"集议院"，并于1873年废止。各种咨议机关的出现，表明政府已经同意建立这种具有广泛基础的审查机关了。在幕府末年，平民的公议舆论还不能说有多强的影响力。但是，正是这种公议舆论，成为维新政府创造国民的理论，进而最终成为产生自由民权理论的思想母胎。①

公众舆论范围的目标不断扩大，西方书籍的翻译出版极为昌盛，报纸杂志雨后春笋般涌现，启蒙思想家创办的《明六杂志》等刊物影响极大，要求设立议院的公共舆论开始形成，在宪法框架中设立民选代表和议会的呼声日渐强烈。可以说，向立宪政治的转变是公议制度发展的必然结果。1874年1月，下野的爱国公党以及板垣退助在高知创设地方政治团体"立志社"。板垣退助向政府提交了《民选议院设立建议书》，指出："为达成此目的，今日我政府应为之事，则要立民选议院，使我人民振其敢为之气，辩知分任天下之义务，得参与天下之事，则阖国之人皆同心焉。"②这份建议书引起了广泛的注意。政府顺应这个潮流，于1878年建立了民选县议会。不过，民选县议会的权力只限于咨询，选民资格只限于缴纳高地税的富农。

（二）发展立宪政治

岩仓使团出访的结果之一，便是政治上决心仿效德国，走立宪君主制道路。19世纪70年代，明治政府内部已经达成某种共识，接受宪法，并且同意制定宪法，其原因很简单，因为欧美是富强的模范，西方各国都有宪法和议会，日本要实现富强，也必须有宪法和议会，要有这种政治模式。③ 对于

---

① 参见鹿野政直：「臣民·市民·国民」，『近代日本政治思想史Ⅰ』，東京，有斐閣，1971年，231ページ。

② 〔美〕安德鲁·戈登：《日本的起起落落——从德川到现代》，李朝津译，桂林，广西师范大学出版社，2008年，第98页。

③ 转引自殷燕军：《近代日本政治体制》，北京，社会科学文献出版社，2006年，第175页。

他们而言,宪法功能不在于保护个人自由或快乐,而在于能维系及发挥人民功能,最后可以达成建设富强国家的目标。制定完备的政典法规,被认为是确立全国一致的体制,形成与万国对峙所需要的国民的前提。木户孝允回国后,向当局陈述了制定宪法的必要性。1874年,左院着手拟定宪法。1876年,元老院遵照天皇敕令,设立国宪调查委员会负责起草宪法草案。1880年,宪法修正案完成,但岩仓具视意图尽量抑制民权,认为英国式宪法不适合日本,要向普鲁士学习。不久,政府许诺以1890年为期召开国会,制宪工作不得不加快进行。"明治十四年事变"后,明治政府的权力集中于伊藤博文手中,他在确立立宪体制等重大问题上处于决策地位。1882年,他去欧洲考察立宪问题时就认为普鲁士宪法适合日本国情,对它留下了深刻印象。1883年回国后,他设立了"宪法取调所"(后为"宪法调查局"),着手准备起草宪法草案。

为制定宪法,伊藤博文在此期间对现行政治、行政结构进行了多项改革。其中包括:制定华族令,设立公侯伯子男五等爵位,以作为贵族院的政治基础;废止太政官制,建立内阁制,由总理大臣与各省大臣一起组成政府,以增强政治和行政能力。1886年开始,伊藤博文等正式着手准备起草宪法。宪法与皇室典范由井上毅分担,议院法由伊东巳代治分担,众议院议院法与贵族院法由金子坚太郎分担,此外还有两名德籍顾问洛斯勒(Karl Friedrich Hermann Roesler)和莫塞(Albert Mosse)参与这项工作。1888年4月,宪法草案完成。同月,设立枢密院作为宪法草案的审议机关,同时也是天皇亲临咨询国务的机关。宪法草案的审议工作在枢密院进行。1889年2月11日,明治政府颁布了宪法、皇室典范和附属各法令。

(三)《明治宪法》颁布与近代国民的形成

《明治宪法》于1890年11月开始实施,宪法的颁布和实施标志着明治宪政体制的建立。它对于近代日本国民的铸造具有重大意义,同时也具有复杂性和多义性。

与近代西方国家宪法不同的是,《明治宪法》的通过是立宪主义与天皇制"国体论"的一种妥协。主权在天皇是《明治宪法》的实质,天皇的意志是政治决策的基础。其首章"天皇"的内容占到整个宪法内容的22%。在宪法的具体条文中,第二章"臣民权利义务"从第十八条至三十条,明确地以"日本臣民"来称呼民众,对其种种权利和义务(任职、纳税、兵役、居住及迁徙、信教、言论、著作、印行、集会及结社之自由等)进行了规定。应该说,作为宪政体制确立标志的《明治宪法》是作为一部由天皇下赐给日本民众的钦定宪法,本身体现了明治政府的一种期望,即这个"臣民"的含义已经超越了前近代的既无国家意识又无权利意识的"臣民"含义，在明治政权"富国强兵、万邦对峙"的国家目标的具体历史环境中，逐渐转变为只具有"国家意识"而无权利意识的"国家臣民"。《明治宪法》虽然规定了民众的权利义务关系，但其"臣民"一词的强制性规定却使民众臣服于天皇之下，权利义务关系不断虚化。因为《宪法》又规定国民享有这些权利的前提条件是"不妨碍安宁秩序"、"在法律范围内"，这就为之后政府通过各种形式的法律法规对民众的权利进行消解提供了法律基础。1900 年的《治安警察法》、1925 年的《治安维持法》即是如此。这便是诺曼所称的"一手让与一手索还，并且后来一遇危机就要使用的惯用手段"①。在这种宪法框架下，在此后日本的许多重要政治场合，臣民就意味着"国民"，"国民"也意味着"臣民"，成为日本政府、媒体和统治者理所当然的思维逻辑。"公民"一词的实际命运也和"国民"一样，成为"臣民"的另一种表述。1941 年文部省《臣民之道》的发布、1945 年 8 月 15 日昭和天皇的《停战诏书》中还在使用"告尔等忠良之臣民"的用语，这种混乱杂陈的用词，都可以视为这种惯性思维的延续。可以说，这体现了近代日本民众成长为"国民"过程中所具有的最矛盾的侧面。从该宪法的制定过程来看，虽然时间并不短暂，但中途具有国家领导层理念的重大变化（特别是如何处理西方文化与本国文化的关系上），加之自由民权运动的冲击，可以说，《明治宪法》的出台仍然是一个匆忙制定和仓促回应的结果。《明治宪法》想以规定"臣民"的方式强制性地形成为国尽忠的、服从的国民，当然也不得不给予民众适当的权利。可以说，政府对给予民众权利具有相当强的功利性，既想要适应世界民主发展的潮流，但又在其中塞进日本天皇制的国体论的内容，这使得《明治宪法》本身缺乏统一性。这些统一性的缺乏，不仅表现在"臣民"和"国民"用词的混乱杂陈上，还表现在政府权力结构的失衡上面。这亦使得该宪法此后长久地引发人们的异议，甚至遭到完全否定。

另一方面，也不得不承认，明治政府事与愿违，在宪法框架内催生出日本民主主义的高涨，客观上成为民众"公民"特质大发展的法律平台。表现在：

其一，宪法缔造了一个民选国会，承认人民的参政权和决定国家预算时的发言权。议会的开设，接纳社会各主要阶层参与政府，这就使得国家权力由少数人垄断开始向由社会主要阶级掌握的方向发展。② 但伊藤博文等人

① 〔加〕诺曼：《日本维新史》，姚广廙译，北京，商务印书馆，1992 年，第 178 页。
② 参见林尚立：《政党政治与现代化：日本的历史与现实》，上海，上海人民出版社，1998 年，第 11 页。

为尽可能维持绝对君权,将议会的运营委于贵族,所以《参议员议员选举法》规定了选举权和被选举权的资格,不过享有选举权的只限于 25 岁以上、直接缴纳国税 15 日元以上的男性。在 1890 年第一次总选举时,有这种权利的人只占总人口的 1.24%。享有被选举权的为年满 30 岁以上并直接缴纳国税 15 日元以上的男性。选举国会议员虽然只是少数人的权利,但民众总算能够在政府决定预算中表达自己的意见了。

其二,宪法规定国会掌握草拟以及通过法律的权力。宪法一旦制定,其实施后的效果便大大超出了当局原以为能掌控的范围。民选国会不只是个咨询机关。从后来的情况看,国会更关键的权力是具有国家年度预算的否决权。在政府花费不断增加的时况下,这种规定使得日本政府对议员的要求不得不有所让步,这与他们召开国会前的设想完全不同。

其三,宪法保证了契约自由和绝对所有权等原则,促进了资本主义的发展,也促进了日本阶级结构的变化。随着工业与贸易的发展,零售商店、批发公司、小型工厂数目不断增加。小企业主和小商人负担各种地方税及国税,但只有义务,没有权利,在国会开设的前三十年里,他们完全没有投票资格。《明治宪法》颁布后,从 1890 年至 1920 年间,他们发动了好几次抗税行动,表现出较大的活动能量。这显示出日本社会已经存在一群数目不断扩大的政治上活跃的民众。

其四,宪法促使选举政治和公众参与的大发展。1890 年召开第一届国会之后,议会成为日本政治生活的焦点,各种政党、政党报纸及其他民主选举活动不断,演说、游行、聚会、示威渐成常态。到 19 世纪 90 年代,各大城市每年都有数以百计的政治聚会,它们合法而公开,成为日本历史上的新生事物。参与政治的人数不断扩大,普通平民开始表达自己关于外交和内政的看法。

其五,宪法的颁布还破天荒地促进了"公民教育"的出现。从 1890 年起,在实业补习学校的职业教育中就附带有"作为公民应注意的事项",由此显示国家进行公民教育的意向。此后,1901 年颁布的《中学校令施行规则》规定设置"法制及经济"课程,被认为是日本"最早的、真正的公民教育"[1],它以培养宪法体制下国民必需的政治性、社会性知识和独立自尊态度为宗旨。

总之,无论宪法如何规定民众权利是由天皇赐予的,无论宪法将民众称为"臣民"或是"国民",如前述戈登所言,日本是第一个实行宪政制度的非西方国家。过分强调《明治宪法》的负面意义,只看到其限制人民权利的一面,

---

① 松野修:『近代日本の公民教育』,名古屋,名古屋大学出版会,1997 年,33ページ。

对其历史意义的评价是不完整且不公正的。见诸历史，有民选议会就会带动民意代表的选举，即使是在近代日本天皇专制的诸多钳制之下，民主宪政的机制一旦引入，社会要求参政议政的功能就会不断萌芽和生长，只要宪法承认议会和选举的存在，承认民众选举权的存在，它就会成为促进近代日本社会民主意识生长的"酵母"。虽然《明治宪法》设置了很高的选举资格条件，虽然其运行还很不成熟，但在议会制度和选举制度惯性作用下，宪法仍然会发挥其难以阻挡的规范性和引导性作用，促使近代日本民主的发展。这为"二战"后日本民主政治发展奠定了根基。

从这个意义上，我们可以认为，《明治宪法》的颁布及次年第一次总选举的进行和民选国会的召开，象征着日本已开始成为一个由公民主体组成的国家，民众一面要承担国家义务，另一方面也获得一定政治权利。[①] 这正是国民国家的国民所应具备的"公民"特质，说明"去身份制"已有本质性改善。在《明治宪法》颁布前的日本国民，处于"公民"和"民族"两个侧面不平衡的状态，在这个阶段，"民族"特质的跃进是飞速的，而"公民"特质的发展则极缓慢。由于《明治宪法》的颁布，日本民众在作为"民族"的一面被成功地整合到国家之时，"公民"的一面也开始苏醒，并在之后的三十年里得到大跃进。由此可以说，《明治宪法》成为未来改革的一个基础。当然，另一方面，它也包藏着一系列弱点，给以后军国主义登台留下了可钻的空子。

三、建立地方自治制度

所谓地方自治，指的是相对于中央集权的地方分权和地方的自我管理和运营，即地方公共关系的形成。[②] "地方的公共关系是在政治发展中，地区居民通过共同生活的展开而形成的政治、法律、经济、文化诸关系的复合体。"[③]为尽快建立近代国家，并尽快创造出能与万国对峙的国民，明治政府还建立了一套与立宪政治相配合的地方自治制度，相关法令也不断地完备起来。

（一）日本地方自治的缘起

日本南北朝时期就已经出现了由各町町民来管理的自治城市，以"地下

---

① 参见〔美〕安德鲁·戈登：《日本的起起落落——从德川到现代》，李朝津译，桂林，广西师范大学出版社，2008年，第113页。

② 参见郭冬梅：《日本近代地方自治制度的形成》，北京，商务印书馆，2007年，第23页。

③ 山田公平：『近代日本の国民国家と地方自治—比較史研究』，名古屋，名古屋大学出版会，1991年，70ページ。

请"①的成立为标志,以地价的缴纳和行政权、裁判权的共同体委任为主要
内容。② 村落共同体的自治是日本中世纪自治传统的又一表现。室町时期
村落中逐步形成誓约、共同负担、地区共同祭祀,以及在向领主斗争中自发
结成的神社集会传统,出现了"寄合"这样的町村合议的重要机关。近世幕
藩体制下,作为领主统治和年贡收取的单位,形成了近世的村,它同时还是
具有很强自治功能的村落共同体。寄合制度保存下来,村民生产和生活的
相关问题必须要经过全员认可制方可实行。各村的村方三役——名主(村
长),组头(村长的辅助者),百姓代(村民代表,监督名主)由村落共同体选举
出来,不仅作为统治末端,更作为村民代表和自治运营的主持者,"在一定条
件下,有可能作为全体村民利益的代表者同领主进行对抗"③,是同时具有
两种功能的"复杂微妙的存在"④。依据山田公平的"地方公共关系的发
达"⑤这一概念,有学者将幕藩体制村落共同体的公共关系总结为:寄
合——类似于近代议会的地方居民的合议机构;协议财政——村落财政运
营的公共化;入会——拟制公法人性,居民团体具有公法人格的性格;村
法——具有制约力的法,强化自我管理和自我约束。并且指出,这些公共关
系为近代地方自治的形成做了一定的制度上的准备。⑥

(二)地方自治制度的推行

明治政府从1871年开始在府县以下地方实行大区小区制,进行地方各
级管理,但并不足以实现掌控地方行政的目的。各地农民起义、武士叛乱和
当时正在兴起的自由民权运动,促使政府不断反省地方政策,修改和探讨政
府所实行的地方行政制度。1877年西南战争结束后,稳定下来的明治政府
开始着手修改地方行政制度。

大久保利通为建立地方制度做了大量工作。1878年,他对改革大小区
制度提出了重要的意见书,即《地方体制等改正事之上书》。根据他的意见,
制定了《郡区町村编成法》、《府县会规则》、《地方税规则》三项新法律,即"三
新法",加上1880年4月8日公布的《区町村会法案》,共同构成了日本近代
地方制度上的"三新法"体制。"三新法"废除了大小区制,恢复郡町村旧制,
重郡长之职任。新法规定,地方区划在府县下面设郡、区、町、村;三府五港

①　在日本中世纪的庄园中,庄园的百姓向庄园主承包年贡的制度,也称"百姓请"。

②　参见佐藤進:《日本の自治文化—日本人と地方自治》,東京,ぎょうせい,1993年,14～16
ページ。

③　大島美津子:『明治国家と地域社会』,東京,岩波書店,1994年,76ページ。

④　都丸泰助:『地方自治制度史論』,東京,新日本出版社,1982年,18ページ。

⑤　日本地方自治学会編:『日本地方自治の回顧と展望』,東京,敬文堂,1989年,51ページ。

⑥　参见郭冬梅:《日本近代地方自治制度的形成》,北京,商务印书馆,2007年,第46～49页。

及人民集中的地区，可分为一区或数区，其他全部划分为郡，郡下设町和村；区设区长，郡设郡长，町和村设户长，户长由群众选举产生；区町村设区町村会，议决区町公共事项费用；府县会由各郡区选举五名以上议员组成，凡年满 20 岁、有本府县籍贯、年纳地租 10 日元以上的男性都有选举权，等等。从这中间，可以看到由官治制向自治制发展的大飞跃。"三新法"重新承认了传统的町村自治对稳定地方统治的重要性，承认府县会和町村会等地方民会，部分承认了居民参与政治，是政府地方统治方式的重要进步，对于加强对地方的官僚统治和规范府县财政、区分公财政和私财政起了重要的作用，被称为后来地方自治的"实验室"。

1881 年，松方财政①加剧了农村分化，土地日益集中到少数地主手中，地主制开始形成，自由民权运动利用府县会和町村会为合法舞台，与政府进行斗争。明治政府又开始着手修改"三新法"体制。1884 年，山县有朋主持进行了对町村制度的改革，大大缩小了区町村会的权限，实行了官选户长为议长、扩大户长管区等措施，从而使区町村自治丧失殆尽。由于立宪和召开国会时间的迫近，山县有朋以德国人莫塞（Albert Mosse）为顾问，于 1887 年 1 月设立地方制度编纂委员会，开始着手调查和草拟地方自治制度方案。1888 年 4 月公布的市制和町村制明确规定了地方团体的公法人格、居民和公民之分以及居民和公民具有的权利和义务，并实行等级选举制，按照缴纳税额多少分级，町村为二级选举，市会为三级选举。从总体上看，市制和町村制规定的市町村会的权利比以往要大得多，町村会获得了公法人町村的最高议决机关的资格，预算编成权、争议决定权、选举执行权、行政监察权、意见提出权等都比原来更广泛，而且也赋予了市町村以公法人格，促进了市町村财政的近代化，是日本历史上的巨大进步。对此，德富苏峰评价道，"市町村制度的实施将给政治运动带来极大变化"，"其变化实吾人生平所希望的所谓平民主义的变化——国民参与国政"。②

1890 年 5 月，政府又颁布了府县制和郡制，建立了地方各级自治制度。由于井上毅的意见，府县郡制具有较强的保守性。它没有明确承认和规定府县居民的权利义务，府县仍是地方行政单位，其权限仅限于府县预算的审

---

① 明治政府成立后，为筹集"殖产兴业"资金和填补战争军费，发行了大量不兑换纸币。这种纸币在推进资本原始积累的同时，也造成了严重的通货膨胀。1881 年 10 月，松方正义就任大藏卿，开始推行以整理货币为中心的金融政策，实施了通货紧缩政策，还采用了促进贸易、设立日本银行等方式，确立了近代货币金融的基本制度。

② 海野福寿、大島美津子校注：『日本近代思想大系 20 家と村』，東京，岩波書店，1989 年，300～306 ページ。

议和财政等有关内容,府县的公法人格没有得到承认,府县知事为官选。郡制内容大致同于府县制,权利和府县会一样有限,受到严格监督。最大的变化是一直是行政区划的郡也变成了自治单位,有了独立的议会和财政。但郡制并未起到预期效果,1923 年,郡制被废止。

市制、町村制和府县郡制的发布,标志着日本近代地方自治各个层次的立法全部形成。它与《明治宪法》、皇室典范、教育敕语"一同构成了天皇制统治构造的基本要素"。特别是地方自治制度的成立,被作为天皇制的基础,从底部支撑着天皇制国家,成为天皇制国家的重要一环。

(三)地方自治制度与国民的强制铸造

国家对地方自治制度的推进,对铸造近代日本国民起了积极作用。

1.自治有利于培养民众胜任国事之能力

莫塞指出,制定宪法、开设国会、审议法律,需要议员"卓识熟练",日本人民的情况是"人民缺乏政治教育",所以开设议院和制定法律非常难,"因此应在议院开设前进行调整"。日本实行地方自治,就是要"使人民熟习公务,为国家确立不偏不党之基础",所以"自治是立宪政体不可缺之根基。以此观之,在立宪政体设立前必须以法律制定自治体之编制、其权利和义务及监督法"。① 山县有朋委托莫塞起草的《市制町村制理由书》的开篇指出:"本制之旨趣在于实施自治及分权之原则。""今改地方之制度,既使地方分任政府之事务,又使人民参与之,在于省政府之繁杂,使人民尽其本务。……盖随着人民参政思想之发达,利用之在地方公事中练习,使之知施政之难易,渐渐养成任国事之实力,这是在将来立宪制确立国家百世基础之根源。"②该《理由书》将地方自治看作培养人民参政能力的渠道,并明确指出这也是民众尽其作为国民的义务的舞台,"人民参政和青年服兵役是相同的义务"③,若无正当理由,不能拒绝担任名誉职务,否则要受处罚。从造就国民的政治素质和能力来讲,地方自治制度为锻炼民众提供了最好的实验室。莫塞在起草《理由书》中,重视的就是这种在国家本位的观念下"把帝国臣民能动的公民化的功能"④,也体现了山县有朋的上述关于自治作用的观念。

府县会和町村会成立后,民众因此开始参与政治,从对地方命运的关心

① 大久保利謙編:『近代史史料』,東京,吉川弘文館,1975 年,234~235ページ。
② 山中永之佑監修:『近代日本地方自治立法資料集成 2　明治中期編』,東京,弘文堂,1994年,374~401ページ。
③ 都丸泰助:『地方自治制度史論』,東京,新日本出版社,1982 年,35ページ。
④ 〔日〕信夫清三郎:《日本政治史》第 3 卷,吕万和等译,上海,上海译文出版社,1988 年,第181 页。

逐步转移到对国家命运的关心，府县会和町村会也积累了地方议会的经验，为后来地方自治制度的形成和运营奠定了基础。

2.有利于形成民众的爱国心和独立心

普鲁士首相斯坦因（Heinrich FriedrichKarl von Stein）是普鲁士国自治制度的创立者，他认为："自治制度唤起公德心和协同心，使民众的思想及希望和官衙的方针及期待一致，涵养形成举国民众之爱国心和独立心及名誉心的效果极大。"①山县有朋接受了这样的思想，他的回忆中写道："为实行立宪政治，应先确立其基础，实行地方自治制度。"其原因是，"以予观之，自治制之效果是开启民众之公共心，使之获得行政参助之智识经验，以资立宪政治之运用。不仅如此，使中央政局移动之余波不波及地方行政之利益亦不少。"②当然，他除了强调自治"开启民众公共心"的功能外，还更强调其所具有的"防止中央政局之异变波及地方"以及"其在政治对立化中的功能"，③主张地方的有限自治是上层保持稳定的一种重要源泉，是将来实行议会政治的安全阀。在山县有朋那里，负责地方自治制度的人必须是"有财产、有知识之实力人物"。为此，他要求进行町村合并，要求寄生地主无偿地执掌职务。在他看来，地方实行无薪名誉职务制，也有利于民众责任心和公益心的培养。

在地方自治制度推行过程中，国家采取了两方面渠道以铸造近代国民。

第一，以传统的村落共同体为基础。

按照社会学的观点，自己与他人都将自己与对方一体化的相互行为称为"共同社会行为"。滕尼斯（Ferdinand Tnnies）指出，这种行为中，自我与他人不分你我地实现了完全统一，统一的契机是地缘、血缘和精神。血缘共同的社会是"家庭共同社会"，地点共同的社会是"村落共同社会"。日本德川时代形成的传统村落具有高度封闭的结构，1888 年町村合并后，传统的村落不再是行政单位，但此后的很长一段时间，它仍旧是精神结合的单位。④ 铃木荣太郎在 20 世纪 30 年代所进行的农村调查中发现，农村居民的社会关系紧密地集结于传统农村的内部，扩展到超乎其上的行政村的社会关系则相对较少。这说明此前的产业化和现代化只限于城市，几乎没有渗透到农村。⑤ 地方自治借用和保留了传统的村落共同体为制度基础，维

---

① 国家学会编：『明治憲政経済史論』，東京，宗高書房，1974 年，397～398ページ。

② 参见上书，398ページ。

③ 同上。

④ 转引自〔日〕富永健一：《日本的现代化与社会变迁》，李国庆等译，北京，商务印书馆，2004 年，第 159 页。

⑤ 参见上书，第 209～210 页。

系了日本传统的家制度,具有对民众进行统合的极大优势,为日本民众对天皇和国家体制的服从及国家所需要的集团行为提供了产生的土壤,日本国民的"民族"特质得以强化。

第二,将征兵原则适用于地方自治,强化对地方民众的整合。

为了增强町村处理国家行政和地方共同事务的能力,山县有朋进行了町村合并,从而使自然村之上又有行政村。行政村产生的背景是由于寄生地主而形成的,他们不断进行土地集中,形成与豪农豪商并列的地方名流。山县要求这些在町村分担国家行政和地方共同事务的人"为了名誉,无报酬地执掌其职",强调"此乃为国民者报国之义务,与壮丁服兵役原则相同,且更进一步者也"。[①] 地方制度编纂委员会的青木周藏对山县的意图做了推测:"本邦陆军之制,专以自治为主旨,其结果颇为壮观。……然若仅在陆军实行自治之制而不推广及全国人民,则为国家计不堪长叹也。故应将陆军中自治之制扩大,使三千五百万人皆需其泽。此乃对编纂地方制度所厚望所在者也。"[②]曾协助青木的大森钟一后来对山县有朋的意图进一步说明:"唯在自治之地方行政中,犹如征兵之军政,一则使兵农一致,一则使吏民相兼,皆基于国民负担国事之义也。两者虽非一事,却因侯爵之力得以成功,似偶然而非偶然也。"[③]

山县有朋这种将征兵的原则适用于地方制度,使军队社会的等级秩序与地方社会的等级秩序相互联系并在军队秩序之下将民众组织起来的做法,大大提高了国家对民众的统合强度,也逐步造就了在一定空间与地域间平等的均质的民众。桧山幸夫在分析近代国家形成与日清战争的影响时也曾指出过:"日清战争中所形成的国民的军事统合和战时动员,是依赖于地域的自主性的。"[④]

不过,事情发展超出了山县等人的预想,地方自治绝非仅仅是只起到政治安全阀的作用,它还锻炼了民众的公共参与意识及承担国事的行政能力,逐步培养起与政府博弈的精神和技能,也逐渐成为民权派争取权利、同政府进行斗争的舞台,村落共同体开始从传统的"统治手段"逐步转变为作为"抵抗手段"的自治组织,因而又为日本近代民主的发展提供了舞台。大石嘉

---

① 〔日〕信夫清三郎:《日本政治史》第 3 卷,吕万和等译,上海,上海译文出版社,1988 年,第 183 页。

② 同上书,第 183～184 页。

③ 同上书,第 184 页。

④ 檜山幸夫:『近代日本の形成と日清戦争—戦争の社会史』,東京,雄山閣,2001 年,8 ページ。

一郎等人指出："绝不能因此而无视近代市民的公共性理念和自治的公共关系的萌芽。"①也就是说，地方自治客观上也铸就了民众作为"公民"的特质。虽然其受到压制，但从国民形成的角度看，它功不可没。大正时期民主主义高潮的涌起及其制度化，正是得益于明治时期民众地方自治训练的结果。

第三节 "构建传统"：国民教育的制度化实践

本尼迪克特·安德森在分析"二战"后出现的民族国家建构官方民族主义的政策化取向时指出，"在新国家的建构民族政策中同时看到一种真实的、群众性的民族主义热情，以及一种经由大众传播媒体、教育体系和行政管制等手段进行的有系统的，甚至是马基雅维里式的民族主义意识形态灌输"；"运用以官方民族主义为模型的文武教育体系，以 19 世纪欧洲的群众性民族主义为模型的选举、政党组织和文化庆典，以及被南北美洲带进这个世界的公民—共和的理念"，②已经成为一种深刻的模式化特性。作为现代的"文化的人造物"，国民是一种与历史文化变迁相关，根植于人类深层意识的心理建构。西川长夫曾指出，国民的各种象征，如标语、誓约、国旗、国歌、日历、国语、文学、艺术、建筑、修史、地方志编纂、市民（国民）宗教和祭奠（创造新宗教）、创造传统是国家对民众进行文化统合的重要内容，③它们也是建构民众心理结构的重要形式。教育在创造这种心理建构方面具有至关重要的作用。吉登斯说："国家的发展必然与话语方式的形成相融合，话语方式建构性地塑造了国家权力。"④工业化国家的经济依赖于文化的同质化、大众识字和"一个相当单一的教育体系"。工业主义迫切需要在整个人口中普及通行的思考方式和信仰方式，民族主义将这些思考方式和信仰方式附着在作为协调他们手段的国家之上。⑤ 依恋故土，创造与灌输富有特色的理念和

① 大石嘉一郎、西田美昭編著：『近代日本の行政村』，東京，日本経済評論社，1991 年，8ページ。

② 〔美〕本尼迪克特·安德森：《想象的共同体：民族主义的起源与散布》，吴叡人译，上海，上海世纪出版集团，2005 年，第 109、126 页。

③ 参见西川長夫、松宮秀治編著：『幕末·明治期の国民国家形成と文化変容』，東京，新曜社，1995 年，11ページ。

④ 〔美〕安东尼·吉登斯：《民族—国家与暴力》，胡宗泽等译，北京，生活·读书·新知三联书店，1998 年，第 254 页。

⑤ 转引自上书，第 258 页。

价值观,追溯特定历史中的"民族"经历,正是民族主义反复出现的一些特征。

明治政府成立后,利用强力成功地建立了一套整合民众的教育体制,创造出日本式的国民化教育渠道,建立起天皇主义的意识形态的统治地位,成功地催生了近代日本民众对国家的忠诚和认同。

一、创立天皇神话

要想真正实现因地域身份不同而拥有不同归属意识的民众对日本国家的认同,仅靠国家行政制度是不够的,还必须通过意识形态的教化,以理论化和合理化方式强化对全民的教育,创造天皇作为历史和宗教最高权威的形象,并使这种形象渗透到民众之中,使民众在意识上具有相互之间是"日本人"和"天皇臣民"的同一性,并在心理结构上达成对天皇制国家的完全服从,进而自发产生出国民对国家"献身"、"服从"的思想和感情。[①]

勒南(Ernest Renan)曾说:"误读历史,是民族建立的必经过程。"[②]与明治前期天皇亲政和明治宪法中的天皇"人格化"状态相比,天皇制的意识形态构造是以神化天皇——"非现人神"的方式实现的。吉野耕作指出:"天皇制就是通过其之前的家制度和祖先信仰的巧妙结合而在明治时期被'创造出来的传统'。"[③]穗积陈重曾指出近代天皇制具有神政的、家长制的、立宪的三重构造。"神政"所体现的便是天皇的神话原理。它是通过宣扬天皇万世一系的国体论,建立国家神道来实现的。其主要表现在:

(一)"国体论"——统合国民的精神基础

会泽正志斋在 1825 年《新论》一书中发表的"国体论"[④]对以后日本国家形成发挥了重大影响。所谓国体,就是确定统治者的主体和客体。穗积八束对宪法的解释是"统治之主体在于万世一系之天皇,统治之客体在于大日本帝国"。会泽为说明国体形成,从天照大神创建立国之基础的记纪神话[⑤]时代开始说起,将实现了大化革新的天智天皇视为中兴之祖,认为古代

---

① 参见土方和雄:『「日本文化論」と天皇制イデオロギー』,東京,新日本出版社,1983年,59～60ページ。

② 转引自〔英〕埃里克·霍布斯鲍姆:《民族与民族主义》,李金梅译,上海,上海世纪出版集团,2006年,第11页。

③ 吉野耕作:『文化ナショナリズムの社会学—現代日本のアイデンティティの行方』,名古屋,名古屋大学出版会,1997年,38～39ページ。

④ 内容详见于今井宇三郎:『日本思想大系53 水戸学』,東京,岩波書店,1973年,60～64ページ。

⑤ 8世纪,日本出现《古事记》、《日本书纪》这样以"后代之意,记上代之事"的古典史书。在《古事记》上卷和《日本书纪》神代卷中记有完整、系统的神话传说,人们称之为"记纪神话"。它反映了日本人对其民族起源的最初探索和群体理解。

天下大治，而镰仓、室町两幕府逆朝廷之命，对天皇不恭致使忠孝之教沦丧殆尽。古代理想国随着时代推移逐步恶化，天下大乱。会泽并没有否定德川封建制的合理性，而是指出，要尝试以理念化的天皇制作为国家整合的基础，即以儒教概念对古代人关于天皇制国家的思维（记纪神话）重新进行解释。对于会泽的国体论思想，有学者作了四点归纳：其一，国体论起源于记纪神话，规定日本为神国，天皇是天照大神的子孙，为万世一系的延续，没有任何人可以觊觎皇位；其二，国体论站在将古代天皇视为日本人祖先的古代氏族国家思维角度，采取了祖先祭祀与治民行为一体的、祭政一致的立场；其三，国体论将古代氏族国家思维以儒教伦理概念表现出来，以此说明五伦中的忠孝的同源和一致；其四，国体论认为古代国家理想虽在镰仓室町时代受到损害，但却认为在德川幕府体制下，将军帮助天皇治理国家，大名统治各自领国，以忠孝为道德，朝廷与幕府和诸藩相互协调。①

会泽正志斋的国体论思想后来进一步被吉田松阴所发展。吉田比较了中日两国对君主的不同态度后指出，中国是"杰出于亿兆"之人才能成为皇帝，非优秀之人占据皇帝之位，他人可以夺取皇位，即进行易姓革命；而日本能否成为天皇则是由血统决定的，血统以外的人不能觊觎天皇之位。吉田赋予了皇统永远性和君臣关系绝对性，"我邦之臣"与主人同生死，为主人拼死尽忠。"有君有民，无君无民，或者有民就有君，无民则无君。"天皇与万民关系是自古以来就一直不变的，这便是"天下是一人之天下"的"国体"。②他还论述了废除幕藩制，将权力从武家政权复古为天皇政权的正当性，思考了当时水户学未曾涉及的反幕藩思想，从而将会泽的思想修正成为指导明治维新的理念和精神基础。由此，被遗忘数百年的天皇制经过明治维新实现了重新登场，使得日本的国民统一成为可能。

明治维新后，国体论的代表是加藤弘之和福泽谕吉。加藤鼓吹社会达尔文主义，1879年，他发表了题为《无天赋人权之说及善恶之别并非天然说》的演讲；1881年，他又请求政府永久禁止再版《真政大意》和《国体新论》；1882年，他发表《人权新说》，从社会契约论彻底转向进化论。福泽的《通俗国权论》也要求恢复日本"固有之文明"，并大力鼓吹对外扩张。加藤和福泽都视天皇为万世一系的统治者，为具有神圣的政治和宗教权威的"现

---

① 参见〔日〕富永健一：《日本的现代化与社会变迁》，李国庆等译，北京，商务印书馆，2004年，第282～284页。

② 参见尹健次：『日本国民論—近代日本のアイデンティティ』，東京，筑摩書房，1997年，21ページ。

人神";天皇的绝对权力是国体主义的核心,"日本皇室是日本的机轴"。全面否定天赋人权理论,不承认个人作为主体存在,只能做天皇制下完全顺从的臣民。"永远充当皇室的羽翼",这是福泽对民权论者的忠告。此外,穗积八束等人则从"家族国家观"角度指出"忠君爱国"的日本人的自然情感;西村茂树的《日本道德论》披上欧洲化的外衣,将儒教的"忠孝仁义"改头换面成近代忠君爱国的情感,将其重新作为日本人的道德准则,以此来统合民心。

正是在这种基础上,作为《明治宪法》解释书的《宪法义解》对"神政"一词进行了如下解释:"天皇之宝祚承之于祖宗,传之于子孙",此乃"国家统治权之所存";天皇"统揽大权而治理国土及臣民";"我日本帝国依一系之皇统而始终,古今永恒,有一无二,以示有常而无变,永昭军民关系于万世。"①对此,村上重良归纳指出:"大日本帝国乃我皇祖天照大神肇造之国,其神裔万世一系之天皇,遵照皇祖之神敕,自悠久古代,永远治理之。此乃万邦无比之,吾国之国体。"②伊藤博文在立宪时能够有"唯有皇室"的想法,无疑是受了上述思想的影响。

(二)建立国家神道

天皇和神国神话的开始与近世以来占主流的与天皇崇拜并无直接关系的神社神道、民间神道等建立起普遍联系,成为国家神道。"敬祖即崇祖"、"忠君即爱国"即为国家神道精神。它对内在全国建立统一的宗教体系,强调天照大神对氏族祖先神的神圣地位,树立天皇对臣民的绝对地位;对外则要以神国为资本"威慑万国"③。

明治维新是以"古代化"的变革进行的现代化。④ 1872 年,太政官布告宣布同时采用阳历和神武纪元,采用神武纪元的外交文书都使用"保有天佑、继承万世一系之皇祚的大日本国天皇"字样。同年,神武天皇即位日(1月 29 日)被确定为国民的节日,翌年改为"纪元节",时间改为 2 月 11 日。神武天皇即位时间比西历早 660 年,以向世人展示,日本有日本的历史,它比欧洲更古老。⑤ 1989 年,又建立了祭祀神武天皇的橿原神宫等三处神社。

---

① 〔日〕信夫清三郎:《日本政治史》第 3 卷,吕万和等译,上海,上海译文出版社,1988 年,第224 页。

② 村上重良:『国家神道』,東京,岩波新書,1970 年,116ページ。

③ 〔日〕伊藤博文:《关于废藩之建议》,《世界历史》编辑部编:《明治维新的再探讨》(论文集),北京,中国社会科学出版社,1981,第 172 页。

④ 参见〔日〕富永健一:《日本的现代化与社会变迁》,李国庆等译,北京,商务印书馆,2004年,第 286 页。

⑤ 其后,日本政府将 1940 年颁为"纪元 2600 年"。"二战"后,日本否定了战时甚嚣尘上的建国神话以及相关的民族主义做法,废止了纪元节。然而,在 1967 年,日本又恢复了"建国纪念日"。

平田国学派和神官承担了创造天皇神话的责任，宣扬《古事记》的天皇神话——天皇是天照大神的后裔子孙，万世一系的"现人神"，遵神敕统治日本，要绝对服从天皇。"自古天孙开国、立伦理以来，皇统绵绵，迄无更替，代代继承，治理此国，天皇爱怜下民之心既深，下民亦代代尊奉天皇。"①

神道理论通过穗积八束和上杉慎吉的"天皇主权论"得到发展，明治天皇殁后，东京帝国大学宪法学教授笕克彦的《古神道大义》进一步将天皇主权神化。他借用弗里德里希·施莱尔马赫（Friedrich Schleiermacher）的理论认为归依绝对者的情感乃宗教之本质，其保障则在于精神共同体，由此重新解读了"归依天皇"的日本民族精神。他指出天皇是日本神话中诸神的代表，"天照大神"是宇宙之最高神，也可称为"宇宙大生命"或"世界大生命"，它与日本民族的"生命"是相互贯通的。②"日本人民的存在与天皇密不可分，多数日本人或皆以为，其生命得之于天皇，没有天皇便没有现世的生命，日本人民的称谓也便不复存在。"其理论逻辑便是所谓的"古神道"——"日本国成立之初即已存在、与之共同发达且如今仍在发展的神道"，是构成"日本民族国家之一心同体"的"生命的宗教"、生活的根本规范或国家的根本宗教。宪法和教育敕语则从制度上规定了这种精神，主张必须"在人的内心培养"此等精神。

不仅如此，为独占天皇神话的优势地位，明治政府还统一了全国宗教体系，实行了神道国教化政策。

第一，恢复神道管理机构，确定各神社社格，对全国神社进行一元化组合。之前，所谓神道是指各个地方的神社礼拜本地区的神，各地方神社之间既非互相隶属，与国家亦没有密切关系。1868 年 3 月，政府发布了实行"祭政一致"、"再兴神祇官"的布告，推神道为国家宗教。"凡属各家执奏、下属之事一律废止，全国之神社、神主、祢宜、祝、神部等，嗣后均归由神祇官管辖。"从而将所有神社收归于政府直接管理之下。1871 年，明治政府以祭祀皇室祖先天照大神的伊势神宫为大元缔③，确定了所有神社的社格，并确立了神社作为国家祭祀场所的地位。"神社之仪乃国家之宗祀，自然非一人一家之私有。"④神道的国教化意味着政府将原本不属于天皇崇拜的民间神道

---

① 〔日〕信夫清三郎：《日本政治史》第 3 卷，吕万和等译，上海，上海译文出版社，1988 年，第 203 页。

② 参见〔日〕铃木贞美：《日本的文化民族主义》，魏大海译，武汉，武汉大学出版社，2008 年，第 127～128 页。

③ 即大总管、总头目。

④ 转引自村上重良：『天皇と日本文化』，東京，講談社，1986 年，225ページ。

和神社神道纳入统一的神道系统,由政府人为地建立起他们与天皇崇拜之间的联系。1890年,重组后的神社约有1.2万个,是国家正式认可的寺庙,亦成为1900年国家创立神道体系的一部分。在明治政府的努力之下,神道逐步成为所有日本人的传统宗教。

第二,强制实行"神佛分离"、"废佛毁释"。政府多次发布"神佛分离"的布告并发起大规模的"废佛毁释"运动,统一全国宗教,保持神道和民众信仰的纯洁性。许多佛教徒遭受迫害,寺庙、佛像和遗物都因此惨遭毁灭。但是佛教徒以牙还牙的方式很快使新政府领导人认识到,对民众只进行神道教育无法凝固民心,只能加速人心背离,反招来更多混乱,所以政府很快就又将宗教方针调整为"以神道为主、佛教为辅"。

第三,广建神社,强化民众的"传统"和"民族性"性格。自明治维新开始,为了新国家而跟随政府征战的殉难者不计其数,祭祀殉难亡灵场所遍及全国。1868年政府在京都建立了东山招魂社,1869年,政府为祭祀戊辰战争的战殁者,设置了东京招魂社(1879年改为"靖国神社")。神社的管理者主要是陆军省。它利用日本人祭祀祖先的传统,使"忠君爱国"情感借助"神社"为民众所认同和接受。大量神社的存在,使民众具有文化上的一体感,进而产生对国家古老而神圣的想象,由此生发对"历史传统"的体认和对民族性的认同。"这种民族性一旦被创造出来,它们就变得'模式化',在深浅不一的自觉状态下,他们可以被移植到许多形形色色的社会领域,可以吸纳同样多形形色色的各种政治和意识形态组合,也可以被这些力量吸收。"[1]靖国神社成为国家神道的象征和"忠君爱国"民族主义的基础。它在利用民族性的同时,也获得了"民族性"。

第四,进行大规模的国民教化运动。神道国教化的最显著且最方便之处,便是可以利用"国教"或"大教"的名义,将重新体系化了的以崇拜天皇为核心的神道教义,自上而下、有组织地加以传布,以达到统一全体国民宗教的目的。1868年后,政府相继设立学习院、皇学所、大学校等一系列皇道教学机构,次年设立宣教使,1870年又宣布《大教宣布诏》:"朕恭惟天神、天祖立极垂统,列皇相承,继之述之。祭政一致,亿兆同心,治教明于上,风俗美于下。……今也天运循环,百度维新,宜明治教,以宣扬惟神之大道也。因新命宣教使,布教天下。"[2]在全国开始大规模教化运动。

---

① 〔美〕本尼迪克特·安德森:《想象的共同体:民族主义的起源与散布》,吴叡人译,上海,上海世纪出版集团,2005年,第4页。

② 村上重良:『国家神道』,東京,岩波新書,1970年,9ページ。

1872 年，神祇省改为教部省，改宣教使为教导职，随机颁布"体敬神爱国之旨"、"明天理人道"、"奉戴皇上，遵守超旨"的"三条教则"。同年 10 月，颁布了"十一兼题"和"十七兼题"，规定了"神德皇恩"、"爱国"、"祭神"、"君臣"、"父子"、"皇国国体"等说教德目。祭神和敬神被认为是国家对民众的要求，是国民的义务，爱国、尊皇（忠）和崇祖（孝）合为一体。

1874 年后，信教自由、政教分离倾向日益增强。1882 年，政府决定以神社神道作为国家祭祀，将国家祭祀当作皇室的祖先崇拜，废除其宗教功能，即所谓超宗教的"国家神道"。信教自由原则后，虽经《明治宪法》加以确立，其前提也是在与"国家神道"不冲突的范围内。不论信奉何种宗教，根据《明治宪法》的精神，对天皇崇敬是"日本国民的义务"，而对天皇缺乏崇敬之情的人被视为"非国民"或"国贼"，将遭受来自国家和社会的迫害。这种强制性的信仰一体化，使得民众在加快形成作为"民族"特质的同时，却仍然保留着浓厚的"臣民"色彩。

国家神道得以推行，有其深厚的社会基础，一是家族主义，二是武士道。家族主义是政府"忠君爱国"论的基础。1890 年前，日本虽然还没有形成明确的"我国乃一大家族国家，皇室是臣民之宗家，乃国家生活的中心。臣民以对祖先之敬慕之情而崇敬宗家之皇家，天皇以臣民为赤子而爱抚之"[1]的家族国家观念，但"君民即父子"、"家族即国家"、"祖先崇拜即天皇崇拜"等家族主义的核心内容已经具备观念雏形。由于天皇神话，这种君臣父子关系实质上转化成民众对天皇国家的自觉服从的感情，以"私"的对家族的敬爱来支持"公"的对国家的忠诚。"保护人民"是作为"民之父母"的天皇的应尽职责，政府的成立也是根植于"至尊乃天下人民之父母，若有为人父母之权利，就有保护人民之义务"[2]之逻辑而设立。这些观念在之后的宣传中反复不断地出现，构成了家族主义的前提。

家族即国家的观念特别强调家族作为一个社会组织形式具有社会教化和管理的重要职能。《户籍法》的意义不仅在于统一国民，还在于通过设立户主规定其作为一家之长，负有协助作为最下层行政机构的户长管理家族成员的法律责任。政府对人民的保护是通过户主设定以家庭为单位来实现的，对民众的控制也是通过家庭为单位来控制的。户主实际上被配置在国家权力的最下层，承担了家庭内部军事、征税、教育、教化等诸多方面的行政功能。户主与其他成员的关系，既是父子的自然血缘关系，也是基于公权力

---

① 文部省编：『国体の本義』，東京，内閣印刷局，1937 年，38 ページ。
② 吉野作造：『明治文化全集 1 憲政篇』，東京，日本評論社，1928 年，346 ページ。

的"他律的"上下级关系;家不仅是一个基于血缘的生活共同体,也是一个户主拥有权威的小国,一个从属于天皇制国家的"他律的、具有对国家服务义务的强制集团",层层支配的权力关系,使家族成员对户主的"孝"与对天皇的"忠"获得了内在的一致性。

祖先崇拜即天皇崇拜、强调血统的连续性与同一性是家族观念的核心内容和基础。穗积八束将祖先崇拜的传统上升到"祖先教"的地位,以证明"日本家的观念乃我固有之民族所确信的祖先教之渊源","子孙崇拜共同之始祖,于其威灵下成共和之同体。"①《明治民法》对"系谱、祭具及坟墓之所有权乃属于家督继承之特权"的规定提供了制度保证。祖先崇拜观念与"忠君爱国"完全达成一体,为国而死不仅是家庭的骄傲,也是国家的骄傲。"忠君爱国"成为每一个家庭成员的必然义务和最高行动准则,"国君之于臣民,犹如父母之于子孙。即一国乃一家之扩充,一国之君主指挥命令臣民,无异于一家之父母以此新吩咐子孙。故我天皇陛下若对全国唤起尔臣民,则臣民亦皆应以子孙对眼福慈母之心谨听感佩。"②这样,家即国家,国家具有"父母相同的家族"、"祖先相同的氏族"、"始祖相同的民族"三位一体的结构,忠和孝在此完全重合并全部归一于天皇。

神道国家观依赖的另一支柱是传统的武士道。武士道核心是忠孝义勇。忠是第一位的,是绝对价值;孝是第二位的,具有相对价值。义勇则是武士的最高实践原则。作为一种道德规范和自觉的人生观,武士道已经渗透到社会生活的各个领域。对要树立天皇绝对权威并形成具有主体性的臣民的明治政府来说,这朵"日本土地上固有的花朵"因带有民族传统文化的身份,用来促使和培养民众对天皇国家的认同,是最合适的意识形态。正如新渡户稻造所言:"在王政复古的风暴和国民维新的旋风中掌握着我国舵船的大政治家们,就是除了武士道之外不知还有什么道德教诲的人们。……他们的思想以及行动都是在武士道的刺激之下进行的。"③政府主要领导人几乎都是武士道的实践者。明治之后,要在西方文化的泛滥中找到"日本的文化"究竟是什么,要以日本固有的思想来统合民众,武士道便是当然的选择之一。

在这个过程中,吉田松阴从以下三点论证了武士道迈向明治政权的可

---

① 转引自向卿:《日本近代民族主义(1868~1895)》,北京,社会科学文献出版社,2007年,第226页。

② 松本三之介编:『近代日本思想大系31　明治思想集Ⅱ』,東京,筑摩書房,1977年,91ページ。

③ 〔日〕新渡户稻造:《武士道》,张俊彦译,北京,商务印书馆,1993年,第96页。

能性。其一，将只有武士阶级才有的"武士道"进行了新规定，不问"技艺"的有无，只要有"为国不惜性名"的觉悟就行；其二，提出了将对君主"忠"和对父亲"孝"一体化的"忠即孝"的新图示；其三，将"得民心"作为重要课题，把农、工、商三阶层纳入统治结构内，并紧密其与武士阶层（统治阶层）关系，在此方针上，提出重要方向——让万民也考虑天下国家的事情，并让其承担事务。① 明治之后，武士道作为日本民众的灵魂被保留了下来，明治政府采用《军人敕语》和《教育敕语》的强制形式将"武士道全民化"，从而使其成为"日本道德的最高形式"，"明治精神的脊梁"，同时也成为确定近代日本人"同一性"的基石。它与国家神道、家族国家观一起，构建了"忠于天皇即忠于民族和国家"的绝对价值体系。源了圆指出："很久以来在武士中形成的武士道精神如今成为只奉献给天皇的一种东西了。"②

（三）"看得见的天皇"：天皇巡幸和"御真影"的发放

为使民众意识到相互之间具有"同一性"，强化国民之间的认同意识和对天皇的服从意识，明治政府认为还有必要通过参拜和巡幸各地的方式展现其"现人神"的一面，通过树立天皇形象来宣传"天皇制下所有臣民皆平等"的思想。

由于天皇被长期从政治生活中排除出去，"生活在近世的人们，别说一般的民众，就连德川将军，从三代将军家光到十四代将军家茂都没有见过天皇的容姿。"③要树立天皇形象，首先就需要使日本民众知道天皇的存在。为了实现天皇亲政，明治政府之前已经采用了天皇巡幸以及迁都东京等相关举措。为继续强化天皇的凝聚国民的作用，将天皇最直接、最有效地介绍给日本民众的方法，还是继续进行巡幸。这样，继 1868～1869 年参拜伊势神宫、石清水八幡宫之后，天皇还进行了多达 79 次的地方巡幸。④ 其中最有影响的是 1872～1885 年间的明治天皇的"六大巡幸"和 1889 年以后的"御真影"的发放。⑤

① 参见吉田松阴：『讲孟余话』，广瀬丰校，东京，岩波書店，1943 年，卷四，223～224 ページ；卷一，21ページ；卷四，264ページ。转引自原田勝正：『「国民」形成における統合と隔離』，东京，日本経済評論社，2002 年，22ページ。

② 〔日〕源了圆：《日本文化与日本人性格的形成》，郭连友等译，北京，北京出版社，1992 年，第 190～191 页。

③ 佐佐木克：「明治天皇イメージの形成と民衆」，西川長夫、松宮秀治編著：『幕末・明治期の国民国家形成と文化変容』，东京，新曜社，1995 年，117ページ。

④ 参见田中彰：『近代天皇制への道程』，东京，吉川弘文館，2007 年，226ページ。

⑤ 1882～1912 年具体行幸数和行幸地，请参见佐佐木克：「明治天皇イメージの形成と民衆」，西川長夫、松宮秀治編著：『幕末・明治期の国民国家形成と文化変容』，东京，新曜社，1995 年，135～139ページ。

这六大巡幸的具体情况请见下表：

	巡幸地	巡幸时间
1	近畿、中国、西国巡幸	1872 年 5 月 23 日～7 月 12 日
2	奥羽、函馆巡幸	1876 年 6 月 2 日～7 月 12 日
3	北陆、东海道巡幸	1878 年 8 月 30 日～11 月 19 日
4	山梨、三重、京都巡幸	1880 年 6 月 16 日～7 月 23 日
5	北海道、秋田、山形巡幸	1881 年 7 月 30 日～10 月 11 日
6	山口、广岛、冈山巡幸	1885 年 7 月 26 日～8 月 12 日

"六大巡幸"时间共达 302 天,地域几乎覆盖日本全岛。巡幸的规模也是很大的,比如在 1878 年的一次巡幸中,明治天皇带领包括政府首脑在内的三百余名随员,还加上警卫四百余名。当路险马车无法通行时,便由人力抬轿走。明治天皇巡幸期间,遍访县厅、裁判所、学校、军事设施、商业场所,接见的人物从国家和县级的高级官员到一般公务员、教师、官兵、老年人,对招魂社给予下赐,对有志者、殖产兴业和地域开发鞠躬尽瘁的人进行褒奖,对相关需要扶持的地方事业给予资助,允许一般人进行"天颜奉拜"。此外,在巡幸期间,政府还积极利用民宿和农家作为天皇休息和住宿的场所,[①]以进一步加强天皇与民众的交流。

巡幸作为一种政治仪式,使明治天皇从"看不见的天皇"变成了"看得见的天皇",不仅将天皇形象充分展现给了民众,还制造了天皇与民众接触的机会,加强了地方官吏、户长、豪农等地方领导者同天皇的关系,年轻、强势、泼辣、积极的天皇形象从此长留在民众心中,政府以此唤起了日本民众对皇室的忠诚和敬畏。[②] 巡幸还同时起到了与当时正在兴起的自由民权运动相对抗的作用,有利于强化民众的向心力,使之成为政府所希望的国民。1889年《明治宪法》将天皇地位固定下来后,"动的天皇"逐步成为"静的天皇"。

---

① 参见佐佐木克：「明治天皇イメージの形成と民衆」,西川長夫、松宮秀治編著：『幕末・明治期の国民国家形成と文化変容』,東京,新曜社,1995 年,132ページ。关于巡幸的记录,还可参见〔日〕牧原宪夫：《民权与宪法》,臧志军译,香港,中和出版社,"民众与天皇"一章,第 239～247 页。

② 地方巡幸对于不知有天皇存在的民众来说,在使其认识天皇的权威上有很大效果。社会主义者木下尚江少年时在松本亲眼看见 1880 年的巡幸,在其自传《忏悔》(1906 年)中就当时的情况记述如下："(他们)在雨中从十日里、二十日里的山中,背着婴儿,扶着老人,互相招呼,出来'参拜'天皇。……一旦允许自由通行,道路两旁的男男女女争先恐后地跑出来,互相冲撞,互相推挤,不怕弄脏衣服,在泥泞中争抢起来。他们拼命争抢的是马蹄踢起和马车溅起的沾满泥土的小石块。在他们之间,普遍流传着'如果拿到天子走过的砂石,则家里安宁、五谷丰登'。"参见『木下尚江著作集』第 5 卷,東京,明治文献,1968 年,76ページ。转引自〔日〕远山茂树：《日本近现代史》第 1 卷,邹有恒译,北京,商务印书馆,1983 年,第 32 页。

以后的巡幸，政府有意识地制造天皇与民众接触的意图便不再明显，天皇作为明治国家建设时期为达成国民统合的象征功能基本上已经完结。

天皇的巡幸为以后"御真影"在民间的发放打下了基础。在照相机还未成为媒体传播手段的明治前期，坊间就已经有了彩色浮世绘版画（即"锦绘"），大量印刷以明治天皇为题材的版画。但 1877 年以前基本上不画天皇的脸，最早描绘天皇的正面脸部，是在 1877 年题为《日报社之光荣》的锦绘中。据推测，能够画天皇的正面像，与天皇巡幸的影响逐渐增大有关。① 1888 年，明治政府请意大利铜版画家基奥索（edoardo chiosson）给明治天皇画天皇肖像画，再将此肖像画照成照片，这便是"御真影"。1890 年，"御真影"代替了"天皇肉身"发放到日本民众间进行"巡幸"。政府规定了在祝祭日和学校的仪式上要奉拜"御真影"，以提高天皇的权威。1891 年，还发生了内村鉴三对"御真影"不敬的事件。② 天皇的巡幸和"御真影"的发放，作为国民统合的装置发挥了巨大作用。这种被视觉化的天皇之存在具有重大的文化、社会和政治意义。在那里，"历史学家眼中所看到的客观的国家近代性"与"国家主义者眼中所看到的主观的古代性"并存。③

二、形成有效的学校教育体系

"现代国家意味着应有均质性和标准型的居民，而国家通常会利用共同的书写'国语'，来达成这项目标。……因此政府必须提高人民的识字率，中学教育逐渐被纳入义务教育的范畴。"④教育成为统一国民思想的根本，国家全力发展教育，这是日本近代教育的特点。

（一）优先发展初等教育战略的确立

维新伊始，日本政府就清醒地意识到，首先必须"开启民智"，提高国民整体文化素质，才能实现社会"文明开化"和国家繁荣富强。政府在 1869 年

① 参见佐佐木克：「明治天皇イメージの形成と民衆」，西川長夫、松宮秀治编著：『幕末・明治期の国民国家形成と文化変容』，東京，新曜社，1995 年，129ページ。

② 1891 年，基督教徒内村鉴三在东京大学预备校"一高"的开学典礼上，因为没有对天皇"御真影"的照片和天皇亲笔签名的《教育敕语》行"最敬礼"，受到全国诸多媒体的口诛笔伐，评论达 143 篇，发表报纸达 56 种，被辱之以"国贼"、"不忠之臣"、"外国教会的奴隶"。

③ 详细内容可参见多木浩二：『天皇の肖像』，東京，岩波書店，1988 年；T.フジタニ（ほか），『天皇のページェント—近代日本の歴史民族誌から』，米山リサ訳，東京，日本放送出版協会，1994 年。

④ 〔英〕埃里克・霍布斯鲍姆：《民族与民族主义》，李金梅译，上海，上海世纪出版集团，2006 年，第 90 页。

2 月颁布的《施政顺序》中，要求各县设置小学，对国民实施以读、写、算为基本内容的知识教育和道德教育。文部省把"大力发展小学校"列为顺序之首，将建立小学教育制度作为首项任务，"欲期社会文明、人有才艺，只好求之于小学教育的广泛普及和完善，故当今着手的第一项任务就是把力量投在小学上。"①从 1873 年到 1875 年的短短几年里，大约有 25000 所小学建立起来，形成了全国范围的小学网。1885~1920 年，初等教育经费一直保持在全部教育经费的 67％以上。为奖励设立小学和鼓励儿童就学，各府县纷纷发布奖励学事告示，采取种种办法和措施，说服和强迫公众尽可能将子女送入小学。例如，增大教育投入，保证初等教育经费，一些县平均财政收入的 40％以上用于初等教育；把最好的建筑物提供给小学校；破除男女性别歧视之陋习，允许女童接受教育；要求各校每天悬挂一面相应颜色的旗子，表明该地区儿童入学率高低；入学儿童都要佩戴注明家长姓名和住址的标记，借以区别那些没有入学的儿童；在上课期间，警察若碰上儿童在校外闲逛，可以质询其没有上课原因，等等。

《学制》颁布前，文部省提出了《建立小学教师培训场所的呈文》，指出建立师范学校为当务之急。文部省在大阪、宫城、爱知、长崎、新潟、东京等不同地区先后设立了师范学校，各府县还创办了小学教员速成养成所。1890年，日本政府修改《小学校令》，它不仅将小学学制统一为四年，而且首次提出了免费义务教育的原则，明确了送子女入学同服兵役和纳税一样，是国民对国家的义务，大大推动了初等教育的普及。19 世纪 90 年代，义务教育入学率不断上升。到 1907 年，日本义务教育已经增加到六年，97％以上的学龄儿童已在公立小学上学。

（二）国家教育理念的变化

学校是传承民族国家起源和灌输意识形态最重要的阵地，因此学校教育成为国民教育最重要的部门。注重中小学教育，通过系统的学校教育灌输政治思想，防止由于从国外大量引进现代知识而造成对本国民族特性的腐蚀，逐步成为明治政府教育政策的核心。布莱克的研究指出，日本和俄国都对教育的政治用途非常敏感，并发展了明确的教育思想。②

明治时代的正规教育制度在发展之初许多方面并没有公开的政治内容。1872 年，文部省发布《关于学制实施细目的太政官指令》，强调《学制》

---

① 王桂编著：《日本教育史》，长春，吉林教育出版社，1987 年，第 121 页。
② 参见〔美〕西里尔·E.布莱克：《日本和俄国的现代化——一份进行比较的研究报告》，周师铭等译，北京，商务印书馆，1992 年，第 298 页。

的本质是通过非政治性（强调劝学）手段，以实现国家的富强安康这一政治目的。① 但这种做法被认为不重视维护传统的忠孝道德，不符合天皇制意识形态对教育的要求，脱离日本国情，引发政府内部保守派不满。1878 年明治天皇亲政后，1879 年政府以《教育令》（又称《自由教育令》）取代《学制》，强调地方分权、尊重多样性和自由主义，但又放松了对就学义务的规定，使政府的教育受到轻视，小学入学率下降，有的还出现教育内容反动的现象，从而招致人们误解。加之又恰逢民权运动的高涨，政府内部对《教育令》的批判逐渐强烈，潜在的儒学思想和国学思想抬头，认为教育必须要有政治内容，必须培养民众"忠君爱国"的思想逐渐占据主流。② 1879 年政府以天皇名义颁布了由元田永孚起草的《教学圣旨》和《小学条例二则》，指出了文明开化政策"流弊甚多"，要求将"忠孝仁义"的尊皇思想注入国民道德教育领域，规定小学校要挂"古今之忠臣、义士、孝子、节妇之画像照片"，"首先使幼少儿于脑髓中感觉忠孝之大义为要"。"教学之要，乃明仁义忠孝，究智识才艺，以此而尽人道乃我祖训国典之大旨、上下一般之教"。很明显，元田要将"忠孝仁义"的尊皇思想注入国民道德教育领域。这是对明治初期"开明主义"教育思想的第一次公开清算和反击。以此为导火线，在政府内部展开了德育论争，很快又发展成为有思想家、教育家参加的激烈论战。政治上的表现，则是以伊藤博文为代表的开明派与以元田永孚为代表的保守派之间的斗争。伊藤博文发表《教育议》对《教育圣旨》予以批判，元田永孚则立即写了《教育议附录》与之论争，力主在学校开设以"四书五经"为主要内容的修身课程。主张儒学复兴的代表人物西村茂树也反对伊藤的观点，并在 1886年发表《日本道德论》，强调"在今天以儒道为本邦道德基础"应为最上策。

《教学圣旨》的颁布和关于日本文化特性论战的胜负决定了此后日本教育发展的方向。保守派意见得到天皇支持并转化为政府的政策。1880 年，西村茂树编写了《小学修身训》和《小学修身书》，强调要从小培养学生"尊奉天皇"的感情。同年 12 月，政府颁布《改正教育令》，重新确立了中央集中控制教育和一元化原则，强调"修身课"为各课程之首，强化"尊祖训、明忠孝、学孔道"的道德教育，使儒学进入学校这一国民道德教育的主阵地。1881年 6 月，政府颁布《小学教则纲领》和《小学教员须知》，进一步明确强调教育的目的是培养学生"尊皇爱国"的精神，教师的首要职责是灌输忠孝大义和

---

① 参见安川寿之辅：『日本近代教育の思想構造—福沢諭吉の教育思想研究』，東京，評論社，1979 年，31ページ。

② 石田雄：『明治政治思想史研究』，東京，未来社，1977 年，30ページ。

皇道思想。1882年12月,元田永孚等编辑的《幼学纲要》以天皇敕语的名义颁布全国。该《纲要》列有孝行、忠节等二十项儒家德目,指出"五伦"道德是教育的根本,"忠孝为人伦之最大义",要在儿童智慧未定前向他们进行尊皇爱国思想,"夫三尺之童,知死于忠孝者,我邦固有之俗也。"《改正教育令》和《幼学纲要》进一步奠定了天皇制民族主义教育的基础,否定了维新以来的一系列教育改革,为其后的国民道德教育定了基调。日本教育由此走向忠君与爱国相结合的天皇制教育。

1885年森有礼担任文部大臣后,基于要创造出符合国家需要的国民主体,他吸收了普鲁士的国家主义教育思想,强调培养足以承担绝对主义国家的"善良臣民"的道德教育,废除了《改正教育令》,主持制定了《小学校令》和《师范学校令》,法令规定教育的目标和教师首要职责是培养学生具有"顺良、信爱、威重"的气质。他还建立了教科书检查制度,并在全国推广了兵士体操,以培养武士道精神和为天皇捐躯的献身意识。1889年修订通过的《征兵令》对师范生进行了特别规定,逐渐使师范学校乃至全国中小学校都成了日本的兵营和精神训练营。

从制度化角度看,《小学校令》是日本近代教育制度化的重要阶段,结束了《教育令》时期小学教育的混乱状况,奠定了明治到大正的教育制度。但从价值观上看,它则是政府彻底清算民权运动的产物,培养忠君爱国的臣民,成为该令的核心价值。1890年,作为维护近代天皇制的精神支柱,《教育敕语》以最高法律形式确定了教育方针,成为全日本民众的行为道德规范,平息了十余年的德育论争,为明治维新以来的教育改革画上句号。

(三)"教学细目"的具体化

1872年颁布的《学制》第27章公布的文部省小学(分为初等、高等小学)教学科目①具有较为突出的文明开化的自由教育理念的色彩。由于国家教育理念的变化,导致学校课程科目不断变动,教学细目也逐步具体化,并开始具备国家色彩。从1881年《小学校教则纲领》到1891年的《小学校教则大纲》,明治学校课程体系变迁所呈现的重要特点是:

第一,德育教育得到高度重视。"修身"科和"历史"科对于学生能否成为国家希望的国民具有极为重要的位置,教育要求也有所改变。"修身"特别强调"养成尊王爱国之气,指示其对国家的责任义务",在1881年的《小学

---

① 这些科目分别是:初等:缀字,习字,单词,会话,读本,修身,书法,文法,算数,养生法,地学大意,理学大意,体术,唱歌;高等:史学大意,几何学绘画大意,博物学大意,外语学一、二,记簿法,绘画学,天体学。参见国立教育研究所编集:「日本近代教育百年史3　学校教育篇」,東京,文唱堂,1974年,548~550ページ。

校教则纲领》中的主旨是"以格言、事实涵养儿童德性"，兼要"传授做法"。1886 年制定的《小学校学科及其程度》则规定"以内外古今人物之善良言行使儿童恰当地易于理会，能简要叙述事情经过，教给日常做法，教员自身要成言行之模范，使儿童善习之"。从格言和做法的传授到"易于理解"的谈话，通过日常做法、教师之言行起到模范作用，可以看出其重点在逐步转移，其道德要求在逐步深化。这一时期修身科教材中的《小学道德论》排除了与日本国民道德不相容的基督教道德。《修身儿训》和《小学修身训》所引的资料出处也不再是以前西洋道德的简单翻译，而是将其与日本传统的道德灵魂相融合，突出忠君爱国的道德教育。一年级儿童的教科书中反复出现"天皇陛下万岁"；到二、三、四年级便教给他们天皇的恩德、忠君爱国的实例，还有神宫、节日、国旗等知识；到了五、六年级，《古事记》出现，提出"拥戴万世一系的天皇的日本是万邦无比的优秀国家、必须尽忠日本"这一基本概念，成为国民规范的原形。

"历史"科以德育为中心形成忠君爱国之国民的目标指向也很明确，要求"使其知本邦国体之大要，养国民之志操为宗旨"，以"建国的体制，皇统之无穷，历代天皇之盛业，忠良贤哲之事迹，国民之武勇，文化之由来"等为主要内容。森有礼执政时颁行的《小学校用历史编纂者意见书》，其主旨在于，"使学生知本邦历史之大体，故编者要在王室之兴替、时势变迁的相关著名紧要之事迹提示上下功夫，兼应注意文化之进退，制度之沿革等以编纂之"，要求适合儿童的理解力，以使孩子"自然地养成尊王爱国之情感"。①

第二，在与"德育之涵养"并无直接联系的地理、理科中，一些内容也被赋予新的含义。地理"以日本之地理及外国地理之大要，使其理会与人民生活相关之重要事项，兼养爱国之精神"为要旨，理科中唱歌也作为"涵养德性"的目的之一，体操则被视为"在使精神快活刚毅的同时也主张养成规律之习惯"。

第三，减少了基本科目，增加了与农、工、商相关的实业科目，更加注重实用性。理科强调实用，重视与儿童的直接经验、实业生产的关系，重视以人生为轴的综合性，以保证民众的价值观始终符合天皇制国家的需要。1891 年的《小学校教则大纲》中，"涵养国民的德性"和"实用的知识、技能"两点被作为各科目的，所授课程已形成以这两点为轴的基本结构。②

---

① 国立教育研究所编集：『日本近代教育百年史 4 学校教育篇』，東京，文唱堂，1974 年，174～175ページ。

② 参见上书，第 158 页。

（四）实行对教科书的统制

19 世纪 80 年代，文部省开始实施教科书的检查政策。其原因，一是与自由民权运动的全面对决成为政府的基本方针，二是儒教派的教化主义逐步占据上风。1880 年，文部省开始对普通教科书中"妨害国家安全、紊乱风俗"或"有教育弊害的内容"进行内容清查，并下达了《关于取缔教科书内容的警告》。[1] 政府公布了小学教科书不应使用的书目清单。其中既包括福泽谕吉的《通俗民权论》、加藤弘之的《国体新论》等启蒙书，也包括阿部太藏译的《修身论》、石桥好译的《小儿养育谈》等文部省发行书。森有礼就任文部大臣后，改造了文部省编辑局，在他的主导下，1886 年制定了《教科书检定条例》，开始实行教科书检查制。检定标准是作为教科用书有无弊害，有无轻辱国体法令、败坏风俗等内容——有无"刊登了违背国宪之事"、"诡辩之言论"、"混淆事实、放纵主义"等内容，以及有无"排除事实错误和超过儿童理解之内容"，实际上是对教科书内容的统制。1891 年 10 月，文部省发出指示，要求修身科教学也要使用教科书，并于 12 月公布了《小学校修身教科用图书检查标准》，进而以修身科为检查的龙头推进了教科书的国定化。[2]

可以看出，明治政府以国家的强制力设置了更加符合自己教育理念和目标的课程，政府教育政策的着眼点是国家，并非国民个性的成长。通过一系列教则的变化，"教学细目"的具体化和教科书的统制，从制度上保障了适合国家需要的忠君爱国之国民源源不断的产生。

三、颁布《教育敕语》

（一）《教育敕语》的颁布

作为对明治以来文化和教育政策的总反思和对未来国家在意识形态发展方向的总方针，以及为适应《明治宪法》实施的需要，明治政府于 1890 年 10 月以天皇敕语的形式颁发了《教育敕语》，从更高的角度在教育上完成了《明治宪法》提出的政治使命，确立了一直处于混乱状态的教育标准。

山县有朋是《教育敕语》制定的极力推动者。他在《外交政略论》中明确将教育视为服务于国家战略的工具和手段。"第一是兵备，第二是教育"；"国民爱国之念，唯借教育之力量方能养成之、保持之"。根据他的意见，并

---

[1]　参见宫原诚一（ほか）编：『資料日本現代教育史 4　戦前』，東京，三省堂，1974 年，86 ページ；神田修、山住正己編集：『史料日本の教育』，東京，学陽書房，1986 年，204 ページ。

[2]　参见国立教育研究所編集：『日本近代教育百年史 4　学校教育篇』，東京，文唱堂，1974 年，878 ページ。

上毅草拟了敕语草案初稿，经元田永孚的修改，最终由天皇裁定。敕语的内容如下：

> 朕惟我皇祖皇宗，肇国宏远，树德深厚。我臣民克忠克孝，亿兆一心，世济厥美，此我国体之精华，而教育之渊源亦实存乎此。而臣民孝于父母，友于兄弟，夫妇相和，朋友相信，恭俭持己，博爱及众，修学习业，以启发智能，成就德器，进广公益开世务，常重国宪遵国法。一旦缓急，则义勇奉公，以扶翼天壤无穷之皇运。如是不独为朕之忠良臣民，亦足以显彰尔祖先之遗风矣。斯道也，实为我皇祖皇宗之遗训，而子孙臣民所宜遵守焉。通之古今不谬，施之中外不悖。朕与尔臣民俱拳拳服膺庶几咸一其德。①

《教育敕语》的内容，是国家神道所体现的神国观念、家族国家观和武士道的综合物。它用儒学主义话语进一步神话了天皇的绝对价值，与《明治宪法》一同构成了天皇制的支柱。《教育敕语》将明治初期的文明开化政策拉回到传统，以"重回传统"的方式纠正着他们认为已经"过度的西洋化"，再度确认了日本为神国皇国、天皇为日本万世一系的最高统治者，是神圣不可侵犯的最高权威的理念。明治政府将对藩主的"忠"置换为对于天皇的"忠"，且一并配给了所谓的"四民平等"。完成这个转换的正是"《教育敕语》"。②《教育敕语》的颁布，说明日本政府已经形成了一整套统合民众的社会网络和思想体系，它们被强制灌输到民众之中，以形成国家所需要的"日本人"。当时的舆论就此深刻指出："帝国教育之大基本在于教育敕语，帝国之教育须立于此千秋万古之大基本上……时文相之教育主义者遍访教育之大精神，不过是涵养国民之头脑、使四千万人真正成为陛下之臣子之一手段。"③据此进行的国民教育，在明治和大正时代"振兴国运"的过程中，起到了无法估量的巨大作用。

（二）《教育敕语》创造近代日本国民的特点

从创造近代日本国民的角度来看，《教育敕语》具有以下两个特点：

---

① 文部省1897年2月公布了汉译文《教育敕语》，该译文被收录于现有的《台湾学事法规》，载佐藤秀夫编：『続・现代史资料月报10 教育3—御真影と教育勅语1』，東京，みすず書房，2004年，425ページ。

② 参见〔日〕铃木贞美：《日本的文化民族主义》，魏大海译，武汉，武汉大学出版社，2008年，第43页。

③ 「教育敕语は教育の大主义」，『山梨日日新闻』，1895年6月16日。

1. 以形成近代"臣民"的方式完成了形成近代"国民"的任务

《教育敕语》明确了天皇与臣民的君臣关系是"国体之精华","亿兆一心"、"咸一其德也",说明天皇与臣民休戚与共、具有高度的同一性。臣民"广公益,开世务,重国宪,遵国法"、"义勇奉公"则体现了为国家服务的主体性。"夫臣民全部结合成一个体,以服从主君,主君以一主义统合,结合臣民,于是国家之基础方始巩固。"在服从主君、为国服务之义务明确的前提下,天皇与民众达成了一体化,基本上实现了自明治以来就希望的举国一致、与万国对峙的体制。均质的民众被统合在天皇之下,其对地域的忠诚已经转移到对天皇的忠诚上来,铸成了近代国民所必需的"民族"特质。

但是,《教育敕语》采用的是自上而下的强制要求臣民行为的规范,"灭私奉公"、"忠君爱国"是最高的道德标准。在这里,作为国民近代性体现的权利意识和自由、平等、多元色彩是完全被剔除在外的。明治启蒙初期的独立自尊的国民,仅仅只完成了强制性的"民族"形成,而"公民"权利和自由平等层面则被严重压制下去,国家的价值战胜了国民的自我和独立意识,个人没有了自我存在的价值和自我目的性。教育和个人完全没有了主体性,沦落成国家的工具和手段。如果说古代的"臣民"是既没有国家意识又没有权利意识的话,那么《教育敕语》下的民众则可以说是要求他们"只有国家意识,没有权利意识",只需要服从天皇的近代"臣民",离近代"国民"的距离还相当遥远,是一种"跛脚的国民"。如果说《明治宪法》还有关于"民众的权利"的一些规定的话,那么《教育敕语》则完全是用天皇敕语的方式消解了《明治宪法》赋予民众的权利,而采用这种将民众全盘铸成"臣民"的方式迅速完成了近代国家需要的举国一致、富国强兵的任务。

2. 以将武士道精神扩展至全体民众的方式铸就近代国民

《教育敕语》的主旨在于:"修孝悌忠信之德行,以固国家之基础;培养共同爱国之义心,以备不虞之变。"[①]"克忠克孝"是"国体之精华"、"教育之渊源","一旦缓急"就需要民众"义勇奉公、以扶翼天壤无穷之皇运",甚至"直前奋进,以殉国难"。[②] 做到这点,就是合格的日本国民。《教育敕语》秉承《军人敕语》的固有道德原理,通过将武士道精神扩展至全体民众,造成军人

---

① 参见井上哲次郎:「勅語衍義」,松本三之介編:『近代日本思想大系 31 明治思想集 Ⅱ』,東京,筑摩書房,1977 年,86 ページ。

② 同上书,第 111 页。有关《教育敕语》对近代日本国民精神的影响,可参见源了圆:「教育敕语の国家主义の解釈」,坂田吉雄編:『明治前半期のナショナリズム』,東京,未来社,1958 年。

社会与市民社会的同质化和相互结合。国民就是军人，这样形成的民众，具有强烈的献身尽忠意识，这实际上为日本今后走向军人操控奠定了社会基础。① "为国家而战死，在日本为人人所期望，也为世人所赞赏。然而例如像美国独立战争之时，为了自由和人道而投身于独立军的军队之类，则不是日本人所希冀，也不会是赢得一般日本人赞赏的行为。"②丧失自律性的个人和武士道等传统伦理的结合，造就了日本特殊的价值体系，规定了近代日本的军国主义走向。政治与宗教的巧妙结合，国家权力最大限度地利用了国民的宗教信仰和精神世界，以后的军部则最大限度地利用这种形势，为其不断升级的对外侵略服务。为突出天皇的皇军统帅角色，以使皇军基本上拥有"与天皇同质的权威"，他们对军部的批判者扣上"反军"的帽子，使其遭受与"非国民"或"国贼"一样的迫害。③ 通过1911年的"大逆事件"，④1925年的《普选法》及《治安维持法》，1935年的"国体明征"⑤等国民运动和体制整合，绝对天皇制与军国主义体制建立起不可分割的关系。

总之，《教育敕语》颁布的目的虽是为了加强人民的忠诚度，但它的解释及实践过程具有压迫性。"当时，作为主流意识的国家主义，以教育作为其强行灌输的先导，并以国家权力相威胁，强制把国家主义造成为国家的主体意识。"⑥它蹂躏了正在成长中的近代教育与独立自主精神，对于近代日本民众精神结构的形成以及未来国家的走向，影响至深至烈。

四、实行全方位的文化统合

（一）关于国民文化统合的基本理论

为尽快创造出与近代国家相适应的国民，明治政府还通过确定国旗、国歌、国语以及祭典仪式等方式进行文化统合，以进一步强化民众对"我是日本人"的自觉认识，促进了民众的爱国之心。

按照西川长夫提出的国家装置与国民统合论，⑦国民国家的建立包含

---

① 转引自殷燕军：《近代日本政治体制》，北京，社会科学文献出版社，2006年，第212页。

② 转引自向卿：《日本近代民族主义（1868～1895）》，北京，社会科学文献出版社，2007年，第245页。

③ 参见家永三郎：『戦争責任』，東京，岩波書店，1985年，277ページ。

④ 1910年，日本政府以莫须有的罪名捏造了一个暗杀日本天皇的阴谋事件，幸德秋水等数百人被捕，其中26人被起诉，12人被处以绞刑。此即"大逆事件"，实际上是一个政治冤案。

⑤ 即以日本军部和右翼团体为中心发起的攻击东京帝国大学教授美浓部达吉所倡导的民主政治的"天皇机关说"运动，是战前日本极端民族主义的典型代表事件。

⑥ 严绍璗：《日本当代"国家主义"思潮的思想基础》，《亚太论坛》2005年创刊号。

⑦ 参见西川长夫、松宫秀治编：『幕末・明治期の国民国家形成と文化変容』，東京，新曜社，1995年，11、31ページ。

了经济、国家、国民和文化统合四大原理。从国民铸造的角度来看，国民统合和文化统合具有最重要意义。国民统合指的是通过户籍和家族、学校和教会、寺庙或神庙、博物馆、剧场、政党、新闻等方式实现的统合。其重点强调的是法律和政治统合，强调近代国家的各种教化装置（尤其是学校和媒体）的作用。文化统合指的是通过象征、标语、誓约、国旗、国歌、历法、国语、文学、艺术、建筑、修史、地方志编写，以及市民宗教、祭奠等实现的统合。文化统合强调国家范围内均质性文化的建构、传播和宣扬，强调文化认同的同一性和相对于"他者"的差异性。两者相辅相成，国民统合是基础，文化统合是有力的补充和促成条件，共同结合，以此确定国民之间的同一性和与国家的同一性。

西川长夫提出的文化统合的相关理论，在霍布斯鲍姆、本尼迪克特·安德森等人的著述中也有相当丰富而精彩的论述。这些观点大致为：

1. 宗教中的神圣图像在近代民族主义运动中扮演了重要角色。神圣图像是象征、仪式或集体习俗的表现，它具现了想象中的共同体。神圣图像的内容包罗万端，有的是最常见的圣者和使徒肖像，有的是日常生活礼仪，还有可能是大型节庆，等等。各国的国旗也是神圣图像的典型代表，经常被用来作为近代国家的精神象征。"最能满足民族主义原型需求的神圣图像，显然就是那些特别能代表国家的图像，在民族国家尚未建立之前，这指的是国王或皇帝的肖像。"①

2. 虽然以国家为基础的爱国主义存在的时间不长，但具有强大的影响力，足以让人民实现对新成立的民族国家的最基本的认同。② 民众只有在脱胎换骨成为"人民"（people）之后才可能结成共同体，才会开始去找寻各种共同特征，比如共同的地域、习俗、个性、历史记忆、符号与象征等，以作为公民的通性。此外，构成这个'民族'的不同部分、不同地区和不同地方的传统，也都会被收编为全民族的传统。③

3. 国家应利用民众对"想象的共同体"的情感和象征，把握每一个可能的机会来加强爱国主义。一般采用的方法会是：灌输国民应有的国家意识，特别是会通过小学教育，来传播民族的意象与传统，要求人民认同国家、国旗，并将一切奉献给国家、国旗，并经常通过"发明传统"乃至发明

---

① 〔英〕埃里克·霍布斯鲍姆：《民族与民族主义》，李金梅译，上海，上海世纪出版集团，2006年，第68～69页。

② 参见上书，第87页。

③ 同上。

"民族"来实现国家整合的目的。① "民族主义的根本效忠对象，并非'这个国家的原版'，而是经过某种改写后的版本：亦即意识形态所建构出来的国家。"②

4. "民族"这个想象的共同体是如何形成的？安德森指出，最初且最主要是通过文字（阅读）来想象的，是"资本主义、印刷科技与人类语言宿命的多样性这三者的重合"促成了拉丁文的没落和方言性"印刷语言"的兴起，而以个别的印刷方言为基础形成的语言共同体，就是后来"民族"的原型。③由于语言是无可选择、生来如此的"宿命"，往往容易产生一种古老而"自然"的力量，使人们在"民族"的形象之中感受到一种真正无私的大我与群体生命的存在。可以说，"民族"在人们心中所诱发的感情主要是一种无私而尊贵的自我牺牲。④ "没有任何其他事物能够像语言一样有效地在情感上将我们和死者联系起来。"⑤安德森还认为，国歌作用在于"在唱国歌的行动当中却蕴含了一种同时性的经验。恰好就在此时，彼此素不相识的人们伴随相同的旋律唱出来相同的诗篇。就是这个意象——齐唱……也提供了使想象的共同体在回声之中获得体现的机会。……我们知道正当我们在唱这些歌的时候有其他的人也在唱同样的歌……将我们全体联结起来的，惟有想象的声音"。"民族就是用语言——而非血缘——构想出来的，而且人们可以被'请进'想象的共同体之中。"⑥国歌不单是作为音乐的存在，还被赋予了"联结全体"的政治意义。

（二）确立国旗、国歌

明治政府成立后，确定《君之代》为国歌，"丸之旗"为国旗，就体现了政府试图"联结全体"、激发民众"忠爱"之心的政治意图。

《君之代》原为祝福长寿的颂和之曲——"君之代，千秋万代无尽期，犹如沙砾成岩，遍生青苔"在江户时代就已经普及，明治后，音乐成为整合民众的措施之一，创造国乐成为当时国家建设的急务。由于该曲符合政府树立天皇权威的政治要求，在明治天皇检阅萨长藩军的军事演习时开始被使用。1872 年在《学制》规定的"唱歌教育"中，该曲成为入选歌曲，逐渐普及，并于

---

① 参见〔英〕埃里克·霍布斯鲍姆：《民族与民族主义》，李金梅译，上海，上海世纪出版集团，2006 年，第 88 页。

② 同上书，第 89 页。

③ 参见〔美〕本尼迪克特·安德森：《想象的共同体：民族主义的起源与散布》，吴叡人译，上海，上海世纪出版集团，2005 年，导论，第 9 页。

④ 参见上书，导论，第 12 页。

⑤ 同上书，第 140 页。

⑥ 同上书，第 140～141 页。

1876 年天长节开始在宫中演奏。1878 年，文部省在"唱歌课程设置"中提出要"振兴国学"、"深入研究我国固有之词曲歌调之善良"，选出"作为日本国民而该唱之国歌、该奏之国调"，①以发挥国乐"正人心、帮助风化"的作用。1881 年，《小学唱歌集》由此出台。同时，文部省加紧了确定国歌的步法，原则是"以尊皇为主旨"，"适合国体，合乎民情"，《君之代》由此成为国歌首选。1880 年，宫内省乐师为其谱上古代雅乐旋律，德籍音乐家埃克特（Franz Eckert）为之编曲并于该年 11 月在天皇生日时首度在皇宫中演奏。1887 年，帝国议会举行了唱歌仪式，《君之代》被全国各府县的学校和学生一起以同声同律加以唱颂，由此被认为是"内育此忠爱之心，外发忠爱之情最合适者"②。事实上《君之代》作为日本的国歌，其地位得到了承认。

当时，一名外籍教师曾记下了 1889 年 2 月 11 日他光临宪法颁布的祝典时的场景：天皇此时穿着洋式军服，与宫中的人员一道形成威风凛凛的队列，入座专为此次庆典而造的华丽玉座。天皇演讲结束后，皇居御苑中响起了多名军乐队员演奏的《君之代》乐曲。③

仪式中所演奏的《君之代》乐曲，作为天皇登场的序曲发挥着政治作用。按照长志珠绘的观点，国歌作为统合象征所发挥的作用，是通过唱歌这种"习惯"所带来的共有的"场"，是通过"音"的影响而共有了空间。④《君之代》作为新规定的学校仪式的"场"之音，在这里的表现是："随着两陛下出门，学生便悠扬地唱起《君之代》"⑤；"学生唱完《君之代》后，又恭敬地奉读敕语"⑥。国歌的这种"场"和"音"里，便共有了民众的一个国家之想象。

明治维新以后，政府规定太阳旗即"日之丸"为国旗，成为日本的象征——"天皇为日神之子孙"以及"天皇之德广布"。日本自古以来就有太阳崇拜的习俗和关于太阳旗的历史记载。从战国时代开始，太阳旗开始作为军旗使用，并在德川时代成为了日本船的标志。相对于国歌的重新谱写，选择以"日之丸"旗来树立"日嗣"（天照大神）子孙——天皇的神圣权威，更有传统的价值和意义，更易统合民众。1871 年，日本驻美使馆开始悬挂国旗。

---

①　参见长志珠絵:「国歌と国楽の位相」,西川長夫、松宮秀治编著:『幕末・明治期の国民国家形成と文化変容』,東京,新曜社,1995 年,462ページ。

②　同上书,第 474 页。

③　转引自长志珠絵:『近代日本と国語ナショナリズム』,東京,吉川弘文館,1998 年,41ページ。

④　同上书,第 3 页。

⑤　「奠都三十年祝賀会」,『国民新聞』,1898 年 4 月 12 日。

⑥　『徳島日日新聞』,1899 年 4 月 18 日。

1872年，太政官要求人民在祝祭日悬挂国旗。1876年，天皇视察东北之时，政府强制人们悬挂国旗。1891年，文部省制定了《小学校祝日大祭日仪式规程》，规定学校必须悬挂"御真影"以供礼拜；必须奉读《教育敕语》；必须升挂国旗，齐唱国歌。按照霍布斯鲍姆等人的理论，它不仅能创造出形成国民所需要的同时性空间，也引导着国民价值观的形成，创造出作为"国民"所必须拥有的精神象征感和自豪感。明治政府提供了满足了日本民族和日本国这一共同体所需要的神圣图像，逐步寻找到了民众所需要的若干共同特征，从而为民众对日本国及对作为国家象征的天皇的认同提供了充分的条件。

（三）实行祭典仪式

祭典仪式以及公共纪念物对于国民形成的政治价值，如霍布斯鲍姆和安德森的理论中所阐述，它体现了一种宗教般的神圣性，具现了想象的共同体，从而激发人们的民族一体感。村上重良也指出统一的节日祭祀形式具有"重新确认相互结合和统一意志场所的政治功能"[①]。正因如此，明治政府领导人采取了强有力的手段，将明治以后的全部祭日都与传统的宫廷仪式联系起来，有的还与农村的季节的祭典一致，从而使所有的民间信仰都与天皇祭祀联系起来。除了语言和交流的手段外，[②]由非语言形成的公式化记号和与之相关的支配意义、风俗习惯充斥民众的日常世界，进而成为民众的"记忆之场"[③]。

"记忆之场"的形成，首先体现在国家祝祭日的确定上。明治政府采取的最核心的措施是，废弃或禁止传统的日本民间信仰习俗，如五节句（人日、上巳、端午、七夕、重阳）、八朔等节日，创建新的全国性节日。到"二战"战败为止，日本的主要节日基本上都与天皇有关。这些节日本身并无多少传统根据，如"初诣"、"神前结婚式"、"七五三"等神道礼仪，是明治后才被"创造出来的传统"，是政府强制推广的产物。

---

① 〔日〕村上重良：《国家神道》，聂长振译，北京，商务印书馆，1992年，第120页。

② 比如，明治初期以来，地方政府逐渐发布面向一般民众的关于天皇的正式的通告。较早时期，长崎裁判所做成的通告采用了平易近人的口语体。具体请参见 T.フジタニ（ほか）:『天皇のページェント—近代日本の歴史民族誌から』，米山リサ訳，東京，日本放送出版協会，1994年，15ページ。

③ 关于"记忆之场"，法国历史学家诺拉（Pierre Nora）曾经这样写道："这里的方法，就是将法国的国家记忆成文化、集约化并据此进行集中分析的方法。在这里，包含了如凡尔赛宫和斯特拉斯堡大教堂等大建筑物、法国的三色旗、革命纪念日、法国国歌等表象、纪念日、象征（戴冠等）礼仪、以万神殿为首的法国每个村庄都有的战殁者慰灵碑等纪念碑、全法国的孩子都使用的教科书和字典等辅导书，以及自由、平等、博爱等标语。"参见同上。

新的全国性节日包括：(1)新年、元始节(1月3日)；(2)新年宴会(1月5日)；(3)春季皇灵祭(祭祀皇室，春分)，"二战"后改为春分日；(4)纪元节(传说中的神武天皇即位，2月11日)，"二战"后改为建国纪念日(1966年)；(5)神武天皇祭(4月3日)；(6)天长节(现天皇生日，4月29日)，后改为天皇诞生日，裕仁去世后改为绿色之日，2005年国会通过法案，改为昭和之日；(7)明治节(明治天皇生日，11月3日)，"二战"后改为文化日；(8)秋季皇灵祭(祭祀皇室，秋分)，"二战"后改为秋分日；(9)神尝祭(天皇以收获作物祭祖，10月17日)；(10)新尝祭(天皇以收获作物祭天，11月23日)，"二战"后改为勤劳感谢日。[1]

明治政府把新年、纪元节、天长节、明治节定位国民的四大节日，每个学校都必须举行祝贺仪式，每个家庭、各机构、会社都有义务悬挂"日之丸"旗，因此这些节日也成为"旗日"。"新尝祭"是其中最重要的活动之一，每年天皇都作为"现人神"出现。1868年11月，新政府在京都首次举行了"新尝祭"，按照告谕，其目的是为了让民众知道："首因吾皇国之稻谷，乃天照大神诏命谓可供人世苍生食用，俾得活命之物，于皇孙降临人间之时，把天上狭田、长田所植之稻赐之。"[2]意在树立天皇的权威，让百姓产生对天皇的神圣和敬畏之感。

1891年6月，文部省制定《小学校祝日大祭日仪式规程》，规定了国家的纪元节、天长节等祝祭日学校举行仪式的内容和方法，有意识地实施"忠君爱国"的教育。"把主张天皇在政治上和宗教上的绝对权威的国体的教义，用已经定型化了的行动表示出来，通过迫使全体国民参加这种仪式，以确保共同体给予国体教义的结合和统一。"这些措施潜移默化，对形成日本国民的精神结构起到了巨大作用。

其次，"记忆之场"的形成体现在统一管理神社并赋予其政治功能。政府领导人从明治早期就将分散在全国的几万间神社集中，维新数月后就恢复了神祇官的机关，其后通过明治大正期间奖励祭祀国家的诸神，所有的神社和神职都直属神祇官，政府由此统制了在国内神社中的所有仪式，将其转化成为与祭典密切相关的神圣场所。1895年12月17日，甲午战争阵亡者合祭在靖国神社举行，明治天皇亲自参加，以体现"一君万民"、所有"阵亡者不分军阶一律平等成为祭神"的精神。靖国神社成为鼓励为天皇及国家而战的重要精神场所。日俄战争爆发后，政治仪式更甚。以这两次战争为契

---

① 参见佐藤友之：『昭和天皇下の事件簿』，東京，現代書館，2001年，21～22ページ。

② 转引自信夫清三郎：《日本政治史》第3卷，吕万和等译，上海，上海译文出版社，1988年，第236页。

机,此后就正式把靖国神社作为国家级的战争祭祀神社,在全国也逐步设立"靖国系统",各府县设立护国神社,市町村设立忠魂碑。这套体系的建立成为政府操纵国民以进行对外扩张和为国牺牲的软体制。基于"祭政一致"原则,政府将礼仪和统治结合为密不可分之物。成为正式记忆之场的地方礼仪被政治化,国家的政治同时也由此而被礼仪化。

安德森指出:"没有什么比无名战士的纪念碑和墓园,更能鲜明地表现现代民族主义文化了。这些纪念物之所以被赋予公开的、仪式性的敬意,恰好是因为它们本来是被刻意塑造的,或者是根本没人知道到底是哪些人长眠于其下。……尽管这些墓园之中并没有可以指认的凡人遗骨或者不朽的灵魂,它们却充塞着幽灵般的民族的想象。"①神社、忠魂碑、无数的纪念馆,对于民众来讲,所能引发想象的便是作为日本人的一体感和对国家对天皇的责任感,激发的是为国牺牲的勇气和豪情。

再次,"记忆之场"的形成还体现在创造了"巡幸"等国家礼仪方面。明治政府以不曾有过的热情创造了近代日本国家礼仪,其中最壮观的便是通过"巡幸"这种礼仪,向民众直接展现天皇和皇室以及立宪君主政体下的文武百官——这是一支天皇的壮观队列。前已述及,天皇为亲政已进行若干次巡幸仪式,19世纪80年代后,在某种程度上,明治政府正式的礼仪已经完全具备了近代形态,东京成为新的华丽多彩的皇室游行的公共舞台。受西洋模式的影响,皇室的表演不只包含古代色彩,还有更现代的政治内涵。19世纪末20世纪初期所举行的最壮观的游行中,有祝贺以《明治宪法》颁布为首的政治成果,战胜纪念式,皇室的葬礼和结婚式、银婚纪念式等。通过礼仪,明治政府成功地将被横向的地域隔离和纵向的阶层切断的民众,全部统合在以天皇为唯一支配者和唯一正当性的神圣秩序之下。

1898年2月9日的《东京日日新闻》刊发了题为《迎圣驾之际,应心潮起伏》的新闻,描述了当年天皇阅兵的状况:

> 约数百万民众群集恭迎圣驾,每人心中都充满了尊敬之念和欢喜之心。……吾曹所望的是,不管是谁,靠近凤辇的时候,都要一同发祝贺之声以示恭贺,通过时只要弯腰、默礼,无论弯曲的程度如何,都极威武精神。预设的哨声一响,便立即上前发出祝贺之声。小学校学生并列在道路两边合唱《君之代》,听上去真的是很优雅。……在欧洲各国

---

① 〔美〕本尼迪克特·安德森:《想象的共同体:民族主义的起源与散布》,吴叡人译,上海,上海世纪出版集团,2005年,第9页。

所见之民众迎接君主总统情景，车靠近时，都要挥动帽子和手绢，一起高喊"自由"之声，以表祝贺……一同合声高唱《君之代》，思君爱国之衷情流溢。

表现"尊敬"之念和"欢喜之心"的方法，是"一同发祝贺之声"，这与欧洲的"一齐高呼"一样，通过"音之发声"求得"爱国之衷情"。《君之代》成为必要，在于其影响到共有祝祭这种"场"之音。伴随着盛大热闹的近代祭典，如何将这种"音"具有使民众尊皇爱国的"感动人心之力量"，便成为国家政治的重点问题。

作家田山花袋记录了这种礼仪和式典作为"记忆之场"所具有的力量。1912 年 7 月末，报纸登载了天皇重病的消息后，几天时间里，二重桥广场上聚集了大量人群，祈祷天皇病愈的长列一望无际。田山花袋描述了当时他自己得知天皇病重和去世后的心景：

> 明治天皇陛下，明治中兴的英主，年幼艰难立世，渡过种种难关危机，将日本导向今日世界的伟大文明之圣上，回想圣上这一生，禁不觉泪雨滂沱。
>
> "必须要和圣上告别一次。"有此想法的不只是我，每个国民一定都是这样想的。即位的大典，迁都的仪式，这些由于我年幼没能参加，但陛下的仪仗肃然驶过街头之时，我总是夹杂在路旁的群众之中，尽管地方不同，但拜见陛下威容是常有之事。……明治天皇丧事发布，我记得是在炎热七月下旬。
>
> "啊，真的就这样去世了？"
>
> 想到这里，突然发现什么也不能说出来了，种种事情全部一起堵在胸口。西南战争我的父亲去世了。接下来是甲午战争、日俄战争，我作为照相班的一员从军，眼前看到的是八方闪耀威风凛凛的光景。我看到"日之旗"在金州南山的敌垒中挥舞，欢喜雀跃，不禁想起我的血中也流着日本国民的血来。从思想上我虽要自由思考，但从魂上，我还是大日本主义的一员。我不禁崇拜起明治天皇的威光来。但是却……
>
> 我默然地站立着。很多亲切、很多怀念、很多恐惧、给我们依靠和力量的明治天皇陛下驾崩了！[1]

---

[1]　转引自 T.フジタニ（ほか）:『天皇のページェント—近代日本の歴史民族誌から』，米山リサ訳，東京，日本放送出版協会，1994 年，20～21ページ。

　　在明治末期看到天皇逝去后如此壮观的公共葬礼，田山花袋的脑海里浮现出了以皇室葬礼为首，以及包括国家的象征、战争、国民感情、世界文明中的国家、君主和其家族等各种记忆。这样的记忆，让人产生了对天皇的思慕和敬意，进而带来了"不只是我，只要是国民一定都会这么想的"这种与其他日本人的共有感。作为自由思考者的田山花袋，此时也充满了作为"大日本主义之一员"的悲怆感。

　　这种以皇室礼仪为代表的表演以及在这些仪式中获得宇宙论意义的神圣场所，并非从古至今一直延续下来，其中大部分都是在田山花袋所处的时代创造出来的。以前并没有日本人为祈祷天皇病愈在宫城集会的事情，也没有国歌国旗。大部分民众不知道天皇是日本国家的中心，并不持有什么国家认同。成为田山花袋脑海中记忆的国家象征、皇室的巡幸、国民意识、对君主的敬慕和纪念等，都是近代政治领导倾注精力创造的民族主义的文化产物。皇室祝祭活动进一步催生出表象体系中的记号——国家祝祭日，它让人们的记忆在时间上留下刻印，例如《明治宪法》的颁布①和纪元节的举行，将每年的 2 月 11 日作为宪法纪念日和日本帝国创立的纪念日来加以祝贺。为纪念 1906 年日俄战争日军凯旋大阅兵以及 1905 年 10 月的凯旋大阅舰仪式，1917 年，靖国神社的春秋季大祭更改为 4 月 30 日和 10 月 23 日。②

　　这些礼仪活动也逐步通过活字和视觉媒体得以表现并被大量留存下来。数目膨大、色彩鲜艳的锦绘，明治神宫外苑圣德纪念绘画馆的绘画、石版画、照片、纪念邮票、明信片以及教科书等刊载的插图等，都给人强烈震撼和冲击力。明治政府由此将天皇的权威从政治领域扩大到宗教领域，又利用宗教权威力量将天皇影响扩展到政治领域，使以天皇为中心的国体观渗透到国民意识中去。这种精神结构成为以后民众支持对外战争的重要心理基础。家永三郎在《太平洋战争》一书中就指出，不能否认战争是由多数国民的积极协力而被推进的。即使是由权力集团操纵的结果，也不能说都是被迫去战场的。即，民众的主动参与和协作对推动侵略具有重要作用，民众

---

　　① 1889 年 1 月 31 日，《明治宪法》审议工作全部完成，枢密院全体成员在宪法草案上签字确认，标志着此部宪法的通过。同年 2 月 11 日，是日本建国 2549 周年纪念日，也是宪法的颁布日，上午 8 时，天皇正式宣布宪法生效。现在的宪法纪念日为 5 月 3 日，是为纪念在 1947 年 5 月 3 日开始实施的日本《和平宪法》。

　　② 转引自 T. フジタニ（ほか）：『天皇のページェント—近代日本の歴史民族誌から』，米山リサ訳，東京，日本放送出版協会，1994 年，21～22ページ。

的这种态度正是明治政府长期以来进行国民统合和文化统合的结果,政府所需要的国民正是如此。

(四)创立国语

"语言乃是民族灵魂所在。"①创立国语、利用语言的同一性进行民族的想象,是国民国家成长的必备条件。幕藩体制下,语言不仅存在地理差异,更存在着阶级的差别。武士和知识分子阶层所使用的书面语言乃至官方用语,是汉文或汉语训诂文,不仅造成了书面语和口语的分裂,也导致了精英与民众的隔离。要形成均质的国民,首先必须要实现语言的同一性。

日本近世已经出现了以摆脱中国文化影响为目的、进行民族想象和创造的文化民族主义思潮。尤其是国学者,他们以复古和排斥儒佛的方式发动了一场旨在排斥汉字的语言民族运动,欲以语言的纯粹性来确立大和魂乃至神国思想的纯粹性。他们认为,汉语是"神圣的口诵古语"的破坏者和侵入者,18世纪日本的文化精英已经开始普遍地进行着汉字"异国文字化",形成了汉文训读的意识形态。子安宣邦指出:"到了近代在如此'大和语'学说出现同时,一个新的神话也出现了。因为这种学说表明:由于《古事记》的产生,国语才得以成立,一种被称之为'日本人'的民族意识才得以被叙述,一个叫作'日本'的'内部'才得以成立。"②

明治维新以后,语言的变革成为日本政府进行民众统合进而挤进资本主义国家行列的系列措施之一。大槻文彦指出:"一国之国语,对外则为同一民族之证据,在内则可凝结同胞一体之公义感觉。即国语之统一,乃独立之基础,独立之标识也。由此,国语之消长,事关国家之盛衰;国语之纯正、驳讹,事关名教,事关元气,事关一国之荣光,难道不应尽力扩张之哉!"③

初期的国语教育的任务是要将性别差异、发声不同等个体差别变成均质之物。为了尽快创造出国民共通的国语,明治政府进行了标准语、口语文、翻译语、字体、句读等各项革新,虽然汉字废除论和罗马字化论也造成了日语使用上的混乱,但日语成为国民通用的语言已经成为必然。明治时代经过十多年的努力,1891年大槻文彦主编完成《言海》,这是那个时代辞书编写史上的伟业。《言海》被作为近代国语词典的始祖,继中小学词典后,《大日本

---

① 〔英〕埃里克·霍布斯鲍姆:《民族与民族主义》,李金梅译,上海,上海世纪出版集团,2006年,第92页。

② 小森陽一:『日本語の近代』,東京,岩波書店,2000年,13ページ。

③ イ ヨンスク:『「国語」という思想—近代日本の言語認識』,東京,岩波書店,1996年,85ページ。

国语词典》以及普及数量达百万部的《大言海》、《大辞典》相继发行。①

为对抗国内出现的以西洋为中心的语言改革主张，文部大臣井上毅及落合直文、小中村义象等人开始大力提倡日语的民族主义和复古主义，上田万年则是国语民族主义的集大成者和最有力的推动者。上田万年将语言规定为国民思想的根基，指出："国语乃帝室之藩屏，国民之慈母。""语言不只是成国体之标识者，同时也是一种教育者，也可以说是仁慈深厚之母亲。我们是否生存，这个母亲都会让我们坐其膝上，面朝我们，诚恳地教导我们——此国民的思考力，此国民之感动力。"②在其发表的《国语与国家》的演说中，他强调了以天皇为首的单一民族所组成的"血统集团"具有"君民同祖、忠君爱国"等显著优越性，这一国体主要由作为日本人精神血液的"国语"所维持。③ 他还指出："如日本这样一个家族发达成人民，人民又发达为国家，这实在是国家之一大幸运。一朝处于多事之秋，则我们日本国民得以协调行动者，主要是因有忠君爱国的大和魂和一国的语言，此乃大和民族的根本。"上田万年通过建立国语与国体之间的有机联系，建构起近代日本"国语意识形态"的双重标准和对象：一方面日语作为国语，被提到了与"忠君爱国的大和魂"相等的高度，是日本之所以成为大和民族的主要依据。上田反复提起作为"音声"的国语，"大难若来，只要此声响起，四千万同胞无论何时都会侧耳倾听，不管何处都会赶去帮助。……一接到喜报时，千岛之巅，冲绳之崖，都一同奉唱《君之代》。"通过国语之发声，共有空间得以设想出来，"国民"再次被想象为实体之物。按照他的理论，日本国内拥有的许多其他族群，只要用日语去同化他们，就可以统一他们的精神血液，使他们同样具备忠君爱国思想。另一方面，上田万年又将长期在日本传统中形成的汉文调的文语文体作为其敌人。他在 1894 年 10 月发表的文章中写道："日语应该是四千万同胞之日语，不应仅仅是十万二十万上流社会或者学者社会的语言。昨日我们攻陷平壤，今日在海岛上战无不胜。……但支那文学仍是日本文坛上的一大势力。吾大和男儿中，却未敢挺身而出与之战斗和论策者。"④上田的国语民族主义是甲午战争前夕国内日益高涨的国家意识在语言上的反映和投射。国语在获得不可批判、不可侵犯的神圣性和权威性的

---

① 参见「世界中の日本語」,『东京新闻』,2010 年 7 月 18 日。
② 宫地正人:「日本の国民国家の确立と日清战争」,比较史・比较历史教育研究会编集:『黑船と日清战争—历史认识をめぐる对话」,东京,未来社,1996 年,335ページ。
③ 转引自子安宣邦《东亚论:现代日本思想批判》,赵京华译,长春,吉林人民出版社,2004 年,第 219 页。
④ 宫地正人:「日本の国民国家の确立と日清战争」,比较史・比较历史教育研究会编集:『黑船と日清战争—历史认识をめぐる对话」,东京,未来社,1996 年,335ページ。

同时，也使尊王的国体获得了永恒性和绝对性，从而建构了"一个国家、一种语言、一个民族"的国语意识形态的基础。它不仅是国内实现民众统合的支柱，也是以后日本在殖民地实施同化政策最重要的手段。明治政府基本上就是按照上田万年的理论创建了日语的意识形态。

甲午战争胜利后，汉字使用不再受欢迎，舆论上对日语的自信急剧膨胀：

"国语代表其国民，知道必须重视国民，也就不应忘记必须重视国语。国语之消长也即国民之消长……然我国民现在已经立于世界之舞台，进而能够在地球上与欧美列强争取平衡，退而已应掌握东亚之霸权之命运。毫无疑问，我国民要乘此膨胀之快潮，使我国语在世界上发展起来。……使他们（欧美列强）也不得不成为日语之学生。以前陪伴丰臣秀吉征韩之人都是能懂汉文者的情况，现在要坚决排斥。我们要威胁他们，使他们采用我日语，使日语成为伟大之语言。"①此时，日语已经成为日本国人民族骄傲的象征，国力强大的标志，成为大和民族发表思想和理解的工具，不仅已经成功地统合了日本民众，还要扩展于世界去统合各国民众了。通过国语的强制普及，明治政府成功地塑造出对天皇和日本国具有一体感和认同感的均质性国民。

---

① 『山梨日日新闻』，1894 年 9 月 29 日。

第三章　民权运动与国民铸造

近代日本国民的铸就,是明治政府自上而下强制性地推动,和社会底层民众自下而上地对政府的强权与专制进行抵抗相互作用的过程。明治国家所希望形成的国民,是具有自觉的国家意识、能主动为国分忧和献身的忠君爱国之臣民,即"向民众要求作为国民的自觉",重点是形成国民的"民族"特质。而社会底层民众的希望,是要将自己变成具有公民权利和自由的国民,即"向政府要求作为国民的权利",让自己具有"公民"特质。国民的"公民"特质,不是政府恩赐的结果,而是民众通过不断与政府的对峙和博弈逐步促使政府开放权利才得以逐渐形成的。这种"公民"特质,受制于近代日本国家建设的根本目标,具有相当的局限和缺陷,但却是日本近代国民铸就过程的重要一环。纵观近代日本,来自下层民众的抵抗最激烈的两个时期,分别是明治中期的自由民权运动时期和大正的民主运动时期。

第一节　"去奴仆化"的抗争:
自由民权运动与近代国民的铸造

明治前期的西学启蒙运动中,福泽谕吉等人组织的"明六社"本是以培养独立自尊的国民为其主旨,随着国权论与民权论两者矛盾的尖锐化,它于1875年宣告解散。正如前述,"明六社"虽然解散,启蒙精神本身却作为个人智慧、作为其培养起来的国民开化之精神保留了下来。这种精神在斗争中成长起来,最终发展出自由民权的思想。伴随而起的,是著名的自由民权运动。这场以"开设国会、制定宪法、确立地方自治、减轻地税、修改不平等条约"为主要内容的全国性政治运动,是日本近代史上第一次大规模的资产阶级民族民主运动。它以1874年板垣退助等建立爱国公党及提出《设立民选议院建议书》为开端,结束于1889年《明治宪法》的颁布,历经16年。

从国民形成的角度来看，产生自由民权思想的渊源是幕府体制下民众的无国家意识状态。江户时代，武士独占统治权，一般的民众是禁止谈论政治的，被外国攻击的时候，民众欠缺与国家的一体感，没有反抗的勇气。戊辰战争中会津藩的崩溃，对时任官军参谋指挥的板垣退助造成极大震动。他这样说道："殉国者，不过区区五千士族而已，目击农工商庶民皆挑担逃避之状，深有感触。……会津为天下屈指可数之雄藩，若上下一心，奋力报效藩国，仅五千不满之吾官兵，岂能如此轻易使之降伏。庶民欲避开如此之难而四处逃散，毫无报答累世君恩之概念，见君国之灭亡却以为与之风马牛不相及，究竟是何故？想必是上下隔离、不能互享其乐之故。"[1]由于被官军包围时城下町庶民的举动成为此战失利的最大原因，"会津体验"可以看成是板垣退助民权论的起点。他在 1874 年的《建立民选议院白皮书》也提出要想"兴起与天下忧乐与共的风气"，只有"将天下事让其参与看管"。即不消除民众中根深蒂固的客人意识，就没有日本近代国家的真正确立。

作为以"国权"名义不断强化集权的明治政府的对峙物，自由民权运动以抵抗和博弈的方式凸显了近代国家成立以来民众对政治权利的强烈要求。在"反上抗官"这点上，民权运动呼唤出了民众不屈的能量，给政府以深刻冲击，推进了国家的民主化，展现了日本民众"公民"特质成长的一面。

一、反体制势力的合流：自由民权运动的兴起

明治维新的巨大政治变动，必然会使部分人的利益遭到损害。19 世纪 70 年代后，国内社会矛盾显现，逐渐形成以士族为核心的叛乱和以农民为核心的起义。这两股反体制力量，为以后自由民权运动的兴起奠定了基础。

（一）士族的反乱

明治政府的建立，得益于推行倒幕运动的强藩的武士，强藩武士专政引起了其他藩武士的明显不满。明治政府所出台的一系列反封建措施，直接触及了被编入"士族"的中下级武士的现实利益。版籍奉还，使他们失去了赖以存在的领地；四民平等，剥夺了其长期的特殊地位；全民征兵，等于取消了原属于武士的职业特权；废刀令、旧式服装和发式的禁止，则使他们失去了身份的最后特征。明治初年的日本社会，到处充满了士族被剥夺了武士身份的不满情绪。士族迅速分化，一部分转化为商人和官吏，相当一部分转为普通劳动者。1876 年，政府实行"七百年来一大变革"的"家禄处分"政策，使士族生活陷入更加不稳的境地。长期被政权疏离为士族叛乱创造了

---

① 宇田友猪编：『自由党史』上，東京，岩波文庫，1957 年，30ページ。

条件，"尽管政府的意图是想要将士族作为立国的主要支柱，但对士族的待遇变得冷酷的结果，竟把他们赶到反政府的立场上去了。"①

士族反政府运动逐渐分化为进步派和反对派，两派宗旨虽完全不同，但因当时同是对政府不满而走到了一起。以板垣退助为首的进步派转向争取民主、自由和平等为目标的自由民权运动，他们组织了日本最早的政党"爱国公党"，在高知设立了"立志社"，次年又成立了"爱国社"，展开全国性的宣传活动。而反对派的活动最后发展成为1877年的西南战争。② 以西乡隆盛为首的"征韩派"希望借征韩之机将士族的反乱之心转移到国外，既能让他们有用武之地，又能借征韩重新提高士族地位，以最后确立士族独裁政权。③ 但"征韩派"在和以岩仓具视、大久保利通等"非征韩派"的斗争中失败。此后，西乡退出政治舞台，反对派失去其政治代表，与政府对立加剧，各地反政府的暴动不断发生。1876年10月，熊本县敬神党首先发难，接下来，福冈县发生"秋月之乱"，山口县发生"荻之乱"，④这些叛乱为1877年的西南战争做了铺垫。西乡起义后，全国各地相继发生起义支持西乡，⑤从而使西南战争成为大规模的内乱。

西南战争后，进步派主导的自由民权运动成为士族反政府运动的主体。刺杀大久保利通的岛田一郎等人在其《斩奸书》中，列举政府的罪状有：堵塞公议、压制民权、视政治为私物、排除慷慨忠义之士等。这种主张，是被排斥于政权之外的在野士族借欧美自由民权思想所表达的强烈不满。⑥ 反对藩阀政治和有司专制，主张自由和民主权利，自由民权运动便以这种推动时代前进之雄姿出现于历史舞台。

（二）农民的起义

明治维新后急速展开的土地改革使农民从封建领主制下解放出来，但对于原本是农业国的日本来说，资本主义发展所需的积累，又必须要以农民为对象。恰如诺曼指出的那样，刚从封建制下解脱出来的农民，在新地税政

---

① 〔日〕远山茂树：《日本近现代史》第1卷，邹有恒译，北京，商务印书馆，1983年，第14～15页。

② 参见政党政治研究会：『議会政治100年——生命をかけた政治家達』，東京，徳間書店，1988年，45ページ。

③ 参见後藤靖：『士族反乱研究』，東京，青木書店，1967年，24～26ページ。

④ 参见〔日〕信夫清三郎：《日本政治史》第3卷，吕万和等译，上海，上海译文出版社，1988年，第14～15页。

⑤ 参见上书，第54页。

⑥ 参见〔日〕远山茂树：《日本近现代史》第1卷，邹有恒译，北京，商务印书馆，1983年，第23页。

策下,很快又成为新政府的剥削对象。① 土地的自由买卖使地主乘机进行土地兼并,政府的加税政策又加大了农民负担。明治维新后不久,各地农民起义接连不断,与士族的反叛遥相呼应。

1873 年,各地发生了反对强制征兵和创办小学的起义。1876 年,和歌山县农民发动大规模起义,政府好不容易将其镇压下去。同年 11 月,茨城县农民起义,不久又发生了当年最大规模的农民起义"三重暴动",席卷爱知、岐阜等县。据报告,起义中"凡带有官方名义的东西必遭焚毁"②。目睹此状的木户孝允因此草拟了一份长篇意见书,强调"政府若不改变方向,施政日益苛酷,实乃国家之大变,终将不可收拾",并提出了需要改革的六项政策,③要求政府将全部政策的重点从"日本桥"附近转到农村,对政策进行根本性的反省。

19 世纪 80 年代,由于明治政府实行通货紧缩政策,农民负债累累,最后土地被借贷者没收的现象比比皆是。在全国各地,破产农民组成"借金党"或"困民党",提出减免债务或延期偿还等要求。"福岛事件"④后,民权派与贫困农民相联合,不满情绪更加激化,各地相继发生了"高田事件"、"群马事件"、"加波山事件"以至关东大规模的"秩父事件"。在"秩父事件"中,农民袭击官厅,销毁债约,焚烧借贷者房屋,控制地方警察,最后中央政府派军队花了十天方得以平定。

作为民权运动的核心力量,豪农阶层的地位在运动中得以提高。明治维新后他们承担了征收租税、传达政令和编制户籍的重要任务,逐渐具有了代表农民要求的改革者之面貌。政府废藩置县后主动采取的立宪制方针既是创建新社会的权宜办法,又是文明开化政策的环节之一,其结果必然是促进了豪农阶层的政治自觉,引发了以他们为旗手的资产阶级民主主义运动的早期发展。地方自治制度的改革也促使地方的豪农豪商可以利用町村制和"三新法"体制之后村落共同体的阶层顺序⑤将农民结合起来,实现请愿

---

① 参见 E. H. ノーマン:『日本における近代国家の成立』,東京,岩波書店,1993 年,220～222ページ。

② 参见三重县令向内务卿的报告,载大江志乃夫:『明治国家の成立—天皇制成立史研究』,京都,ミネルヴァ書房,1959 年,214ページ。

③ 参见〔日〕信夫清三郎:《日本政治史》第 3 卷,吕万和等译,上海,上海译文出版社,1988 年,第 7～8 页。

④ 1882 年,福岛县令三岛通庸企图扑灭民权派,致使斗争激化,警官队与农民发生冲突,民权派农民全部被逮捕,河野广中等六人被起诉并被处以死刑。

⑤ 这种阶层顺序为:运动的发起人一般为豪农阶层,很多为县议员或村吏乃至其子弟。在其直接领导下,中等农民阶层成为运动的积极推动者,在其下层有广泛的农民阶层作为支持的基础。这样,发起人(县议员、户长)—各町村的户长、议长、教员—农民便构成村落共同体的阶层顺序。参见〔日〕信夫清三郎:《日本政治史》第 3 卷,吕万和等译,上海,上海人民出版社,1988 年,第 91 页。

签名等大规模对政府有影响的"首倡"活动，这推动了自由民权运动主体成分的变化。西南战争后，在士族的自由民权派的作用下，农民运动逐渐融进全国性的自由民权运动中，农民、部分地主、豪商成为运动的主体。[1] 1879年，爱国社通过决定要求开设国会，参加者中除以往的士族成员之外，还有富农，[2]核心力量由以前不满的士族逐渐转为知识派的富农（即豪农）。豪农豪商要求改革国政的运动逐渐展开，自由民权运动的舆论也渐渐高涨。

从日本近代史发展的总体过程来看，自由民权运动"是明治维新大规模的革命性社会变革所引发的种种社会矛盾，和急切的现代化努力所引起的广泛社会动员共同催化与作用的结果"[3]。从对明治政府构成挑战的主要群体来看，自由民权运动的主要参与主体还是昔日武士、富农和贫农三种社会阶层。士族的反抗与其因未能参与政府决策过程而产生的严重的被冷落感有关，农村的反抗则更多与殖产兴业现代化过程中的利益受损有较大关系。反乱和起义最后都合流到自由民权运动中，转换成强烈要求参与政策过程的权利要求，表现为制定宪法、开设国会、修订地租以及修改不平等条约等具体政治要求。自由民权运动形成了以士族为领导，以农民、商人、地主为主体的全国性的民众运动，并明确提出了既反映士族政治理想的民主愿望，又反映当时民众尤其是农民基本要求的三大纲领。[4] 它以这样的对抗形态出现在明治政治舞台上，日本民众由此也开始最早的现代政治训练。

二、抵抗的理论武器：民权

远山茂树在考察一系列因素对自由民权运动的影响后指出："在很大程度上，可以说自由民权运动是政府主导的文明开化政策的产物。"[5]以植木枝盛、中江兆民等为代表的自由民权思想家，吸收了洛克、卢梭和密尔等人的民主思想，不仅提出了国民铸造的诸多观点，还以此为武器向天皇专制思想发起了挑战。

（一）植木枝盛的思想

在自由民权运动中，无论在理论上还是实践上，土佐藩士植木枝盛都是

---

[1]　参见安部博純：『近代日本政治史—史料構成』，東京，南窓社，1976年，62ページ。

[2]　参见〔日〕升味准之辅：《日本政治史》第1卷，董果良、郭洪茂译，北京，商务印书馆，1997年，第178～189页。

[3]　林尚立：《政党政治与现代化：日本的历史与现实》，上海，上海人民出版社，1998年，第15页。

[4]　参见後藤靖：『士族反乱研究』，東京，青木書店，1967年，11ページ。

[5]　遠山茂樹：『自由民権と現代』，東京，筑摩書房，1985年，4～5ページ。

一位举足轻重的人物。他十七岁时受板垣退助演讲的影响而对政治产生兴趣，此间又受"明六社"诸公的影响，开始在各种刊物上发表自己的见解。后加入立志社，成为自由民权运动的重要推动者和行动家。他在复兴爱国社、召开爱国社大会、成立国会促成同盟、提交开设国会请愿书等事件中，都发挥了重要作用。他的思想具有多重性、复杂性和鲜明的实践性。

1. 人民的自主性是对"恶政府"的有效抵抗

植木枝盛强调国家与人民的基本对立关系。他认为国家和政治发端于强者的统治，"一般来说，国家是由强者制服弱者而形成的，实际上并非全体人民真的从心里寄希望于政治而组成国家，而是那些强者，为逞一己之意欲，纠集众徒，然后始有政治。"①政治的本质就是权力支配下的社会统一。"大千世界，有良政府，也有恶政府。总而言之，则都是恶的。如果坚持这一点，认为政府是恶的，那么人民处于恶政府之中，就不会放弃自主性，这样或可改造出良政府来；如果完全信赖良政府，人民渐渐失去了自主性，那么大抵就要冒出个恶政府来。"②即政府的本质为恶，良政府绝非自然形成，而是人民对政府进行反抗的结果，人民的自主性是对恶政府的有效抵抗。1881年8月，植木枝盛以立志社委员的身份起草宪法草案时就贯穿了这种思想，将其称为"人民反抗压迫的抵抗权和革命权"。从现存的立志社的宪法草案《日本国国宪案》来看，第64条"日本人民都可以反抗乱暴无法"、第70条"当政府违背国宪时，日本人民可以不服从政府"、第71条"为政府官吏所压迫时，日本人民可以排斥之"、第72条"当政府恣意违背国宪，擅自残害人民的自由权力，妨碍建国的宗旨时，日本人民可以推翻它，建设新政府"③等条款大致应出于植木之手。

2. 人民不是政府的奴隶，是国家的主人

"人是自主自由、独立特性的动物，各以自己为天。"④植木枝盛超越了政治价值的局限，主张"人民之天即人民也，人民之自由也"⑤，"可以说人有

---

①　转引自松本三之介：《国权与民权的变奏——日本明治维新精神结构》，李冬君译，北京，东方出版社，2005年，第59页。

②　同上书，第60页。

③　明治文化研究会編：『明治文化全集　正史篇』下，東京，日本評論社，1992年複刻版，422～423ページ。具体内容请参见家永三郎：『植木枝盛研究』，東京，岩波書店，1960年，207～221、282ページ。

④　转引自松本三之介：《国权与民权的变奏——日本明治维新精神结构》，李冬君译，北京，东方出版社，2005年，第62页。

⑤　明治文化研究会編：『明治文化全集　自由民権篇』下，東京，日本評論社，1992年複刻版，94ページ。

天然生活的权力"①，这与当时其他民权派形成显著区别。"政府也好，天子也好，说到底都是人，都与自己平等。"②"人民不是政府的奴隶，而是国家的主人，自己的利益哪怕是微乎其微也要争取，没有考虑国家利益的义务"；政府作用"不在于推进文明，而在于扫除文明进程的障碍"；③"人若要真正的自由，欣然而乐，只有解散国家，毁灭法律，而后可行"，"废除政府和法律，正是我们的当务之急"。④ 这里，植木枝盛对统治者摆出一副所谓救世者姿态表现出强烈排斥蔑视，其中还夹杂了某些无政府思想。不过，自立的人生观，在植木枝盛那里，最后转变成了孤傲的"唯我独尊主义"。

3.国民要自觉以国家为己任

植木枝盛要求国民关心国事，批判那些漠不关心者。"毕竟国家是民众的集合物"⑤，"国家就是生活的形式，就是生活的根本"⑥。"那些人只为其一身一家谋，于国家大事却不用心，将国家之事视如他国异域之事，完全置之度外。"这种蝇营狗苟之民"非国家之良民也，乃国家之死民也"。⑦ "从根本上说，如不能伸张民权，就不能伸张国权，就不能保国独立，专制就是卖国。""国家安危，与每一个人的安危息息相关。"⑧

可以看出，植木枝盛既有国家主义立场，又有叛逆、无畏和反抗的自由主义精神，反映出其内心的思想矛盾。他最后放弃了反抗的立场，而走上了以"立宪"为中心的民权运动，显示出其理论和实践之间的差异。

(二)中江兆民的民权论

中江兆民1865年出生于土佐，作为土佐藩的留学生被派到长崎学英学，但他却转向了法兰西学。1871年，他随岩仓使团巡游欧美，1872～1874年，驻留法国。1874年回国后，他介绍和翻译了法国的政治理论和政治思想，卢梭的《民权论》经他的选译和解说，以《民约译解》的方式发表在《政理

---

① 明治文化研究会编：『明治文化全集 自由民権篇』下，東京，日本評論社，1992 年複刻版，467ページ。

② 转引自松本三之介：《国权与民权的变奏——日本明治维新精神结构》，李冬君译，北京，东方出版社，2005 年，第 61～62 页。

③ 同上书，第 62 页。

④ 同上书，第 63～64 页。

⑤ 明治文化研究会编：『明治文化全集 自由民権篇』下，東京，日本評論社，1992 年複刻版，184ページ。

⑥ 家永三郎(など)編集：『植木枝盛集』第 4 巻，東京，岩波書店，1990 年，34ページ。

⑦ 明治文化研究会编：『明治文化全集 自由民権篇』下，東京，日本評論社，1992 年複刻版，185ページ。

⑧ 转引自松本三之介：《国权与民权的变奏——日本明治维新精神结构》，李冬君译，北京，东方出版社，2005 年，第 51～52 页。

丛谈》上。中江兆民参加了自由党的结党活动，并作为《东洋自由新闻》的主笔为该报撰写社论。此外，他还投稿支持自由党的新机关报《自由新闻》，尽管他并未加入该党。中江注重的是民权运动的理论课题，给自由民权思想带来哲学上的升华，故被陆羯南称为第三期民权运动"新自由论派"的开创者。由于他是从卢梭的思想中寻找依据，又被称为"东洋的卢梭"。其理论主要体现在自由和立宪两方面。

1.有新头脑才有新社会，历史的进步要循序渐进

中江兆民以《三醉人经纶问答》中刻画的洋学绅士、豪杰君、南海先生三个人物来表达三种不同的政治观点。"洋学绅士"代表西洋近代民主主义思想，主张日本要走民主之路，要完全废除武备而不是充实武备，基于自由民主的理义而对外独立。[①]"豪杰君"代表了扩张的国权主义，指出要从铁腕原则出发，以武力对外扩张是日本的最好选择。[②]"南海先生"则代表现实的改良主义者。中江兆民认为"洋学绅士"过高评价了新思想的影响力，以为有了新思想就能立即控制时代；而"豪杰君"则犯了将统治者独裁视为万能的错误，只将国家看作对外扩张的机器，而忘记了国家也是"民众意欲的集合"。他认为这二者都是错误的，指出要"想创建新视野，就应该将新思想注入人们的脑髓之中，并使之生根……思想产生事业，事业又产生思想，如此转变不已，这就是进化神的道路。进化神既非俨然临于社会之上，也非潜伏于社会脚下，而是盘踞在人们的脑髓之中"[③]。也就是说，人的脑髓是最重要的，只有新的头脑才能创造新的社会。历史的进步是要一步一步来的，不可能从专制一下就飞跃到民主，先要从君主专制到立宪君主制，再从立宪君主制到民主制，循序展开。这便是他文中的"南海先生"的观点，实际上即他本人的观点，可视为是在自由民权运动败北情况下他为日本探索的出路。

2.权利来自于人类最本源的生存欲求，个人自我意志和生活需要高于国家权威

中江兆民对人具有的自然欲求即"生存的本能"予以尊重，并从中寻找各种权利的根源，从而建立了生存权和生活权的观念。《民约译解》中指出："盖自主之权，正所谓天赋人也。故人之道，莫重于自图其生。""夫自由之权，乃人民赖以安生立命之所，政府若必欲阻遏之，则亦必致兵士回锋倒戈

---

① 参见中江兆民：「三醉人経綸問答」，『近代日本思想大系 3　中江兆民集』，東京，筑摩書房，1974 年，4～5ページ。

② 同上书，第 27 页。

③ 同上书，第 45 页。

反噬之。"①由于权利的这种来源，因此个人的自我意志和生活需要高于国家的权威。他进一步揭示了政府与人民的关系，体现出了他对人民主权的见解："政府原本是依人民的需要而设立的役所，若无人民，亦绝无有政府之理。人民是本，政府是末；人民是源，政府是流；人民是标杆，政府是影子。"②他还认为，权利本来就是以人民的自由意志为基础，应当根据人民的需要来决定其应有状态的一种东西，政治自由权只是人权的一种。他将权利分为"恢复的权利"和"恩赐的权利"。"恢复的权利"是指人民自下而上争取的权利，"恩赐的权利"指的是君主和宰相自上而下赐予的权利。他主张通过人民自身的努力，去实现"恢复的民权"。

3. "自由精神"是"自由政治"的基础，是需要涵养的

中江兆民将自由权分为"自由精神"和"自由政治"两部分。自由精神即"心神自由"或"心思自由"，就是"我的精神、心思，完全不受他物的束缚，不遗余力地充分发展"。③"吾人最当留心涵养者，莫善于此物。"④"自由政治"则是指"行为自由"，即所有公私行为的自由权，这种行为以个人权利满足为目标。"心思自由"强调了自由精神的主体性功能，是人性对天赋自由的自觉，是人心对自由精神的培养，松本三之介将其归结为"心灵拒绝束缚"和"精神自由发展"。这两点也成为"行为自由"乃至整个人类自由的基础。"自由诚然是天赋的，如不加以培养，无论如何也绝不会自己实现的。"⑤社会交往则是涵养自由的温床。自由的精神只有通过与不同人们的交往、与异质思想的碰撞才能迸发出活力。中江兆民希望人们通过"联谊会"的"相互交流，再次获得心思的鲜活"。"思想之为思想就在于动，静止了就没有思想"⑥这一观点，与福泽谕吉"自由的特性，是惟有在多事争论之间，方可知其存在"的自由观极为相似。

4. 国会是扩张人民权利的舞台，宪法需要审核，民众具有议政和监政作用

中江兆民认为，国会就是"根据全国人民的意欲所成立的政事大脑"，是

---

① 中江兆民：「三酔人経綸問答」，『近代日本思想大系 3 中江兆民集』，東京，筑摩書房，1974年，60ページ。

② 同上书，第 69 页。

③ 同上书，第 182 页。

④ 同上。

⑤ 中江兆民：「干渉教育」，同上书，188ページ。

⑥ 中江兆民：「憂世概言」，『明治文学全集 13 中江兆民集』，東京，岩波書店，1977 年，245ページ。

"扩张人民权利的舞台"。① 为了使国会合法化,他认为应尽快实行普选制,实现"恢复的民权",要以人民公有为原则,实现共和政治。为寻找共和政治向君民共治的转换点,中江指出应从两个方面着手:其一是众议院议员要承担"针对宪法陈述意见"的义务;其二是宪法首先必须要经由国会来进行审查。他认为,宪法必须由君主和人民或人民代表共同协商之后方可决定。② 中江提出的审议宪法,是为了让没有国民参与的宪法,重新回到国民手中,从而迈出了"主权在民"的第一步。这一主张曾被载入自由党党议原案的首项,因未得到政府认可而在党的正式议案中被取消。但这一主张得到了政府的重视,以致同年正式起草的《教育敕语》中特别插入了一句"永尊国宪,以严国法"。这说明,他的宪法审核论还是起了一定影响作用的。

针对一些人要求尽快开设国会的呼声,中江兆民认为不能一蹴而就,要充分准备。"因为财古、租赋、法律、宪令、海陆军制、同邻国的交往等所有国家大事皆取决于国会。因此,议员一定要学识渊博而又练达时务。岂是矫妄诡激之徒,摇唇鼓舌,图一时之快者,所能辩哉!"为将政治有效地置于国民监督之下,他提出,选举权并非国民参政的唯一方式,国民具有平时在议院外议论政治、监督政府和议会活动的作用。对于选举产生的议员,他坚持"有限委任"的观点,建议选举人在自己的选区设立"政治聚会所","蓄积新鲜的政治空气,以滋养国会。使国会小心翼翼,顺因时势人情而进步,使其步调一致。"③可见,中江兆民的立宪政治理论已经超越了制度论框架,在建构作为制度的主人——全国民众的政治主体性方面,具有重要的理论价值。

除植木枝盛和中江兆民之外,农民出身的大井宪大郎将平均财产具体化为均分土地,主张"土地平分法"。此外,宫崎民藏也在思考将土地分配从每户转向每个人的法律依据和保障。这些思想,都起到了唤醒了农民权利意识的重要作用。

植木枝盛和中江兆民等人理论的共同立场是明确的人民主权,这与"明六社"的启蒙思想家有本质差别。他们所宣扬的自由民权思想产生了重要的影响。日本应采取哪一种政治体制?哪些人才可以参与?应具备怎样的素质?——民众的政治觉醒在此过程中不断得以推进,政治参与热情得以

① 中江兆民:「国会論」,『近代日本思想大系 3　中江兆民集』,東京,筑摩書房,1974 年,69、82ページ。

② 参见中江兆民:「三酔人経綸問答」,同上书,第 314 页。

③ 中江兆民:「国家議士の後盾」,同上书,第 297 页。

点燃，也在议会政治的实践中得到锻炼，从而推动了其"公民"特质的产生。19 世纪 90 年代北村透谷等人的文学界运动、20 世纪初幸德秋水等人的社会主义运动，都与这场运动有密切联系。福田英子等女性民权家的产生也是运动影响的产物。

三、抵抗的"去奴仆化"成效

自由民权运动是一场极不彻底的民主化运动，相当多的学者对这种不彻底进行了分析。[①] 但是笔者认为，这样的分析并没能提供对自由民权运动意义的全面的理解。从国家政治民主化的长远成效和从对日本民众长远的政治影响来看，不得不承认，自由民权运动的影响一直被大大低估。不认识这种政治和社会成效，就无法理解以后的日本民众究竟是怎样成为国民的，也无法理解大正民主运动为何会再次兴起。

（一）政治成效

按笔者的理解，这种政治成效至少可以表现为以下几个方面：

1. 通过政党政治的发展促进了民众的政治觉醒

1873 年，板垣退助等人直接领导自由民权运动，积极进行政治结社、组织政党等活动。他们成立了爱国公党，提出了政治纲领《爱国公党本誓》，并向国会提出了《成立民选议院建议书》。在当时还禁止民众结社的时刻，这样的公然结党具有重大意义。由于政府压力，爱国党两个月后便被迫解散，但板垣等人又在此基础上结成爱国社，开始酝酿新的政党。

1874 年 5 月，明治政府与体制外人士举行大阪会议，就建立民党及议会达成四项妥协。[②] 大阪会议后，政府对民权运动更严厉的压制反而激发了爱国社的重新活跃，以及地方上更积极的政治结社运动。1880 年，爱国社第四次大会成立了"国会开设期成同盟"，以此取代爱国社并提出了有八万多人署名的要求开设国会的请愿书。这使明治政府终于把制定宪法提上议事日程，同时还使天皇颁布了开设国会的诏令。这两项成果促使了自由民权运动将中心转移到组建现代政党上来，并使政府不得不承认政党的合法性。

1881 年 10 月，以板垣为首的民权派以"国会开设期成同盟"为中心成

① 对此，富永健一进行了全方位的分析。具体请参见〔日〕富永健一：《日本的现代化与社会变迁》，李国庆等译，北京，商务印书馆，2004 年，第 137～138 页。国内相关学者也不少持如下意见："那种意图从近代日本寻找自由民主因素的做法是徒劳的，它只能使个人再度沦为国家的工具或手段。"参见李剑鸣主编：《世界历史上的民主与民主化》，上海，上海三联书店，2011 年，第 489 页。

② 参见植原悦二郎：『日本民権発達史』第 1 巻，東京，日本民主協会，1958 年，38ページ。

立了自由党。这是日本第一个民党。其党章规定自由党目标为"力图扩大自由,保障权利,增进幸福,改良社会","确立善良的立宪政体"。后藤象二郎、马场辰猪等民权左派也合流过来。国内各种政治势力为了能在即将开设的国会中占有一席之地,也纷纷组织政党。1882 年,以大隈重信为首的立宪改进党成立。自由党以卢梭的民约论为依据,强调主权在民,而立宪改进党则将英国的立宪思想奉为楷模,强调主权在君。一个激进,一个渐进,二者区分十分明显,同时其支持基础也有差异,但它们皆以藩阀政府为共同敌人。同年 3 月,政府成立了以福地源一郎等人为首的立宪帝政党,以与自由党和立宪改进党对抗。与这三大政党相呼应,全国各地相继涌现出许多政党,总数达数十个之多。

政党在日本的确立和繁盛,是自由民权运动长期与政府斗争和妥协的结果。在这一时期,尽管政党活动频繁,但严格地说,政府依然是"超然内阁"①,真正以议会为舞台,以政党竞争方式进入议会的政党政治在大正时期才得以出现。但客观地讲,政党政治的基本框架是自由民权运动期间奠定下来的。借助原有的自由民权运动基础和议会这块天地,政党在艰难处境中有了实质性的发展。能够成立政党,拥有政治纲领,能表达自己的政治意见,进行政党联合,就具体政治目标向政府施加压力,这已经是日本政治史上从未有过的大变化。

面对政府的压制,议会内各政党不是束手就擒,而是表现出一定的反抗精神。在第四届帝国议会上,自由党的弥生俱乐部发表明确声明,表示要继续与政府斗争。立宪改进党尽管已经与自由党反目成仇,但在反对藩阀政府问题上,其议员集会还是与自由党一起,就经费节减、与民休养生息、人权保护等问题集体对政府施加压力。不属于上述两党的民权派议会议员也组织了同盟俱乐部,并声明说"当务之急是固守立法权,监督政府行政,承担立宪责任,纠正旧有的政治弊端"②。这种对政府的监督意识、作为政党存在的责任意识以及政党之间齐心协力的态度,是造成政府压力的重要原因。

可以说,日本政治能够急速地向近代国家转化,自由民权所引导的政党政治是巨大的推动力量。政党政治出现之后,日本政治无论如何保守、封闭

①　超然内阁,是指明治至大正初期不被政党存在所左右、超然于政党之外而独自进行政治运转的内阁,与责任内阁相对。1889 年《大日本帝国宪法》颁布后,首相黑田清隆、枢密院议长伊藤博文宣称,政府不受政党约束,独立实施政策。以后藩阀官僚特别是山县有朋系统的官僚所组成的内阁,一贯坚持抑制政党势力发展的超然立场。

②　转引自林尚立:《政党政治与现代化:日本的历史与现实》,上海,上海人民出版社,1998年,第 29 页。

和绝对主义化，始终无法阻挡现代化潮流的步伐，政党因议会的开设而出现，政党的成立得以合法化，政党的基本形态得以固定。尽管帝国体制是排斥政党的，议会一开始并不以政党为中心，[①]但政党还是因帝国议会而不可阻挡地存在。在日本史上第一次众议院的总选举中，各政党都推出了自己的候选人，其人数超出选举名额的四倍，显示出高度的参政热情，[②]议会内各政党就在与政府的不断斗争和妥协中，一步一步向前发展。最后的结果，促使政府在甲午战争后不得不开始放弃"超然主义"，日本政治权力结构开始转型。日本政治这一变化，在一定程度上正是政党发展的必然结果。

对于民众来讲，自由民权的思想转变为具体的政治组织，并展开与政府的较量，这是一种时代精神的洗礼。参与精神、进取精神、博弈精神和责任意识已经开始进入渗透到社会生活中，而体现这种存在的便是政党。远山茂树指出，国民开始拥有叫作政党的具有一定纲领的经常性政治组织，这件事本身意义就很大。[③] 政党政治构成了促使民众政治觉醒的最好的制度框架，日本民众长久以来对政治的淡漠开始逐步变成为利用政党表达对国内外政事的意见和对自身权利的强烈要求。在这个过程中，臣民意识逐渐被生长起来的公民意识所渗透、所改变。

2.通过推动实现立宪政治训练了民众的政治能力

立宪是近代国家的必然要求，制定宪法，开设国会，这一建议很早就被提出来了。但是对于制定怎样的宪法，开设怎样的国会，政府内部官僚存在较大争议。自由民权运动的重要目标之一，就是推动立宪，迫使政府兑现在明治维新前后许下的开设议会的承诺。

板垣退助退出政府后的重要任务之一，就是向政府呈递建议书，要求召开全国性民选议会。他指出议会的设立与国民铸造的关系，"今日我政府应为之事，则要立民选议院，在使我人民振起其敢为之气，辩知分任天下之义务，得参与天下之事，则阖国之人皆同心焉。"[④]板垣也因此获得"立宪代议政府的守护神"的美誉。19世纪70年代末，群众政治运动逐步兴起。据统计，1879～1881年，全国地方人士组成了近两百个政治团体。为了敦促政

---

① 参见川人贞史：『日本政党政治—1890～1937年』，東京，東京大学出版社，1992年，47～48ページ。

② 参见政党政治研究会：『議会政治100年—生命をかけた政治家達』，東京，德間書店，1988年，101ページ。

③ 参见〔日〕远山茂树：《日本近现代史》第1卷，邹有恒译，北京，商务印书馆，1983年，第51页。

④ 转引自〔美〕安德鲁·戈登：《日本的起起落落——从德川幕府到现代》，李朝津译，桂林，广西师范大学出版社，2008年，第98页。

府订立宪法,召开国会,他们举办各种活动,发行刊物,巡游乡村,进行演说,署名请愿,签名人数有时多达 20 多万,对政府造成了极大压力。1880 年 11月,"国会期成同盟"召开第二次大会,集结了全国六七十名代表,顶住了政府以所谓集会条例进行的镇压,做出了"无论花费多少时间,不开设国会并目睹其成果绝不解散"的决议。大会还决定次年 10 月召开第三次代表大会,并将各自拟定的宪法草案带到会上进行研究。①

由民间起草的、属于民权派的宪法草案,就目前所知有近二十篇。② 其中有代表性的是:(1)小野梓等人草拟的《私拟宪法草案》(1879 年 2 月),是现存的第一份完整的宪法草案;③(2)交询社小幡笃次郎、小泉信吉、阿部太藏等人起草的具有英国立宪倾向的《私考宪法草案》(1881 年);(3)福泽门下的民权派永田一二参照交询社的宪法草拟了《私拟宪法》;(4)立志社的《日本宪法预想案》(1881 年 9 月);(5)植木枝盛的《日本国国宪案》(1881 年 8 月,也称《东洋大日本国国宪案》)。前三个草案传播较广,影响较大,采取温和主义,有限制地保障人权,立法权采取了天皇和国会共有的妥协立场。后两个草案则较为激进,确定国民主权,采取一院制,人权保障是无条件的且内容较为详细,承认抵抗权和革命权。其中植木枝盛的草案更是以主张地方自治和使日本成为联邦国家而引人注目。他的这份草案超越了明治启蒙思想,成为自由民权运动反政府斗争的有力的思想武器。此外,在东京都五日市城外一农庄所发现的一份明治时期草拟的宪法草案《五日市宪法草案》④,其中一条便提及国会权限,它甚至可以修改政府官员以至天皇所提出之各项计划。⑤ 该草案还规定政府若不遵循诸民平等原则,或违背财产所有权,或伤害邦国之防御,"国会得有权竭力主张反对之言论,并得溯其根源,拒绝公布之。"⑥这是草根阶层要限制国家权力的典型体现。

在当时,这些草案堪称先进和优秀,只是并不为明治政府所认可。这些

---

① 参见松尾章一:『近代天皇制国家と民衆・アジア』上,東京,法政大学出版局,1997 年,78~82ページ。

② 『明治前期の憲法構想』中收录了大部分私拟宪法,民权派草案共 18 篇。参见家永三郎、松永昌三、江村栄一編:『明治前期の憲法構想』,東京,福村出版,2005 年。

③ 该宪法草案,据稻田证次推测可能是嘤鸣社的宪法草案,而据江村荣一推测说可能说私拟宪法的修正案,还有学者说可能是别的东西。参见松尾章一:『近代天皇制国家と民衆・アジア』上,東京,法政大学出版局,1997 年,83~84ページ。

④ 又称《日本帝国宪法》,由地方民权派千叶卓三郎于 1881 年 4 月下旬至 9 月中旬提出。

⑤ 参见〔美〕安德鲁・戈登:《日本的起起落落——从德川幕府到现代》,李朝津译,桂林,广西师范大学出版社,2008 年,第 416 页,注释 4。

⑥ 同上书,第 416 页,注释 5。

关于宪法的主权在民的条款和划时代的构想还没等扎下根来，宪法的研究和起草运动就消失了。但是，自由民权派没有等待政府的宪法起草，就自主地研究和草成了独自的宪法草案，这种努力是非常可贵的，宪法草案的传播也给政府以强烈冲击。政府必须就宪法和国会提出足以对抗自由民权运动的设想。1880 年 12 月，元老院整理出的第三次草案中提出三权分立的设想，遭到了伊藤博文的严厉斥责。① 伊藤打算在宪法制定前先操纵舆论，便和大隈重信和井上馨两位参议商议，决定请福泽谕吉办报。大隈重信主张在国会选举召开前先制定宪法，认为立宪政治的"真体"是"政党之政"，"政党之争乃主义之争"，要设立"与政党同进退"的"政党官"以及终身任职的"永久官"，试图对三大臣制和议会内阁制进行协调，本质上贯彻三大臣制所标示的政府的绝对权力。他希望"在公布国议院设立的年月之后，立即制定现内阁的施政主义"，"确立稳当的政党更迭之新例"。② 这引起伊藤的不满而以辞职相要挟。现实使得岩仓具视决心急速解决立宪制度，从而让当时法制的最高官僚井上毅参与此事。井上毅向岩仓提出了阐述日本宪法基本原则的《大纲领》，得到肯定，实际上确定了今后制定宪法和建立立宪制度的方向。这就是，主张钦定宪法，要求天皇有权任免大臣以下的文武重臣，设想由元老院和民选议院组成两院制，民选议院的选举实行财产限制。井上毅要求排除"英国式无名有实之民主政治，实行普鲁士式的君主政治"③，还强调与私拟宪法之争是争分夺秒之争，要确立政府主义之宪法，砥柱中流，树人心之标准，一日不可缓，必须要从内部清除福泽谕吉和交询社的影响。为此他发动政变，驱逐了大隈重信和立宪改进党，并在御前会议提出了七参议联署的意见书，论及制定宪法之准则，即以不损害皇室大权的"立宪君治"来对抗"君民共治"，强调"立宪君治"须"不失国体之美"。该会议确定了召开国会的方针，决定以 1890 年为期，召集议员，开设国会，并明确宣布了宪法钦定性质，同时表示要取缔自由民权运动。④

　　天皇之所以于这年 10 月宣布订立宪法并预期在 1890 年公布，正是因为上述原因。明治领导人已深切体会到自由民权运动所带来的压力。1879年，山县有朋在给伊藤博文的信中写道："我们多等一天，民权者所散发之毒

---

　　① 参见〔日〕信夫清三郎：《日本政治史》第 3 卷，吕万和等译，上海，上海译文出版社，1988年，第 104 页。

　　② 同上书，第 106 页。

　　③ 同上书，第 108～109 页。

　　④ 参见上书，第 112～113 页。

素便会进一步传播到各地方,更会深入年轻人之内心,最后产生无休止的大害。"①井上毅也担心:"今若因循坐失,则两三年后,天下人已胸有成竹……纵使政府提出,百方辩解,多数政党将从彼而不从我,政府所提之宪法成案将为舆论所弃,以致民间私拟宪法全胜。故今日之宪法制定之举,宁失于早,莫失于迟。"②1883 年 8 月,伊藤博文回国,政府开始全力以赴建立立宪制度。可见,明治政府决定制定宪法,自由民权运动在时机及方向上都起到了巨大的促进作用。

此后,解散了的自由党在 1884 年还提出了《关于缩短召开国会限期的建议书》,强调必须尽早开设国会以对付国内外危机。1886 年星亨、中江兆民等人发动"大同团结运动",以求大同存小异为宗旨,提出重建自由民权体制,以迎接国会的开设,并要形成一个运动的主体,把政府开设的国会转变为自由民权的国会。他们提出挽回外交失败、减轻地税、言论集会自由三项要求,并在全国展开了建议运动,进一步加速了政府向立宪政治发展的进程。

上述事实说明,自由民权运动对立宪政治的实现起到了巨大的推动作用。将立宪从理想变为现实是这场运动对日本国家近代化的突出贡献之一。如果没有自由民权运动的种种激烈行动,政府立宪进程将被大大延缓。对于日本民众来说,这一过程本身也是一个传播民主思想和实践民主政治的过程,是一个思想急剧转变的过程。公议公论的兴起使得在历史的大转换期中,"只有人民才是政治的主人公、应该确立人民权利"这一主张得以普及,并开始为人们广泛接受,国民国家的公共性开始得到创造,为铸造近代国民提供了丰富的土壤和养料。

3.通过地方社团的学习会增进了民众的政治抵抗能力

自由民权运动的蓬勃高涨,带来了社会草根阶层的广泛参与和政治觉醒。前已述及,1879～1881 年,全国近两百个政治团体的各种活动形成对政府的莫大压力。1881～1882 年,日本历史上出现了前所未有的民众学习热潮。全国从事农业生产的无数农民,为了能够保护自己的生活与做人的权利,一边参加实践运动,一边还在学习自由民权思想。他们组成各种学习小组,定期聚集在一起读书讨论,商议请愿书或宣言,甚至起草宪法。这些人员,在城市主要依靠城市的学会来召集和推动,在农村则主要是以"产业结社"的形式和各种文化、政治组织形式。在农村推广这种自由民权思想,

---

① 转引自〔美〕安德鲁·戈登:《日本的起起落落——从德川幕府到现代》,李朝津译,桂林,广西师范大学出版社,2008 年,第 416 页,注释 6。

② 〔日〕信夫清三郎:《日本政治史》第 3 卷,吕万和等译,上海,上海译文出版社,1988 年,第109 页。

地方豪农所起的作用甚大。他们大量购入了各种报纸、近代政治和法律的书籍以及启蒙思想家的著作，创建政治组织，准备图书和阅览设施，供农民无偿阅读，还在团体内部展开讨论。一些地方的豪农或名流甚至收购了世界各国的珍贵文献，读给无法阅读的农民听。三多摩地区是其中的典型。在自由民版权运动最高涨的时候，三多摩地区的农民中间掀起了政治学习的热潮。五日市以学艺讲坛会为中心，请来城市的知识分子举办了盛大的学术讨论会。1880 年访问该地的记者就有如下报道："这条街上有谁都可以自由阅读的'新闻纵览所'。"《东京横滨每日新闻》也报道："在那里，全国的各种新闻、杂志堆积如山。"该地区 1881 年成立了融贯社，以"扩张民权，讲明国民本分的权利义务、确立我国立宪政体基础"为目的，入社金一元，每月缴二十钱便成为社员。社员权利有："第一项，可以在本社从事演说讲坛和召开会议等……第四项，可以无偿地收到本刊刊行的新杂志报告。第五项，可以无偿阅览本社共存之书籍报纸。"该地区还举办了学术演讲会，供人免费旁听，后来还另外创建了融贯社的讲学会等，以此加强政治法律思想的学习。1877 年，在町田等地，一些豪农出身的民权运动家所创办的带有学习结社色彩的民权结社还有十多个。① 此外，福岛县的三师社、爱身社，长野县的奖匡社，秋田县的立志会，岩手县的求我社，福井县的自乡社，富山县的真理馆等各地民权运动家所设立的地方结社都开展了学习运动。民众由此开始逐步具有自己的宪法设想和居民自治意识。

最显著的成效体现在 1968 年 8 月东京都西多摩郡五日市发现的《五日宪法草案》。该草案有 204 条，是五日市周边 16 个村数十名民权人士经过约六十次讨论，由小学老师千叶卓三郎最后起草的。千叶卓三郎等人为宪法起草用的文献，多达数百册。他们研讨了当时刊行的绝大部分国内外法律、政治类书籍，最后以农民自身的思考完成了这部极具独创性的宪法。该部宪法中，与国民权利相关的条文就有 150 余条。千叶在起草宪法时，将古罗马元老院的《法律格言》中的"国王绝不能死"重新解读为"国王死了，国民绝不能死"，表达了对天皇主权原理的否定。对此，色川大吉评价到："这可以说是集合当时大多数民权家愿望的最大公约数的东西。"它最符合"民众宪法"之名，是草根民主主义在近代日本开花结果的最重要体现。②

---

① 有查善会、琢磨会、武相恳亲会、养英馆讲学、融贯社讲学会、凌霜馆、武相政谈演说会、南多摩自由党、多摩讲学会、静修馆、谈梦会、读书会等。参见松尾章一:『近代天皇制国家と民衆·アジア』上，東京，法政大学出版局，1997 年，80ページ。

② 参见上书，第 84～85 页。

和民会、府县会的结合,成为地方政治社团取得发展的重要原因。自由民权派提出的作为国会开设前提的公选民会,在部分府县得到实现。1878年,明治政府决定建立民选县议会,不过权力只限于咨询。明治政府借此希望获得农村有产阶层的支持,期待其发挥协调和加强官僚统治的作用。但事与愿违。由于地税政策的改革,商品经济的发展日益渗透到农村和农民阶层,西南战争后通货膨胀的加剧,地主、富农和中农在农村共同体的领导权得到加强。农民各阶层有了超出村郡范围的对于整个国家政治和国家机构的发言机会,地方议会成为自由民权运动发展的温床,成为豪农阶层走上政治舞台的据点,开始出现了农民以自由民权的理想对自己的意识和行动进行理论武装的动向。① 由于民权派的推动,它们已经具有了牵制官僚统治的力量。自由民权的政治社团以这种县会活动为背景,组织得以扩大。各府县议员为争取开设国会相互取得联系,进一步加深了这种趋势。② 由于依靠政治社团、政党团结和群众请愿运动的力量,终于迫使政府决定采用立宪制。

总之,自由民权运动成为民间自主的启蒙运动和教育运动,对日本社会产生了深远影响。农工商阶层普遍动员起来,追求天皇下的"四民平等",并最终通过立宪规定了国家与人民的权利与义务。日本社会从而初步呈现出市民社会的品格。在这一运动中,社会诸阶层也得以锻炼、成长、分化为与近代社会相适应的职业阶层。③

(二)社会成效

1.妇女参政的兴起

明治时代的思想启蒙和社会变革,对两性关系也带来深刻影响。在日本原有的概念中,"国民"是不包括女性的,到 1872 年,政府还在禁止妇女剪短头发。自由民权运动给妇女参政提供了机会。19 世纪 70 年代末 80 年代初,妇女开始活跃起来。在各种集会中,女性人数相当多,并出现了鼓吹男女政治和法律权利平等的演讲家,其中最出名的是岸田俊子和福田英子。岸田公开指责"蔑视妇女,独尊男性"的观念已经过时,主张男女完全平等,主张给予妇女教育机会和家庭内的权利平等。岸田的行动和演讲对妇女是极大的激烈和鼓舞,促进了社会思想的进步开放。福田英子受其影响,也开始将妇女和女儿组织起来,向外界说明什么是自然权利、自由及平等。④

---

① 转引自远山茂树:《日本近现代史》第 1 卷,邹有恒译,北京,商务印书馆,1983 年,第 37 页。
② 同上书,第 36 页。
③ 参见李文:《士族身份的转换与市民社会的形成》,石家庄,河北人民出版社,2003 年,第215 页。
④ 转引自〔美〕安德鲁·戈登:《日本的起起落落——从德川幕府到现代》,李朝津译,桂林,广西师范大学出版社,2008 年,第 108、416 页。

到 19 世纪 80 年代，妇女在半公开场合担任一定的角色，成为全国模范或日本在世界舞台上的代表，已经成为可以接受之事。政府在公开场合一般支持妇女应有爱国责任，应扮演一定的角色，还研究皇室公主能否享有与太子同等的权利的问题。但随着自由民权运动陷入低潮，1889 年《明治宪法》颁布前夕，政府害怕妇女解放和妇女运动可能突破社会界限，又实施了一连串歧视妇女的法令，禁止妇女参与政治组织和政治集会，发表演说，甚至禁止旁听国会。但政府遏制妇女意识的解放，从一开始就注定是不可能的事。这些禁令遭到了愤怒的批评，尤其是禁止女性旁听国会议事，更被认为是滑天下之大稽。政府最后只有让步，允许女性旁听国会。

2. 地方自治的不屈斗争

民权运动中，主张地方自治，反对国家干涉地方的运动也在不屈不挠地进行。

1881 年 3 月 23 日的《东洋自由新闻》登载了名为酒井熊的来稿。酒井写道，"若上行专滥之政，下处卑陋之境，正义公道尽扫，各人天赋之自由亦将归于泯灭。是时若率奋然公众明至理所存之处，进而制止有司专制，退而发挥人民自治之精神，坚守天赋之自由，伸张固有之权利，并永远根基于我国之福利，其功列所及，后来民众可蒙其恩"，明确主张"人民之自治精神"。《五日市宪法草案》也指出，即使是中央议会也必须尊重全国的自治，府县会可根据特殊法律制定纲领，府县自治可根据地方特色进行，政府不得加以干预，国会也不得侵犯其权威。① 因此该草案被评为民权时期最高的民主主义。植木枝盛的《日本国国宪案》则主张"日本联邦对日本各州应以保护其各州的自由独立为主"。岩手县久慈市民权家小田为纲等在《宪法草稿评林》中，也强调"地方的政务应该建立各自之制"。在这种思想的鼓动下，才产生了像福岛的"喜多方事件"和栃木县的"足尾铜山矿毒事件"等自治斗争。②

远山茂树在自由民权百年集会的纪念演讲中指出："福岛的喜多方事件，对于全国政党的存在和影响来说，在准备了县会斗争，县会议员、豪农阶层的指导，耕地农民的自主参与等要素方面，可以说最好地显示了自由民权运动本来的性格。由此开辟了保护地域居民的生活和权利、争取确立地方自治的斗争与日本全体的国政变革运动紧密相连的道路。"此事促成了

---

① 江村栄一：『日本近代思想大系 9 憲法構想』，東京，岩波書店，1989 年，135ページ。

② 转引自松尾章一：『近代天皇制国家と民衆・アジア』上，東京，法政大学出版局，1997 年，90～91ページ。

1888 年市制、町村制的公布，标志地方自治制度开始形成。而被称为"日本第一公害事件"的足尾铜山矿毒事件发生后，64 岁的议员田中正造和村民一道坚持抵抗到最后。他在《维护宪法请愿书》中批判"政府以法律中未有之文字破坏古有之自治村"，并指出，"町村自治之外，无保卫日本者"，"对足尾铜山矿毒的讨伐是我们的权利"。[1] 从而使这一斗争延续百年并最终得以解决，成为日本历史上坚持地方自治、与政府对抗的典范。

3.庶民生活浸透了变革因素

"自由已从土佐山间产生"，这是 1877 年土佐立志社机关报《海南新志》创刊号的一句话，它也成为土佐民权运动的口号。根据《土阳新闻》、《高知自由新闻》的报道，土佐县民的生活有了明显改观：青少年提高了学习欲望，上夜校学习，举行演讲会以交流学习内容；学习的内容为心理、哲学、社会学等高等学科；每天放学后依次进行演讲，发表辩论，提出打破专制等主题，或模拟自由党状况，进行议长选举、辩论讨论，进行起立表决；学习的书籍采用福泽谕吉的《劝学篇》和斯宾塞（Herbert Spencer）的《社会平权论》等教材。学习充实了，青年说话的态度也有了变化。自开办夜校以来，"连农民亦积极奋发，杜绝往日夜游艺伎等恶习，专志于学习者甚多"。村里的旧习也开始改变，并展开了废除祭神运动。体力劳动者也开始觉醒，东京的人力车夫在自由党干部的指导下成立了车会党，发起了反对马车和铁路的运动。高知县的车夫分别成立工会，制定规章，明确挂旗、挂灯笼以接待客人等责任，爱敬社专门对此发表了公告。这些车夫组织还召开演讲会，车夫组织之一协力社后来还加入了"海南自由党"。此外，自由民权者还提出了"琉球独立论"以及国际联合等思想，并与"未解放部落"的新平民召开恳谈会，这些思想和举动刺激了民众宗教，特别是丸山教的发展。[2]

自由民权运动极大地促进了近代民主思想在日本社会的广泛传播，以斯宾塞的《社会平权论》等为代表的西学政治名著受到欢迎和重视，"自由"、"平等"、"权利"等词成为那个时代的时髦用语。对自由的向往和追求，成为时尚和潮流。《自由党史》书中对此评价道："'自由'这个古老的日语，成为沐浴了新文化光芒的流行语。海内竞相真爱'自由'二字，不独将其惯用到政治社会，浴场有'自由澡堂'、'自由温泉'，点心有'自由糖'，药铺有'自由丸'，饭店有'自由亭'，其他'自由评书'、'自由舞蹈'、'自由帽子'等，举不胜

---

① 转引自松尾章一：『近代天皇制国家と民衆・アジア』上，東京，法政大学出版局，1997 年，90～91ページ。

② 参见〔日〕信夫清三郎：《日本政治史》第 3 卷，吕万和等译，上海，上海译文出版社，1988 年，第 143～149 页。

举。可以此证民心向背之一斑。"①

国民的自由和权利得以发展，人的能力和活性得以广泛发挥，是近代国民公民特质形成的重要表征。自由民权运动中，"自由是所有人的权利"成为文明的原理。民权运动强调人类的幸福在于"四肢五管充分满足"，民权家的任务在于"使人民……转向多欲主义"②，激励人们抒发久被压抑的愿望。内心的解放愿望和自由若得到积极肯定，就会产生无制约的自由和"解放幻想"，成为近代国民国家形成的根据。③正是通过民权自由的实现，国权才得以确立起来——这赋予了传统自由观以新的意义，在国民国家形成之际起了特别强大的作用。

总之，自由民权运动将民众席卷进来，带给其一生极大的影响。正如信夫所言："庶民的新生活乃是按其自身意志来形成'国民'的一幕。"④西川长夫也曾评价道："概括历史来看的话，国民形成起到最大的、最中心的最主体的作用的是自由民权运动。……自由民权运动最大的效果，是在国民形成方面发挥了巨大作用。""国民，应该是很多的人通过各种深层的交往联结在一起，比如这块土地，在最上面的是沙层，沙层和小石层粘在一起，就形成沙砾层。其下有黑土、植物叶腐化后非常肥沃的黑土层，再下面是黏土层。日本社会原本是不毛之地，不通水，地下水就沉积在那里。文明开化、西洋文化或者是基督教文化这些东西一进来，就像雨一样不停地下。虽然容易通过沙砾层，却很难渗透层到黑土层去，要花费很多时间。一般的大众、庶民就位于黑土层或黏土层。黑土层和黏土层的人，由于在地方而不在中心，虽然随着雨水不断进入，国民意识也会逐步高扬起来，但很难渗透和扩大下去。很快就被雨水渗透的人群，比如位于沙砾层去了欧洲的人或日本的一部分领导者，他们发挥了重要作用。他们通过译书著述，向底下的黑土层和黏土层不断渗透国民意识。国民意识真的渗透到黑土层，抵达黏土层，国民形成就成功了。自由民权运动所起的便是将水渗透到黑土层的作用。"⑤

---

① 转引自安丸良夫：『文明化の経験—近代転換期の日本』，東京，岩波書店，2007 年，245ページ。

② 松沢弘陽：「自由民権論の政治思想 覚え書き」（石田雄教授還暦記念号），『社会科学研究』（東京大学）第 35 卷第 5 号，1984 年。

③ 参见安丸良夫：『文明化の経験—近代転換期の日本』，東京，岩波書店，2007 年，271ページ。

④ 〔日〕信夫清三郎：《日本政治史》第 3 卷，吕万和等译，上海，上海译文出版社，1988 年，第 150 页。

⑤ 西川長夫、松宮秀治編：『幕末・明治期の国民国家形成と文化変容』，東京，新曜社，1995 年，709～710ページ。

四、抵抗的"去地域化"成效

由于当时的历史局限，自由民权运动的目标带有强烈的国家主义的性格，这从本质上规定了国民的结合、国民共同意识的形成、国家权力的一体化意识和国家独立存在紧密联系。从更广阔的视野来看，自由民权运动浸透了近代日本的正统思想——将天皇制高举在头顶的"民权即国权"型民族主义。[①] 这使得民权运动在国民形成的作用上，最终从"去奴仆化"的方式培养了"去地域化"所希望达到的目标——国民的自觉，每个人对于共同体利益的关心，由此确立共同意识和自主意识，实现了民众与国家的统合。正如沃勒斯坦所言："在民族国家中，多数反体制的运动均采取了民族主义的形式，最终的结果却是强化了国家的体制。"[②]

（一）自由民权运动宗旨的国家主义色彩

松本三之介将国家精神视作明治精神的重要表现。这里的国家精神，即民族主义精神，是一种"自下而上的国家主义"。"对于国家问题、政治问题的兴趣，渗透了我们的全身心。"[③]这种国家观成为民权运动的精神支柱。1874 年成立的爱国公党和后来的爱国社都彰显了这种爱国立场，整个自由民权运动都体现了这种国家观。

1. 实现国家独立的强烈愿望

1875 年爱国社成立时将宗旨定为"小则保全一身一家，大则维持天下国家，最终以增进天皇陛下的尊荣福祉，使我帝国与欧美各国对峙屹立，并驾齐驱于世，我等所欲，皆在于此"[④]，并明确了国权优先的路线。植木枝盛谈到民权的目的时也表示："从根本上来说，如不伸张民权，就不能伸张国权，就不能保国独立，专制就是卖国。"[⑤]"现在让国家成为立宪政体，实际上是使国运长久、帝室安全之基本也。"[⑥]也即民权是为了实现国家独立的国权。民权运动由此而具有了浓厚的国家主义色彩。

---

① 安丸良夫：『文明化の経験―近代転換期の日本』，東京，岩波書店，2007 年，284ページ。

② 西川長夫：『国民国家論の射程―あるいは「国民」という怪物について』，東京，柏書房，1998 年，95ページ。

③ 参见〔日〕松本三之介：《国权与民权的变奏——日本明治维新精神结构》，李冬君译，北京，东方出版社，2005 年，第 11～12 页。

④ 宇田友猪编：『自由党史』上，東京，岩波文庫，1957 年，247ページ。

⑤ 明治文化研究会編：『明治文化全集　自由権篇』，東京，日本評論社，1992 年複刻版，192ページ。

⑥ 「立憲政体弁」，『愛国新誌』，1881 年 10 月 5 日。

2. 与国家权力的一体化意识

战争和亡国危机促使了民权运动强调用"主动向国家索要的自由"来代替"等待来自国家给与的自由"，因而采取了通过实现民权来达成国权的立场。民权派的首要目标是利用他们所理解的"自由民主"来实现民众与国家的同一性，以解决早期民族主义尚未解决的确立"举国一致体制"的问题。爱国公党要求尽快设立议会制度的目的，是要把政治建立在普遍的国民意志的基础上，这有利于国家权力的统一和强化。板垣退助将后来的自由党的立场定位为"以国家观念为主导的个人的自由主义"①。德富苏峰也曾批评指出："当时的民权论，其名为民权，而其实是国权。"松本三之介评价自由民权没有能"涉及市民的自由和权力这一核心概念"，很难说它是"自由主义的民主主义"，还不如说是"国家主义的民主主义"更为合适。②

3. 形成国民是重要目标

自由民权运动的兴起，为形成以国民共同负责的国民国家，为国民共同负责与国民的结合提供了实现的契机。国会请愿运动的主要目标，就是要实现国民的结合和形成国民共同意识。河野广中等人提出要广开参政之途，让国民分担国政，"使国民同其利害，一其心志，共爱一国之道，惟有开设国会而已。"③板垣退助在回顾自由党历史时非常明确地将以上三个目标包含在内："总之，维新改革之精神，乃由宪政之树立而成就，日清、日俄之战捷极赖于宪政之树立，此乃不容否定之事实。……故今后，更进一步大力唤起国民的自觉，举国一致，一次对内谋求国民生活之安定，对外则宣称雄于世界之道。"④这便是民权派建立宪政的真实目的——确立举国一致的体制，称雄于世界。

由此可知，自由民权运动虽然是极力倡导民权和自由，但将国家的政治自由放在第一位，重视个人所属集团的利益，认为与此密切相关的政治职能、政治机构和政治权力具有优越性，而民众的个人自由则是次要的，"纵然市民不自由，只要政治自由就行"——民权志士的《纵然歌》所显示的态度导致了运动对市民自由的轻视——人权本身并不是目的，只是统合民众进而伸张国权的手段，民众的参政权不过是为了要形成具有对国家自觉的国民的必需途径而已。这使得民权运动将"开设国会"当成民权运动的全部，将

① 宇田友猪编集：『自由党史』上，東京，岩波文庫，1957 年，9 ページ。
② 〔日〕松本三之介：《国权与民权的变奏——日本明治精神结构》，李东君译，北京，东方出版社，2005 年，第 50 页。
③ 宇田友猪编集：『自由党史』上，東京，岩波文庫，1957 年，286 ページ。
④ 同上书，第 9～11 页。

自由权作为"参政权",只强调政治自由,从而在逻辑上也把"国会开设"作为民权的最高表达和同义词,从而扭曲了对自由和民权的真实意义。民权派由于缺乏"人就是人自身的目的"的自觉,因此很少关心人的主体性确立等根本性问题,从而导致了田村安兴所指出的"倒不如说谋求政府的先导的国权主义才是民权派的本质","民权派自身正是以国权论本身为基础的意识形态"。① 不只是自由民权运动,追求国家政治价值而忽视个人的价值——这种国权和民权的失衡倾向一直是整个日本近代史上都未能解决的重要问题。

具有国家主义色彩的自由民权宗旨带来的效果是,民众一扫德川时代麻木不仁、死气沉沉的状态,对政治的参与和分担表现出空前的热忱。从此角度来看,自由民权运动达到了培养民众对国家认同感和国民之间连带感的"去地域化"目的。

（二）自由民权运动倡导者的尊皇立场

如前所述,民权运动的主体主要是旧的封建武士以及农村的地主、豪农和佃农,运动的本身也没有完全摆脱旧的封建意识。皇国思想构成了民权思想和运动的前提和基础。民权派和民权运动都不反对皇国史观,反而是以皇国思想为国家规范并以对天皇的无条件服从和忠诚为基础。因此不少日本学者一直称民权派为幕末尊王思想的继承人和反幕斗争的真正化身。② "整个运动没有反对天皇制度,也没有对作为天皇制基础的国家主义作有力的批判,反而默认了它们。"③田村安兴曾指出,自近世国学勃兴之后,集体无意识的神国神话开始被体系化;明治以后,认为日本是神的后裔而优于世界其他民族的神话,也占据了教育的中心。④ 民权派无法从神国神话的集体意识中超脱出来。爱国公党的目的是要改变人民卑屈无力的状态,使"天皇与人民融然一体",主张人民的权利就是为发扬国威,富足国民即"爱国爱君"之道。民权团体提出了不少宪法草案,但最后真正得到民权派支持的还是以皇国思想为根基的宪法草案。最具有自由主义倾向的植木枝盛也没有能够坚持其自由思想,最后还是将原先《日本国国宪案》草稿中"日本国的最上权属于日本全民"一条删除,同时加上了"国王不负国政之责"的规定。板垣退助在其《自由党的尊王论》中认为只有自由党才是真正

① 田村安兴:『ナショナリズムと自由民権』,大阪,清文堂出版,2004 年,32、48ページ。
② 转引自向卿:《日本的自由民权运动与民族主义》,李剑鸣主编:《世界历史上的民主与民主化》,上海,上海三联书店,2011 年,第 500 页。
③ 家永三郎:『近代日本の争点』上,東京,毎日新聞社,1967 年,24ページ。
④ 参见田村安興:『ナショナリズムと自由民権』,大阪,清文堂出版,2004 年,68ページ。

的尊王，才是真正的忠臣。"古今尊王家虽甚多，则无若吾党自由党者；古今忠臣义士虽不少，则莫如我自由党之忠爱真实者。"①这样的皇国史观，注定了民权派以自由民权的口号，实践着为国、为天皇的国家主义理念。在某种程度上，"自由民权是皇国思想的最忠实的继承者和向日本社会的普及者。"②他们的尊皇本身也成为近世以来集体无意识的神话谱系的重要环节。这也削弱了日本国内要求建立民选立宪政体的社会团结，对民主运动的深入形成阻碍。

（三）"去地域化"的特点：培养与国权扩张相连的爱国心

民权运动推动了国内政治势力的整合，而国内矛盾的化解则主要通过对外扩张来实现。③田村安兴通过翔实的考察后指出，在政治思想上，自由民权派比政府更具有对后进国家的侵略性。④他们的自由民权只是一种对内的诉求，对外意识则具有要求修改条约而实现民族独立和扩张国权的双重性。对外扩张思想的浸透及其实践，培养了民众的爱国心，成为自下而上形成国民的重要途径。

民权派一开始便将争取国家独立的任务与侵略朝鲜和中国的设想结合起来。民权运动的发起人板垣退助、副岛种臣和后藤象二郎等人都是在明治初期因征韩论争而下野的征韩派士族精英。他们之所以组织爱国公党，原因之一是因为不满于政府的软弱外交。立志社的林有造递交了组织义勇军的请愿书，拟动员五千兵员协助政府的侵台行动。"大凡国难之际，为国献身乃人民之权利，又何待我辈之喋喋哉！故团结民社，设置此兵，以当国家之外难。"⑤1877年，立志社在其建议书中指责政府在中国台湾、朝鲜、桦太、条约改正四个最关国家荣辱和人民幸福的事情上均未处理得当，征台之战只获得日银五十万两，未能保蓄地为其所有，未能使整个琉球群岛为其所属；朝鲜征战以失败告终；维新以来政府设立开拓使，未奏其功，导致日本的桦太和千岛地区逐渐落入"他国之手"；作为最紧要问题的条约改正，政府散掉万贯家财，却未能断然实现修改条约以绝外国之凌辱。⑥民权派已经呈现出比政府更激进的对外扩张国权之势。

对他国威胁的过度强调以使日本的侵略行为正当化，这是民权派加紧

① 宇田友猪编集：『自由党史』上，东京，岩波文库，1957年，119ページ。
② 田村安兴：『ナショナリズムと自由民権』，大阪，清文堂出版，2004年，4ページ。
③ 参见殷燕军：《近代日本政治体制》，社会科学文献出版社2006年版，第168页。
④ 参见田村安兴：『ナショナリズムと自由民権』，大阪，清文堂出版，2004年，92ページ。
⑤ 宇田友猪编集：『自由党史』上，东京，岩波文库，1957年，153ページ。
⑥ 转引自向卿：《近代日本民族主义（1868～1895）》，北京，社会科学文献出版社，2007年，第402页。

策划征服朝鲜所采取的手腕之一。1882 年 7 月,朝鲜发生了"壬午兵变"。此事一出,对韩强硬的国权主义成为对外意识的压倒性主流,以"亚洲文明之师"自居而向外扩展国权成为日本朝野的共识。

1884 年,自由党内对朝扩张论愈发高涨,《自由新闻》连发五篇《论对朝鲜的政略》,鼓吹侵略的国权论,指出应使朝鲜成为"日本至亲的同盟","使朝鲜成为纯粹的独立国家",其目的在于"使我国参与朝鲜的政务"。① 板垣退助和后藤象二郎秘密进行资金援助,纠集壮士出航朝鲜,这说明民权派已经越过政府,开始实施侵略朝鲜的举动。"输出壮士"计划得到了民权志士和舆论的热烈追捧,《自由新闻》9 月连发四篇《国权扩张论》,对其合法性进行论证。对该年 12 月发生的以金玉均为首的甲申事变,民权派指责政府外交软弱,要求政府发兵朝鲜,大肆宣扬日本的"国辱","惩清论"空前高涨,并与日本的"被害者意识"结合起来,使朝鲜问题成为向中国扩张的借口。在甲申事变后,植木枝盛和中江兆民的扩张国权思想也极度膨胀。植木枝盛连续发表文章,强烈鼓吹所谓对中国"复仇"的民族主义情绪。中江兆民发表了《三醉人经纶问答》,以隐蔽的方式阐述了其对外扩张的理论,其《外交论》更是赤裸裸地鼓吹与俄国一道瓜分中国。民权派内微弱的反扩张声音被掩盖起来,国内对外侵略的情绪被煽动起来,对于帝国扩张的幻想被制造出来。

鼓吹扩张也成为摆脱民权运动自身困境的有效手段之一。以朝鲜问题为契机,民权运动的沉闷局面得以打开,掀起了针对中国的对外危机,以迫使政府对镇压方针进行反省,用来促使国民政治意识的觉醒。② 以扩张国权为论题,自由民权运动通过舆论和媒体以及民主活动家的宣传及实践活动,将民众的爱国心引导到是否支持扩充国权、是否参与扩充国权的标准上来,在对日本"受辱"、"雪耻"和"正义文明"之师的叙述中,在激发对别国的仇视和愤怒情绪的基础上,"举国一致"、"同仇敌忾"和"勇往直前"使日本人对于国家的认同达到了统一。民族主义成为自由民权运动的本质和灵魂,"去奴仆化"的运动由此产生了"去地域化"的政治成效,近代日本国民在这个过程中得以逐步铸造出来。

第二节　"去奴仆化"的再觉醒:大正时期的民众抗争

《明治宪法》的颁布和国会的开设,标志着日本议会政治时代的开始。

---

① 下山三郎編:『自由民権思想』下,東京,青木書店,1961 年,57～61ページ。

② 参见〔日〕远山茂树:《日本近现代史》第 1 卷,邹有恒译,北京,商务印书馆 1983 年版,第 78 页。

对政府来说，开设国会原以为不过是只给人民一些发声的空间，但轰轰烈烈的国会政治运动的出现，导致民众与国家的关系产生了巨大变化。1890 年以前，日本政府苦心孤诣地将日本国民凝成一体，达成了帝国对外独立和对内发展的目的。1890 年后，日本政治权力结构开始转型，政党政治开始试图摆脱超然主义，从议会走向政府；民众与国家的博弈倾向不断增强，博弈方式多样化，并最终形成了大正时代激烈的民众抗争。甲午战争前，"君权的维持和强化"为宪法的基本原则；甲午战争后，由于政治势力的兴起，"立宪制对君权的限制"原则在政治生活中的比重日益增大。从社会变动和转型的角度来分析，有学者将 1905～1936 年作为战前日本社会由政治社会向大众社会接近时期，出现了强烈的大众社会化趋势，其中以 1914～1931 年为最高潮期，这段时期是国家政治体制向民主化和大众化方向演进的时期。两次护宪运动推动了民主势力的大发展，普选扩大了民主参与政治的机会和权利，社会风景呈现轻松、自由和多样性色彩，政治上则出现了政党政治和民本主义。① 这段时期的民主，基本涵盖了吉野造作所说的民主政治的三方面——"政党内阁、普遍选举、限制特权"。从国民形成的角度看，"大正民主时期"（1912～1926 年）②是继承了明治十年并在资本主义发展进入巩固期时兴起的第二阶段的自由民权运动，③可以称之为"去奴仆化"的再觉醒时期。近代日本国民的"公民"特质在此阶段得到较大程度的发展。

一、大正时期民众抗争出现的背景

（一）帝国主义的扩张与公众集会的合法性

19 世纪 90 年代，"殖产兴业"、"富国强兵"和"文明开化"政策经过二十年的经营，已经收获成功的果实。甲午战争的胜利不但具有政治上的效果，还带来了巨大的经济收益。军事扩张确立了日本在亚洲的优等生地位和霸权地位，并驱使日本走上帝国主义道路。帝国主义的维持和发展需要大量的资金，政府在 1896 年后需要寻找新的税源，方能维持其在亚洲的殖民地

---

① 参见周颂伦：《近代日本社会转型期研究》，长春，东北师范大学出版社，1998 年，第 235～236、241 页。作者认为广泛的大众政治参与、周期性的大众消费热潮、通俗的大众流行文化是大众社会的三大特征；认为通过革命走向大众社会是现代化理论所包含的核心内容，是现代化运动的主要表现途径。

② "大正民主"并非当时既有的称谓，而是后来反观 20 世纪初至 20 年代末日本社会变动时的一种历史认识。按照战后史学界通常的学术界定，"大正民主"包括从 1905 年到 1931 年的时段。

③ 参见近代日本思想史研究会：《近代日本思想史》第 2 卷，李民等译，北京，商务印书馆，1992 年，第 162～169 页。

位。民众面临的直接问题是，在享受国家扩张的荣耀同时，也不断收到增加税收的通知。甲午战争和日俄战争期间，帝国的扩张赢得了民众的普遍好感，国内出现的大量游行和示威成为凝聚民众、支持政府的有效形式，同时也使得公众集会的合法性得到承认。公众集会的合法性由此产生一个无法克服的二律背反：它既是政府凝聚民众的有效形式，最后也成为民众反抗政府的有效形式；政府动员人民支持战争，但意想不到的结果是由此加强了人民的自我意识和自我信念——国家需要人民的支持和牺牲才能发展，在政治决策过程中，那就要尊重人民的意愿，否则便会触发形形色色的挑战其政治垄断权力的政治运动。

（二）工业资本主义的发展与社会结构的变化

甲午战争实现了日本民众在天皇制下的团结和统一，但甲午战争并不只是以统一国民为目的的"国民战争"。大陆政策促使日本开始更加全力追逐对别国的控制，"三国干涉还辽"的结果使日本提出了"卧薪尝胆"的口号，走上了"甲午战后经营"之道——为竞相宰割中国，必须要对俄国进行战争。但战后经营加深了国民的分裂，甚至产生了政党内阁。[1]

这种分裂的产生，来自于甲午战争后日本资产阶级的觉醒。甲午战争中，他们还没有参与决定国家的意旨，但通过战争积累和壮大了力量。幸德秋水指出："日清战争引导资本家，使之产生阶级的自觉，这则是事实。……通过日清战争，他们觉察到，自称为当权者，或者与当权者结合是有利的。而且他们突然有了绅士阀（资产阶级）的阶级自觉。政治界与经济界竟产生更加紧密的关系，而且，政治家竟至逐渐受制于资本家。"[2]这种觉醒是以后产生政党内阁的直接动力。

战争也促使无产阶级作为一个阶级而觉醒。记者横山源之助预料到外国资本进入日本后利用日本廉价劳动力对工人发生的直接影响，在其 1899年出版的《内地杂居后的日本》一文中指出，战争也成了唤起劳工问题的一个机会。同盟罢工出现，致使举世注意工人行动，此战争以后之事也。在欧美，经历几多心酸始有今日之工会，在日本，则旦夕之间即已出现，此已战后之事也。[3]新的阶级关系的酿成，也使议会性质发生变化——从地主、豪农的议会走向资产阶级的议会，并使议会中所争论的议题发生变化——以工

---

① 参见〔日〕信夫清三郎：《日本政治史》第 3 卷，吕万和等译，上海，上海译文出版社，1988年，第 344 页。

② 同上书，第 304 页。

③ 参见上书，第 305 页。

商立国乃是不可避免之事。修改选举法、增加议席数、放宽纳税资格、扩大选举权、增加选区、改小选区为大选区，等等，都体现了工商立国的意图。[①]日本政治开始进入新的阶段。

由于帝国主义的向外扩张，大量的武器需要生产，工业资本主义尤其是钢铁业和造船业等重工业得到发展，中国的赔款大部分转化为工业投资。工业化必然产生两个问题：一是大量的劳动者，二是人口聚集在交通便利的大都市。[②] 这两个条件造就了 20 世纪初日本产业工业政治骚动的必要条件，尤其是成为女性工人参与政治的必要条件。

工业和贸易的发展刺激了新式商业的发展，并导了社会结构的变化。城市中产阶级开始出现，这个阶层，不仅包括占受雇者总人数 41% 左右的"商人及店家"（零售商、批发商、小工厂老板以及薪水微薄的雇员，统称"旧中产阶级"），还有数量不大但呈增长趋势的（东京的数目由 1908 年的 6% 增长到 1920 年的 21%）"新中产阶级"。小商人在日本社会一直没有地位，在以前只有纳税而没有权利，完全没有投票资格。时代的发展给予这部分人反抗的有利时机。他们多半是成功的家族企业，在政治参与上十分活跃，不但竞选区议会或市议会会员，也组织商会，要求政府实行各种保护政策。而新中产阶级则包括大中城市公、私立领域的办事人员，不只是顶尖公私立大学，中等职业学校、高等学校及大学的毕业生也步入该行列。受教育程度的提高促使了该群体社会权利意识的增长。

（三）近代思想和意识的传播

不管明治政府如何保守和坚持绝对主义，最后的结果是制定了宪法，还开设了一个民选的国会。长达十多年的民权运动让民众开始认识到日本应该是一个以民众为主体的国家，也了解了自己的义务和政治权利。征兵令、教育令、地税条例，让他们知道个人对国家所肩负的当兵、受教育和缴纳税金的义务；宪法的制定、颁布和国会的开设则让他们知道个人权利有包括选举权、决定国家预算、参与决策的发言权。选举政治有利于发展各种政党、政党报纸及其他民众选举活动，也促进民主在其他社会和经济领域中的出现，演说、游行、聚会、示威逐渐成为常态。甲午战争后，大城市每年都举行数以百计的合法公开的政治聚会，这既是政府需要人民的产物，又同时是近

---

① 参见〔日〕信夫清三郎：《日本政治史》第 3 卷，吕万和等译，上海，上海译文出版社，1988年，第 304～305 页。

② 20 世纪初至 20 年代，是日本城市化迅速发展的时期。1889 年全国只有 31 个城市，到1920 年城市数量已多达 81 个，城市人口占全国人口的 20%。立足于军事和工矿业的城市获得长足发展，四大工业地带必然成型，大都市的周边地区开始形成卫星城。以东京为例，1925 年，居住在郊外的人口为市区的两倍。转引自刘柠：《日本如何从"大正民主"走进法西斯时代》，《东方早报》2011 年 3 月 9 日。

代国民国家发展的必然产物。选举政治在开始虽然只是少数人的权利,但随着政党政治格局的形成,选举的资格不断降低,关心政治的人群也在逐步扩大。20 世纪初,政治家的追随者从最初的地主、资本家和新兴专业人士(律师和记者),逐步发展到平民,他们也逐渐参与到各种聚会和运动中来,对国家外交内政提出自己的看法。

总的说来,民主需要两个基本条件:经济上的充分发展带来多元的阶层力量和现代的公民意识。经过 20 世纪初的发展和第一次世界大战带来的契机,日本已经基本具备了这样的条件。

二、"去奴仆化"抗争的表现及成效

(一)反体制力量的兴起

在 20 世纪 20 年代日本社会的频繁骚动和暴乱中,真正最能够触及体制核心、致力实现民权根本变革和国民改造的,是受国际共产主义运动影响的社会主义思潮和社会主义运动的蓬勃兴起。19 世纪 90 年代后期,许多社会主义书籍被翻译成日文。1901 年,日本第一个社会主义政党"社会民主党"创立,安部矶雄、片山潜和幸德秋水等人为核心人物。该党的基本政治主张是:废除贵族院,实施普选法、制定工会法与保障工会的团结权、扩大义务教育年限等;其政治目标是:"反对一切暴力革命,以争取实行普通选举制度为当前最重要的任务,凭议会主义,逐步和平、合法地制服现存政权,实现社会主义。"[①]该党成立之日即被禁止,但他们仍然继续从事活动。1903 年,片山潜的《我们的社会主义》和幸德秋水的《社会主义神髓》发表,掀起了日本社会主义思潮传播的高潮。

幸德秋水对社会主义思潮的传播和引入的影响最为深远。1893～1903 年,他先后成为《自由新闻》、《中央新闻》和《万朝报》等报社的记者。他在 1901 年发表《20 世纪之怪物帝国主义》的著作中,将帝国主义定义为"以所谓爱国主义为经、所谓军国主义为纬编制而成的政策","悲我所谓爱国心并非纯粹之同情恻隐心,要说的话,爱国心之所爱之处,限于自家之国土,自家之国人也",尖锐地指出了爱国心的反世界主义和反公共特质。他还大胆地批判了在战时的"仇恨帝国之心"在平时也"直接转化为仇恨国人之动物的天性"。[②] 1903 年,他创办了《平民新闻》,这是当时唯

① 近代日本思想史研究会:《近代日本思想史》第 2 卷,李民等译,北京,商务印书馆,1992 年,第 65 页。

② 比較史・比較歴史教育研究会編集:『黒船と日清戦争―歴史認識をめぐる対話』,東京,未来社,1996 年,336～338 ページ。

一反对日俄战争的报纸。1904 年，他翻译出版了《共产党宣言》等马克思主义著作。

日俄战争后，社会主义者的行动愈益激进，不断策划了若干反政府的事件，例如 1906 年发生反对东京街车加价的小型暴动；1908 年发起高举无政府主义和共产主义大旗的"赤旗事件"，16 人被捕；1910 年发动策划暗杀天皇的"大逆事件"①，结果 12 人被处以极刑，大量社会主义者被逮捕。1917 年俄国十月革命取得成功，更触发了日本异议者对国内社会不平等和贫穷状况的不满，引发了他们更加激烈的活动。比如大杉荣在 20 世纪初期就积极参加社会主义运动，被捕入狱，出狱后，他转变为一个无政府主义者，为追求一个更自由、更平等的社会，他变得更倾向于直接采用罢工来攻击统治当局。

1922 年，山川均和荒佃寒村在俄国共产国际的支持下，组成了日本共产党。作为一个非法政党，创立时只有数千人。但这些组织在 20 世纪 20 年代就开始培养工人组织，希望借此扩大群众基础。1920 年 5 月 1 日，日本召开了首次劳动节庆祝会，号召解放工人阶级。其后每逢"五一"或者罢工，数以千人的集会游行已成惯例。演讲者不但要求增加工资、改善工作环境，还大声疾呼"工人阶级必须行动起来，打倒资本家剥削"以及"彻底消灭现有社会体制"。这种思想和集会无疑对统治者形成极大威胁。由于参加者多为年轻人，其中还有许多大学生，这些行为加剧了社会的普遍危机感。这使得政府下决心全力镇压学生运动，以彻底解决地下共产主义的威胁。在 1928 年的大搜捕中，几百名大学生被疑为共产党员遭到逮捕。文部省下令解散了东京大学的新人会，但 1930 年及 1931 年间仍然出现学生的抗议浪潮。

从国民铸造的角度看，大正时期的社会主义运动、劳农运动、无政府运动虽然遭受到种种压制，但真正对政府形成了抵抗和博弈，体现了对政府的批判姿态和作为公民的独立精神。这些运动的组织者和参加者始终保持对政府的警惕和批判精神，为日本国民树立了独立自尊的榜样，也成为"二战"后日本民主发展中制衡力量的重要基础。

（二）女性主义运动的兴起

20 世纪初叶出现的女性主义思潮和运动也对统治阶级构成了威胁。菅野须贺、福田英子等人于 1907 年创办了《世界妇人》，报道日本女工在各

---

① 桂太郎内阁为了彻底消灭社会主义者，于 1910 年精心策划、炮制了"大逆事件"。1910 年 5 月 25 日，日本政府以所谓社会主义者企图暗杀明治天皇为罪名，逮捕了大批社会主义者，并在 1911 年年初杀害了幸德秋水等 12 名社会主义者。"大逆事件"之后，日本的社会主义运动和工人运动暂时进入了低潮。具体可参见吴廷璆：《日本史》，天津，南开大学出版社，1994 年，第 544～546 页。

个行业的生活情况及各国女性参与选举与和平运动的消息，推动了女性主义运动的发展。日本的女性主义思潮分为两个方向——"妇女中心"和"人文中心"。平塚雷鸟、高群逸枝提倡"妇女中心的女性主义"思潮。他们在《世界妇人》等杂志上刊文指出，女性身为母亲和妻子，应该受到特别保护，政府无权征召其丈夫或儿子出征，为国牺牲，地方机构应为母亲提供小区服务，并指责现存婚姻制度对妇女的危害。这无疑挑战了国家权力，政府因此认定其活动具有"颠覆国家"的危害，以致最终《世界妇人》被迫停刊。与谢野晶子等人则是"人文中心"主义者，他们认为，为女性寻求解放，不只是因为是母亲，也不只是因为她们是日本人，而是因为她们属于全世界人类的一员。山川菊枝更进一步把女性主义和社会主义联系起来，认为女工受到性别和阶级的双重压迫，她们必须组织起来，反抗父权式统治及老板剥削，推动"经济制度革命，因为经济才是女性问题之真正症结"。[①] 这些论争说明，西方民主自由思想的传播对日本女性主义运动产生重要作用。

关注妇女的工作环境、发起女性参与罢工是女性运动的重要内容。从20世纪初始，进行反抗的矿工和工厂工人数量不断上升。据统计，东京的劳工纠纷在1870～1896年间仅有15宗，但其后二十年则高达151宗，女性罢工是其中重要组成部分。其要求不只是薪酬，还有工作尊严及合格的食物供应。1922年，政府解除禁止女工出席政治集会、不准登台演讲的禁令，此后的几年，妇女参加工会及发动抗争的数目以史无前例的速度增长。女性工会领袖带刀贞代在1929年曾创立"劳动女塾"，要求妇女应享受最基本的人道待遇及拥有最基本的公民权、自由权，争取能像"普通人"那样生活。她们除了抗争削减工资外，特别希望改革严苛的、极不自由的宿舍生活规则。数以千计的妇女通过大型罢工最后赢得了进出宿舍的较大自由。获得"人道待遇"不过是最小限度的自由，但更重要的是，通过斗争，她们感到自己能够获得更多的尊重。[②] 1930年秋，东洋棉纺厂由于大规模裁员，数以百计的女工晚上举行示威，其中也有社会主义者加入进来。游行队伍穿过黑暗街道时，他们投掷石头、捣毁街上电车、与警察打斗。报纸以"巷战"的词语描绘了这些年轻女示威者的战斗精神，该厂工人因此声名远播。[③] 这进一步促进了民众争取权利的斗争。

---

① 转引自〔美〕安德鲁·戈登：《日本的起起落落——从德川幕府到现代》，李朝津译，桂林，广西师范大学出版社，2008年，第205～208页。

② 参见上书，第184～185页。

③ 参见上书，第227～228页。

（三）罢工的组织化程度提高

罢工是大正变动时代民众反抗最常见的方式。以前在一些重工业企业虽然有过工会，但都不够稳定。大正时期，工会组织比以前稳定得多。1915年，铃木文治组织的工会"友爱会"的人数发展到一万五千多人，之后在日本大城市的工业区进一步发展，不论工厂大小都设法建立了支部。但友爱会的精神是崇尚温和，并不着眼于颠覆政府和体制。友爱会会员平泽计七在其创作的剧本中对这种温和精神做了形象地说明和阐释："日本工人的敌人不是政府，也不是资本家，日本工人不应以工人身份行动，他们应以人类及国民身份行动。"[①]其剧中的政治关键词"国民"，它既可理解为国家的人民，也可理解为民众或民族。20世纪初，这个词和"帝国"一词并驾齐驱，成为日本民众运动的口号，迫使政府开放其政治决策过程，呼吁其统治要以民众的利益为本。此时的这个国民概念，已经开始具备了"公民权"一词的含义。"帝国"条件下"国民"观念的生根立足，从根本上讲，是明治政府打造国家计划的产物。

1919年，友爱会更名为"大日本劳动总同盟"，宣布其为工人组织，并准备使用罢工等方式争取权利。那一年是日本有史以来组织工人纠纷最多的一年，参加行动的总人数达33.5万人。20世纪20年代，其他工会组织相继成立，罢工成为家常便饭，并逐渐向小厂蔓延。他们争取改善待遇的目的，也是要做一个普通人，做一个正常的国民，这表达了他们对等级差异和不公正的愤慨。除了上述罢工数量和次数的增加外，罢工的时间也越来越长，罢工的规划越来越详细，参与者中工人的比例也越来越高，随着时间发展，抗争的效果也越来越好。1931年，8％的工人参加工会组织，人数达36.9万。[②] 工会组织工人集会、请愿、罢工，试图通过以《工厂法》为代表的社会政策立法的要求和争取普选运动等诉诸政治的手段，朝着争取工人阶级基本权利的方向迈进，给政府施加更大的压力。

工人的罢工和集会与农村要求减轻税负、改善社会地位的农民运动相互配合，虽然屡遭镇压，但积累了政治斗争经验，深化了民众对自身权利的认识。工人、农民和其支持者深感有必要掀起以普选运动为代表的政治运动，同时也认识到，只是以单纯的形式和平地"诉诸政治"或"请愿"并不能保卫自身的利益，由此开始逐步走向与社会主义思想相结合的道路。工农运

---

① 松成义卫：『日本のサラリーマ』，东京，青木书店，1957年，27～31ページ。

② 转引自〔美〕安德鲁·戈登：《日本的起起落落——从德川幕府到现代》，李朝津译，桂林，广西师范大学出版社，2008年，第186页。

动所要求的普选也汇入当时各民主势力共同的政治诉求中,声援了由资产阶级民主派组织的护宪运动。正如日本学者所论述的那样,从"第一次护宪运动"经过"米骚动"到"第二次护宪运动",大正民主主义运动最后以公布"普通选举法"结束其全部政治过程,其政治推进者,实际上是工人、农民、劳动小市民等革命的人民阶层;把元老、军阀的巨头山县有朋的替身第三届桂内阁打倒而造成"大正政变"的,也是民众的力量;把绝对主义的最后寺内内阁在"米骚动"中打倒,而使日本首次的正式的政党内阁原敬内阁得以组成的,也是人民大众的革命力量。①

(四)"去奴仆化"抗争的社会成效

民众"去奴仆化"抗争的成效是明显的,表现在政府、企业和教育等层面。

政府的层面,表现为一系列措施出台:降低选举人的财产资格限制,1919 年通过的原敬提案增加选举人口 300 万;承认妇女地位上升,1922 年政府废除妇女不能参加政治集会的禁令,不过仍然反对妇女参与结社;成立"地方委员会制度",提出推动男性普选法、放宽工人权利以及扩大女性政治和公民权利等措施;原敬内阁时还设立了一个社会事务局,处理事业、劳工纠纷和佃农抗议等问题,该局于 1922 年还提出了"健康保险法"和"修订工厂法",要求中型以上的企业必须为其雇员成立健康保险。这些政策的实施,是民众争取权利斗争的结果,在短时间内能达到强化社会安定、赢得选票的目的,对于民众政治参与意识的形成无疑具有刺激和影响作用。

企业的层面,其效果表现在:一是企业设立了"工厂委员会"作为协商机构。劳资双方可借此作为交换意见的平台,但反对更有自主性的工会活动。二是增加了各种福利措施,举办各种厂内训练。三是工人的权利意识大为增强。他们要求企业主言行一致,要求企业主停止解雇工人,强调所有工人都具有定期调薪的权利,认为这些"福利是他们应得的权利"。有的甚至要求以年资作为提薪基础,而且要制度化。其理由是"在天皇面前人人都是平等的",作为天皇之下平等的日本国民,应该为自己争取"人道待遇"。② 这些要求当然不可能都实现,甚至大部分无法实现,但重要的是,20 世纪 20年代日本民众中已经出现的这些思想和运动,对企业和政府都构成极大压力。正是在此过程中,日本民众逐步增强了作为国民的"公民"特质。

---

① 参见近代日本思想史研究会:《近代日本思想史》第 2 卷,李民等译,北京,商务印书馆,1992 年,第 165 页。

② 转引自〔美〕安德鲁·戈登:《日本的起起落落——从德川幕府到现代》,李朝津译,桂林,广西师范大学出版社,2008 年,第 187 页。

教育体系层面，公民教育开始受到一定程度的重视，公民教育体系得以逐步确立起来。与大正民主运动的发展相适应，国外的公民教育思想也传入日本，教育界也出现了以尊重个性、以儿童为中心、以生活为中心为基本思想的"新教育运动"。德国教育家凯兴斯泰纳（Kerschensteiner）的公民教育思想以培养资本主义国家忠实而有用的理想公民为宗旨，极为强调"德意志国家意志"和民众的"德意志精神"，又主张教给公民必要的科学技术知识，并设计了有效可行的教育形式，与当时日本政府以国家主义作为教育指导思想的需要不谋而合，因此日本政府在制定教育政策时有所借鉴和吸收，并将其大力贯彻到教育实践当中。政府设立了"公民教育调查委员会"，以国家主义和凯兴斯泰纳的公民教育思想为指导，通过对教育政策和教育实际的调查研究，促进公民教育的展开。春山作树、川本字之、关口泰等教育学者也继承了《明治宪法》颁布以后重视国民教育的传统，积极著书立说，宣传公民教育的理论，探讨开展公民教育的措施。这为大正时期公民教育观念的兴起提供了思想基础。

在明确的公民教育意识的指导下，日本学校中的公民教育终于从20世纪20年代起开始进入确定和普及的时期。其重要标志就是学校中的"公民科"的设立。"新设'公民科'……教学宗旨是在讲授法制、经济及社会事项之概要的同时，特别是要让学生领会遵法精神与共存共荣之本义，培养为公共奉献、协同处事之风气，进行公民性陶冶。"①从1924年4月起，实业补习学校中正式开设"公民科"的课程，到1931年时，师范学校、中学校、实业学校等也都设立了"公民科"，并且作为必修科目取代了以前的非必修科目"法制与经济"。其内容主要是"明了宪政自治的本义以及适应于日常生活的法制、经济及社会的事项"。其目的，"尤其要培养有关我国国体之信念，以期培育健全有为之国民，开实践躬行之道。"②

可以看出，源于西方宪政思想的"公民"一词在近代日本的具体环境中，已经在内涵上开始有很大的变化。"权利"的内涵已经被明显弱化，对于国家的责任和义务却被反复强化。政府以"公民科"来加以命名，显示了对时代潮流的迎合姿态。但就其实质而言，政府的目的还是培养民众的国体观念，缺乏对公民政治内涵的自觉认识，可以称之为国家至上的公民教

---

① 国立教育研究所内日本近代教育史料研究会编：『資料文政審議会』第1集，日野，明星大学出版部，1989年，139ページ。

② 转引自杨孔炽：《日本学校公民教育的历史由来》，《教育史研究》2000年第3期。

育。即使如此,它仍然是大正民主抗争"去奴仆化"成效的重要表现之一,显示了大正民主运动对教育的重要社会影响。可惜好景不长,随着国内军国主义思潮的泛滥,"公民科"也被取消,而代之以更加露骨的皇国修身教育。

三、自由民主思想的深化:体制内部的反体制之声

对政党政府的反对和批评不只是上述反体制的人,体制内部原来支持资本主义体制及议会制度的人,针对"国家中心主义的跋扈",提出"至少有必要对个人自由及其利益、幸福之类的问题多加注意",[1]开始对现实政治进行批判,对民主政治进行理性思考,在理论上对大正民主运动给以指导,进一步深化了明治时期即已产生的自由民主思想在日本的影响。这里的代表,便是吉野作造的"民本主义"、美浓部达吉的"天皇机关说"以及影响较大的"人本主义"思潮。

(一)吉野作造的"民本主义"及其影响

东京大学教授吉野作造(1878~1933 年)是近代日本知识分子的典型,是"大正民主"的理论旗手。以前,他持的是一般民众不具备政治能力的愚民立场。1910~1913 年,他在欧美各国留学过程中亲眼目睹了工人的游行和罢工,感受到了有秩序的民众运动所蕴含的巨大力量,由此确信民主主义运动已成为世界不可阻挡的潮流,也认识到工人阶级正逐渐成为社会变革的主要的推动力量。回国后,他又亲身感受了"大正政变"前后民众民主意识的觉醒,开始相信民众所蕴含的力量,认为街头的民众运动是以前立宪政治失败的产物,要廓清政界的腐败只有依靠民众的力量。

吉野作造在《论民众的示威运动》一文中认为,民众的示威运动实际是令人担忧的社会现象,但仅就推动宪政的发展而言,它又是"令人欣喜的社会现象"。[2] 他指出,政府当局如何调整政策至关重要。第一,"完善宪政,使之更加圆滑。宪政运作不完善是导致民众运动的主要原因。……应该扩大选举权,公平地分配选区。然后,确立政党内阁,实行两党制"。第二,"政府要为民众制定相应的社会政策"。[3] 1916 年 1 月,他发表了《论宪政本义及其完善之途径》一文,正式提出"民本主义"论思想,认为立宪政治的根本

---

① 近代日本思想史研究会:《近代日本思想史》第 2 卷,李民等译,北京,商务印书馆,1992 年,第 184 页。

② 参见松尾尊兊、三谷太一郎、飯田泰三編:『吉野作造選集 3 大戦から戦後への国内政治』,東京,岩波書店,1995 年,18ページ。

③ 同上书,第 39 页。

精神是"民本主义"①，其基本点是"国家法理上属于人民"，"国家主权活动的基本目标在政治上属于人民"，政府的目的在于保护国民的福祉，达到上述目的的最佳手段便是选举以及产生向国会负责的内阁。② 这篇论文引起了日本全国有识之士的热烈反响，他本人也因此被世人誉为"大正民主运动的理论先驱"。1918 年 1 月和 4 月，吉野作造相继发表了《民本主义的意义及再论完成宪政至善至美的途径》和《所谓出兵论有什么合理的根据吗？》等文章。随着对国内外形势认识的加深，他对民本主义理论进行了战略性调整，最终体现为，内政上彻底贯彻"民本主义"，外交上确立"国际的平等主义"，支持殖民地人民逐步走上自决道路，并强烈支持裁军，呼吁政府尽快撤兵。他的思想为开拓民主政治空间提供了指导作用。

吉野作造的民本主义建立在"人格主义"的精神基础之上。这种人格主义，讲求个人人格的完善，不承认人为塑造的个人权威，是以个人为目的价值，赋予个人以绝对尊严的康德意义上的人格主义。他认为，民本主义要得到实现，必然要使人格主义普遍成为人们共同的信念。在他那里，人格主义包含在基督教的信仰中，基督教认为所有人都是上帝的子民，每个人都是神圣的个体与基督直接相连，这种信仰具体化到现实社会中，必然是民主主义。不过，吉野同时又主张积极地接受精神上的权威，认为政治上支撑民本主义的最基本要素是民众在道义上的判断力，而只有同精神上的贵族主义相结合，民众在道义上的判断力才能得到磨炼和提高。③ 民本主义在现实中的制度设计便是代议制。

为了扩大普选论在民众中的影响，吉野作造放弃了原来思想中倾向于"天皇机关说"的立场，毅然选择了支持"天皇主权说"的立场，但他同时又借用在日本有着悠久传统的儒家的民本思想，对天皇的权力范围进行了限定，从而为把源自西方的民主思想引入日本社会创造了条件。④ 吉野的这种不作主权要求的民本主义受到了山川均等社会主义者的批判，但也正因为如

---

① 吉野作造在最初译介"Democracy"的学术理念时，刻意回避了"民主主义"的已有表达，而将其译为"民本主义"。这不是误译，而是一种权宜性表达。因为"民主主义"本意的"主权在民"，与《明治宪法》中的"天皇主权论"在法理上相抵触，于是只有退而求其次，以"民本主义"来置换。这反映了大正民主在"民本"与"民主"存在的先天性法理矛盾，与《明治宪法》中的"天皇主权论"、"统帅权"等规定密切关联。

② 参见松尾尊兊、三谷太一郎、饭田泰三编：『吉野作造選集 2 デモクラシーと政治改革』，東京，岩波書店，1996 年，24～25ページ。

③ 参见吉野作造：「民衆の示威運動を論ず」，『中央公論』1914 年第 4 号。

④ 参见 B. S. バーナード・シルバーマン（ほか）：『アメリカ人の吉野作造論』，宮本盛太郎（ほか）編訳，東京，風行社，1992 年，15～21ページ。

此，其民主主张才避免了被日本当局立即扼杀的厄运，从而得以大胆地公开宣扬普选和政党政治，并能公然对藩阀官僚统治进行批评。这种首先打入对方阵营并得到认可，然后再用对方的逻辑攻击对方的思路，是吉野民本主义思想的特点所在。[①] 这也证明了，作为"大正民主"价值核心的民本主义，本质上是在《明治宪法》体制的框架内追求民主，即在不否认君主制的前提下，主张以宪法保障人民权利、三权分立、民选国会等。但它早晚会撞到"天皇主权论"的天花板，可见其理论的局限是先天的，也注定了"大正民主"的不彻底性和两面性。

吉野作造不仅限于思想理论的贡献，他还付诸实践，对日本民众争取权利的现实斗争产生了积极影响。他创办团体及刊物，举行演讲会和辩论会，希望通过团体将自己的思想主张转变为行动纲领，逐渐地组织化并在团体行动中提高民众的觉悟。1915 年春，他创办"大学普及会"，主张创办开放自由的国民大学，创办以通俗易懂为宗旨的"平民学府"。[②] 他创办的刊物为半月刊《国民讲坛》，主要刊载以启蒙国民教育为宗旨的通俗讲义。"黎明会"、"东大新人会"等就是他直接参与创办的团体。"东大新人会"的口号是"向人民进军"，目标是"必须改革不合理的特权阶级社会，创造出以有新思想的人为基础的社会。要彻底打破与改造社会的世界思潮相悖并对运动加以阻碍的羁绊"。其纲领是："第一，应与世界文化发展的趋势——人类解放的新形势协调发展、互相促进；第二，应服从现代日本的正当改造活动。"[③] 这个团体虽然对社会主义思想的认识还处于摸索阶段，但对工人阶级的影响较大，后来的"东大新人会龟户分会"就产生于工人中间。

进入大正时期，民众要求"打破阀族、拥护宪政"，掀起了第一次护宪运动。第一次世界大战结束后，普选已成为大多数民众的要求，各地演讲活动和示威运动此起彼伏，工人、学生也都加入到此行列中来。1919 年 2 月 11日，以"东大新人会"为中心的"全国学生促进普选同盟"成立。他们以"民本主义"指导民众，通过运动向政府施加压力。在当日，东京各大学的辩论会，早稻田大学的"普选促进会"，日本大学、明治大学、中央大学的"学生同盟会"，"东大新人会"等团体成员三千余人在日比谷公园召开大会，向社会宣告："看，德谟克拉西是世界大势所趋，民本主义已成为时代的潮流，必须彻底地实行君民同治。"[④]会后，学生还进行了示威游行。1920 年 2 月 10 日，

---

① 转引自王超伟：《吉野作造民本主义思想的形成过程》，《解放军外国语学院学报》2007 年第 3 期。

② 参见金原左门：『大正デモクラシーの社会的形成』，东京，青木书店，1967 年，59ページ。

③ 伊藤隆：『大正期「革新」派の成立』，东京，塙书房，1978 年，15ページ。

④ 转引自陈秀武：《日本大正时期的政治思潮与知识分子》，北京，中国社会科学出版社，2004年，第 176 页。

日本劳农党、日本交通劳动大会、小石川劳动会等二十余个团体组成的普选演说会与示威活动在芝公园举行，一致决议实施无限制工会法、废除《治安警察法》第 17 条、立即实行普选。次日，"普通选举期成同盟会"主办的"普选促进大会"、立宪劳农党主办的"获取参政权民众大会"在上野公园召开。宪政会议员大竹贯一、小泉又次郎、三木武吉等给以声援，大会再次一致决议实施普选和废除《治安警察法》第 17 条。在舆论的支持下，在野的国民党率先在第 42 届议会上提出"普通选举法案"。宪政会的尾崎行雄、岛田三郎也热心于普选，使普选运动逐步走向高潮。1924 年，加藤高明组织了政党内阁；1925 年，国会通过《普通选举法》。它们不仅是大正民主运动的最大成果，而且充分实现了吉野作造所代表的知识分子的政治要求。①

（二）美浓部达吉的立宪主义思想

美浓部达吉（1873～1943 年）是日本宪法学家、行政法学家。1920 年，他提出"天皇机关说"，认为天皇只是国家行使统治权的机关，必须依据宪法行使其职能，而主权应该属于国民全体，国家统治权应当属于作为法人的国家。该理论与"天皇主权说"直接冲突，引发了他与国体论者之间的争论，遭到极右翼势力的强力抨击。

"天皇机关说"是美浓部达吉立宪主义思想的集中表现。他认为，立宪政治是"以民意的尊重为基础的政治，民意存在的地方就是自由地获得表达机会，此乃立宪制度的根本"②。立宪政治具有三个要素：一是基于国民的赞成而形成的政治。君主行使统治权要根据国民的同意，这是立宪君主制与专制君主制的区别之一。二是责任政治。统治权的所有作用需要责任人，作为国民以及代表者的议会负有监督、批评以及辩护的权利。三是法治政治。③ 美浓部达吉最早从国外引进了法治国家的概念。法治主义就是以法律规定国民的权利与义务，使行政权与司法权依据法律运行。强调人民权利与自由的法律保留原则是美浓部达吉立宪主义思想的重要内容。④ 所谓立宪主义是指以政治的自由作为其根本思想，政府并不是永远独占政治，其所有的机构都处于国民的批判之下，失去国民的信赖，就应失去职位。这就是立宪政治的要求。⑤ 把国民对时政的自由批判作为基本价值是美浓部

---

① 转引自陈秀武：《吉野作造独立人格刍议》，《日本学论坛》2002 年第 1 期。

② 转引自韩大元：《美浓部达吉立宪主义思想研究》，《比较法研究》2010 年 4 期。

③ 参见美濃部達吉：『逐条憲法精義』，東京，有斐閣，1927 年，20 ページ。

④ 参见長谷部恭男：『法治概念の日本の継受—行政学の削減と憲法学の拡張』，『早稲田大学比較法研究所講演記録集』，東京，早稲田大学比較法研究所，2008 年，29 ページ。

⑤ 参见美濃部達吉：『現代憲政評論—選挙革正論其の他』，東京，岩波書店，1930 年，436～437 ページ。

立宪主义思想的核心要素，为此，他特别主张限制国权的意义。虽然美浓部达吉不是彻底的"国权至高性"的否定者，但在宪法学理论体系中他仍十分强调国家权力的受制约性。

美浓部达吉并不否认天皇制。他认为，为了实现民主主义的政治，在宪法上支持天皇统治是必要的，甚至是绝对必要的。否则，民主主义就成为一种有名无实的东西，会陷入法西斯独裁统治。他认为所谓民主政治，从法律或形式上看就是"国民主权"，即国家统治的最高权力属于国民，但主权属于国民，并不意味着每个国民都参与国政，因此，在民主政治体制下，天皇制能否维持取决于《明治宪法》下的议会议决或国民投票的结果。他认为，天皇制体制下实现民主政治的有效途径之一是"实行议院内阁制，更新国民教育的形式，培养国民参与国政的政治自觉性，使之成为有责任、具有批判精神的国民"。①

美浓部达吉的立宪主义有着强烈的基本人权思想的色彩。他主张的责任政治体系以及责任主体中始终存在着个人因素，认为"每个人作为个人为了健全且幸福的生活而必须具备的基本条件"就是基本人权，是宪法保障的国民权利的总称。它有三方面的属性：一是普遍性，即所有的国民享有平等的人权；二是不可侵犯性，即它是国家权力不能侵犯的绝对权利；三是永久性，即将来永远不能侵犯的权利。② 在他看来，基本人权应该受到国家保护，国家要履行保护的义务；基本人权不单纯是权利，同时也是一种义务。在基本人权领域，对思想自由的保护是美浓部达吉宪法论的基本前提，③为此，他特别强调实现政治上的平等权，主张对旧宪法体制下存在的贵族院制度、华族等制度进行改革。在参政权上，他积极肯定国民主权原则，主张扩大国民参政的范围与途径，突出国会在国政运行中的地位与作用。在受益权方面，他首先区分自由权与受益权的界限，受益权是国民为了利益而向国家要求作为或者希望从国家那里获得利益的权利；而自由权是指国民对国家消极地要求不作为的权利。基于这种区别，他把自由权称为"消极的公权"，把受益权称为"积极的公权"。④ 他的结论是：所有的国民，作为国家及社会的成员，有义务健全地维持与发展国家及社会的命运，与此相适应，国家对个人人格的尊重以及保障权利和自由，也是为了保持国家与社会的健全发展，故不能超越正当的界限。

----

① 参见高見勝利編：『美濃部達吉著作集』，東京，慈学社出版，2007年，239、240、242ページ。

② 参见美濃部達吉著、宮沢俊義补订：『日本国憲法学原論』，東京，有斐閣，1952年，143ページ。

③ 参见樋口陽一：『自由と国家』，東京，岩波書店，1989年，107ページ。

④ 参见高見勝利編：『美濃部達吉著作集』，東京，慈学社出版，2007年，258ページ。

综上所述，美浓部达吉的宪法学体系的基本理念体现为自由主义、民主主义、法治主义与立宪主义。虽然其思想在"没有把握天皇制的绝对主义本质，没有进行批判"这一点上表现出"非科学性"的一面，①但是，他在权威主义、官僚主义横行的时代，坚持自己的学术理想，以自由主义与立宪主义的哲学建立并不断拓展日本宪法学的研究领域，捍卫了宪法学的学术尊严，保持了宪法学者的良知。他的思想虽被政府所压制下去，但对推动大正时期日本民众思想的"去奴仆化"进程却产生了深远的影响。明治后的日本通过国家强制方式宣扬对天皇的盲目崇拜和国家主义情结，个体价值很难体现，民主的思想基础还比较薄弱。美浓部达吉的思想对于仍然保留着忠君和尚武思想的国民教育是一剂清醒的反省剂，对受到压制的思想自由和个体独立也是极大的鼓舞。它与社会主义运动的发展一道，构成了大正时代日本民众反省和反抗现实的力量源泉。

（三）"人本主义"的宣扬

大正时代是一个在文化上"猪突猛进"（日本成语）的时代，是从西洋、东洋两个文化体系中肆意撷取的时代，这种左右采获的欣快感及均衡感，在日本的历史上也是独此一时而又昙花一现的。②

"人本主义"是指产生于知识分子之间的教养主义、文化主义、人道主义等文化形态。明治末期，受康德（Immanuel Kant）、费希特（Johann Gottlieb Fichte）、格林（Thomas Hill Green）等人的人格主义、理想主义伦理学的影响，以"丁酉伦理会"为中心形成了文化主义、教养主义的思潮。强调道德的根本在于人格的修养，忠君爱国尽管是国民道德的要素，但若非基于人生的本然，觉醒其自觉心，诉诸其衷心的话，生命就变得毫无意义。其中蕴含了强烈的个人主义色彩。③ 大正时期这种表现更明显，主要有：在东京大学德国教授克贝尔（Raphael von Koeber）影响之下，对"教养"思想的普及与发展做出贡献的一批人的活动与成就；以京都大学哲学科为中心的学院派对德国新理想主义哲学的积极引进和介绍；"白桦派"的文学活动。④

---

① 参见西村裕一：「美濃部達吉の憲法学の考察」,『国家学会雑誌』2008 年第 121 卷第 11、12 号，26ページ。

② 参见刘铮：《大嚼大咽经典名著的一代：日本"大正教养主义"与日本读书论》,《南方周末》2014 年 6 月 27 日。

③ 参见崔世广主编：《日本现代化过程中的文化变革与文化建设研究》,石家庄，河北人民出版社，2009 年，第 99 页。还有一个因素值得一提，即 1906 年自由主义者新渡户稻造任旧制东京第一高等学校校长后，自由主义、个人主义精神蔚然成风，大大改变了该校的立校方针，引发了青年一代思想的巨大变迁。

④ 参见近代日本思想史研究会：《近代日本思想史》第 2 卷，李民等译，北京，商务印书馆，1992 年，第 175 页。

1918～1919年，由吉野作造等人创立的"黎明会"成员，提出了文化主义新理论，强调只有真善美的"文化价值"才是人为之努力的最高理想，文化的基础就是人格的自我观念。① 这种文化主义成为知识分子的新的指导理念。

大正时代的教养主义则是文化主义的深化，脱胎于德国式的对教养的理解与憧憬。在德国式的教养理念中，个体生命的完善总是被放在最突出的位置上。也就是说，个人的才能的发展、精神的提升、美的享受，是这种教育的核心内容。政治，即与他人、群体、社会的关系，是被忽略的。克贝尔主张"人格"的培养和"教养"的修炼，批判国家主义的专制和资本主义的弊端以及马克思主义的物质主义单一性，主张不仅个体要充实，还要不断向他人扩展，使十人十性的个性之花充分绽放。② 德国新理想主义哲学是大正时期日本的主流哲学，崇奉康德的"人是目的"理念，在肯定文化价值的同时强调人的主体性，把人格价值视为唯一的伦理价值。因创办《白桦》杂志而得名的"白桦"派居大正文学的主导地位，代表了"大正的文化概念"，创办者为武者小路实笃等二十余人。他们崇尚个性自由，反对旧道德束缚，宣扬建立在自我意识基础之上的理想主义和人道主义，宣扬"超阶级的人类的爱"，把"尊重自然的意志和人类的意志，探索个人应该怎样生活"作为文学的目标，并创作出许多作品，哺育了不少知名作家。

上述文化动向均强调以人为本、自由意识，或通过历史人物阐发自身的人生哲学，展现出异于明治文化的精神新貌。在那个勇于冒险且积极向上的时代，紧接着又是与之相反的内省且充满怀疑的时期，受这些主张的影响，夏目漱石的门生和白桦派的一部分人，如阿部次郎、安倍能成、和辻哲郎等人就开始宣传教养。按照斋藤孝在《读书力》一书的说法，"教养主义的代表作品有大正三年出版的阿部次郎《三太郎的日记》、大正六年的仓田百三《出家及其弟子》、大正八年的和辻哲郎《古寺巡礼》、大正十年的仓田百三《爱与认识的出发》以及西田几多郎《善的纯粹经验》。"三木清回忆道："阿倍次郎的《三太郎的日记》是其中的代表性先驱，我也曾在宿舍熄灯后的烛光下耽读此书。"③以当时的代表性中学"一高"④为例，对国家的不信任，对天

---

① 参见崔世广主编：《日本现代化过程中的文化变革与文化建设研究》，石家庄，河北人民出版社，2009年，第100页。

② 同上。

③ 〔日〕三木清：《读书遍历》，转引自刘铮：《大嚼大咽经典名著的一代：日本"大正教养主义"与日本读书论》，《南方周末》2014年6月27日。

④ 即旧制东京第一高等学校，东京大学教养学部的前身。

皇及国体观的冷淡，对校风校训的厌恶，使得学生即使是在日俄战争期间也改变了入学时的经世济民思想，进入"精神放浪的摸索时代"。[①] 还未正式升入大学的预科生，把笛卡尔（Rene Descartes）、康德、叔本华（Arthur Schopenhaue）的著作当成他们的日常功课。高桥英夫曾写道，兵库县篠山地方原来有一首民谣，开头一句唱的是"でかんしょ"，发音近似中文的"笛康叔"，"一高"的学生就把这首民谣借用过来，在同学间广为传唱。在他们口中，这个"笛康叔"，就成了"笛卡尔、康德、叔本华"的缩略语——可见这种偏重思想性的风潮对青年学生影响极大。[②] 原本想当外交官的藤井武在入学"一高"后就转变观念，"想将学问当做纯粹学问来考虑"，九鬼周造也一样，不久就申请转学哲学科，研究宗教哲学去了。著名文学巨匠谷崎润一郎在经历了非常苦闷的思考之后，舍弃政治科，转而投身文学。[③] 许多从事自然科学的知识分子，像数学家小仓金之助、儿科医生松田道雄都在回忆文章中详细阐述了自己阅读西方文化经典及大正教养主义代表作品的经历。[④] 以至于"二战"后总结大正文化时，常以"大正教养主义"作为概括的提法。

教养主义特别重视文学和哲学，轻视科学和技术；偏重文化和思想，轻视政治，甚至具有反政治乃至非政治的倾向。同时从本质上说，它是与日本的教育体制扭结在一起的，把全日本最有学术潜力的青年集聚起来，使其栉沐于文学、思想的精华，产生一批渴望自由和独立追求的"知识贵族"。这些对政治有意无意加以回避的思想和人物，又从另一侧面成为推动大正民主运动的重要思想资源和力量。

四、"去奴仆化"抗争取得成效的社会原因

（一）发达的现代传媒和教育的普及

按照安德森的相关理论，"印刷资本主义"的发达和报纸、书籍等出版物的传播和普及能促使民众在文化上连成一体，增强其国家意识和国民自我认同意识，是形成国民"民族"特质的重要条件，同时也对国民"公民"特质的形成具有重要推动作用。公共舆论自由是政治民主化的基本要素，也是民众实现政治参与的重要途径。大正时期发达的现代传媒铸造了公共舆论的

---

① 转引自周颂伦：《近代日本社会转型研究》，长春，东北师范大学出版社，1998年，第67页。

② 转引自刘铮：《大嚼大咽经典名著的一代：日本"大正教养主义"与日本读书论》，《南方周末》2014年6月27日。

③ 参见高桥里美：「阿部次郎君の想い出」，『思想』第429号，1960年3月。转引自周颂伦：《近代日本社会转型研究》，长春，东北师范大学出版社，1998年，第67页。

④ 转引自刘铮：《大嚼大咽经典名著的一代：日本"大正教养主义"与日本读书论》，《南方周末》2014年6月27日。

空间,推动了近代国民公民化特质的铸造。

明治时期,乘文明开化之风,作为公共舆论主要载体,以报刊为核心的大众传媒事业迅速发展起来。第一次世界大战后,日本媒介开始活跃在世界舞台上,各报社将记者派往战争前线和有关国家,提高了新闻媒体报道的知名度。主要的报社都由个人经营或合资经营转变为股份公司,资金迅速增加,装备大量投资,编辑机制也明显进步。在"帝通"和"电通"两大通讯社出现后,又诞生了"国际"和"东方"两大通讯社。当时的报纸,除《东京朝日新闻》《东京日日新闻》《大阪朝日新闻》和《大阪每日新闻》四大报外,各都、道、府、县都有自己的地方报纸。据统计,1877年,日本全国发行新闻纸仅一百多种,而到了1904年上升至375种,增加近三倍。1877年,报纸每日发行量能逾一万者仅《东京日日新闻》,而到了1904年,地方新闻纸发行3万以上者的已经不少,都会报纸势力最盛者则有10万~20万之多。[1] 据1922年的调查,日本每月发行四次以上的报纸在1915年有600种,1917年有660种,1918年有798种,1920年有840种,1922年有900种。杂志也有快速增长,大正时期已有《中央公论》《改造》《文艺春秋》等综合性杂志。明治末年日本全国杂志达千余种,其在东京发行者有380种。[2] 据统计,每月出版三次以下的杂志,1915年有1014种,1918年有1442种,1919年有1751种,1920年有1862种,1922年有2236种。杂志不仅建立起以大量生产为经营准则的营业方式,同时也出现了以知识分子为对象的销售途径。此外,图书馆有东京帝国图书馆、大阪府图书馆等,博物馆有东京博物馆、京都博物馆。电影界也进入到群雄割据的时代。20世纪初,世界无线电广播事业迅速发展,日本于1925年建立起自己的无线电广播事业,不久,全国就形成一个广播网。随着近代通信和新闻出版事业的发展,社会教育在大正时期也得到发展。

经过明治时代的努力,20世纪初,日本已经建立起广泛而有效的教育机构体系,平民教育得到不断发展,义务教育入学率不断上升,教育普及基本完成。民众已经可以阅读报刊、签署请愿书,甚至批评政府政策,更多的人能够进入公共事务领域,能够认识到日本已经是世界之一员,参与政治的能力和主体意识逐步增强。农民和工人开始要求富裕阶层承担责任,并开始认为"救济是应有的权利"。作为日本的国民,就应享有得到国家或者政

---

① 参见〔日〕大隈重信:《日本开国五十年史》(影印本下册),上海,上海社会科学院出版社,2007年,第925~927页。

② 参见上书,第930页。

府或者有钱阶层救济的权利——"国民"一词具有了不同于昔日的政治及文化含义。

现代传媒将社会力量整合起来，也带来了社会对政府和国家的强烈要求，报刊的发展为公众品评时政提供了阵地，借助报刊之便将反对专制、要求民主的呼声传达于民众。在报刊的宣传影响下，日本先后爆发了民众反对桂（太郎）、山本（权兵卫）内阁的运动。可以说，大正民主运动中随处可见报刊的身影，随时可闻报刊的声音，没有报刊的参与，大正民主运动难以产生轰动效应。"大正民主运动正是在报刊舆论的呼风唤雨中达到高潮并取得了成功。"①

（二）资本主义工商业的发展与日本社会群体和文化趋势的巨变

经过明治维新的孕育，日本工业化和城市化水平逐步提高。从甲午战争到第一次世界大战的二十年间，人口不断从农村流向当地的中心城镇，从城镇集结到都市，尤其是"伴随日俄战争后产业资本的确立，东京急速吸收地方上的劳动力，与此同时，以薪金生活者为中心的新中间层不断增长，逐渐将居住地扩展到郊区"②，导致"近代产业"人口的增加。1898～1918年，日本城市人口从 539 万（占总人口的 11.9％）上升至近 1010 万（占总人口的 18％），人口不足 5 万的城市从 213 个增加到 510 个，人口在 5 万～10 万之间的城市从 12 个增加到 31 个，10 万以上的城市从 8 个增加到 16 个。东京、大阪、京都、神户、名古屋、横滨六大城市的人口增长了 2～3 倍。③1893～1935 年，人口不足 5000 的町村数由占总人口的 2/3 减少到 1/3；而人口 5 万人以上的城市人口，却由占总人口的一成增加到占三成。1920～1940 年产生了 83 个新市，主要集中在太平洋沿岸地带。④ 媒体业和各种杂志如雨后春笋般涌出，促成了现代文化方式和生活方式的逐步扩展。西洋文学、电影、歌剧和音乐美术的传入打破了明治后期僵化的思想和文化氛围。东京及大阪周围的交通逐步发达，方便了现代生活方式的传播，崭新的消费产品和消费行为编织出现代生活的幻想曲。"理性"、"科学"、"文化"等词语成为流行术语。

工业化与城市化导致中产阶级登场，⑤现代生活是与"开放"、"权利"等

----

① 淳于淼泠：《宪政制衡与日本的官僚制民主化》，北京，商务印书馆，2007 年，第 82 页。

② 转引自牛岛千寻：「戦間期の東京における新中間層と「女中」—もう一つの郊外化」，「社会学評論」第 52 巻第 2 号，2001 年，266ページ。

③ 参见吴廷璆：《日本近代化研究》，北京，商务印书馆，1997 年，第 130 页。

④ 参见〔日〕升味准之辅：《日本政治史》第 3 册，董果良、郭洪茂译，北京，商务印书馆，1997 年，第 635～636 页。

⑤ 这一观点可以从陈秀武所撰《论大正时代的新中产阶层》（《日本问题研究》2000 年第 2 期）一文中得到印证。

字眼相连的。"寻求政治上的发言权,提高政治地位,以合法手段维护自身利益和保证稳定的生活是中产阶层的共同要求"①,并由此凝聚为拥护和参与大正民主运动的中坚力量。"人本主义"反映了其根本理想,倡导普选、缩小军备代表了他们的政治意识,美浓部达吉所倡导的"天皇机关说"是支持其政治诉求的法理,吉野作造的"民本主义论"则不仅是新中产阶层展开政治运动的理论基础,而且还是大正政治文化的主流。

这段时间的民主被戈登概括成为"帝国民主主义"。在政府层面,民主实践过程经过相当急剧的变化,政治家由选举产生并以政党为基础形成内阁,已逐渐成为政治惯例。在民众层面,社会呈现逐步开放的趋势,大众参与政治的现象频频出现,日本国民的"公民"特质逐步被培育出来,他们在特定的空间里提倡扩大参政范围、扩大民主权利,或以实际行动挑战现实的权力秩序,并取得了一定成效。从 1924 年 6 月至 1932 年 5 月,政党内阁取代军阀内阁,一度实现由政友会和民政党轮流执政的体制,这说明议会民主政治并非完全是"浮云"(事实上,首届政党内阁原敬内阁的诞生还要早六年)。与此同时,加藤高明内阁上台后,制定了《普选法大纲》,规定 25 周岁以上的男子享有不受纳税限制的选举权,在选举前居住在某个地区一年以上的 30 周岁男子享有被选举权。尽管该法限制了"因贫困在生活上受公私救济或扶助者"和流动工人的选举权,并剥夺了妇女的选举权与被选举权,但却使有选举权者从此前的 334 万人猛增至 1415 万人(占人口总数的 25.8%),扩大了国民的民主是一个不争的事实。② 政府扩大了普通民众参与的公共空间,在意识形态方面亦采取了很多开放的政策,比如在一定程度上开放媒体自由、改革学校制度等,民众具有了与政府激烈博弈所需要的基本制度支撑。民主思想成为立宪政府和民众参与的理论基石。

但另一方面,这种民主思想又是主张与天皇帝国共存共荣的,是试图要统合进天皇制的框架之内的。即使具有自由倾向的人也大都懂得尊重天皇、热爱帝国。它既说明此时政治体制尚有一定包容性,亦显示出近代日本民主发展的某种缺陷。正如有学者所指出的那样,所谓"大正民主"既不是放任的民主,也不是单纯的官僚暴力统治;民众既有一定程度的政治参与,但同时这种参与又被某种神秘力量所诱导,不无滑向一种新的专制体制的危险。③ 这种民主发展的不成熟状态,为 20 世纪 30 年代"国民"整体的消解埋下伏笔。

---

① 淳于森泠:《宪政制衡与日本的官僚制民主化》,北京,商务印书馆,2007 年,第 87 页。
② 参见刘柠:《日本如何从"大正民主"走进法西斯时代》,《东方早报》2011 年 3 月 9 日。
③ 同上。

第三节　国民向国家臣民的悲剧回归

20世纪20年代后，如何解决现代社会的多元化及社会中存在的紧张关系，是德、意、日为代表的后发近代国家共同面临的困难。欧洲法西斯模式"启发"着当时日本的统治者，通过一个光荣的国体以激发国民潜能，可达成军事霸权、经济自足以及等级分明的集权政治体制。日渐开放和多元的大众社会显然难以实现这一目标。在这种目的下，将大正时期正在崛起的国民拉回到政府所期望的臣民轨道，成为日本统治者的要求。事实上，政府从大正末期开始就已经在政治和经济两大宏观制度上进行调整。20世纪30年代，经济上"军财抱合"①体制逐步确立，个体的经济单位失去了自由行动的权力，个体目的必须服从整体性的目的。资源分配和计划经济方面，军队和政府以战争为目的全方位介入，所有的私有财产随时都可能为国家所有，各部门、各地农业报国会纷纷成立。个人消费呈下降趋势，政府的经常性支出呈现直线上升趋势。② 政治上，1931年的"满洲事变"和次年的"515事变"终结了政党政治。政党势力被卷入法西斯的浪潮之中，议会政治名存实亡。不管是资产阶级政党还是中间阶层团体，一律都统一到大政翼赞体制③之下，无产阶级政党则被彻底镇压。

这样的经济政治变革必然需要教育体制以及社会组织体系的深刻变革与之配合。日本在20世纪30年代逐步发展出这样一种倾向：天皇被视为超越一切的神圣存在。1937年文部省向全国学校颁发了"国体之本义"的指南，将日本的社会及意识形态危机归结于西方思想，称后者是个人主义、共产主义等思想之本源，强调"服务天皇、体奉天皇御心、实为今日我等历史生命存在之所以，亦为全体国民道德之根源"，并以之为社会生活及道德原

---

① 20世纪30年代是"二战"前日本政治体制发展的新的转型时期。日本政党在争斗中败退，财阀逐渐疏远政党，倒向了表明容纳财阀、掌握政治主导权的军部，两者形成了以军部为中心的"军财抱合"关系。

② 具体数字请参见東京大学社会科学研究所編：『現代日本社会』第4卷，東京，東京大学出版会，1991年，379ページ。

③ 1940年，近卫文麿基于对自由主义政党政治的反动与否定，发起"大政翼赞"运动并成立大政翼赞会。该组织通过后来东条英机成立的翼赞政治会使"大政翼赞"体制得以延续。该体制包括国体伦理道德和宪法规则，在万民翼赞的同时，必须维持议会的"立宪面目"，但实际上，伦理道德凌驾于宪法规则、国民生活泛政治化。议会最终沦为强化天皇权威的通道，天皇成为所有权威的权威。这种体制是日本强化战争体制的需要，也是政党政治崩溃后日本重整政治结构、实现"臣道实践"的方式。其本质是要民众在各个领域参与天皇政治，实现《明治宪法》与天皇制国体的融合。

则,取代西方思想。效忠及军人精神被提升为国家的核心价值,自上而下的家庭原则成为核心制度。这种危机应对方式,直接导致了"帝国民主主义"的消亡,刚刚成长壮大起来的"公民"特质由此被扼杀,而国家利益需要的与国一体之"民族"特质则被激发到完全毁灭个人的地步,"军国民"、"皇国民"成为民众的两种根本存在形态。这意味着大正时期好不容易成长的"国民"回归到"国家臣民"。大正民主这朵日本社会在相对稳定时期灿烂开放的"一枝美丽的花朵"转瞬即逝,日本的自由主义运动和初步的宪政实践就此万劫不复。直到"二战"后的第三阶段,由美国占领当局对日本进行了大规模的改造之后才得以复兴。①

鉴于篇幅所限,本节对经济和政治方面的制度不再赘述,而只以教育②为重点,对日本民众重新回归为国家臣民状态的历程进行简要分析。

一、从国民回归国家臣民的教育准备

(一)"忠君爱国"的国民道德教育的强化

大正时期,日本在发展公民教育的同时,也强化了忠君爱国的国民道德教育,皇国意识非但未被削弱,反而还得以加强,从而为民众回归国家臣民做好了教育方面的铺垫。

1917年成立的临时教育会议提出:"国民教育之要在于……培养富于护国精神之忠良臣民。"③日本政府据此修改了相关敕令及规则,在初等以上各级各类学校的教育目的中新增"国民道德"、"国民思想"的表述。1923年11月,天皇颁布了《振作国民精神诏书》,指出"振作更张之道,唯在恪守先帝之圣训,举其实效。"④日本政府亦试图借天皇权威抵制民主之风,1924年4月设立的文政审议会更加重视国民精神。审议的各项内容均强调"德性"与"德操",并对初等教育、中学教育和师范教育中的德性教育进行了仔细具体的规定,加强了修身、日语、地理、历史和公民等科,并从1924年开始以宗教、神学及皇学等加强对国体精神的培养。"养成国体观念"成为教育的最重要目的。

---

① 参见何新华:《威权主义之后:东亚资本主义发展道路的演变和终结》,《书屋》2004年第2期。

② 南开大学日本研究院的臧佩红老师的《日本近现代教育史》(北京,世界知识出版社,2010年)用翔实的资料对该时段的教育演变进行了阐述,本节内容很多得益于她所提供的资料,在此表示衷心的感谢。

③ 海後宗臣:『臨時教育会議の研究』,東京,東京大学出版会,1960年,33～34ページ。

④ 内閣制度百年史編纂委員会:『歴代内閣総理大臣演説集』,東京,大蔵省印刷局,1985年,158ページ。

为进一步培养尊皇意识，文部省通过"思想善导"和改革初等教育等手段，形成最初的"皇国民炼成"教育。政府首先发起了"国体精神"、"国体明征"等运动。1932年设立"国民精神文化研究所"，各地举办关于国民精神的讲习。1935年"教学刷新评议会"直接使用"修炼"一词，明确了"炼成"的内容，更加强调"修炼"的场所（形）与"理念"（质）的结合。① 1935年8月政府下发的《关于国体明征的内阁声明》强调："我国体，依据天孙降临之际下赐神敕所昭示，统治万世一系之天皇国，宝座之隆盛与天地无穷。……若统治权不存于天皇，天皇为行使之机关，则全误万邦无比之我国体之本义。"②1936年，文部省设立了"日本诸学振兴委员会"，以发扬国体精神及日本精神。1937年，文部省还开始要求直辖学校开设有关国体及日本精神的讲座。

（二）教育行政集权化的加强

鉴于大正时期教育民主运动的发展，政府开始用制度进一步干涉教育。中央政府通过视学制度、教师政策、教科书政策等，加强了对地方教育行政、教育实践和教育内容的掌控。

1. 设立直属内阁的教育文政审议机构

临时教育会议和文政审议会是该时期日本教育的两个重要审议机构。文政审议会（1924～1935年）召开大会24次、特别委员会66次，提出咨询报告12项，涉及整个日本教育领域，成为日本教育改革与发展的决策机构。天皇的辅弼机构——枢密院顾问官也开始参与教育决策。文政审议会有4名专任枢密顾问官，他们是文政审议会的核心成员。皇室或敕选的贵族院议员在文政审议会中有28人。③ 皇室成员参与教育决策，为皇国主义教育的推行提供了条件。

2. 强化对教师及教科书的控制

政府对大正时期兴起的新兴教育民主运动采取了镇压的手段。1931年后，政府又以"非常时期"为名，大肆检举左翼分子，在全国各地整顿教师队伍，停止了《新兴教育》、《生活作文》等刊物的出版，还压制了大学教授对学问的自由研究。文部省于1931年9月召开"小学思想问题对策协议会"，翌年又在各地举办"教师思想问题讲习会"，1933年10月，各地开始根据文部省命令设立"思想问题研究会"，专门研究针对教师的"思想对策"，确保其

---

① 参见寺崎昌男、戦時下教育研究会編集：『総力戦体制と教育—皇国民「錬成」の理念と実践』，東京，東京大学出版会，1987年，15～20ページ。

② 宮原誠一（ほか）編：『資料日本現代教育史4 戦前』，東京，三省堂，1974年，283ページ。

③ 国立教育研究所内日本近代教育史料研究会編：『資料文政審議会』第1集，日野，明星大学出版部，1989年，33、60～73ページ。

思想不脱离国家的控制。

　　文部省还在考试内容、修身、公民、国史等标准教科书的编纂方面加强了控制。修身、历史等课程的国定教科书中增加了有关皇国的内容，以强化对于皇室、《教育敕语》、各种节日、国旗和国歌的认识。第四期教材（《普通小学修身书》第 1～6 卷，1933～1939 年发行）将《教育敕语》放在卷首，最显著的内容变化是"以国体思想统一诸道德"①。教材直呼天皇为"神"，神宫周围的古树被称为"冠千年绿色之杉树"，神武天皇东征时形象被描述为"金鸡出现，光芒闪耀，敌人目眩不战而败"。②　进一步渲染了皇室的"神性"。第四期《普通小学国史》也明显增加了"皇国主义"的内容，以"立于日本精神"为宗旨，加强了对古代"神国"和"神皇"的描述，突出了近代天皇的"圣绩"，强调了天皇的独尊与神性。

　　3. 军国民教育逐步体制化

　　为适应国家对外扩张的军事战略的需要，从大正末期开始，军国主义教育开始逐步得到加强。1925 年，文政审议会通过《振兴学校军事训练的措施》。此后，日本政府公布敕令《陆军现役将校学校配属令》，文部省与陆军省联合下达《陆军现役将校学校配属令施行规程》，文部省还颁布了《学校军事训练教学要目》，标志着学校军国主义教育体制正式确立。1931 年，文部省修改《中学校令施行规则》，将柔道及剑道列为必修课。

　　政府还组织对社会青年实施军事训练。1924 年、1925 年实施《陆军现役将校学校配属令》和《青年训练令》，学校成立少年团、导入军队式集体训练，学生、教师广泛参加民间的各种"修养团体"，使神社、寺院和农村对学校都产生影响。③　1935 年，日本政府公布敕令《青年学校令》，将此前设置的实业补习学校和青年训练所一律改为青年学校，允许各级地方政府、商工会议所、农会等机构设置青年学校，该类学校普通科（2 年）招收普通小学毕业生，本科（4～5 年）招收高等小学毕业生。其目的是将从初等教育毕业生至19 岁的社会青年组织起来，以军事教育为核心来构筑"战力基础"，"使国防之基础及于一般国民之上"，"完善举国国防"。前已述及的第四期《普通小学国史》教材则详细描述了日俄战争中海军中佐广濑武夫在旅顺口海战中"英勇"战死的事迹，新增了日本历次对外战争的多幅插图。

　　作为设置公民科先驱的实业补习学校，在 1935 年与极具军国主义色彩

　　①　海後宗臣（など）編：『日本教科書大系近代編第 3 巻　修身 3』，東京，講談社，1962 年，500～501ページ。

　　②　同上书，第 329 页。

　　③　参见寺崎昌男、戦時下教育研究会編：『総力戦体制と教育—皇国民「錬成」の理念と実践』，東京，東京大学出版会，1987 年，15～20ページ。

的"青年训练所"合并以后，"公民科"也被改名为"修身及公民科"，并影响到其他类型的学校。1937 年，"公民科"的教学内容要求"理解我国国体及国宪的本义，特别是肇国的精神和宪法发布的由来，以及我国统治的根本观念与别国不同的原因"①。这实质上使日本的公民素质教育消解了其独立自由的精神，成为臣民教育的工具。日本"公民科在展现其轮廓的时候，其立足的基础就逐渐丧失了；公民科的诞生太迟，其解体太早了"②。虽然当时日本也不乏批判之声，但终究未能阻止军国主义教育的体制化。

二、"皇国化"国家臣民教育的完全确立

（一）"国民精神总动员"体制的确立

1937 年，由于日益扩大的战争需要，国家实行经济统制乃必然趋势。8 月 14 日，近卫内阁决定由内务省和文部省负责，在全国开展"国民思想动员运动"。8 月 24 日，内阁正式通过了《国民精神总动员实施纲要》，要求"增强举国一致、尽忠报国的精神，无论事态如何发展，战期如何延长，都要靠坚忍持久的毅力克服困难，达到所期之目的。希望增强国民之决心，为此，实行彻底的国民实践"③。9 月 10 日，文部省发表《国民精神动员实践事项》，将《纲要》内容变为具体的实施细则。1938 年 4 月，近卫内阁公布了《国家总动员法》，规定"本法的国家总动员是在战时为达到国防之目的，以最有效的方式发挥国家总能力，统一运用人力、物力资源"④。该法虽然给予了政府极大的权限，却严重削弱了议会立法权，明显违背了宪法，尽管遭到各政党的坚决反对，但最后仍然强行通过。这意味着，《明治宪法》规定的宪法权利和国家权力架构已经完全遭到抛弃。

1940 年 7 月 26 日，第二次近卫内阁通过了《基本国策纲要》，进一步重申内政最迫切的是，根据国体本义刷新诸政，确立国防体制。为此希望实现几个条件：第一，贯彻国体本义，刷新教育，排除自我功利思想，树立为国家服务是根本的国民道德观念；第二，为了确立强有力的新政治体制，必须统一国政。

在总体战思想的影响下，整个教育逐步走向极端。从 1937 年至 1945 年 8 月日本投降，日本政府不断将教育目的导向"皇国"，要求"无私舍身，奉献天皇"，从而完全抹杀了个人自主存在的权利。

---

① 平凡社編：《大百科事典》第 5 卷，東京，平凡社，1984 年，616ページ。
② 松野修：「近代日本の公民教育」，『教育学研究』1998 年第 4 期。
③ 吉田裕、吉見義明編集：『資料日本現代史 1　日中戦争期の国民動員』，東京，大月書店，1984 年，46〜47ページ。
④ 同上書，第 47〜48 页。

（二）《国体本义》的颁布——"皇国"绝对化

1937年，首相林铣十郎在帝国议会施政方针演说中指出，一切政策的根本是"国体之本义"，首先要借力于明征国体观念，阐明敬神尊皇之大义。① 同年，文部省编纂发行《国体本义》，具体阐释了国体的含义、特征及对臣民的要求。

首先，认为西方的个人本位思想"动辄偏于个人、流于个人恣意、进而限于自由放任的教育，不适合我国教育之本质"，主张"必须拔除立私执我、执着个人而产生的精神污浊、知识阴霾"。②

其次，强调皇权神授，天皇与神合一，万古不易，国体神圣。"天皇常供奉御镜，以大神之心为御心，与大神成为一体。此乃我国敬神崇祖之根本"③，并进而将忠君、爱国和敬神三者融合，即"我国爱国与忠君同为根基，又与敬神崇祖完全一致"④。

最后，要求国民奉公舍私。即所谓"臣民之道……在于亿兆一心仕奉天皇。即我等生来便奉仕天皇，行皇国之道"。"奉仕天皇、体奉天皇之大御心……乃国民所有道德之根源。忠即奉天皇为中心，绝对随顺天皇之道。绝对随顺即舍我去私、唯奉天皇。行此生存之道乃我国民唯一生存之道，乃所有力量之源泉。进而为天皇而奉献身命，并非所谓自我牺牲，而是舍小我而生于大皇威，乃发扬国民真生命之所以。"⑤

总之，《国体本义》集国粹主义、天皇主义、军国主义和家族主义之大成，是法西斯时代的教育总纲领。从1937年5月至1942年4月，文部省发行的《国体本义》共达103万册。文部省发布的《国民学校制度解说》提出"皇国良民"的标准是：（1）对国体信念和皇国使命有高度自觉；（2）有透彻的理性和创造精神；（3）有刚健的体质和奉公献身的行为能力；（4）有高尚的情操和丰富的表达能力；（5）具有尽忠报国的职业技术能力。1941年7月，文部省还出版发行了《臣民之道》（称作"皇国民之道"，即"排斥自我功利思想，以为国服务为第一要义"）⑥，集中论述和规定了加强民族主义教育的目标和

---

① 参见内阁制度百年史编纂委员会：『歴代内閣総理大臣演説集』，東京，大蔵省印刷局，1985年，267～268ページ。

② 宫原誠一（ほか）編：『資料日本現代教育史4 戦前』，東京，三省堂，1974年，294、289～290ページ。

③ 同上书，第287页。

④ 同上书，第290页。

⑤ 同上书，第288～289页。

⑥ 文部省教学局：「臣民の道」，1941年，2ページ，参见伊藤彰男（ほか）編集：『社会・生涯教育文献集Ⅳ-39』，東京，日本図書センター，2001年，259ページ。

措施,下发到全国的学校及社会团体,以普及推广绝对化的皇国理念。《全国学校改革方案》还要求在所有学校课程中增加极端民族主义的内容。

皇国化的目的,是为了使国民全力支持其对外战争。陆军省曾经提出的"培养人的要素"包括:"对建国理想与皇国使命的坚定信念"、"尽忠报国精神"、"自我毁灭精神"等。[①] 民众的精神力被认为是最重要的资源之一。为实现尊皇,政府此时已经完全抹杀了个人价值,"国民"已经完全退化为"国家臣民"。

(三)教育审议会:"皇国化"臣民教育的推进力量

从 1937 年 12 月至 1942 年 5 月,政府设立了直属内阁的教育审议会。该机构 1941~1943 年间修改了以前的几乎所有教育法令,对天皇制教学体制的形成与发展作用极大。

1937 年,教育审议会实施了彻底的国民总动员的教育政策。之后五年(1937~1942 年),各级各类学校的教育目的都是为了"皇国",强调"皇国之道"。"基于皇国之道,修其科目,以炼成有为之国民。"[②]为炼成适应"高度国防国家"的皇国民,按照《国家总动员法》,该机构分别提出了初、中、高、社会教育及教育行政财政计划,提出了相应的教育纲要,编制了战时教育体系。《国民学校令》首条规定:"国民学校以遵循皇国之道,实施初等普通教育、进行国民之基础炼成为目的。"初等教育不仅强调"皇国",还将小学校改为"国民学校",名称中强调"国"。中等学校、高等女子学校、实业学校等规程都强调"在炼成中坚皇国民之意图下,统一其课程"。学校的修身、历史等教科书的内容不断修改,进一步强调皇国的神话色彩。强调"神生日本"、"日本是神国",直接称天皇为"现御神",强调对外征战中的"神命"与"神佑",从而使受教育者意识中的"皇国"变成"神皇国",自己则在不知不觉中成为为神皇国献身之人。

三、国家臣民教育的极端化

(一)教育行政的统制与干涉

从 1937 年中日战争全面爆发直至英美开战前夕,日本政府的国家大政方针,一是确立国家国防体制,二是要振兴教育。在发动战争期间,日本的军国主义教育日益极端化。文部省设置教学局(后扩充为思想局)并

---

① 转引自寺崎昌男、戦時下教育研究会編:『総力戦体制と教育─皇国民「錬成」の理念と実践』,東京,東京大学出版会,1987 年,7 ページ。

② 宮原誠一(ほか)編:『資料日本現代教育史 4 戦前』,東京,三省堂,1974 年,304 ページ。

开始在学校设事务官、青年教育官、地方教学官,加强对教育的控制,内阁及其他各省也都加强了对教育的干涉。日本教育全面走上了军国民教育的道路。

这个时期,国内对于教师和教科书的严格控制日益强化。《国民学校令》规定了教师的类别、职能、待遇、资格等,并规定若有不当行为或有辱教师体面行为等,可令地方官取消其资格,导致教师命运被一般行政官员牢牢掌控,军人、地方长官等甚至可以替代教师成为学校教员。从 1941 年 3 月开始,《国民学校令》规定义务教育必须采用国定教科书。内务省下属的图书科从 1938 年 7 月就着手"净化"儿童读物,文部省于 1941 年制定了《国民学校教科书用电影审定规程》,1942 年 8 月制定《国民学校教职员用参考书认定规程》。中、高等学校以及师范学校等均实行了对教科书的控制。

文部省加紧了对各级别学校学生的军事训练,于 1937～1941 年颁布了《学校军事训练要目》,同时还加强了"武道"(柔道、剑道)的训练,将"体炼科"列为初等科四大必修课程之一、高等科五大必修课程之一,还制定了各级别学校体炼科目的教学纲要。社会教育方面,除了加强青年学校的军事训练外,还通过各种社会讲座灌输战争情况,发动青少年团体为战争服务。在校生还被动员起来参加各种生产劳动,毕业生的就职去向也要完全符合国家的要求。太平洋战争爆发后,初高中教育机构缩短了学生的就学年限,相继制定了《确立学生战时动员体制纲要》、《教育战时非常措施方案》、《决战教育措施纲要》、《战时教育令》等政策,"使学生成为国民国防之一翼",所有学生均直接或间接地参与战争。政府动员学生参加生产劳动、加强学校的军事训练,鼓励学生参战、组织"报国团队",唯一目的便是培养国民"奉公灭私"、"以死奉皇"的意识和技能,学校已经变得形同虚设。战争末期,学校事实上已经停课,教育基本处于崩溃的边缘,学生沦为了服务于国家对外侵略战略的"军国臣民"。

(二)大政翼赞下皇国民"炼成"体制的确立

20 世纪 30 年代后期,在举国一致的口号下,日本效法德国纳粹,逐步确立起法西斯体制。日本共产党、日本劳动组合全国评议会等全国政党被解散,民主教育运动的参与者被逮捕,所有与军国主义政治不符合的言论全部遭到封杀。在此情况下,日本国内左翼力量开始转向。全日本劳动总同盟于 1937 年 10 月决议停止罢工,支持战争。水平社、日本劳动工会以及教育科学研究会等纷纷开始倡导国策,对"产业报国"采取合作方针。

1940 年 8 月起,日本召开了六次新体制准备会。1940 年 10 月,处于对自由主义政党的担心和否定,近卫文麿成立了法西斯组织"大政翼赞会"并担任会长，在各地建立了支部。该组织对法西斯采取了积极配合态度，其纲领明确提到，其任务是"举一亿一心之全能力，归一天皇，确立物心一如之国家体制，做光耀世界道义的指导者"。为此本会"互助相诚，彻底提高皇国臣民之觉悟"，首要的就是"挺身臣道实践"①。之后该组织又为"翼赞政治会"所承接，形成"大政翼赞体制"，它是日本强化战争体制的需要，也是政党政治崩溃后日本重整政治结构的方式。其本质是要民众在各个领域参与天皇政治，实现《明治宪法》与天皇制国体的融合。

大政翼赞会最突出的影响是推进了一国一党法西斯体制的形成，从社会运动的角度看，它利用国家权力，强迫日本人民认同和支持了侵略战争。②1941年3月，日本发布《国民学校令》，其中第一条规定："国民学校以皇国之道为准则，实施初等普遍教育，其目的在炼成国民的基础。"③"炼成"代替以往的教育，是大政翼赞会改革的结果，也代表了当时战时体制下学校教育的最高目的。在大政翼赞会的鼓吹下，炼成教育从主要以在校学生为对象，转变成全体民众，形成了全国性的炼成体制。总体战教育的具体体制是"将家庭、学校、青年团体、工厂、军队的力量集中起来"，"将国民生活和国家政策高度统一，使人的发展适应于总体战对素质的要求。"④按照《国民学校令》的本意，就是"以皇国之道为原则，集中儿童的全部能力，强制性地培养国民的性格"。总之，"炼成，就是磨炼和育成皇国臣民的素质。"⑤松田友吉在《臣民之道与炼成教育》中指出：臣民之道就是肇国以来千古不变的大道，凡日本臣民绝不能怀疑它。炼成的臣民之道，以灭私奉公以及死守职域的传统精神为基础。"国民学校是修炼皇国之道的道场。"⑥其最终目的是炼成"扶翼皇运"的忠良臣民。

太平洋战争爆发后，炼成的目的又转变为要养成"适应大东亚战争的大国民"。军方发布的《战阵训》和《臣民之道》一样，成为国民的一般准则。国家体制上也相应地设置了"炼成所"、"炼成课"、"炼成院"等机构。1941年，大政翼赞会成立了"炼成部"，后扩展为局，作为中央的训练机关，下设大日

---

① 赤泽史朗：『資料日本現代史 12 大政翼贊会』，東京，大月書店，1984年，4～5ページ。
② 转引自赵亚夫：《日本的军国民教育：1868～1945》，北京，首都师范大学博士论文，2002年，第124页。
③ 生江義男：『教科教育百年史』，東京，建帛社，1985年，259ページ。
④ 转引自寺崎昌男、戦時下教育研究会編集：『総力戦体制と教育—皇国民「錬成」の理念と実践』，東京，東京大学出版会，1987年，2ページ。
⑤ 竹下直之：『道義の世界観と教育』，福岡，青葉書房，1943年，168ページ。
⑥ 長浜功：『国民学校の研究—皇民化教育の実証的解明』，東京，明石書店，1985年，134～135ページ。

本翼赞壮年团、大日本产业报国会、商业报国会、大日本青少年团、大日本妇人会等组织。该局后来编制的《国民炼成基本纲要》作为"炼成体制一元化"政治纲领,内容包括:炼成目的是将"皇国之道"和"肇国之精神"具体体现在为大东亚战争做贡献的实际行动;炼成的对象是所有国民;炼成场所包括国家及国民生活所有可以利用的地方;统一炼成内容和方法。炼成教育虽然遭到了一些学校(如上智大学等)和部分知识分子的反抗,但整个形势已经无法逆转。它不仅是教育强权的象征,也是日本法西斯体制的一个标志。

从1943年开始,"炼成"体制已经无法全面展开,各种炼成理念进入混乱时期。所谓"炼成特攻精神",本质上即是强制国民去送死,但却将民众的冒死决战宣传为"自发行为"。它将无数日本青年送上了侵略战争的战场,成千上万的普通民众,吞咽下成为国家臣民的苦果,同时也让"皇国主义"的臣民教育也走向了灭亡的归途。

综上所述,尽管近代以来的民众想要通过民权运动将自己塑造成具有公民意识、民主意识的日本国民,民权运动也是推动近代日本国民铸造的主要动力之一,但在现实中,两种动力作用的结果是,来自国家方面的影响力远远大于来自自由民权运动及以后的大正民主党人的影响力。为此,刚刚从国家主义的政治社会中脱出、呈现出丰富多彩的社会景象的大正民主社会,在军国主义的热潮面前,不得不戛然而止,个人主义再度为政治热情所吞噬。20世纪30年代后,军国主义热情高涨,在乡军人会、青年团、妇女会纷纷宣传"满蒙危机",向群众强调国防思想和扩充军备的必要性,自发地慰问派往中国战场的军队,并向政府表示,日本发动侵略战争是正当的和正义的。国防思想普及会、"满蒙权益"促进会、国防研究会、国防妇女会等组织纷纷建立起来。栗原宪太郎的研究数据表明,1928年未满军龄却要求参军的人数为4 275人,1936年达14 382人。产业报国会1942年、1943年分别为86 509个和85 993个,参加人数为5 514 320人和5 815 373人。[1] 现实军国主义教育已经取得了较好的社会成效。绝大部分民众认为,服从军国主义和向外扩张,才是自己的生活理想和实际利益的寄托。牺牲个人利益,完全服从国家和利益需要,是作为国民的义务,为国而死,是体现自己价值的最好归宿,从而使得日本近代国民铸造在很大程度上变成为国家臣民的铸造,即由过去的藩属臣民变成国家臣民。

造成这种倒退的原因是复杂的。直接原因是国家政策的错误引导和民

---

[1] 参见栗屋宪太郎:『十五年戦争期の政治と社会』,東京,大月書店,1995年,125ページ。

众对自身利益与国家利益的错误判断，但根本原因则是作为后发国家的外发性和传导性所导致的急功近利的国家特性。① "工业资本主义的高速发展和农业资本主义的低速发展，成为日本资本主义根本性的、致命性的矛盾"，日本历史学家野吕荣太郎在探讨日本"昭和恐慌"的原因时提出的上述基本见解，是符合日本历史发展的事实的。这个致命的矛盾，一旦遇到经济危机就会激化。当1930年的全球经济危机来临时，日本农村遭受了空前的打击，农民处于极端苦难之中。对于农村危机，政党内阁试图从改良主义的角度来予以解决，但这又使农村危机进一步加深，激发了天皇制在农村中的主要支持者寄生地主阶层以及广大中小农对政党政治的不满，也使得反政党势力得以抬头，以农本主义为信条的农村右翼国家主义运动开始活跃起来。而日本军队中，农村出身的士兵和中下级军官占多数，与他们接触较多的陆海军青年军官也感受到了农村危机的冲击，并着手密谋采取措施改变现状，这些都成为反政党政治的阶级力量。② 而另一方面，日本新兴的工业资本家，是同官僚密切结合在一起的"官商"。为摆脱世界性经济大恐慌，20世纪30年代初，日本政府通过卡特尔化和托拉斯化，大力加强国家政权与垄断资本的结合，推进军需产业优先的战争经济体制，提高垄断资本对国民经济的统制能力。短短几年的光景，国进民退，明治、大正时代积累的民间经济的活力丧失殆尽。

工业中的军工专制特征，使得大量资本投入到不可再生的军事工业中去，这必然限制了国内资本主义工商业的发展。和政府保持着密切关系的财阀，在军部力量增强的形势下，财阀们开始投入军部的怀抱，和军部勾结，使得国家力量对比失衡，军部独大，并拒绝以妥协方式解决问题。这种体制已不可能提供国家完成从政治社会向大众社会演变的充分条件和正常环境。通过"226"事件，日本经济、社会法西斯化进程完成，国家的政治运作完全被军部绑架，议会民主体制彻底停摆。1937年，"卢沟桥事变"爆发，内阁出台《国家总动员法》，总体战体制正式启动。由此，向海外要借口，向传统要力量，给民众递诱饵，并以国家利益的至高无上性，将民众绑架在战车上，最后以民众成为"军国民"的方式实现对社会的全面控制，以达成一部分人孤注一掷的战略目标，就成为昭和时期日本的必然走向。

但是，即是这样暗云低垂的年代，以马场恒吾为代表的知识分子仍然呼

---

① 至于那些宿命的遗传基因，恐怕还要到明治的精神构造，甚至日本文化的深层中去寻找，不在此论及。

② 参见袁灿兴：《对日本大正民主的思考》，《书屋》2008年第1期。

吁："因为是国民之代表，绝不能忘了为国民而奋斗。"①"如果没有行善之力量，至少还有不被恶所卷进去的仅剩的良心，这已经成了对普通人的要求。因为这是守护独立人格的最少限度。"②希望民众固守"人的良心"，不服从恶。他们坚信："日本的自由主义应该说已经全部死亡，但其深深地嵌入日本人的性情之中，说这正成为日本人的血与肉，也并非夸张之言。"③"大正民主"虽然存在这样那样的问题，但无疑是一次弥足珍贵的彩排，对民主主义在日本的确立具有不可忽视的重要意义。"大正民主"的潮流成为民众之血、民众之肉，为战后日本国民的重新崛起并走向国家公民奠定了基础。

---

① 「与官僚诸君」，『改造』1936 年 3 月号。转引自西田毅：『近代日本のアポリア—近代化と自我・ナショナリズムの諸相』，京都，晃洋書房，2001 年，198ページ。
② 「人物的养成」，『国人与人物』(1941 年所收)。转引自上书，第 198 页。
③ 「自由主义政治家」，『国民政治读本』(1936 年所收)。转引自上书，第 198 页。

第四章　走向国民:媒体视野下民众政治意识的变迁(1873～1895)

明治初期民众的国家意识究竟如何,如何评判民众国家意识的形成和发展? 其内在认同究竟何时实现的? 哪些事件是触发点? 长期以来,国内学术界对这些问题关注较少。笔者认为,近代日本民众国家意识的发展经历了一个较长的变迁过程,主要体现在从 1873 年的《征兵令》到 1894 年的甲午战争之间。地方报纸是反映民众心声的重要途径,通过分析当时地方报刊的报道和民众对报刊的投稿内容,可在一定程度上呈现普通民众关于国家认识的发展轨迹。基于这种认识,本章在前面分析的基础上,主要采用地方报纸《山梨日日新闻》以及自由民权运动的报纸《自由灯》、《自由新闻》等相关评论和投稿的相关评论、读者来信投稿,兼用其他媒体报道和相关论著,通过几个典型事件,来分析民众政治意识的变迁,进而解释其民族特质的形成。这几个典型事件是:1873 年 1 月的《征兵令》、1880 年春自由民权运动的高涨、1884 年 12 月的甲申事变、1889 年为庆祝《明治宪法》颁布而举行的宪法祭,以及 1894 年的甲午战争。

第一节　不受欢迎的《征兵令》①

前章已经述及,发布《征兵令》是明治政府为了强制性铸造出具有国家

---

① 中国学术界对《征兵令》及征兵制的研究仅停留于日本政治史教科书的相关介绍上,专题研究很少。在西方作者中,比斯利(W. G. Beasley)虽然对三个事件做了事实性描述,但并未提出新观点;安德鲁·戈登也只对征兵制和"甲申事变"做了浅显介绍。而日本学术界在对征兵制研究的深度、细致程度及数量上明显强于中国,大江志乃夫、加藤阳子、一之濑俊也,吉田裕等人对此都分别进行了分析。整体上看,尚少从民众的国家意识角度去进行探究的,佐谷真木人、牧原宪夫在这方面可以算有一定代表性,笔者从中受益甚多。参见:W. G. Beasley, *The Rise of Modern Japan*, New York: St. Martin's Press, 2000, pp. 54～69,159～175;〔美〕安德鲁·戈登:《日本的起起落落——从德川幕府到现代》,李朝津译,桂林,广西师范大学出版社,2008 年,第 79～81、141～142 页;大江志乃夫:『徴兵制』,

意识的国民而采取的重要举措。但《征兵令》及其相应的征兵制度在实施之初并不受民众欢迎。①

一、恐慌与不安的民众意识

民众的心态,可以称之为"惊异、敏感和恐怖","《小学校令》、《地租改正令》、《征兵令》、秽多废止等布告不断贴出,顽民大为惊异,神经颇为敏感。尤其《征兵令》告谕中见有血税之文字,误为榨取生血;……对征兵、断发、小学校、贱民'解放'、土地均分等感到恐怖。"②这种态度可以从当时人们给报纸的来信中看出。1873年2月12日的《东京日日新闻》登载:"此时民间流传,因日朝矛盾要征寅年出生的男子为兵派至朝鲜,当年出生之男子极为恐怖,其父母也很苦恼。与此毫无关系者,皆为愚民,极为害怕。"《日新真事志》也报道:"闻因本年有征兵之令,愚夫愚妇或惊愕、或畏缩",以为"征兵即是为朝鲜(之行)"。③3月20日,《东京日日新闻》又登载:"目前又有一新传言,即要将13至20岁的处女派至外国,由此成年女子马上寻媒妁之人相亲,或剃眉染齿以逃脱此事。"尽管官府发文予以澄清,但这种流言蜚语一时仍难以绝迹。

导致这种心态的原因,一是不平等的免役条例,二是让人不明就里的"血税"告谕。

面向全国的普遍征兵,实际上并非是真正四民平等的国民皆兵。根据《征兵令》的《常备兵免役概则》,符合以下条件者可免兵役:(1)身高不足154.5厘米者;(2)体弱有病及四肢不全者;(3)在官省府县供职者;(4)海陆军学生;(5)公立学校的学生、就职洋行者、医学生和教官;(6)一家之主;(7)继承人(嗣子);(8)独生子;(9)养子;(10)兄弟在服兵役者;(11)缴纳替代金270元者,等等。④照此规定,官吏可免掉兵役,有钱人让孩子去洋行,

東京,岩波書店,1981年;加藤陽子:『徴兵制と近代日本:1868～1945』,東京,吉川弘文館,1996年;一ノ瀬俊也:『近代日本の徴兵制と社会』,東京,吉川弘文館,2004年;吉田裕:『徴兵制——その歴史とねらい』,東京,学習の友社,1981年;佐谷眞木人:『日清戦争——「国民」の誕生』,東京,講談社,2009年;牧原憲夫:『客分と国民のあいだ:近代民衆の政治意識』,東京,吉川弘文館,1998年。

① 《征兵令》在士族中也引起强烈反抗,但以农、工、商为核心的庶民对征兵制的不满和反抗的原因与士族并不相同。此处主要探讨庶民阶级的状况。参见松下芳男:『徴兵令制定史』,東京,五月書房,1981年,191～196ページ。

② 转引自大日方純夫:「近代日本成立期研究の見取図:地域の視点から」,『歴史評論』2002年11月号。

③ 『日新真事誌』47卷,322ページ。

④ 参见松尾章一:『近代天皇制国家と民衆・アジア』上,東京,法政大学出版局,1997年,46ページ。

结养子亲缘，进高级学校或者缴钱也可免役，结果违背了"上下平等、人权齐一之道"。1876 年的适龄征兵者 29.6 万余人，上征兵名单的只有 5.3 万余人。被征兵源主要为无法符合上述条件的穷人家的二男或三男。对他们来说，兵役就是又被强加的封建徭役，因此不少人逃避征兵，导致兵源严重减少。

征兵告谕指出："凡天地之间，一事一物均无不缴税，以充国用，为人者固应尽心报国。西人称之为血税，所谓以生命、鲜血报国也。"但这种"征兵者，乃四民'以其鲜血报国'之血税"，使民众不知其意，以为体格健壮的人要"被征血税，即抽生血然后用来染红军服军帽"。① 坊间还盛传着要榨取人的生血卖给外国人，做成葡萄酒，或染毛毯，以至于处女、妇女也要成为征兵对象等流言。据经济史学家大石慎三郎提供的资料，民众甚至感到征兵就是"被派赴参加有性命危险的战斗，如同上断头台一般"②。当时还出现了很多传授民众逃兵役方法的出版物，于是民众"对贯训于征兵法，极为厌忌，制造诈伪百端、奸谋机策，巧避兵役，一日甚于一日，以致成为习俗"③。由此发生了多起"血税起义"，仅 1873 年就发生了 15 件起。④ 许多兵站被愤怒的民众捣毁，军队出兵镇压起义，被处罚者达到 10 万人以上。⑤

二、尚无国家意识的近代臣民

民众对征兵制的抵抗在当时虽是一种主流的氛围，不过，从一些群众的投稿中也可看出，仍有少数人对征兵制表示了接受和欢迎，他们对民众这种"或惊愕或畏缩"、"无知"和"蒙昧"的言行持嘲笑与批判的态度。"实沉溺于浅陋之妄言，让人见其悲哀涕泣之丑体。"⑥ 有人投稿开始表达对国家安全的担忧："夫兵为立于拥护人民之理之人，一日不可欠缺。皇朝太政维新以来，屡换兵制，终至今日之态，举国皆兵、兵农渐归于一。有事即为兵，无事则为农商，呜呼盛哉！于此以防万一，不得不有一丝忧虑。""海军制备尚未尽其全力，舰船之数尚不多……我日本及洋中弹丸之岛，四面皆波涛，困于舰船之力，能拥护几亿兆之苍生否？为坚固其保护国民之力，须立富国强兵之基，如同英国，其亦为欧洲一小岛，内部极其狭小，然其威风凛凛，卓然宇

---

① 松下芳男：『徵兵令制定史』，東京，五月書房，1981 年，207ページ。

② 同上书，第 195 页。

③ 『内外兵事新聞』第 119 号，1877 年 11 月 25 日。

④ 主要是：纪伊（3 月）、筑前（4 月）、丰后（5 月）、伯耆、出云、备后、讃岐、肥前、伊予（6 月）、肥后、丹波（7 月）、羽后（9 月）等。

⑤ 松尾章一：『近代天皇制国家と民衆・アジア』上，東京，法政大学出版局，1997 年，46～47ページ。

⑥ 『日新真事誌』第 47 巻，322ページ。

内，之所以如此，在于充实海军之备，而能与他帮并立……总之，我日本国权若要与万国对峙，一步也不能退让，务必充实海军之力。"①投稿人还提出了加强海防、加强造舰事业并与外国加强贸易等一系列建议，认为如此则"可以张羽翼，更张国势，缓解今日之局势"。这些言论表明，在当时的日本，已有一些人具有了较明显的对国家的责任意识，只是持此种想法的人还为数甚少，并非普遍状态。

　　民众的这种政治意识，也是明治初年动荡时期国家尚未达成统一的必然反映。日本民众的生活世界，本来异于资本主义世界体系和国家权力的运行逻辑。要实现对民众的强制统合，就必须要与民众的生活世界产生有效联系。对于19世纪70年代的日本，尽管近代国家的形成是一个迫切课题，但是许多长期生活于幕藩体制下的普通民众意识深处仍然保留着作为臣民追求仁政的政事观念。他们对于日本的国家形象还很生疏，国家意识更尚未达成，还不能自觉认识到服兵役即是护国之大任，是国民的义务。如山县有朋所指出："农工商的子弟，毫不知晓兵役的义务，即是护国的权利，怯弱自卑之习惯已经难以改正，减少嫌弃入营者、募集他们以补充兵源之苦心，更非今日所能想象。"②对于文明开化这种高于其生活的近代理论和政策，民众还处于无法理解的阶段。"对他们而言，文明意味着生活的压力和道德的破坏，故无论好歹只有反对。"③

　　而"四民平等"、"人权齐一"的口号之下实际上却仍然存在诸多不平等，这更加深了民众对中央政策的抵制。民众或是逃避或是起义的状况反映出明治初期在国民形成上的两大尴尬：在"四民平等"和"人权齐一"的口号下，原本是要形成均质性民众的征兵制，在民众心目中，实施的结果却是根本无法体现平等；国家试图统合民众，但反而加深了民众对国家的疏离和敌视意识。这说明，明治政府要形成日本人——对国家的一体化认识和对国家责任的自觉认识，还有很长的路要走。将全国之民作为征兵对象，是在1883年左右才得以实现的。而无数青年自愿从军、尽忠报国、以死殉国情景的出现，以及参军被视为是爱国责任的表现，这在日本，则花了二十年左右的时间。

　　民族学研究表明，民族认同的形成是与一个民族对民族利益的觉悟紧密相连的。通过民族利益感悟这个中介，可以表现民族意识的强度和层次，一个民族如果缺乏民族利益感悟，其对该民族的认同绝不会稳固。④ 民族

---

① 『日新真事誌』第48卷，310ページ。
② 转引自松下芳男：『徵兵令制定史』，東京，五月書房，1981年，210ページ。
③ 広田昌希：『文明開化と民衆意識』，東京，青木書店，1980年，22～23ページ。
④ 参见王希恩：《民族过程与国家》，兰州，甘肃人民出版社，1998年，第141、158～159页。

利益感悟及其表现愈激烈，愈能增加民族成员之间的认同，两者是一种正比例关系。① 明治初期日本民众对国家的认同状况，表现出对民族利益的极低感悟。它说明，此时的民众基本上仍处于既无权利意识又无国家意识的臣民状态。

第二节　自由民权运动高涨的民众实态

自由民权运动遭到了政府镇压，但民众继续战斗之势日益高涨。1881年成立的自由党强调人民权利和主权在民，强调普选和一院制。它通过创办报刊、讲演、学习、运动会等方式，将民权和国家等抽象问题与民众的生活世界联系起来，促进了民众"公民"特质和"民族"特质的成长，大大推动了近代日本国民的形成。

一、《自由灯》的启蒙：对民众"奴隶根性"的批判

1884 年 8 月，自由民权派机关报《自由灯》曾就当时的社会状况——对什么事情都不关心的"无气无力的奴隶根性"做出如下批判：

> 吾三千七百万同胞兄弟和私下埋怨着这里征兵那里酒税烟草税的顽固父辈，不少人都处于对外界关系完全不知的酣睡状态。……哪个党占国会多数、掌握大权，都与我无关，过着隐居般的生活，这就是无气无力的奴隶根性。……这些以自己的奴隶根性自业自得、呜呼哀哉的懦弱的来往行人，即使日本成为洋鬼子的属国，定是同样的"嗨、嗨"低头，变成心灵肮脏的卑劣小人……②

《自由灯》创刊于 1884 年 5 月，创刊目的是为启蒙"车夫马丁"等下等民众，其功能定位于"使有眼但如瞎眼、有耳但如聋子……只知有我不知有国、只知有国不知道有自由的前途黑暗的民众，能够走向自由之道的引导者"③，故标题为《自由灯》。它经常连载大插图的政治小说，社论标题较为抢眼，以当时流行的"通俗讲坛"式文体进行报道。当初宣传很有气势，亦有

---

① 参见王希恩：《民族过程与国家》，兰州，甘肃人民出版社，1998 年，第 160 页。

② 『自由燈』，1884 年 8 月 2～3 日。

③ 『自由燈』，1884 年 5 月 11 日。

很大人气，发行量曾与大众报纸《读卖新闻》持平，即使像埼玉县本川俣村这样偏僻的乡村，"《自由灯》每天也送了十份以上"。依靠这种方式，民权运动在"下层社会进一步增强了政治思想"。①

二、运动会的开展：民权、"日之丸"和天皇的双重浸透

自由民权的言论传递给民众的形式，一是演讲会，二是运动会。运动会则更明显地体现了既扎根于传统文化又适应新时代的新的政治文化的特征，能有效地调动民众的兴奋度。民众成为主要角色，更有趣、更有气氛、更能直接表达主张，在大会结束时往往还加上一场演讲，效果更好。民众内心深处深藏着反政府的情绪，进行民俗庆祝活动时，他们往往趁着酒势进行激烈的对抗性表演，往往寓意着对专制政府的武力对抗，使反政府的气氛不断高涨。

1883 年 6 月，在茨城县土浦举行了"自由天降式"，百余名有抱负的人以锣鼓和喇叭造势，列队在街上练习步伐，到了神社，戴鸟帽子、穿长衣的"天使"传达"天帝"之言，以鼓舞士气，然后进行拔河等公开表演，之后举行演讲会。当时虽正值农忙时期，但亦有一千余人到场，是"从未有过的盛会"。②

1883 年 8 月，栃木县给内务省的报告书中也描述了民权运动会的情景："运动会的状况，最初不过是夺旗、拔河等，近来大都是穿白衬衣、蓝裤子，戴着剪纸的军帽，扛纸枪或木枪，组成队伍，敲打着空油罐，吹着横笛，前后进退。队长喊号令，其运动与军事训练无异。竖起的红白旌旗上写着'以血买自由'、'百姓财尽'等文字，还有如乞讨姿势的'贫民队'，穿着乞丐服。……各村组队进入会场，每村都高声呐喊。"③为纪念元禄年间反对增加年贡而请愿的牺牲者，下都贺郡的二十余村随后还举行了"义民祭"的运动会，八百余名农民敲着陈太鼓、带着竹枪、举着旗帜游行。④ 1883 年 9 月，自由党提出"应该（把民权运动）寄于体力运动之中，（使民众在）游于山野中进行充分陶冶"。之后，召开运动会便成为民权运动采取的一般形式，由此还引起了县厅警署的警戒。

运动会成为自由民权思想浸透的重要方式，同时也发挥着促使民众形成对国家认同这一重要作用。通过运动会，天皇和"日之丸"等国家标志被深深地灌输到民众头脑中。从千曲川河滩上举行的"小孩自由党"的运动会

---

① 『自由新聞』，1884 年 6 月 4 日。

② 『自由新聞』，1883 年 6 月 13 日。

③ 转引自安丸良夫：『文明化の経験─近代転換期の日本』，東京，岩波書店，2007 年，250ページ。

④ 参见上书，第 249～250 页。

可见一斑：

> 各村的小孩，从七八岁到十四五岁，共一百六十余名。挥动着数十面红白旗在那里呐喊，非常英勇，又有数面大旗上写着"自由之处是我乡里"，或是"天皇万岁"、"自由万岁"、"正气压天"等文字……呜呼！他日使我东洋充分吸取西方 19 世纪机运奠定万古不拔之国基者，唯此小孩自由党矣！①

这里，与"自由之处在我乡"、"正气压天"、"自由万岁"等放在一起的还有"天皇万岁"，此后的运动会上，还出现过"大日本帝国万岁"的旗帜。在利根川召开的"志士赛艇大游船会"上，散会之时也出现"好几次会员一同高喊圣寿万岁、帝国万岁"的情形。民权运动可谓创造了一种形成国家认同的重要形式。

"日之丸"被《自由新闻》报道为"国旗"，在演讲会和运动会上是务必要挥舞的。在宫崎县的日向市，"讲坛中央插国旗，四方插着'自由万岁'、'消灭压制'的旗子。"②在北陆七州恳亲会演讲会中，"会场的门前立有一大绿拱门，由各种花卉做成，旁边插着十面国旗。"③同时，"日之丸"也开始成为爱国心的象征，在前述茨城县土浦"自由天降式"后的演讲会上，还可看到以下场面：

加藤平四郎在以"勤王论"为题的演讲中恳切地阐述道："'帝政、改进党二党的行为违背天皇的精神，成为不勤王不忠义之原因……'，愤而大声痛论到改进党和三菱会社之弊害、其首领之奢侈及质疑天皇等问题，场中寂然无声，没人说'不'或否定，大家都咬牙握拳，不自觉地流下了感动的泪水。但只一会儿，四面就发出了愤怒之声。……愤怒的状况使得一时间鸣铃也无法停止。"④

高举"五条誓文"和渐进立宪政体诏书以非难政府是民权派的一贯做法，加藤攻击帝政党和改进党的借口也是如此。但是，若将政府和对立党派攻击为"违背我天皇陛下意愿"的"不忠"，不仅自然提高了天皇的地位，还出现了听众"咬牙握拳"、流泪不出声以及愤怒的充满紧迫感的寂静空间。

与"自由万岁"一起悬挂的，还有"国旗"和"天皇万岁"的讯息、对政府和

---

① 『自由新聞』，1884 年 6 月 7 日。
② 『自由新聞』，1884 年 6 月 17 日。
③ 『自由新聞』，1884 年 9 月 27 日。
④ 『自由新聞』，1883 年 6 月 13 日。

对立党派进行的激烈批判、在沉寂的异样气氛中所感到的天皇的权威,等等。作为支撑明治政府正统性的国旗、军队、天皇,也变成了与政府对立的象征,与政府相分离的"国家"的象征。这样,就对天皇的存在方式和征兵的荣誉进行教育这一角度而言,自由民权运动凭借与民众共有的"反上抗官"意识,实际上替代了政府和地方官僚,在无意识中使天皇、军队、国旗等"国家"意识浸透到民众之身体和精神中,促使日本民众向近代国民转化。

三、演讲会的盛况：与权力对抗的快感①

西南战争后,大规模的军事活动不可能了,自由民权运动的主要方式就转向为演讲会,以及与之相配合的恳亲会。值得一提的是,分析演讲会的语言模式以及会场氛围,可以比较微观地捕捉民众意识之变化,以及民众新的政治文化的创造过程,进而理解其"公民"特质的发展。

1879～1880 年,全国各地都举行了演讲会,一般在寺院或公园小屋举行,听众从数百人到两三千人,在地方政治社团中涌现出许多年轻的辩论家。1880 年,因政府强化"集会条例",演讲会曾一时衰落,但豪农的民权家以恳亲会和教育(学习)演说会、劝业大演说会之名,请来城市知识分子进行演讲,并和听众一道进行讨论,恳亲会便变成了政治思想的宣讲会,由此生气再现。

全国政谈演讲会的发展统计表

	认可讲题	不认可	开会次数	演讲者 (人)	解散演讲 (次)	禁止演讲 (次)
1881 年	12 012	—	—	—	131	40
1882 年	13 212	1 082	1 817	7 765	282	53
1883 年	7 197	748	1 037	4 692	139	56
1884 年	4 552	694	681	2 356	117	44
1886 年	2 845	270	444	1 263	66	8

(说明:资料出处转引自色川大吉:『日本の歴史 21　近代国家の出発』,東京,中央公論社,1966 年,原资料为内务省总务局统计。)

(一)反政府的倾向：盛况空前的演讲会

1877 年 6 月 7 日,立志社首开演讲会,不久就成如下盛况:6 月 18 日,"近来立志社之演讲会几乎每夜如此";6 月 23 日,"听众约有三千",以致"无法入席。"②

---

① 本部分主要资料来自于安丸良夫:『文明化の経験—近代転換期の日本』,東京,岩波書店,2007 年。

② 转引自上书,第 227 页。

在静冈县青陵社，沼间守一等人的演讲会听众最多。1881 年 9 月 30 日下午一点才开讲的会场从上午 8 点就开始聚集听众，人数达三千人，盛况空前。演讲会完毕时已是晚上 11 点，其后又召开恳亲会，雄鸡报晓时才终于散去。之后他们又在静冈县别处进行演讲，听众也达两千余人。①

三多摩地区曾在 1881 年 1 月于府中地区召开学术演讲会以及原町田的武相地区恳亲会。经常做演讲的末广重恭等人在武相第一次经历了拥有三百人听众和两百人以上恳亲会的盛况，极为震惊。1879 年 12 月，茨城县猿岛郡境町请来了东京嘤鸣社社员掘口升，约两百四十余人到场，"有席上演讲者，有赋诗者，或唱歌跳舞者，皆愉快尽欢……"盛会在晚上 12 点才结束。水户法学馆作为重要的地方组织，在发行《水户新闻》的同时，规定每周六举办演讲会，每月第二个星期召开讨论会，往往呈现出"集会条例一出，集会愈盛"之状况。②

集会的盛况与激越慷慨的演讲内容密切相关。"若不打倒今日之政府，便无法使民权扩张"是其核心主张。"政府为人民之奴隶。……然，今若有奴隶不听主人指挥、进行独断者，其为主人者岂能不起怨愤？故实为一日也无法忍受下去。"激越的演讲吸引了许多民众。关于这点，末广重恭事后描述道："据吾辈之经验，苟站于演讲堂上发表着实平稳之言论时，满堂寂寞无声，或有坐睡其间者。虽如此模样，但若其论锋涉及政治之得失，便立即有各位喝彩，愈激烈愈危险，喝彩越多越急。故开口倡国会、喊专制，或打出'集会条例'之一语，来不及述其主张如何，满堂便几与鼎沸无异。无论何处、何种集会，皆如此。"③"其开口即骂政府，指责官吏，将郡吏巡查比为毒蛇粪虫，闻者皆拍手喝彩，仰之如救世主，不到一月，列社员簿上者已多至两万余人。"静冈县青陵社的演讲会能聚集听众，也正因为"全部是政谈"。④

（二）与权力对抗的快感：演讲会的特征及秘密

政府在 1878 年 7 月规定了"禁止煽动民心、妨害国安者的演讲"后，1880 年 4 月又制定了更严格的集会条例。地方长官和其下属警察，具有终止、解散集会、结社、演讲以及禁止特定活动家的演讲活动并加以处分等行政权限，到场警官如果认定演讲与原先的申告内容不符、对现有法律和官吏

---

① 「静冈県自由民権史料集」，转引自安丸良夫：『文明化の経験—近代転換期の日本』，東京，岩波書店，2007 年，234 ページ。

② 「茨城県史料近代政治社会編Ⅱ」，转引自上书，第 234～235 页。

③ 「三多摩自由民権史料集」，转引自上书，第 238 页。

④ 「静冈県自由民権史料集」，转引自上书，第 234 页。

有攻击或诽谤,或煽动和教唆民众等,可以当场直接命令演讲会终止和解散。这使得国家权力与民众的关系,就具体表现在作为监督演讲会场的警察和参加者之间的关系上。

一般来说,演讲会具有如下几大特征:参加者多为一般民众,对民权思想、政治制度等不太了解;重要的实质在于演讲会中有对掌权者和警察的恶骂、嘲弄、幽默的大笑以及英雄主义的逞能等;激烈批判专制政府的演讲会大受欢迎,这是攻击政府的言论模型;机智地与警察周旋,不能直接攻击政府,演讲会就用外国的事例、比喻和寓喻、讽刺和暗示等方式,尽可能避免给警察借口,同时尽可能采用激烈的语言以博得参会者的喝彩,这种喝彩也激励演讲者,从而形成演讲会很特别的氛围。在政府"禁止"的边界线小心翼翼地打着批判政府的擦边球,进一步提高了听众的热情,戏剧性的紧张关系支配着会场,这便是演讲会有人气的秘密。参会者感到兴奋,更多是因为体验到这种对立和紧张。总之,演讲会产生了民权活动家与民众之间的相互联动,民众在不自觉中超越了被动性,成为演讲活动的主体。通过演讲会,民众与权力之间戏剧般地形成了二元对抗的紧张关系,从而实现了将一般民众席卷进政治世界的目的。① 这种氛围,蔓延到地域社会,形成时代的社会风潮。

除开运动会、举办演讲会和恳亲会外,各种形式的传统文化与广泛的民众愿望相结合,与新时代相适应,开始形成了独特的政治文化。风靡一时的民权歌舞也成为对民众宣传和灌输自由民权意识的重要方式。据高松立志社的新闻报道:"此时卢梭和美国革命也做成俚歌,称为'民权歌',印刷出来分发给听众或街上行人,所到之处的儿童都会唱此歌,颇为流行。"其歌词是这样的,"一是,人之上无人,完全没有权利,此不为人;二是,我命无二次,舍掉也无自由,不足为惜。"② 1881 年高知县民权运动家将民权歌谣逐渐与民权舞蹈结合起来,每夜都举办民权舞蹈活动。在 1883 年栃木县的恳亲会和运动会上,有"击碎鲶鱼"的活动。击碎鲶鱼之后,壮士们一边叫着"自由万岁、日本帝国万万岁",一边和着音乐跳起了自由民权舞蹈,这被称为"颠覆舞蹈"。③ 此外,将佐仓宗五郎等起义领导人作为民权运动先驱者也是当时的普遍做法。以佐仓宗五郎为主题的歌舞伎和讲座深受人们喜爱,吸引了广大民众。受这种风潮影响,吉原地区的艺伎也开始向宗吾神社祈祷还其

---

① 参见安丸良夫:『文明化の経験—近代転換期の日本』,東京,岩波書店,2007 年,290ペ
ージ。

② 「新聞集成 明治編年史三」,转引自上书,第 229 页。

③ 『自由新聞』,1883 年 7 月 17 日。

身之自由。一些受民权运动影响的年轻小学老师开始脱离地方领袖人物独立开展运动，率先计划召开演唱会、联谊会，或是积极活动，希望建立青年自由党那样的跨地区组织。此外，在各地还出现了一些非常关心政治和社会问题的小规模群体，如京都府八坂的艺伎们以集资方式设立"艺伎自由论坛"，每两个月请人来演讲一次；仙台的一些眼疾者成立"报纸杂志讲读所"、雇用健康人读报给大家听的"盲人演讲会"和"仙台群盲共同会"，讨论"扩张民权"，希望建立"仙台盲院"。他们这种认真思考政治和社会问题、超越自身不利条件寻求自立的努力表明：自由和民权的思想开始在日常生活中生根。① 近代日本民众的"公民"特质，就在此过程中得以逐步创造出来。

第三节　"甲申事变"的兴奋

超出日常世界普遍观念的"国民意识"，原本是游离于民众的生活实态之外而难以内发形成的，此时，来自外部的冲击是非常重要的契机。19世纪80年代的"甲申事变"就提供了这样一个重要的外部契机。② 由于这一事件，日本民众在政府的引导、知识分子的鼓吹以及媒体的渲染下，逐步形成了与国家的一体化意识。

一、"应该如何抵御外辱"："甲申事变"前的舆论铺垫

早在事变发生前，由于与西方列强和朝鲜、中国台湾等地的外交争议，日本舆论便开始有了"抵御外辱"的危机感。《山梨日日新闻》1884年9月连续两篇社论都以"我国应该如何抵御外辱"为题，指出："万国交通外交多事之秋，再自持地利之要害，非也，防御外辱之事亦要比锁国时代之人民有

① 〔日〕牧原宪夫：《民权与宪法》，臧志军译，香港，中和出版，2015年，第87页。
② 1882年朝鲜"壬午兵变"发生后，朴永孝、金玉均等人在日本支持下组织了独立党（又称"开化党"），拥戴国王，企图改革国政，保持独立。而闵氏等人则组织了事大党（闵妃派）与中国接近，企图得到中国的保护。1884年12月，在中法战争中，中国军队大败，独立党立即采取非常手段袭击了王宫，杀害事大党人，拥立国王掌握政权，并建立了开化派政权，新政府发表了废除同中国的宗主关系等各种改革方针。日本公使竹添进一郎应朝鲜国王的要求护卫王宫，而中国军队则援助事大党，派兵袭击王宫，将国王迎入军中，并打败了少数日本军。开化派政权只维持了三天随即垮台，日公使逃至仁川，朴、金等人流亡日本。事大党卷土重来，中国在朝鲜势力大振。混乱期间，汉城30名日侨被杀。日本要求朝鲜赔礼道歉，严惩暴徒，支付赔款。善后事宜的处理结果为，朝日签订了《汉城条约》，中日两国签订了《天津条约》，约定两国从朝鲜撤兵，停派军事教官，需要派兵到朝鲜时须事先互相通知，事件平息时立即撤兵。此即"甲申事变"。

更进一层学习之必要。……要具备一国之躯，必能抵御外辱、扩张国权、具有与外国对等之地位，始能成国，得成国之实。""一国乃一身之集体，一身乃一国之分子，各人皆知爱其身、亦必须知爱其国，其理看来容易，若不使国内民心团结一致，互怀不平、停止墙内之争，提出抵御外辱之策之势也无法出现，此东洋各国之通弊。"①文章以中国和比利时为例，指出了中国已无在世界争雄之能，原因在于国民不能团结一致。"每每各执所利，不能成'一'"。而比利时虽为小国，人民富于团结爱国之精神，日本"如今若发挥我邦国民之一致爱国之精神，方有可能雄飞世界，抵御区区外辱何难之有"？评论中已经具有明显的对"有武力即有权利"观点之信奉，"盖今日之世界绝不在道德世界，也绝不是道德世界，不仅如此，正义亦无法通行，不得不称之所谓'武力即成权利'之吞并世界。处于此吞并世界中，想要抵御外辱、维持独立，只有互磨爪牙、发挥勇气，非如此岂能保护本国之安全？"②11月《何以抵挡欧洲之侵略》的社论再次强调"冷眼察五洲之大事，万国公法有其名无其实，实为弱肉强食之世界"，指出"国家之存亡危机，实不可预料。我日本国民不应暂时懈怠欧洲列强之举动，须臾不能放松抵抗白人之念"，"要有永久持剑，几年后亦须不失其身份警戒之心。"③这种渲染时局紧迫感的舆论为日本民众对外迅速达成一致提供了基础。"甲申事变"一爆发，就立即成为了全民抵御外界威胁的极好契机，民众的国家情感由此升华到此前未有之高度——举国一致抵御"外辱"。在此事件中，"国家"因与中国的冲突而具有了强烈的象征意义和凝聚作用。

二、"国辱须用血来雪"：一致对外的国内舆论

"甲申事变"爆发后，政府内部对派兵海外态度犹豫，加之舆论认为与中国的《天津条约》解决问题并不彻底，因此对政府的"软弱外交"表示了强烈谴责，要求政府报复。不明真相的舆论谴责中国军队杀害了在朝29名日本人。有报道说，有照相师一家，丈夫被中国兵杀掉，妻子被凌辱，两个小孩被监禁，后终于逃回到横滨，但妻子倍感羞辱而出家，三岁的小男孩"一见到清国人，不能分辨而突然哇哇大哭逃走藏起来"。④ 媒体还报道，武官矶林真三大尉被"朝鲜人最拿手的高抛石砸伤几十处以致暴毙"，群

① 『山梨日日新聞』，1884 年 9 月 1 日。
② 『山梨日日新聞』，1884 年 9 月 2 日。
③ 『山梨日日新聞』，1884 年 11 月 22 日。
④ 『自由燈』，1885 年 1 月 7 日。

众蜂拥而至"刮其腹取其肝胆，不顾鲜血淋漓争相食之，其举动之残酷，实在非人类所为"。① 这些事件虚实混杂，被各大报纸加以耸人听闻的报道，煽动起了人们对中国和朝鲜的反感。一致对外、洗血"耻辱"、惩罚中国和朝鲜成为舆论的重点。

《自由新闻》不顾事实真相，将所谓的"侵犯公使"、"焚烧公使馆"、"杀日居民"等行为怪罪于中国军队，并叫嚷"有爱国心者谁都会忍不住扼腕切齿"，"雪国旗之辱，为我不幸之被害者……要尽力蹂躏其十八省。"②《自由灯》也煽动到："死吧！死吧！……五十年的生命，为国死何足惜？"③"呜呼！我日本男儿，拿起日本刀！"④福泽谕吉在《时事新报》上带头主张立即对中国开战；藤田茂吉等人则认为应乘此次事变"干涉朝鲜内政，努力实行吞并"，并向伊藤参议献策："与中国之纠纷，乃吾等为国家所最希望者也。"

《山梨日日新闻》在事变后四个月内发表近三十篇相关评论和投稿，⑤大致观点是：

第一，事件之原因全在于中国士兵之暴乱，日本所受损害和侮辱甚大，政府应果断处置。"教唆朝鲜人民，围攻我公使之公署并向之开炮，以致一片狼藉的，是支那之士兵；搜索捆绑我在留居民，予其非人道之艰辛并施加非法无礼的，是支那士兵之所为，此次事变，全在于京城支那士兵的率先煽动。""我国民所受名誉上之侮辱和利益上之损害两方面皆为巨大，须神速果断处置，并派遣军舰部队，让朝鲜政府、北京政府充分谢罪，此即寄望于我国民及我政府诸公之事。"⑥

第二，若与中国开战，国民应在所不惜、同仇敌忾。"吾辈绝不让其半步，必须直接以兵力之强弱来裁决。此为吾辈今日之愿。"⑦"若与他们发动战争，其需要之兵极多且军费巨大，超出吾辈之想象，国库现有之金货也恐无法应付。如是，政府向人民征收临时军费即为不得已之事。这原本就是国民义务，虽掏空衣袋亦在所不辞。……事关国家沉没之事，我日本国民须有再付军费的觉悟，我同胞有无觉悟和准备？"⑧

第三，国辱应以血来雪，须增强本国实力，以干戈为治国之基础。"自

---

① 『自由燈』，1885 年 1 月 7 日。
② 『自由新聞』，1885 年 1 月 9 日。
③ 『自由燈』，1884 年 12 月 29 日。
④ 『自由燈』，1885 年 1 月 8 日。
⑤ 具体报道题目参见附录表 1，在此不一一标注。
⑥ 『山梨日日新聞』，1885 年 1 月 7 日。
⑦ 『山梨日日新聞』，1885 年 1 月 13 日。
⑧ 『山梨日日新聞』，1885 年 1 月 7 日。

国之耻,当以自国之独力雪之才可"①,"弱肉强食之世界中,幽幽妖气之下,实质上必须具有武力,壮大国权、增强国威。必须记住……须以干戈为治国之基础,尤其如我大日本帝国,环海之孤国中天赋之富裕、运输之便利虽居世界之冠,但于外邦之残暴、不以信义相交、吞并之时势下,切不可疏忽大意。"②"此次对中谈判,务必深谋远虑……对中国若稍有逼其承诺的傲慢无礼,亦可显示我大和魂之激昂和日本刀之精炼。今日舆论之议论程度,我政府也必定十分满足和欣喜。对决意振兴舆论,吾辈亦毫不怀疑。"③

在这种舆论的引导下,以民权派为中心,各地组成了义勇兵,召开了讨清示威游行和追悼集会。1885 年 1 月,大阪有七八百人举着旗帜、锣鼓和喇叭在市里游行,气氛如同召开民权运动会一样。④ 上野公园进行了公开集会,东京的公立、私立学校以运动会名义发动了"讨清"的示威,庆应义塾大学和明治法律学校等三千多学生参加,"此运动会之主题是对清国之举动感到愤怒,以示其同仇敌忾之气象。"⑤在举行了投雪、夺旗、拔河、相扑等比赛项目和"悲愤慷慨的演说"之后,他们又在市里游行,并砸坏了报道论调比较冷静的《朝野新闻》报社的窗玻璃等。其实,《朝野新闻》在要求政府"洗刷侮辱国旗"这点上和其他报纸并无差异,只是提出"不要感情用事的主张战争"⑥,但仍未能避免被袭。舆论将上野集会称为"不问党派的异同、表现我日本男儿临辱敌忾之爱国心"的"大日本的运动会"。⑦ 媒体还列举了为三十余府县义勇兵募集义援金的报道,并贴上"日本舆论"的标签。⑧ 各地举行了牺牲者的葬礼和追悼集会,参加的民众甚多,以致车夫马丁也说:"此次务必要与中国较量,若要较量,吾辈也一定尽力。"⑨他们为此还专门拜访了民权运动家大井宪太郎的家。

民众和舆论的上述反应,在此后不断重复出现,成为日本对外扩张、打造亚洲殖民地时的既定行为模式。

---

① 『山梨日日新聞』,1885 年 1 月 13 日。

② 『山梨日日新聞』,1885 年 3 月 9 日。

③ 『山梨日日新聞』,1885 年 2 月 6 日。

④ 黒木彬文:「甲申政変と『福岡日日新聞』」,地方史研究協議会編集:『異国と九州—歴史における国際交流と地域形成』,東京,雄山閣,1992 年。

⑤ 『山梨日日新聞』,1885 年 1 月 28 日。

⑥ 『朝野新聞』,1885 年 1 月 16 日。

⑦ 『自由燈』,1885 年 1 月 17 日。

⑧ 『自由燈』,1885 年 1 月 18 日。

⑨ 「大阪事件関係史料集」,転引自牧原憲夫:『客分と国民のあいだ:近代民衆の政治意識』,東京,吉川弘文館,1998 年,142ページ。

三、"他们"和"我们"的区分："甲申事变"的影响

以"甲申事变"为契机，民众用"反政府"的态度开始表达了自身对国家的一体化认同，从而使对外问题成为民众自身国民化的渠道。"对国旗的侮辱"使民众的国家一体感终于开始转动起来。[1]

其一，"日本人"在异国被惨杀，"我们"必须要复仇——这种被害者意识触发了民众的一体感。《朝野新闻》指出："屡屡接受来自外国的忍无可忍的侮辱"是由于政府和人民没能成为一体，但（民众）知道了"支那兵和朝鲜人的残酷所为"，不禁"怒发冲冠、潸然泪下"，终于"使得一国人心奋起"。[2]"如此公愤之今日实则成邦国之美事"，民众已经完全忘掉了半年前自己对政府的咬牙切齿，开始夸耀日本具有爱国义烈的人民。在与虽有四亿民众但"皆如对岸观火"、"未有为国舍身弃财者"的中国的对比和兴奋中，日本民众滋生出了"我国"、"我们日本人"这种集合的自我意识，进而也开启了敌视中国和朝鲜之肇端。在这种"民族"的感悟下，面临中国劳工输入等日常摩擦问题，民众态度就有了变化。"近来中国人不断来到横滨，夺去我下等人民所从事之人力车夫、焙茶、其他外国商馆的小使、住宿佣工等职业者不少"[3]，导致"横滨劳动社会无法掩饰的惨状"[4]。这样的日常摩擦让人屡屡感受并在民众意识深层留下痕迹——被害者是"我们日本人"。进入19世纪90年代后，下层民众与中国劳工冲突频发，码头工会开始发起排斥中国劳工的运动。[5]"我们"与"他们"的区分已经十分明显。

其二，"反官"与爱国结合起来。为防止激化国际矛盾，以前发生对外纠葛，明治政府一般禁止煽动紧张性的新闻报道。"甲申事变"一开始，政府的处理也是急于与朝鲜和中国和议。政府的"软弱"外交激发了媒体的反政府批判并带给民众必须要对外强硬的共感。"要给社会以活动的力量，惹起外患可以作为一个不错的手段，人民由此开始产生了真正的爱国心。"[6]正因发现了这一内在关联，从那之后，以大井宪太郎为首的许多民权家，就策划并参与了不断激化与中国的对立以创造对外危机的事件，试图通过"反政

---

① 『自由新聞』，1885年1月21日。

② 『朝野新聞』，1888年7月25日。

③ 同上。

④ 『あずま新聞』，1890年12月13日。

⑤ 布川弘：『神戸における都市「下層社会」の形成と構造』，兵庫，兵庫部落問題研究所，1993年。

⑥ 「大阪事件関係史料集」，转引自牧原憲夫：『客分と国民のあいだ：近代民衆の政治意識』，東京，吉川弘文館，1998年，146ページ。

府"来实现国内革命计划。他们认为民众的臣民意识根深蒂固，处于缺乏国民政治参与制度的状况，没有民众的"气势"（即批判精神），爱国心就不可能产生，实现民权便不可能。民权与国权、对外扩张、反政府与爱国就全部联系起来。"甲申事变"为反政府与爱国的结合以催生民众的爱国心提供了契机，由此成为日本民众"民族"特质产生的舞台。

第四节　《明治宪法》的颁布

一、"万岁"的诞生

1889 年 2 月 11 日，《明治宪法》颁布，意味着国家体制向立宪君主制转换，举国举行了盛大的庆祝仪式"宪法祭"。在以前，对下层社会来说，国家的祝祭日与平日并无多大差异，"排列着球灯造花的装饰，海饮海食，大声喧哗……"①但是，这次的"宪法祭"并非转瞬而过的祭祀喧哗，它在祭祀过程中出现了许多人进行提灯游行并一起高举双手高呼"万岁"的情景，从而在创造民众祝祭的空间方面发挥了之前不曾有过的重大力量。

"宪法祭"时，东京府下属各区命令各町地主和负责人，要求每户悬挂提灯和日之丸旗，并要出动神舆、山车等，还要求大家在本地区反复操练。②在政府主导下，市民逐渐融入祭祀的氛围中，最后各区各町相互竞争起来。③街路、建筑、桥梁皆用大大小小的"日之丸"旗、灯球、提灯装饰起来，大拱门到处耸立。当天，百万台以上载着神武天皇、日本武尊像等独出心裁的山车来来往往，学生们高举火炬、年轻人和艺伎们穿着戏服在街上游行，甚至还造成了大混乱。

前已述及，政府中最早注意到"祝声"重要性的是森有礼。最后外山正一教授的"バンザイ"（即中文"万岁"）的提案在帝国大学教授会上得到承认，森有礼压制住宫内省"在天皇面前大声说话等是极为不敬的"这种强烈责难，终于正式通过了关于"万岁"的读法和"三唱"标题，确定了面向天皇的欢呼用语。其后，大学开始召集学生反复进行特训。永井荷风在《花火》中这样回忆道："明治 23 年 2 月有宪法颁布的祝贺祭日。……提灯游行是从这个

---

① 『朝野新聞』，1889 年 2 月 5 日。
② 『朝野新聞』，1889 年 2 月 6 日。
③ 『時事新報』，1889 年 2 月 14 日。

祭日开始的，国民对国家叫'万岁'一词也确实是从这个时候开始的。要问何故，因为此时我父亲在帝国大学上班，这天晚上……他带着红色提灯出去了，夜里很晚才回来。父亲说那晚上带着许多大学生去了二重桥三呼'万岁'。'万岁'的英语叫法、学者和学生游行之类的事情，在西方是常事，但人们认为那是远方国家的事情。对我来讲总觉得很可笑，也不太清楚其意义。"时为小学生的永井荷风的切身感受表现出了对"万岁"和提灯游行的新奇。[1]

在新皇居大广间举行的宪法颁布仪式结束后，天皇的马车一出正门，五千名帝国大学学生便高呼"天皇陛下万岁、万岁、万万岁"，"一高"的学生跟着高呼。民众翌日还在上野公园进行了游行。媒体报道了以下令人感叹的场景："各街町的山车一起打着拍子唱《拉彩车歌》，参观者挥动帽子高呼'万岁'的声音到处回荡。明治二十二年2月11日的纪元节实际上成了旷古未有之吉日。……日本皇帝陛下万岁、日本人民万岁！"[2]

一起大声高呼"天皇陛下万岁"、脱帽或是挥手——这对群众心里的影响是无须赘言的。人们不再是旁观者，通过这个口号和动作，紧挨着的不认识的人突然间产生了共通的感情，每一个人的"祝愿"都直接与天皇联系起来。"万岁"的功能，就在于创造出了这种共属感觉的瞬间。从统合机能来看，一方面"万岁"的对象不只限定于天皇，而是抽象地扩大到国家；另一方面"万岁"又具有易于深入民众并能使其迅速平均化的威力。从此角度看，"万岁"的诞生便意味着实现国民统合的决定性"装置"的诞生——"万岁"将超越了议会的天皇和被议会排除在外的民众直接联系在一起，是一个可以包容天皇、国家和人民等一切方面的概念。正是在'万岁'的泛滥中，民众越来越深切地感受到自己是"日本国民"。[3]

明治末期，京都帝国大学校长木下广次曾高度评价森有礼是实现在天皇面前高喊"万岁"并对皇室礼仪进行大变革之人。[4] 由于森有礼深刻把握了"万岁"的意义，竭力将民众从身体层面训练成"国民"，因此，在某种程度上可以说，森有礼才是宪法祭的真正导演。

二、国民统合的"四位一体"

喧哗的"万岁"声中，还伴随着"日之丸"和天皇皇后"御真影"的泛滥。

---

① 转引自牧原宪夫：『客分と国民のあいだ：近代民众の政治意识』，東京，吉川弘文館，1998年，159~160ページ。

② 『読売新聞』，1889年2月13日。

③ 牧原宪夫：《民权与宪法》，臧志军译，香港，中和出版，2015年，第269页。

④ 『大阪新聞』，1909年4月11日。

与一般民众几乎无缘的"日之丸"旗,在"宪法祭"这一天被悬挂在房檐、路边的拱门和山车上,也被拿在游行者手里。挥舞各种大小的"日之丸",说明"国旗"的意识在民众中已经扎根。"御真影"悬挂在各区的议事堂和各地的庆典会场里,在"神武天皇及两陛下的御影下面要准备神酒和供品"[1],或是"放上青竹,围成四方,贴上紫幕,将御影安置其中并附上一对神"[2],作为"御神体"进行装饰。北丰岛郡役所曾提出如下演出方案:做一个"遥拜所","放上天皇皇后的御真影",数百人在叩拜的时候,郡内小学生三千人不停地歌唱《君之代》。[3]

在"御真影"前一起高唱"万岁",使天皇的形象举止比实际更具有权威性。天皇如果只是一个给民众带来现实利益的存在,则它还不具备随意可以调动国民身体和精神的力量。通过民众的叩拜"御真影"和高呼"万岁",天皇尽管被宣扬为神,但给民众的内心感觉与70年代末期的巡幸时摸了天皇的坐垫疾病便能痊愈的"活神"完全不同。由于天皇能与民众"共有空间",因此他变成了具有实感的存在。更大的效用可以说是民众在其内心深处自身开始想要成为天皇所期待的子民。

总之,宪法祭首次呈现了"君之代、万岁、御真影、日之丸"四位一体的狂热的祝祭空间,象征着建立在民众大动员基础上近代国家祭典的出现。而在19世纪80年代,还完全不存在这种政治文化。它使民众共有了"我们都是日本国家成员"的实感,《教育敕语》的思想由此不知不觉地渗透到民众大脑中。

T.藤谷还指出,宪法祭还有确立东京作为首都内涵的划时代作用。[4]不只是东京,在全国各地也都举行了祝贺宪法颁布的仪式,但以"首都"为中心所呈现的辐射全国的祝祭现象,第一次形成了全国同时举行的"国家礼仪"。东京的居民以"帝都"自居,当地方意识到东京是中央的时候,东京就千真万确地成为了日本的首都。此后,在纪元节、天长节等节假日里,居民们在小学校参拜,就确实具有了全国一体之实感。

三、形成国民的悖论

颁布宪法、通过开设议会来实施宪法,是明治时期政府及自由民权运动诸多人士的努力和期盼,选择在纪元节颁布宪法并进行宪法祭,无疑强化了

---

① 『読売新聞』,1889 年 2 月 13 日。
② 『東京日日新聞』,1889 年 2 月 8 日。
③ 『東京日日新聞』,1889 年 2 月 11 日。
④ T.フジタニ(ほか):『天皇のページェント—近代日本の歴史民族誌から』,米山リサ訳,東京,日本放送出版協会,1994 年,68～69ページ。

政治的一体性。宪法发布后，《日本人》报激昂宣布："过去，我们仅仅是属于'风俗、习惯、语言相同的同一民族'的人民；现在，随着议会的设立，我们变成了政治上牢固地结成一体的'国民'。日本国民自明治二十二年二月十一日诞生啦"。①

但是，庆典之后，又同时存在一个非常滑稽的问题，即"谁也不知道宪法的内容是什么"。"《明治宪法》第 1 条（大日本帝国由万世一系之天皇统治之）、第 3 条（天皇神圣不可侵犯）根本没有成为任何人议论的对象。"《明治宪法》颁布后仅仅四个月，作为制定过程的理论说明书，以伊藤博文名义编写的《大日本帝国宪法义解》、《皇室典范义解》公开出版（后合并出版为《帝国宪法皇室典范义解》）。而民间学者对此也没有任何讨论。② 由此可看出，民权运动在该阶段已经失去战斗意志。根据幸德秋水的记忆，中江兆民在阅读宪法时，虽然也说，"通读一遍只是苦笑而已"，但也没有拿起批判的笔。大部分人认为宪法的颁布满足了建立议会之要求，因此都更重视次年的选举运动和政党再兴运动。③ "几乎没有关于宪法本身的讨论"。这种少见的政治现象，反映了当时的实情。

根据事先设想，宪法的颁布可以同时保证国民的两重特质的实现，《朝野新闻》以社论《宪法颁布后的日本国民》指出："既然制定了宪法，确立了立宪代议制的制度，我国人民就不再是以前的无权力无责任的国民了，'议定政务'的虽然还是少数议员，但将它们送进国会的还是'一般选民即全帝国人民'，'大家都负有政治之责任'。"社论力陈道："下层人民也不再'啃父兄之胫骨'、'随心所欲的度日'和'孤陋寡闻'，民权家也必须要从高喊无责任的空论以取一时之快的专制时代的旧习中脱逃出来，进行切实精密而具体的政治议论。"④

但从实际来看，在民众参政这个问题上，较之于"民族"特质的飞跃发展，"公民"特质的形成步伐还相当缓慢。大家都成为了国民，但是现在的帝国议会并非"全帝国人民"都能参与。国会总算建立起来了，但居民却被划分成为具有参政权的"国民"和等同于外国人的"非国民"。选举资格限制制度是一种露骨地将人们分裂开来的制度。根据 1889 年的《众议院议员选举法》，年满 25 岁以上的日本男性、缴纳直接国税（地租、营业税及所得税）15 日元以上并期满一年者才拥有选举权，地方议会也只把缴纳地税或直接国

① 『日本人』，1889 年 2 月 18 日。

② 参见〔日〕飞鸟井雅道：《明治大帝》，王仲涛译，人民出版社，2011 年，第 141 页。

③ 同上书，第 142 页。

④ 『朝野新聞』，1889 年 2 月 6～7 日。

税 2 日元以上的男性作为公民,其他居民没有选举权。被选举权者的条件是年满 30 岁以上的日本男性(财产条件与选举权资格相同)。按照此规定,全日本只有 1.1％①的人(约 45 万人)符合最终条件。而且,当时选举制度还有特权规定,即缴纳町村税总额一半以上的一级选举人具有选出议员一半人数的特权。市町村长是由议会选任,农村虽说六七成户主都成为了"公民",但户主以外的大多数成年人并无选举权,从而造成地域社会中公民和住民的割裂。

但是如果不能将所有人统合成为具有国家认同的国民,那么近代国家就无法建立。这时,就需要"臣民"的概念了。

《日本人》杂志对此感叹道:"呜呼,帝国众议院究竟是何者之代表?"②当时提倡国民主义的陆羯南在《近时政论考》中也指出:"假若宪法即彰显人民参政的精神之法文"的话,"那么,没有国家权利的平民几乎都被看作外国人"。压倒多数的民众(包括贫穷的士兵)即使有爱国心也只是"政治的看客",按照《日本人》的理论,只要是客人就不能成为国民。这就意味着,对于大多数的人而言,即使宪法发布了,他们还是不能成为"国民",而只能是井上毅所言,是臣民,"臣民者,乃不问男女老幼之一般通称,失去民权公权者仍为帝国之臣民"。

第五节　甲午战争的标志性意义

在近代日本国民形成过程中,如果说自由民权运动、宪法颁布在形成国民的民族特质和公民特质上是不平衡但均有推动作用的话,若无别的事态刺激,这两方面特质是会形成发展态势的。在"万岁"诞生的时候,民众对选举这一近代民主政治的热情的高涨也引人注目。但近代日本的国家战略是要尽快富国强兵,19 世纪 80 年代末期,随着帝国主义阶段的到来和山县有朋对外政策的出台,之前所积累起来的外交"屈辱",与国家战略结合在一起,实际上已经无法保证国民的两大特质的均衡发展,国权战胜民权已成必然之势。1894 年的甲午战争,彻底改变了国民发展的路径,强化"民族"共同体的一体感,完全掩盖了已经逐步发展起来的"公民"意识,成为了造成

---

① 全国選挙管理委員会:『選挙資料』第三部,東京,一国選挙管理委員会,1967 年,30ペー ジ。

② 『日本人』,1889 年 3 月 3 日。

"民族"与"公民"特质断裂的关键原因。可以说,近代日本国民的"民族"特质的形成,是以甲午战争为标志的。

一、对外战争与"印刷资本主义"的交互

甲午战争能够成为国民形成的标志,在于它同时凝结了两大特点:其一,甲午战争是日本近代以来首次大规模的对外战争;其二,此时期媒体的发达形成了能够构成民族共同体的舆论条件。

(一)甲午战争:近代以来首次大规模对外战争

查尔斯·蒂利指出,战争是民族国家发端的根源。[1] 其实,战争还是近代国民诞生的催化剂。近代战争,需要动员大量人员,消耗大量物质并以国家为单位进行。将民众置于"国民"的位置并将其吸收到军事国家之中,才能进行人员和物资的调配,实现战时动员和军事再编。通过战争和其他形式的竞争,政治权力被集中起来,领土的独占性得到了承认,以民族为基础的政治归属感也逐渐形成。"爱国"和"爱国心"是与对外战争的经验和军队文化社会化密切相连的概念,爱国不是别的,是对特定民族具有归属意识的主体——"国民"的创造、"爱国论"的主题在于让人们具有对"国民"的自觉。19世纪的近代国家大多通过对外战争这一与共同敌人对峙的经验而提高民众对其的向心力。甲午战争发端于国内在野势力想要掌握主导权,并正猛烈批判伊藤内阁对外政策软弱的政治对立紧张关系之中,使欠缺对外战争契机的日本具有了认定共有敌人并凝聚全民力量与敌作战的首次重要机会。经过与中国这一共同敌人而战,民众一体感得以强化,爱国的主体由此诞生。从这个意义上讲,甲午战争在日本国民意识和爱国心的形成方面,是重要转折点。

(二)"印刷资本主义"的出现和发展

本尼迪克特·安德森曾指出,"资本主义、印刷科技与人类语言宿命的多样性的重合"是产生"想象民族"的社会结构上的先决条件。[2] 资本主义创造了可以用机器复制,并且通过市场扩散的印刷语言,创造了统一的交流

---

① 可参考查尔斯·蒂利的英文著作：*The Formation of National States in Western Europe*（Chicago：The University of Chicago Press，1974），以及其另一部著作：《强制、资本和欧洲国家（公元 990~1992 年）》（魏洪钟译，上海，上海世纪出版集团，2005 年）；另可参考〔英〕吉登斯的《民族—国家与暴力》（胡宗泽等译，北京，生活·读书·新知三联书店，1998 年）。

② 参见〔美〕本尼迪克特·安德森：《想象的共同体：民族主义的起源与散布》，吴叡人译，上海，上海世纪出版集团，2005 年，第 42 页。

与传播的领域,通过印刷字体和纸张这些中介,原本无法彼此交谈的人们,变得能够相互理解,并逐渐感觉到相互的存在,这些被印刷品所联结的"读者同胞们",在其世俗的、特殊的和"可见之不可见"当中,形成了民族的想象的共同体的胚胎。[①]"阅读印刷品的能力以及使我们早先谈过的那种漂浮在同质的、空洞的时间中的想象的公共体成为可能"[②],从而为现代民族的登场预先搭好了舞台。

甲午战争时期,随着资本主义发展,印刷出版业也得到飞跃发展。据1889年2月《官报》统计,东京发行的45种报纸、杂志在1888年12月份平均每天的总发行量是15万份左右。报纸作为一种传播媒体,在19世纪80年代的日本基本得以普及。除了报刊数量急剧增多之外,日本新闻界的经营也发生了很大变革。为增加发行数,围绕着提高报道的质量、扩大读者、提高社会影响力的各种相关措施出台。媒体开始派遣从军记者和特派员,相互竞争战报的速度。[③] 报道内容和形式都得到极大充实。"占领平壤"、"黄海海战"都作为"大胜利"进行连篇累牍的报道,有图记事增加了视觉效果,使得发行量大增。以《万朝报》发行量突破五万份为首,[④]《艺备日日新闻》因"设置广岛大本营、平壤会战胜利"这一报道,在1894年9月20日的发行量创下了"创业以来首次到达一万份"[⑤]的历史最高纪录。此日还发行了黄海海战"海军大捷"的号外,极大地发挥了报纸的情报传递功能。博文馆发行的《日清战争实记》创造了从未有过的纪录,从1894年(明治二十七年)8月30日第一版发行至1896年(明治二十九年)共发行了50号。[⑥] 它所采用的铜版照片和地图多姿多彩,让读者首次看到了朝鲜和中国的样子,在以前只有文字和描绘画的世界中,这种具有视觉冲击力的照片具有不可估计的力量,在战意昂扬之际使读者有了战场的模拟体验,逐步构筑起战争观并进而启发了其日本人的意识。

战争还通过其他形式深深浸透到一般民众之中。在甲午战争期间,以石版技术制作的战争锦绘大量制造出来,民众很容易买到。荒佃寒村曾回

---

① 〔美〕本尼迪克特·安德森:《想象的共同体:民族主义的起源与散布》,吴叡人译,上海,上海世纪出版集团,2005年,第112页。

② 同上。

③ 代表性人物和刊物可参看檜山幸夫:『近代日本の形成と日清戦争—戦争の社会史』,東京,雄山閣,2001年,68ページ。

④ 山本文雄:『日本新聞史』,東京,国際出版,1948年,73ページ。

⑤ 『芸備日日新聞』,1894年9月20日。另可参见檜山幸夫:『近代日本の形成と日清戦争—戦争の社会史』,東京,雄山閣,2001年,68ページ。

⑥ 参见『日清戦争実記』第50編,2～3ページ。

忆："那时虽然我已经七岁了，但关于战争的记忆很模糊。我通过平常的绘双纸，看着原田重吉攻破玄武门、在安城渡中战死的喇叭士兵白上源次郎和牛庄街战等图画，想象着左手抱着'支那'人的弃子、右手挥剑的大寺少将在雪中奋战的情景。此外，通过在学校学的黄海海战、水雷艇夜袭旅顺口等军歌，可以稍微地想象一下战争的样子。"①

报刊、画像的普及使地处偏僻山村的农民也能够通过报纸得到情报和消息，整个日本在文化上连成一体，国家意识、国民自我认同意识逐步由中央渗透到地方，渗透到普通百姓中，有利于日本民众将自己的归属提高到国家层次。相对日俄战争，甲午战争对普通民众来说，真实感其实并不太高。但通过媒体的传播，低真实感的甲午战争相反却使民众共有了"战争体验"，也成为了"形成国民"的国家装置。在此意义上，甲午战争可谓首先是新闻传递的战争，是一场"情报革命"。②

二、甲午战争中日本媒体的特点

（一）在野势力的强硬观点主导了国内舆论

抵抗伊藤内阁强制运营议会的在野势力将对外问题直接与国内问题联系起来，鼓吹对外开战，鼓吹国民必须催促政府决断，宣扬国权。《山梨日日新闻》的社论就十分典型地体现了这种舆论特点：

> 出兵朝鲜虽说是快活之事，但并非政府本意，只因看到对外强硬派在其后，不得已而已。……吾人对外强硬派不得不努力发挥平生之主义，致力于国权之宣扬……盲从政府绝不应是国民之美德，故若政府真无斗志，国民不可甘于做政府之后援——国民须站在政府前头执政府之缰绳。……——起来，忠勇的四千万国民！请记住：宪政之人民非政府之奴隶，国权之宣扬实际就担当于汝肩！③

> 关于对清对韩事件，采取坚决强硬手段已成国民之公论，再透彻一点，国论是归结到要开战……须认识到：今日之机错失，东洋霸权重回我手掌控之机将不会再来！④

> 战哉！战哉！政府诸公若知道战争无法避免，唯有加速决断，制订

---

① 宫地正人：「日本の国民国家の確立と日清戦争」，比較史・比較歴史教育研究会編集：『黒船と日清戦争─歴史認識をめぐる対話』，東京，未来社，1996 年，333～334ページ。
② 参见佐谷眞木人：『日清戦争─「国民」の誕生』，東京，講談社，2009 年，50ページ。
③ 『山梨日日新聞』，1894 年 7 月 10 日。
④ 『山梨日日新聞』，1894 年 7 月 16 日。

计划逼北京结城下之盟。如是,朝鲜之独立始可得扶持,东亚之平安亦可得。①

开战前国内舆论主导的对清对韩强硬论,形成了从内政转换至外交,又从外交转换至内政这种相互影响的关系。它在针对伊藤内阁软弱政策的内政的同时,也使民众对外舆论逐渐沸腾起来。

(二)战争通过"义战论"得以正当化

义战的理由是什么? 是要排除清朝的压力,帮助朝鲜独立。1885年,后袁世凯露骨地干涉朝鲜内政让日本极为不快;1894年3月,金玉均在上海遭到暗杀和"首尔狱门事件"的发生,也让日本产生对中朝两国政府强烈的不信任感。战争尚未开始,日本媒体就采取先发制人的手段,颠倒是非黑白,肆意侮蔑中国和朝鲜,将对中之战报道成"声讨人类公敌"的"仁义之战",试图把自己打扮成道德上的优胜者:"他们夸大其国之大,欺负别国之弱,其心思之酷薄残忍,实成人类之公敌。……将野蛮导致文明是先进国家之任务,朝鲜革新之计划他们从开始便不可能赞同,即使他们赞同,他们也会在明里暗里阻挠吾帝国单独进行改革……吾辈申讨他们实是声讨人类之公敌,声讨人类之公敌便成为仁义之师,仁义之师变成王者之师,将胜败交给天下,吾人以吾军为王者为荣,且吾辈亦会实现铁蹄蹂躏四百余州之成功。"②在战争式动员国民的环境下,必须承认,这种"仁义之师"的名分发挥了绝大的威力。《国民新闻》在开战后的7月29日就叫嚣"义战开始"③;《读卖新闻》也高唱"站在义战的关头","以彰显光荣、发扬国威"④。

在此基础上,一直没有对外战争契机的日本终于找到了自己的敌人。"吾敌非朝鲜而为清也。……故若使韩廷真正承诺吾之要求,并使之坚决执行的话,就对妨碍朝鲜自主动作的清国有加速惩罚之必要。此次之事件由吾发出开战之布告亦为名正言顺之事,且时机今也成熟……呜呼! 庙堂之诸臣只有如此之策,吾四千万国民之决心只在战之一字中。"⑤这样直接将矛头对准了中国。"敌人是谁"已经找到,接下来需要的是拥有爱国的主体——国民。煽动民众作为国民为国奋战的责任和义务,成为媒体报道的主要内容。战后媒体频频地将拒绝征兵而被处罚的人报道为"非国民"。虽

---

① 『山梨日日新聞』,1894年7月26日。

② 『山梨日日新聞』,1894年7月18日。

③ 『国民新聞』,1894年7月29日;另可参见檜山幸夫:『近代日本の形成と日清戦争—戦争の社会史』,東京,雄山閣,2001年,69ページ。

④ 『読売新聞』,1894年7月28日。

⑤ 『山梨日日新聞』,1894年7月21日。

然逃兵役的习俗还在继续，但忌讳征兵者已被看作"地痞流氓"、最下层的边缘群体和异端者。当兵，已经开始具有了与爱国同等之意义。

三、近代国民——"日本人"的形成

近代日本国民的"民族特质"体现为对"日本人"的自觉归属意识。甲午战争对形成"日本人"产生了极大作用，战争期间的媒体报道不仅体现了这种意识的变化，本身也参与到这种意识的构筑之中。

（一）"日本人"的自我意识得以强化

甲午战争期间，"日本人"意识的形成，通过出征士兵的异国体验和在野启蒙家、政治运动家透过媒体鼓舞民众同仇敌忾这两方面而构建起来。

战争使士兵们第一次亲眼目睹、触摸和感受了以前只通过书本了解到的异国和异民族。站在朝鲜和中国的土地上，许多士兵感受到了"这里是异国，他们是异民族"这种与己不同的世界。贫穷的朝鲜和丰饶的中国大地，只在鸭绿江的一江之隔。媒体渲染性地报道士兵的这种"身临其感"，强化了日本所谓"义战"的正当性——士兵们确信朝鲜贫穷的原因在于朝鲜政府的弊政和中国对朝鲜的操纵，由此"自觉"地将自己定位为拯救朝鲜的"义兵"，将战争定位于对中国的"义战"。士兵们将出征所见的异国状况通过军事邮件传达到乡里，或是记录在日记中并在凯旋后向亲朋好友诵读，又或是回乡后进行报告和座谈。在海外情报还不发达的时代，他们的战争体验是重要的情报。这些士兵中所渗透的异国观和日本人观，通过传播成为了日本人全体的意识。而民众对朝鲜落后现状、对中国的富饶想象和现实中国的落后这种巨大落差的了解，通过报道又逐步酝酿出作为日本人的优越感，进而形成了其对朝鲜和中国的蔑视感。

在野启蒙家和运动家通过报纸杂志等宣扬义战，鼓舞民众的同仇敌忾之心，形成了强大的舆论。"日本帝国之威武在万邦发扬之现在"就是"义勇奉公之日"，[1]"纵使全国化为焦土，我也断不污我日东南男儿之面目"[2]以及"大和魂"[3]等各报纸大幅标题，构筑起全国同仇敌忾的氛围。《艺备日日新闻》[4]、《日清战争实记》都登载了"敌忾余声"之类的专栏，包括了诗、歌、俳句等文学形式。"全国到处敌忾之心焕发，不论老少男女贫富强弱，或处置金品，以表爱国至诚，或舍命义勇奉公。"在"勇于从军献金义勇奉公美谈"特

---

① 『万朝報』，1894 年 7 月 29 日；另可参见檜山幸夫：『近代日本の形成と日清戦争—戦争の社会史』，東京，雄山閣，2001 年，73ページ。

② 『二六新報』，1894 年 8 月 2 日；另可参见上书，第 73 页。

③ 『万朝報』，1894 年 8 月 6 日；另可参见上书，第 73 页。

④ 『芸備日日新聞』，1894 年 8 月 2 日；另可参见上书，第 71 页。

辑中,大阪赤贫者清水真和女儿"捐金五日元"被塑造成为自觉报国忠良臣民之模范,①这类美谈在当时的报纸杂志中随处可见。日本民众对自身的高洁品质、国民性的美化和赞颂达到了从未有过的高度,"吾邦此次战争中最值得向世界夸耀的是吾国民为世界唯一之高洁人民……吾邦最初之派兵,在于挽救邻邦之颠覆,军队行进所至秋毫无犯;相反,在军旗行进之所,发布政令,抚恤人民,如此严谨之军纪,不能不说这来自于吾国民高洁性情之发挥。……吾邦之地位已经达致世界上最强国之同一地位,然彼辈不知吾国民之品位亦居世界最前位。吾人从彼处输入物质文明,作为其报酬,现在也必须向彼辈大量输出吾国高洁无形之文明。"②

战争的胜利,带给民众的已不只是"日本人"的问题,而是将日本国民看作"世界唯一高洁的人民",并准备向世界输出这种高洁无形之文明了。民族意识在短短几个月旋即发生如此重大转变,功不可没的是媒体,媒体自己也承认"吾新闻记者对此次战争所起之作用,相信会在吾赫赫皇威之下得到表彰"③。正因如此,"明治二十七年在历数上只有 365 日,然而在国民史上确是有着大不同于其他年份的一年。……日本国民因此进入到膨胀的涨潮时期。"④不过,对于日本民众来说,这只是一个开端而已,"吾人国民不能满足于此存续之历,兼具有进一步描写世界之一大勃兴史之任务。"⑤

这种自我认识在甲午战争后的签约时膨胀为天皇制臣民的自傲和贪婪:"从今之后把握东方百年治乱之机,非我大日本帝国其谁?……须使敌国割其要害之版图,出巨亿之偿金,献出其国际上之荣光和通商之利益,如此才实可称神后征韩以来之盛事、世界现代史上吾大帝国国民之最大荣光。"⑥"吾国国民今后作为陛下之臣民已经明确显示了在世界应处之大方针,吾人及吾人之子孙作为千秋万岁之大和子孙应在世界上卓然而立之理正在于此!"⑦

（二）对外观的巨大变化

"甲申事变"时,媒体虽宣扬要"雪辱",但当时对中国尚存敬畏之心。"清国实成我之强敌,绝非可以轻视之国,清国成应恐惧之国,绝非应傲慢辱之邦国。"⑧但十年后,中国兵则被描写成"欠缺勇敢侠义心和爱国情",中国

---

① 『日清戦争実記』第 4 編,90～91ページ。
② 『山梨日日新聞』,1894 年 12 月 8 日。
③ 『山梨日日新聞』,1894 年 12 月 11 日。
④ 『山梨日日新聞』,1894 年 12 月 29 日。
⑤ 『山梨日日新聞』,1895 年 1 月 3 日。
⑥ 『山梨日日新聞』,1895 年 4 月 19 日。
⑦ 『山梨日日新聞』,1895 年 4 月 25 日。
⑧ 『山梨日日新聞』,1885 年 4 月 10 日。

成为保守迂腐、只知私利的代表形象。"不要说'支那'有四亿万人，他们有四亿万颗不同的心，不要说吾只有四千万人，但吾四千万人是同一条心。'支那'兵比吾人多，此言休也！其所恃者仅此而已，吾兵比其数少，此言亦休也！吾军之后援有四千万人。况战之胜败不在于兵之多寡，而在于其精神。况谈兵之精，彼不能不拜吾后尘。"①《山梨日日新闻》从国民观念的差异来分析中日两军胜败原因，"日清战争并非单纯的有形战争，更是无形之战争……日本兵为旗而战，'支那'兵为钱而战。何谓为旗而战？为钱而战？军旗是表彰其国之军队的，为它而战便是为国而战。金钱是肥自身的，为它而战便成为为私营而战，这样，我军队是作为国民而战之人，'支那'兵则是作为赚钱而战之人，一个是以军队以上之思想勇敢迎敌，一个是以军队以下之思想面临战斗，'支那'兵在无形之战斗中已经成为败者，吾军获胜之原因不已经清楚了吗？""故战争从一个侧面来观察的话，是两国国民观念的战争。"②这里，通过对中国军队的鄙视和否定已经上升到国民性，达到了对中国的全盘否定，日本人的优秀便不言自明。

对中国人的蔑视感急速蔓延开来。战争结束后，轻蔑中国人的词语"チャンチャン坊主"③成为"猪尾汉"、"猪尾兵"、"猪尾奴"等煽动性词语的源泉。即使是在图书广告中也不忘妖魔化中国，例如某报纸的图书推介中有这样的报道："此书(《支那论》)从国家生存、人种竞争、产业扩张、文明宣传、东洋革新及'世界之大日本'建设等出发，观察为何必须征清……每次读之，如长蛇一样蹂躏世界之清国之形势，成为鸷鸟攻击清国之日本之位置，东洋在世界之地图为之一变，'大日本'在世界诞生之形势，历历尽在掌中。"④《时事新报》在题为《日清战争成为文野之战》的报道指出，中国人应该向"文明的先导者日本行三拜九叩之礼以谢其恩"⑤。《国民新闻》则说："日本已经将与清国之战作为利用大日本之文明力战胜支那之野蛮、承担起使支那革新的天职来了。"⑥这种中国观与"文野战争论"和"义战论"相结合，成为日本媒体宣扬战争有理的一贯套路。

这种战争论背后，既包括日本对以前中国的对日批判(曾经嘲笑日本人留胡须、穿洋服、穿靴子)的报复，也包含试图抹去长期以来日本相对于中国

---

① 『山梨日日新聞』，1894 年 7 月 21 日。

② 『山梨日日新聞』，1894 年 12 月 20 日。

③ 実藤恵秀：『中国人留学日本史』，東京，くろしお出版，1960 年，217ページ。

④ 『山梨日日新聞』，1894 年 9 月 3 日。

⑤ 『時事新報』1894 年 7 月 29 日；另可参见檜山幸夫：『近代日本の形成と日清戦争—戦争の社会史』，雄山閣，2001 年，69ページ。

⑥ 『国民新聞』，1894 年 8 月 23 日；另可参见上书，第 71 页。

劣等感的民族主义因素。对于日本人来说,证明其价值的绝好机会便是战争。① 战争胜利增强了日本人的自信,也极大地膨胀了日本人在东亚和世界的野心。"而吾既已东洋之主盟自任,卧榻之侧岂容他人酣睡?……吾武力之优显示出在经营东洋全局上是足以胜任的,这并非是最紧要之事,若吾武力足以经略东洋全局的话,余力所及亦可震撼欧洲列强,这不足以论,吾俨然以执东洋牛耳之貌与之对峙,则彼等临东洋岂敢如从前一样大胆不敌?由此,吾一纵一擒杀活自在,东洋永久和平始可得以期望。"②"既已东洋之主盟自任,卧榻之侧岂容他人酣睡"和"执东洋牛耳之貌与之对峙"——拥有这样的自信,当然只能是让民众进一步增强对大日本帝国的共同归属感。

而以《东西势力之接近》③、《日本在世界中之天职》④、《文明西渐之机》⑤等为题的社论则反映了日本民众在普遍高涨的自信之下,欲与欧美等国比肩和争霸之真实想法。"日本国民今后要完全抛弃岛国根性,愈益膨胀其海国民思想,陶冶海国民之性格,向着今后之大事业逐步着手。……'支那'乃是日本向世界发动的惊天动地大运动之第一步,东洋之版图其广袤几许,必须要与世界诸强国争得平衡之日本,决不应该满足于将此小舞台作为演技场。"⑥这里,与欧美竞技的国家战略,也已经呼之欲出了。刚刚形成的"国民"——国家臣民,马上就要面临转向"军国之民"之势了。

综上所述,通过这种对中国、朝鲜这种"他者"的差别化和蔑视感,对欧洲文明的劣等感、恐怖感和敌忾心,民众找到了作为日本人的自信和骄傲,实现了对以天皇为中心的国家的共属感和一体感。

（三）军队观的变化

近代战争与之前战争的最大不同,是必须举全国之力。明治征兵制的发布曾带来民众的激烈反抗,逃避征兵的情况虽然最后被镇压下去,但民众的厌军意识和避战意识依然很强。通过甲午战争,民众的军队意识有了飞跃转变。《山梨日日新闻》是这样描述的:"征清之前与征清之后,国民对于军人之感情呈现出几乎是外人之观,为何?军人生平粗放且不谨厚,故军人从来为国民所误解,征清之后对军人之此种误解全都一笔抹消,国民之热忱一起涌向军队。"⑦在义战的光环下,民众军事支援体制迅

---

① 檜山幸夫:『近代日本の形成と日清戦争—戦争の社会史』,東京,雄山閣,2001 年,75～76 ページ。
② 『山梨日日新聞』,1894 年 8 月 6 日。
③ 『山梨日日新聞』,1894 年 12 月 3 日。
④ 『山梨日日新聞』,1895 年 2 月 21 日。
⑤ 『山梨日日新聞』,1895 年 4 月 28 日。
⑥ 『山梨日日新聞』,1895 年 2 月 21 日。
⑦ 『山梨日日新聞』,1895 年 5 月 31 日。

速建立起来，媒体还刊发《军人家族扶助之急》①、《恤兵之急务》②等社论，并刊登募集慰问、扶助军人遗属等广告，③同时还发出"让军事公债无利息吧！具有爱国心的我国国民不介意有无利息"④的呼吁。民众也开始军事组织化，从逃避征兵开始呼吁"国民皆兵"，以成为"军国之民"。⑤舆论也开始表示对"军国民"的强烈期待并已为此大造声势了："国民之决心就是军队之决心，国民之个性就是军队之个性，国民之坚韧即军队之坚韧，国民若中途挫败沮丧，军队以何能独自往前牺牲迈进？国民志气之张弛即军队士气之张弛。"⑥

作为日本对外侵略政策实施者的帝国军队被圣域化，其军人被英雄化。高级军人被誉为国家英雄而飞速提高到与政治家和列国君主等同的社会地位。战殁者照片不管将校兵卒都登载在杂志上，其功勋为人所称颂。那些若不是军人恐怕一生连个人照片都没拍过的无名小卒，也通过刊头照片被颂为英雄。报纸也不得不惊叹"武人得意之时代"⑦的来临。东京建立了凯旋门，军人见面会、祝捷会、凯旋会、展品会频频召开，⑧町村还率先采取了动员小学生欢送出征士兵的方式。《马关条约》签订后，从夏天开始，主力军陆续回国，迎接凯旋士兵的人群沸腾起来。出征时，士兵们通过铁路集结到广岛大本营，那些初次离开故乡的士兵，以新奇的心情，将沿线风景记到日记上。凯旋时，望着离开时曾经看到过的风景，就抒发起望乡之念，并沉醉于车站迎接人群的"万岁"声中。⑨"大日本帝国军人"这一在日本对外扩张、侵略中承担着主要使命的特殊集团，被神话成了全民族的英雄，进而成为国民顶礼膜拜的对象。对他们的顶礼膜拜，成为表达国民爱国心的重要方式，同时也成为日本民众达成国家认同的标志之一。

（四）教育形式的变化

战争中的媒体进一步强化了国家主义教育观。重视利用战争教育民众，培养国家所需的小国民成为媒体报道的主要内容。⑩以"尚廉耻、重体

---

① 『山梨日日新聞』,1894 年 10 月 26 日。

② 『山梨日日新聞』,1894 年 12 月 21 日。

③ 『山梨日日新聞』,1894 年 9 月 15 日。

④ 『読売新聞』,1894 年 8 月 16 日。

⑤ 『山梨日日新聞』,1894 年 7 月 21 日。

⑥ 『山梨日日新聞』,1895 年 2 月 26 日。

⑦ 『山梨日日新聞』,1894 年 10 月 4 日。

⑧ 『山梨日日新聞』,1894 年 12 月 21 日。

⑨ 長志珠絵:「愛国心のつくり方—歴史から」,『歴史地理教育』2004 年 1 月号。

⑩ 『山梨日日新聞』,1895 年 5 月 20 日。

面、崇节义、以生死相拼"的"武士精神之教养"、"大和魂之精髓"①铸造具有坚固国家主义思想的国民是今后教育家的重要责任,②承担这一任务的,则"尤其是小学教师诸位"。③

媒体还结合战争提出了多种新的国民教育方式。歌曲、词丛等文学艺术形式成为凝聚民心的重要形式。从甲午战争起,战争文学成为新用语,词丛成为宣扬日本军人、战争和天皇以及激励民众为国献身的有力武器。以《山梨日日新闻》为例,从1894年9月至1895年12月止,共有120多首相关词丛发表。④ 军歌《大和男儿》、《朝日之光》、《敌兵数万》、《日清谈判》、《日本男儿》、《战景大和魂》、《我是大和武士》、《黄海大战之歌》、《黄海大捷》等也被发表在当时各种杂志报纸上,广为流传。这些军歌起到了振奋人心、鼓舞士气的作用,⑤成为了促使民众尽快转化为具有国家一体感的近代国民的有力催化剂。以《大和男儿》的四段歌词为例:大和男儿勇猛而立,振奋武威之时已来临,我兄弟我子女,皆奋起而行;果敢英勇的臣民,振奋起大和魂,承天皇之诏敕,义勇之师踏征途;飞来枪弹如雨,升腾云烟如雾,激战小巷中,立前行之御旗;抵达朝鲜国土,渡过鸭绿江头,这七寸之武者鞋,踏破支那四百州。⑥ 在这首歌中,甲午战争被解释成为保护"大和魂"的士兵遵照"天皇之诏敕"以"义勇之师"出发的正义之举,军队通过的地方理所当然的是踏过朝鲜,到达中国全部地方。第一段清楚地呼吁"我的兄弟、我的儿女"即全体日本人广泛参加,反映出当时日本人的国家意识已经和幕府时代完全不同。《朝日之光》第二段中所写的"敌军违背天理,不免百战百败,我军顺应天理,当然百战百胜"的内容,将日本作为"无敌的存在"。第三段"忠君吾士兵,爱国吾士兵,吾神州之士兵,欲胜之敌世上无"则重点强调日本军拥有正义而且无敌、不败之"天理"的威力,将敌人中国当作"无礼"和"卑怯者","国民皆兵"的军队更被表现为最早"爱国"的人。《敌兵数万》第二段中"向君捧上此身躯,以作大和魂之盾,枪林弹雨中,勇往直前"则体现了为天皇而死的"大和魂"即武士道精神。⑦

---

① 『山梨日日新聞』,1895年9月1日。
② 『山梨日日新聞』,1895年9月20日。
③ 『山梨日日新聞』,1895年9月3日。
④ 具体数字由笔者直接统计,详见附录表2。
⑤ 原田勝正:『「国民」形成における統合と隔離』,東京,日本経済評論社,2002年,23～27ページ。
⑥ 同上书,第23页。
⑦ 同上。

这些歌曲和词丛，通过媒体的传播和渲染，无疑成为了促使民众尽快转化为具有国家一体感的近代国民的有力催化剂。甲午战争后，"万世一系"思想和"天壤无穷"之神敕，就这样自然而然地被民众所接受了。

灵活运用战争中的英雄人物进行现身说法，使其成为学生修身之榜样，是培养国民的有效方式。有人投稿报社写道："赤城舰长坂本八郎，垂死的喇叭员白神源次郎，吾看其姓名，便会立即心惊肉跳，热血沸腾，他们可谓是日本武士典型之最新最好之榜样。呜呼！舰长！喇叭员！吾必须将其人之姓名作为忠勇义烈之一大教训亲自学习并传给子孙。"①这种想法很快在甲午战争后得以实现，特别是在小学低年级授课数量很多的修身、国语、唱歌等课程的教科书中，将军人的意义提升到"为了孩子的未来"这种高度。甲午战争后，第一期国语教材迅速将"雄壮入营之军人"、"送儿子入营之令人感动之母亲"、"我们陆军"、"我们海军"等编入教材中。"宁死不屈"的军国美谈和"奉天大会战"等战争体验也以故事的方式编进教材，②增强了对民众精神的教化作用。

展览战利品也成为宣扬战争成果、激励民众为国献身的重要道具。"并非我勇将猛卒之活历史才对教育有益，将其战利品摆出来放在学生面前，并附以痛快之说明，他们诉说其天真之感想的话，对国民教育所产生之补益是别的东西所不能相比的。"③

军人报告会也是铸就国民的有效方式。"军人之实历谈即是活战史，吾期望向各学校之讲坛推荐此有名誉之军人，以使其对学生之国民思想有所裨益。试想，所有学校讲坛上都欢迎他们，当其身着百战露卧之军服，以九死一生之纪念、六尺之躯立于讲坛上之时，学生之热血应如何浑身沸腾……此不仅有益于学生，相信其也是永久表彰军人名誉之最好手段。"④这些教育形式，最后都在实践中得到具体落实，成为之后日本进行国民教育、强化天皇制的重要经验和重要形式。

综上所述，甲午战争是日本最初的对外战争，又处于"印刷资本主义"的发展的关键时期，战争与媒体相互利用、相互影响，导致民众自我意识和对外意识产生了巨大变革，从而促成了日本民众向近代国民的大发展。"日本人"的认知完全确立，对天皇的臣服与对国家的认同融为一体，国民的"民

①　『山梨日日新聞』，1894 年 9 月 29 日。
②　長志珠絵：「愛国心のつくり方—歴史から」，『歴史地理教育』2004 年 1 月号。
③　『山梨日日新聞』，1894 年 11 月 9 日。
④　『山梨日日新聞』，1895 年 6 月 9 日。

族"特质至此完全形成。不过,这样形成的国民已经脱离了近代国民的原初
轨道,"公民"特质被完全忽视,国民成为了国家臣民。

四、国民铸造的肖像画

(一)"祖国"的诞生

甲午战争的爆发,距离《教育敕语》的发布时间只有短短四年,仅靠《教
育敕语》和"御真影"这种天皇的"语言"和神圣性,实际上并不能将人们动员
到战争中去。将这些民众变身为"英勇的士兵",还因为存在着"万岁"的威
力。稻城村农民加藤芳五郎的《从军日记》[①]鲜明地显示了这一点。

1894 年 8 月末,24 岁的加藤芳五郎登上了去广岛的夜行列车。"以'万
岁'之声相送,察士兵之心。"芳五郎这样吐露自己去广岛的悲伤心情。但每
个车站都是热烈的欢送场景,"一到停车场,万岁之声高涨……给每个士兵一
张纸和火柴等,在'万岁'声中我们整夜都没有休息时间"。"早上 7 点在浜松
市下车,在临时食堂吃完早饭……当地做好了欢迎的准备,准备周到……挂
着'天皇陛下万岁'的旗帜……车一开出,红十字会会员、停车场的社员以及
同行一起唱'万岁',顿感自己肩负的沉重责任。士兵也唱'万岁'作回答,一
时间拍手喝彩,'万岁'之声更加高昂……到了名古屋……一到红十字会员
和其他商业学校学生那里,又在一起唱'万岁',拍手喝彩。在这种环境之
下,我们每听到'万岁'之声都铭记在心,感觉又加重了自己的任务……""通
过关原古战场……正在田里干活的农民,看到我们乘坐的汽车靠近,有蹲在
地里两手合拢叩拜的,有向我们汽车频频敬礼的,我们特别铭记于心,同仇
敌忾之心油然而生。观其精神,可以断定其子女或是其亲戚都已经奔赴战
场,每个人都不能不感叹……""下午十一点,到了神户……对我们特别重
视,特别恳切地进行提醒,一切都非常顺利,我们受到这种照应,深感是承担
了责任……"

在加藤芳五郎所描述的每次停车不断反复的"万岁"和各种"照应"中,
当初被"悲伤之心"所笼罩的因"毫无休息之空闲"而心情烦躁的士兵们,竟
然兴致高昂到自己也"唱着雄壮的军歌,其状纸笔难尽"。"万岁"鼓舞士气,
创造出大日本帝国和陆军的一体感,进而使每个人都铭记自己的任务。看
到对自己敬礼的农民,加藤芳五郎等人第一次开始怀有"敌忾之心"和强烈
的国家责任感。对他们来说,"祖国"就在这样显示出来的共同性之中。赋

---

① 「稲城市史 資料編 3」,转引自牧原憲夫:『客分と国民のあいだ:近代民众の政治意识』,東
京,吉川弘文館,1998 年,173～174ページ。

予他们的国家认同，把他们培养成勇敢士兵而为国作战的，正是这些充满了善意的民众自身。

（二）"强者的一员"

《每日新闻》记者横山源之助曾这样描述了乡里、鱼津地区的底层民众在甲午战争中的意识变化。战争之初，两地区的大工、左官、木挽等匠人很不赞同政府派出众多血气方刚的青年去送死并将最重要的金钱耗费在战争上的做法，认为政府尽做些无聊的、愚蠢的事情，再听说"支那"有日本的十倍，便认为要战胜该国是不可能的。"假若让……小学教师对这些人进行说教，也不过是嗤之以鼻的'切齿慷慨'。但是，旅顺口陷落等消息开始报道后，这些人也开始献出梅干等物品。最后发展到，一旦知道町村里在壮行会上发誓'绝不活着回来'的年轻人……却称病回来"，这些"町内人（主要是下层社会）非常激昂，说他们不是人，说了不回来还回来的人就是'畜生'，因而对其痛加抨击"。①

当时的新闻和杂志插入了大版关于战争的图画，并对战争进行了实况报道，虚实混谈的"战争论谈"、接连不断的战胜消息和"日之丸旗将很快飘扬于北京城下"等战况消息使这些人的态度开始发生转变，此后的战胜祝祭活动又进一步加速了这种转变。上野公园召开第一次东京市祝捷大会那天，"日之丸"旗、连队旗随风飘扬，"工匠们一概休业、学徒小僧允许外出、妇女儿童可以参加神田三王祭典、穿上盛装、不去会场也可于近邻散步"，祝捷会已经成为全民的休假日了。清早坐火车来的"附近的红毛巾连队"在公园的堤坝上摆阵，身上连买入场券的钱都没有的群众蜂拥而至，共同庆祝。②

这种祝祭的氛围中，"日本的连战连胜"给从来都是近代社会的弱者、败者的民众带来了"我们是强者的一员"的自尊心、满足感和一体感，也带来了崇拜者的心理。与"甲申事变"后那种强烈的被害者意识所引发的一体感相比，甲午战争的胜利带给民众的心理影响力更大。"战死"，开始成为一种"名誉"被升华为所谓日本人的"光荣的樱花般的优良品质"。报道中所言的要与因病归乡的"说谎的家伙、畜生"绝交这种群殴的心理，按照卡内提（Elias Canetti）的"群众与权力"理论，国民化是民众群众化的一种形态，祝祭是一个人"群众"化的契机，迫害和私刑是"群众"的特质之一，那么这种群殴心理正是民众群众化的一种表现，也证明民众开始自觉有了对国家和集体

---

① 转引自牧原宪夫：『客分と国民のあいだ：近代民众の政治意识』，東京，吉川弘文館，1998年，155ページ。

② 『時事新報』，1894 年 12 月 11 日。转引自上书，第 156 页。

的认同，即实现了国民化。不过，当时已经有远见者指出过日本这种国民化的危险：

> "我光荣的樱花般的优良品质"这种在性情上驱动的特质是如何澎湃着浸入我帝国民众的脑里？……"万岁万万岁"的调子口口相传，反复回想于耳边，从北边的千岛至南国的冲绳，连儿童走卒皆在脑里充满着万死报国之思虑，动则出现无谋之举动……以致出现不惮于模拟的李鸿章头上施以干戈、随即发出惨叫声之无邪举动者，虽然可笑，但其思念帝国之真情，堪成堪感！吾辈非否定其辈之行动，只是……彼辈的性情具有将来决堤之势，如有在我帝国内狂乱之日，该呈现何种之现象？①

五、甲午战争带给日本的负面影响

"甲午战争，是中日之间不幸历史的原点。"华裔日本小说家陈舜臣先生曾道出此言。对于日本而言，甲午战争虽然成功地铸造出了国民，但对近代日本历史走向也产生了极为消极的影响。主要表现在：

（一）强化了以天皇为中心的政治体制并奠定今后军国体制的基础

甲午战争是使国民"诞生"并使日本近代国家作为国民国家稳定下来的最大契机。② 作为明治以来中央集权不断发展在军事上的典型反映，甲午战争中天皇成为兼具西欧式立宪君主与传统神权式君主两副面孔的主权者。中央政令畅通，以天皇为绝对核心，高度集权化，最大限度地克服了杂音噪音，使日本以一国之力对付李鸿章北洋一派系之力。天皇制绝对体制方便了国内对于战争的共识，以及对于全国资源的汲取和调动，加速了日本走向军国主义。"甲午战争催生了日本帝国主义思潮的形成。无视人民而'崇尚政府权势'的'国家主义的滥用'，成为了德富苏峰所说的那个时代的'大势'。"③

以这场战争为契机，日本民众逐渐产生对国家应尽义务的自觉，并将这种自觉内化。日本社会对中央政府的态度发生了转变，知识分子和在野民党对中央政府的微词和批判逐步消失，转而全面支持政府的战争和扩张行为。伴随着甲午战争后的扩张，日本开始进行军事机构调整，军事机关出现

---

① 「茨城史料 近代政治社会編4」，转引自牧原宪夫：『客分と国民のあいだ：近代民众の政治意识』，东京，吉川弘文館，1998年，158ページ。

② 原田敬一：『戦争の日本史19 日清戦争』，东京，吉川弘文館，2008年，4ページ。

③ 刘岳兵：《甲午战争的日本思想史意义》，《日本学论坛》2008年第1期。

了膨胀倾向，统帅权独立日渐强化，陆军的军令、军政和教育等主要机关各自成为直属于天皇的独立机关而相互鼎立。军队的干部培养也迅速扩大规模，陆军大学校培养的毕业生由战前每年的15名迅速增加到每年40～45名，日俄战争后又从每年50名迅速增加到每年60名。[①] 日俄战争后，在这种天皇绝对体制之下，日本很快形成了国权一马当先的局面，民权只能"看着"国权远去的"背影"而望尘莫及。

这个意义上讲，甲午战争的胜利，使近代日本本身成为"兵营国家"，即多木浩二在其《战争论》中指出的"军队国家的诞生"。国家自身便是模拟的兵营，军队成为近代日本秩序得以纯粹培养的空间。特别是在十五年战争（1931～1945年）期间，日本全体形成了兵营国家。[②] 1937年中日战争全面爆发之后，日本发布的国民精神总动员和次年通过的《国家总动员法》，将全体国民纳入战争的网络之中。

甲午战争后，为了纪念和彰显从军及战死的军人，地方上纷纷建造了许多纪念石碑。仅爱知县的甲午战争纪念碑就有114座，其中彰显从军的至少50座。[③] 这些石碑也成为地域的精神寄托，它真实地传递出一个事实，即地域社会是在末端支撑战争的母体。地域社会是激励士兵并将其送上战场及欢迎其凯旋的主体，成为了支撑国家的社会基石。战争强化了民众与国家和地域共同体的联系，由此形成了国家与社会相互循环的关系。

（二）刺激了日本称霸和奴役亚洲的野心，加快了其对外扩张的步伐

"日清战争，是动摇东亚政治秩序的第一个事件。"[④]日本正是从这场战争起步，加快了对外侵略的步伐。通过战争，日本萌芽了这样的意识：日本是亚洲唯一的先进国，具有指导落后愚昧的周边国家、给予其"正确"的世界观并引导其走向现代化的责任和义务。日本学者在战后继续将对外战争正义化。福泽谕吉将其上升到"文明与野蛮"圣战的高度，德富苏峰认为此战胜利给日本带来过去不曾有过的国际社会的尊敬，将日本的侵略战争赋予了帝国主义式的合理解释——"我国之所以采取此法（对华战争），目的在于日本国的对外开放。对他国发动战争，目的在于给予世界上的愚昧以一大

---

① 由井正臣：『軍部と民衆の統合—日清戦争から満州事変期まで』，東京，岩波書店2009年，11～15ページ。

② 鹿野政直：『兵士であること—戦争論の現在』，鹿野政直：『兵士であること—動員と従軍の精神史』，東京，朝日新聞社，2005年，7ページ。

③ 佐谷眞木人：『日清戦争—「国民」の誕生』，東京，講談社，2009年，221ページ。

④ 同上书，第9页。

打击,把文明之荣光注入野蛮社会中。"①这些言论也为今后日本进一步对
外侵略找到了合理的借口。

1895 年 6 月 1 日的《国民新闻》第一版就登载了一篇名为《武装起来》
的社论:

> 日本不只是日本的日本而是东洋的日本,不只是东洋的日本而是
> 世界的日本。支那、朝鲜成为吾对手之时代已经过去,俄、法、英、德成
> 为吾对手之时代来临。今后的日本必须要具备与俄、法、英、德诸国对
> 比并足以与之相竞争的资格。然应该以何立于列国之间并主张其权
> 利?曰,国际中最后的雄辩是武力。作为列国最大的资格即武装也。
> 今后之日本第一大要务必须是武装起来。

日本通过甲午战争从中国获得了 3.5 亿日元的赔偿金,使其产生了"战
争可以发财的思想",国内军国主义开始恶性膨胀,军部地位上升。甲午战
争前,伊藤博文和松方正义还能够控制住军方过分的军事要求,但由于战争
的胜利,军方的政治地位得到提高,变得难以驾驭。赔偿金大部分被用于军
备扩张,扩充基础产业的财源则只能依靠增税和募集外债。

而甲午战争以后"三国干涉还辽"对于日本的影响巨大。日本这个小国
在军事上击败了大清帝国,这使得欧洲各国非常吃惊,也想要从中国获得利
益,"门户开放"和"利益均沾"政策便是他们想出来的名堂。对于欧洲列强不
花巨资便能获得分割中国成果的这一事实,日本社会表现出了对于国际强权
观点的认同、对军事力的信奉、与西洋的对抗意识以及必须进一步增强军备
的痛感。甲午战争后,大藏相松方正义确立了以俄国为假想敌,以军备扩张和
发展基础产业为主的财政计划,对亚洲的军事侵略逐渐成为国策而固定下来。

德富苏峰在概括甲午战争之后日本国民的思想状况时说:"三十年前的
日本国民,其思想常在一藩之上。三十年来之日本国民,其思想常在一国之
上。而今后其志望不能不在全世界之上。不仅其志望,其经营也必然是世
界性的。"②在日本近代史上,甲午战争也可以说是日本将周边国家殖民化、
进行领土扩张的起源。这种扩张主义,之后演变成为军国主义,不仅对周边
国家造成巨大创伤,也导致了日本的最终覆灭。

---

① 德富蘇峰:『戦争と国民』,转引自和田守(など):『近代日本の思想 2』,東京,有斐閣,1979
年,32ページ。

② 德富蘇峰:『明治文学全集 34　德富苏峰集』,東京,筑摩書房,1974 年,270～271ページ。

（三）催生了日本社会的大国主义和军国主义思潮

甲午战争胜利使日本成为世界上第一个非西方的强大帝国，催生了日本社会上上下下强烈的优越感，所谓"俯瞰世界"的视野在不知不觉中转变为以居高临下姿态观察愚昧落后周边国家的精神态度，进而"产生了影响日本社会和思想意识等一切方面的沙文主义"，导致"民间的印刷品、传说和诗歌以及狂热的歌曲，都被用来灌输和加强突然爆发的廉价的哗众取宠的爱国主义"。① 甲午战争时期的宣传，促进了日本民族主义情绪的生成，形成了对亚洲侵略的动力。前已述及，甲午战后日本蔑视中国和朝鲜的思想成为主流。鹿野政直在《思想史论集》一书中也指出，甲午战争后，日本国民由原先"极端的自卑"转为"极端的自负"，产生了一种以"强国"自居的"大国民"、"大民族"意识。吉野作造在《日清战后的支那观》中写道："（战争胜利）这对我国来说，固然是莫大的喜事和福分，另一方面却又大大地激起我国人的自负心，酿成一反旧态、轻侮领邦友人的可悲风潮……"②"由这次战争开始，在日本国民中增强了大国主义和军国主义的思想，以致蔑视中国人和朝鲜人的思想在国民中蔓延，并自上而下地维护了军国主义体制。"③

《马关条约》中的赔款割地条款，助长了日本社会以战争立国的强权意识。日本全体人民沉浸在战争带来的荣耀中，"战争＝维护国权"成为思维定式。甲午战争之后，日本民众几乎在每场战争都积极地配合帝国的战争策略，甚至在日俄《朴次茅斯和约》签订后还因本国没能从战争的胜利中"获取足够国益"而群情激奋地"火烧日比谷"。"日本的庶民，即为使日本成为一等国而承受高速增长负担的庶民，反对未能取得赔款的媾和，决然起来进行骚扰。"他们要求在国民大会上做出决议，"举国一致，务求废除屈辱条约"，"热切期望我出征军迅猛前进"以粉碎敌军。④促使大多数日本人支持战争的根本原因，是他们期望摆脱现状："需要空气一新"；"既然日俄战争正是作为满足这种期望和需要的道路而被选中的，那么，当战争的结果违背了他们的要求和期望的时候，他们的不满爆发出来是理所当然的。"⑤"日比谷骚乱"从侧面验证了日本社会对战争附属品的极度渴望，反映出日本人强烈的独尊意识和排他意识。

---

① 〔美〕费正清等编：《剑桥中国晚晴史》下卷，中国社会科学院历史研究所编译室译，北京，中国社会科学出版社，1985 年，第 400～401 页。

② 河原宏：『近代日本のアジア認識』，東京，第三文明社，1976 年，41ページ。

③ 〔日〕依田憙家：《日本帝国主义研究》，卞立强等译，上海，上海远东出版社，2004 年，第 4 页。

④ 〔日〕信夫清三郎：《日本政治史》第 4 卷，周启乾译，上海，上海译文出版社，1998 年，第 16 页。

⑤ 〔日〕信夫清三郎：《日本外交史》上卷，天津市社科院日本问题研究所译，北京，商务印书馆，1980 年，第 333 页。

日本学者仓重拓指出："很少有日本人关注这场战争及其给当时日本社会所带来的负面影响，即甲午战争以来深深地烙入日本国民心中的对中国的偏见和蔑视。"①他认为，日本人的这种"甲午史观"是"东夷"对"中华"一直爱憎交织的历史观之歪曲表现，这是日本近代史的阴暗面，是自卑感的体现，这也正是当代日本需要正视的困境。

（四）直接培养了日本下一代民众的"军国性格"

甲午战争是一场声势壮大的"国民形成教育"。日本的学校和军队都是形成"日本人"和"日本国民"的社会装置，甲午战争创造了二者开始迅速接近的契机。战争作为社会的共通体验使学校和军队的制度性亲近变得可视化，强化了学生们与国家的实感经验和对国家的理解，对儿童和青少年的"军国性格"的培养起到恶劣的影响作用。甲午战争后大量关于战争的内容进入幼儿、小学和中学的课程，渗透到教材之中，形成各种朗朗上口的歌谣、言语和故事流传民间。孩子们通过捐款运动、参加祝捷会、画本和杂志的忠勇美谈、军歌和游戏等体验了战争，理解了为国家在战场战死的尊严，也被强化了奉献国家的重要性，对军人和军队的崇拜和向往之情油然而生。甲午战争中巨大的祝祭和群众中异样的骄傲感和高扬感，之后也屡次包裹着日本社会，将日本国家逐步引导向狂热的战争之路。这种狂热超越世代得以继承发扬，甲午战后每每对外战争发生，瞬间它们就俘虏了学生的心灵，从而催生出具有更坚定地为天皇、为国家而战的浓厚军国主义性格的下一代。日本在之后不断发动战争，与普通民众对国家战争政策的狂热和支持分不开，它形成了发动战争的强大的起爆力。可以说，甲午战争是渊源。在某种程度上，这种战争的宣传、舆论和教育以国家利益之名摧毁了日本下一代的健康人格。接受教育的这些儿童和青少年，正是之后充当日本侵略战争的主力军，同样也是国家战争的受害者以及伤亡和苦难的主要承担者。

（五）直接推动了日俄战争的爆发并将国家绑上战争之路

战争对世界国际格局产生了重大影响，中日国际地位乾坤逆转，仅就东亚地区而言，各国的模仿对象已开始由中国转换为日本。此后，日本不仅把中国视为"恶友"，在完成凌驾于东亚邻国之上的同时，也附带取得与西方各国比肩的外交成就。日本通过《马关条约》在中国获得巨大利益，加剧了觊觎中国东北已久的俄国与其之间的矛盾，俄国发起的"三国干涉还辽"引发了列强在远东更为激烈的争夺。日本并不甘心将辽东半岛归还中国，德富

---

① 〔日〕仓重拓：《日本如何克服"甲午史观"？》，http://blog.sina.com.cn/s/blog_1312efb050101sxe2.html，最后访问时间为2015年12月20日。

苏峰的话表达了当时日本社会对于被迫还辽的"悲愤"之情："归还辽东半岛，表明吾国力量不如人，吾深信力不如人，无论何种正义公道都毫无价值。吾一刻都无意逗留于已返还他国之土地，故搭船归国了。吾于旅顺口之沙滩上，捡拾些小石与沙子，用手绢包好带回国，以纪念此地曾一度是日本之领土。"①为报此仇，日本提出了"卧薪尝胆"的口号，要全面进行"战后经营"，积蓄力量，与俄国再争中国东北，实现"大陆政策"。甲午战争后十年内，日本军中学习俄语的将校官增加，不少能用俄语进行交流。当战场变成中国满洲，中文对于熟悉中国语言的日军将校和特务机关人员更为有利。②为实现"战后经营"，日本制订了十年扩军计划。从战争结束后的 1896～1903年，日本陆海军支出在国家财政支出中所占的比例，1896 年为 43.4％，1897年是 49.4％，1898 年为 51.2％，1900 年则是 45.5％，③大部分时间呈现增长状态。1903 年 7 月，在军部和政府支持下，头山满等人成立"对俄同志会"，叫嚣为保卫"皇国"利益，准备对俄作战，并终于在 1904 年 2 月爆发了争夺中国东北的日俄战争。

日俄战争的胜利，使得世人看到一个弹丸小国居然在战胜中华帝国之后又战胜了帝国主义列强之一的俄国，接连在对外扩张中获益，推动了日本社会对外穷兵黩武、目空一切的好战氛围的酿成，强化了"大日本帝国"的梦想，刺激了其与欧美列强比肩竞争的野心，加速了日本对外扩张的步伐。但是，这也同时导致日本之后难以逆转的趋向：其一是引起战败国民众的强烈敌视以及国际上对日本今后走向的高度关注和警惕；其二是引发日本国内极端民族主义与国家主义，强化了民众对于国家的顺从和对军事扩张的支持态度；其三是在国民中构筑了日本军队战无不胜的神话并扩大了军队在国家事务中超乎寻常的影响力，而这也恰恰酿成了日本军部与青壮派将校日后跋扈的原因。④ 近代日本帝国的"雄飞世界"不仅给中国为首的东亚各国带来严重灾难，也将自身绑上一列失控的军国战争列车，以难以阻遏的蛮力奔向不归之路，最终使自己陷入半个世纪的战争泥沼。

---

① 德富猪一郎：『蘇峰自伝』，東京，中央公論社，1935 年，310～311ページ。
② 柘植久慶：『あの頃日本は強かった：日露戦争 100 年』，東京，中央公論新社，2003 年，8ページ。
③ 安藤良雄編：『近代日本経済史要覧』，東京，東京大学出版会，1975 年，68ページ。
④ 张翔：《日本为何难谢罪：日本武士道的前世今生、历史作用》，《新民晚报》2015 年 4 月16 日。

第五章　近代日本国民铸造的
特点、经验和教训

第一节　近代日本国民铸造的基本特点

总结上述各章，从明治到大正，近代日本国民的形成过程集中体现了以下几个主要特点：横纵轴交错与时空交互的结合体；实践过程的压迫性；明显的阶段性与不均衡性；对外与"他者"差异化的强化与利益诱惑。

一、横纵轴交错与时空交互的结合体

考察"国民"，必须要具有横纵两轴的意识。横轴，是由于出身、语言、文化、历史等共通性所连接起来的共同体，指的是去地域化的"民族"的层面。纵轴，是具有共同生活意愿、权利得到法律保证的政治共同体，指的是去奴仆化的"公民"的侧面。近代日本国民的铸造，是明治政府自上而下强制性的推动和社会底层民众自下而上地对政府的强权与专制进行抵抗的相互作用的过程，同时具有以上两方面的特质。国家政权从国家统一性观点出发，向民众作同质性要求，强调超越阶级对立以及地域、语言、文化之差异的"民族"共同体，在赋予民众基本的政治平等和履行立宪政治的承诺后，采用自上而下的动员和神话传说来强化"命运共同体意识"，高效地促成了国民"民族"特质的形成。自由民权运动和大正民主则采用抵抗方式逐步迫使政府开放权利，推动了国民的"公民"特质。

不仅如此，由于明治政府自身无法克服的矛盾性格，近代日本国民的形成，在结果上，还是时空交互作用和统合的产物。空间上，通过在"天皇亲政"和主政地域的变动实现权力的集中，通过"公议舆论"实现权力基础的扩大。

时间上，"王政复古"采取了模仿和再现古代天皇制及律令国家的形式，[①]以与"万世一系"、"皇统连绵"这种历史意识相联系，体现了纵向的正统性原理，实现了将日本传统文化雕琢、理念化并广泛诱发出国民的一体感和对天皇制国家的归属感的作用。此外在时间上，还适应了"宇内之大势"，通过"文明开化"接近西欧近代国家，实现社会的维新与民权的伸张。而近代天皇发挥着统合这些理念的作用。

"复古"是强调个人对国家的归属意识以及在提高政治一体性方面起作用的理念，"进步"是使国家成员的个人意志与国家意志联动，或通过国家意志为个人意志铺垫航道而发挥作用的理念。这两个理念，简言之，便是"一君万民论"和"公议舆论"。[②] 在日本"民族"形成的准备阶段，"公众舆论"与"一君万民"的结合，便是幕末维新期所谓"能动"的国民开始形成的过程，维新政权的指导者就是这种"能动国民"的典型。这样，创造和统合国民、构建新国民国家的课题，就落在了包括维新政府领导人在内的"能动国民"的双肩上。

总之，在 19 世纪后半期的国际社会，日本在迈进近代化的同时，也通过传统的再发现铸成了国民之形。在将近代回归于传统之过程中，朝鲜在"文明"的脉络中被贬为与文明对立的"未开"和"野蛮"，"神功皇后御一征"之地被作为"宣扬国威"的极好靶子。这两者成为浸入到日本人骨髓的真理，超越时代地持续地束缚着人心。[③]

二、实践过程的压迫性

建立国民国家的紧迫性要求民众迅速均质化并快速达成对国家的认同，所以国家政权必须采用强制性的、自上而下的动员，以教化的方式来尽快确立相应的制度和意识形态。不仅要超越人们的生活体系，求助于天皇自身的巨大权威，还需要深入人们的传统生活体系内部进行再编。再编的实践过程是一个充满压迫性的过程。安丸良夫曾指出，文明和建立近代民族国家代表了更具有古老历史权威的存在，国家在压迫人们时，个人要坚持

---

① 围绕这个问题的最新研究，请参见鬼頭清明：「国民国家を遡る」，歴史学研究会編：『国民国家を問う』，東京，青木書店，1994 年；尹健次：『民族幻想の蹉跌—日本人の自己像』，東京，岩波書店，1994 年。

② 鹿野政直：「国民の形成」，『近代日本政治思想史Ⅰ』，東京，有斐閣，1971 年，75ページ。

③ 西川長夫、松宮秀治編：『幕末・明治期の国民国家形成と文化変容』，東京，新曜社，1995 年，652ページ。

自己完全不同的政治立场非常困难。这里,几乎不可避免的是,人们的"自由",具有强烈的屈服于镇压过程、抛弃个体的色彩。[①]

首先,这种压迫性主要体现在贯穿整个近代社会的、国家对民众的宗教信仰自由的强制剥夺。安丸良夫指出,所谓文明化,就是边缘的"民众的生活世界"被整合进国民国家之中并被同化的过程。官方要求人们的信仰自由是要与国体论的意识形态相适应的自由。基督教、民众宗教与民俗信仰,都在这种自由的框架之外,因而或被镇压或被再编。《教育敕语》在全国各级各地被强制性灌输,顶礼膜拜,以致民众稍有不慎便被打入另册,严重窒息了社会好容易才获得的仅有的独立空间。天皇"赤裸裸的权力行使,一方面作为神的命令而被至上化,另一方面又以'泪之责骂,爱之鞭'的形式成为温情和仁慈的产物。如此,权力便丧失了作为权力而主张自我存在理由的近代国家理性,其对于被支配者的隐蔽也就自行隐蔽了支配者的理性和责任意识,由此造成了权力的无限制扩张"[②]。在这样的绝对实体面前,民众不过是统治的客体。天皇作为"现人神"的观念逐渐内化为民众精神生活的一部分,这是之后民众无法从体制内部进行批判和摧毁的重要原因。

其次,这种压迫性还体现在对国外殖民地民众的压迫和支配上。日本的亚洲支配原理,就是在宣扬东亚各民族间"连带"关系和联合"解放"的同时,却又构建起以皇国日本为核心的"支配—服从"型统治秩序,连带着层次重叠的种族歧视和民族歧视。为强化"国民同质化",政府对少数民族和异质者采取了强迫同化的压迫政策。从1871年《户籍法》实施至1899年,明治政府就通过户籍编入的方法对阿伊努族、小笠原诸岛岛民、冲绳住民、旧岛津藩猪苗代地区的朝鲜人强制推行同化政策,否定和抹杀这些民族自身文化的独立性。1910年"日韩合并"后,约有200万朝鲜人被迫来到日本,受到种种歧视和迫害。1923年关东大地震后日本政府借"纵乱"之名对地震后给其救援的朝鲜人(其中包括部分中国人)进行大肆虐杀。日本对其殖民地的异质的"他者",如朝鲜、中国台湾等地的人民,也采取了驱逐和消灭的方法,以强制其同化为日本人。近代以后,在创造日语作为国语的时候,日本政府强制取消了北海道的阿伊努语、冲绳的琉球语,进而在中国台湾及东北地区、朝鲜半岛等殖民地以强迫方式抹杀当地民族语言,使日语成为那里的普及语言。夺去语言,就意味着文化被埋葬,民族的历史记忆被强制消亡。"阿伊努族的历史是空白的",并非最初是什么都没有,而是不能通过语

---

① 安丸良夫:『文明化の経験—近代転換期の日本』,東京,岩波書店,2007年,212ページ。
② 藤田省三:『天皇制国家の支配原理』,東京,みすず書房,1966年,8ページ。

言将历史的现象和事件记忆、记录下来。① 从这个角度看，日本近代的所谓国民国家，在民族问题上，实际上就是在国内压抑少数族群、在国外殖民地压制其他民族的制度。

明治之后逐渐开始流行起来的"日本国民"、"日本民族"等用语，一方面是为了同其他民族相区别而使用的自我认定的词汇，另一方面，大肆渲染的民族同质性，还起到了掩盖国内各种矛盾、对立、倾轧与差异、掩盖支配民族对少数被支配民族和殖民地民众进行赤裸裸的政治欺骗，以及模糊人们历史意识与自我认识的作用。以抽象的、同质的"国民"意识掩盖现实的、等级化的阶级意识，这便是日本近代国民铸就过程中政府强制的重要目的。

正如尹健次深刻指出的那样，这些词汇实质是一个极为模糊的概念，是统治者强行制定并灌输给人们的词语，越是灌输，它所具有的"幻想性"就越被极大扩展。这种对于"日本民族"理念的幻想，容不得来自亚洲其他国家对它的凝视，也没有办法看到反映在亚洲各民族镜子里日本自身的形象。所以他指出，这种矛盾结构的历史与现实，所谓的民族主义也好，国家主义也好，都不能是排外的民族自我中心主义，应该探求的是超乎国民国家的、具备诸民族共存的普遍性的制度与方向。②

三、明显的阶段性与不均衡性

近代国民的铸造不是一蹴而就的，而是呈现明显的阶段性和不均衡性。这是由于国民的"民族"特质与"公民"特质在近代日本发展的非均衡性所致。

前已述及，近代日本国民，如果从"民族"特质来看，始发于维新政权诞生时期，经过自由民权运动，通过甲午战争得以完全形成，其完成过程急速高效。而"公民"特质则同样肇始于明治维新"文明开化"之新策，经过自由民权运动得以大发展，后遭到压制而趋于沉寂，却并未消失，利用议会政治和政党政治的发展，在大正民主时期再度得到新的发展。但好景不长，旋即又跌入昭和法西斯主义的泥沼，重新走向国家臣民。也就是说，从明治到大正，两个方向（国家强制和民权运动）的国民化，最终是以国家强制为主。争取民主的公民身份过程，"美妙而又薄命"，国民的"公民"特质最终未能真正形成。"二战"前日本的国民铸造最后造就的是"国家臣民"，而不是"国家公民"。日本真正的国民化，一直到第二次世界大战后通过民主改革才真正完成，其过程缓慢且历经坎坷。从此角度讲，本书序章指出的"在近代国家转

---

① 大日方纯夫：「近代日本成立期研究の見取図：地域の視点から」，『歴史評論』2002 年 11 月号。

② 参见〔韩〕尹健次等：《近代日本的民族认同》，《民族译丛》1994 年第 6 期。

型的历史潮流中,日本最早也最有效率地铸造了近代国民,这是日本近代国家建设取得成功的重要原因"——这里所说的"近代国民",主要是指的近代日本国民的"民族"特质的成功铸造。

两个特质无法均衡发展的原因,如前所述,在于作为后发国家的国家建设的压倒性的任务是政治集中这一重大课题。直面对外危机,首先迫切需要做的是尽可能把封建割据的政治势力一元化,通过建立"如手足一般、能自由掌握日本全国"的强有力的中央集权,充实国防力量,安定民众生活和开始"殖产兴业"。也就是,国权始终是占据了日本国家建设最优先和最重要的位置。

与此相对应,作为时代发展的要求,在政治上动员一切力量,使对政治的关心更加渗透到社会各阶层,实现从臣民向国民的转化——这一历史课题也必须及时提出。由于明治政府一味苦于追随政治集中的动向,对民众公民权利的重视程度和改善的速度明显减缓。在"去地域化"与"去奴仆化"两者之间,前者明显能见到显著成效,其对国权的维护效果显而易见且更能符合统治者稳定秩序的需要。发展民权——其成效显现的速度缓慢姑且不谈,更重要的是,放任其发展本身可能会带来对明治政府的颠覆性后果。这注定了"去奴仆化"的发展历程一定会充满坎坷曲折。

但这种受挫并不能否定近代国民形成中公民特质的存在价值,更不能说,从明治到大正,只有臣民而完全没有国民。在民族特质完全形成的民众身上,未能充分发展的公民特质所留下的影响究竟是什么? 就个人观点来看,自由民权运动的发展、地方自治、宪政政治的发展以及大正民主运动的兴起,其意义不只在于促使了政治往宪政方向前行,议会政治和政党政治逐步建立和完善,还在于培育了一大批敢于斗争、博弈并懂得妥协的人才,培育了民众为自由和权利善于利用议会和政党结社进行斗争的政治文化,磨砺了民众利用宪政制度和设施参与政治的意志,积累了实际政治斗争的经验。

这些,为"二战"后日本民主政治的发展和国家公民的形成奠定了极为宝贵的人才、制度和文化基础。没有从明治到大正时期这种公民素质的训练和斗争的洗礼,战后美国在日本的民主改革要如此顺利地开花结果,无异于缘木求鱼。国民形成的过程终止了,但这种终止是绝不能用简单的"成功"与"失败"所评价和概括的。过程虽然终止了,但转型所能达到的程度却成为形成战后典型的大众社会的基础。这已经为许多相关著作所证实。①

---

① 参见周颂伦:《近代日本社会转型期研究(1905~1936 年)》,长春,东北师范大学出版社,1998 年,第 236 页。

四、强调与"他者"的差异性

所谓"他者"（the other），是指"我者"（myself 或 ourselves）以外的所有生命、社群、国家、生态和物事，是"五伦"关系（"官民、父子、夫妻、兄弟、朋友"）之外的"第六伦"即陌生者关系，尤其是相对"我者"处于弱势的陌生人群、弱小国家、"过结者、厌恶者、仇恨者"。①

近代日本在国民"民族"特质铸造过程中，不可或缺的一个重要支柱便是将亚洲和西洋作为重要参照物——他者。西洋崇拜思想、天皇制意识形态、亚洲蔑视观这三个支柱塑造出了日本国民的同一性。② "崇拜西洋"和"蔑视亚洲"清楚地展现出了日本对他者的态度。"崇拜西洋"衍生出近代化的制度体系、技术体系以及文明开化的思想文化趋势，"蔑视亚洲"则衍生出扩张性的大陆政策和侵略行动。在对他者的认定、判断、比较中，日本民众开始逐渐具有了"我是日本人"的一体感和主体意识，逐步达成了对于国家共同目标的认同。这种强调与他者的差异性，主要体现在：

1. 日本与西方：崇拜西洋的他者观

诺曼指出："在维新斗争中由外国侵略的威胁所唤起的民族自觉，在明治初年就渗透于社会各阶层。"③向"文明的西洋"学习是新政府建立后的首要问题，也是日本近代发展的重要推动力。对于当时的日本来讲，"欧美各国的政治制度、风俗、教育、营生和守产，概超绝于我东洋"。出于对西方文明的顶礼膜拜，实行西欧式改革，加速工业化和开辟国内市场，并尽快让日本实现像欧美那样的文明开化和富足强大，成为明治初期领导人的不二选择。"富国强兵、殖产兴业、文明开化"三大国策正是在此背景下出台的。西方的制度、风俗和习惯成为日本人效法的核心。整个明治前期，启蒙思想的引进、近代中央国家制度的整合和社会改革的推进，都是以西洋为目标进行的。鹿鸣馆时代（1883～1887 年），欧化主义发展到高潮。

明治领导人欣赏的还有西方的法律。万国公法对于未开化的日本，最为实用，它既可以是作为弱小日本对付强大西洋的工具，也可以成为日本以后效仿西洋、对外开疆拓土的依据，由此成为日本对外交往的基本法则。但同时，它也引发了明治领导人深刻的危机感和不信任感。"万国公法者，侵

---

① 参见钱宏：《从"改造世界"到"善待他者"——关于共生主义的对话Ⅰ》，http://blog.ifeng.com/article/1540394.html，最后访问时间为 2010 年 5 月 21 日。

② 〔韩〕尹健次等：《近代日本的民族认同》，《民族译丛》1994 年第 6 期；另可参见该文的日文版，详见『世界』1994 年第 1 号。

③ 参见〔加〕诺曼：《明治维新史》，姚广廣译，北京，商务印书馆，1992 年，第 196 页。

夺弱国之一种工具也。"①海外万国都怀着"欲使本国立于它国之上"的扩张企图,因此终归是日本的公敌。政府大臣的出访考察改变了原有的西洋整体概念,开始着手考虑寻找与西洋不同的"立国之本",即"发现本国固有之风致"②以防止过度欧化。由此,政府又开始大力推行与西方强国的差异化,对内进行传统文化的发现和再创造,防止日本失去"立国之基"。这实际上提出了日本如何确立自己的"国家主体性"问题。③ 探寻这种国家主体性,以后就成为国家对民众进行统合的重要思想根源——以怎样的方式、怎样的内容去实现对民众的统合,使其产生与国家的一体感和连带感,与国家寻找到的"立国之基"紧密相连。

日本对西洋文明的追寻到 19 世纪 70 年代中后期便开始初见成效。此时已经产生"日本已为文明国"的意识,不愿意再让欧美将自己看作"专制"和"停滞"之国,改变国际社会地位,争取被西方承认为文明之国便成为政府追求的必然目标。明治领导人和知识分子中的有识之士强烈要求修改与列强的不平等条约,改变欧美对东洋和西洋的划分标准。但是,修约并未成功,西欧列强对条约附加的种种条件,以及不承认日本西洋化的种种言行,让日本人难以承受。福泽谕吉以"文明—野蛮"的价值标准提出"脱亚入欧"论,以显示自己要与西洋各国一体化的存在,同时也多少隐现了自己将与西方列国比肩而行甚至最终挑战西洋的意图。通过与西方这一他者的比较,日本确立了自己的奋斗目标——成功实现近代化,成为可与西欧比肩的东方文明国,接着便迈向与西欧列强一争高下之路。在与列强一争高下的过程中,民众被动员鼓舞起来,大大刺激了其国家意识的产生和对国家的认同。甲午战争是后进国日本参加帝国的竞赛,并向西方列强证明其有能力去承担所谓"大国责任"的重要一环。修约运动也好,日俄战争也好,都取得了与甲午战争一样的同仇敌忾的效果。

2.日本与东亚诸国:蔑视亚洲的他者观

渲染亚洲诸国的落后状态,强调日本与其差异性并以文明对野蛮之名

---

① 〔日〕信夫清三郎:《日本政治史》第 2 卷,周启乾等译,上海,上海译文出版社,1988 年,第196 页。

② 久米邦武、田中彰:『特命全権大使米欧回覧実記』第 2 卷,東京,岩波書店,1978 年,67ページ。

③ 1888 年创办的杂志《日本人》较早地提出了这个问题。他们认为,日本是一个民族国家,现在却跟着一条所谓的文明开化之路走,这会"使我日本"失去民族性格,日本本土因子悉被打破。棚桥一郎在该杂志上发文写道:"呜呼! 今日之日本是何种之日本? 旧日本已亡,新日本今仍未兴。余辈应奉何种宗教? 应持何种道德主义? 将来又承受何种主义之教化? 一想至此,茫茫然如彷徨于五里雾中,仍未知归着之所,宁不无感也。"

进行征服，成为明治政府统合民众的基本技巧。对于日本来说，中国曾经是一个巨大的他者存在。不通过对中国彻底的他者化，日本就无法确立起自己的自立性和独特性。日本近代国家之自立的成长发展过程，乃是与中国这一巨大的他者经历了极其复杂的政治心理学过程的历史。①

早在 19 世纪中期东亚政治构图尚未发生变化之前，以本居宣长为代表的国学者就已经构筑起否定作为异质性他者的中国图像，中国被视为本质上是缺乏社会秩序和道德秩序的国家，是专制帝王权力统治下的国家。②

明治以后，除了意识到确立本国"立国之基"的重要性外，岩仓使节团的收获之一便是确认了弱肉强食的强权政治观。"法律、正义、自由之理虽可保护境内，然保护境外，则非有兵力不可。万国兵法者，乃小国之事。至于大国，则无不以其国力来实现其权力。"中国在鸦片战争后被列强殖民的命运给了日本极大冲击，偌大中国如此不堪一击，摧毁了他们心目中固有的中国形象，轻视中国的观念由此开始萌发。明治政府成立之初的外交方针"开拓万里波涛，布国威于四方"，说明其本来是存在对外扩张的计划的。岩仓使节团的出访则加深了日本蔑视亚洲的观念，也为这种扩张主义寻找到目标和方向。③ 在向西洋看齐的过程中，日本又调整了自己与东洋诸国的位置和距离，以"文明"和"野蛮"的所谓近代性价值坐标，将自己纳于文明系列，夸大自己与东洋各国的差异化，并报之以蔑视和侮辱之态度。从某种角度看，福泽谕吉的《文明论概略》与岩仓具视的《特命全权大使美欧回览实记》都是刻画这种形象的典型。《文明论概略》凸显了日本重构东亚文明论政治构图的要求——黑格尔在《历史哲学》中所构筑的专制王国的"停滞的东洋"像，不仅规定了后来欧洲对东洋的认识，同时也构成日本认识自我、认识东洋的紧箍咒，促成了日本对中国中心版图论的政治构图的重构。日本将"东洋的专制"和"东洋的停滞"之名披在中国身上，将中国从文明中心位置赶下来，正在于日本自认为是欧洲文明的嫡传弟子，要登上东亚新文明构

---

① 参见〔日〕子安宣邦：《东亚论：日本现代思想批判》，赵京华编译，长春，吉林人民出版社，2004 年，第 78 页。

② 同上书，第 81 页。

③ 沿着明治初期的领袖们所指引的光辉道理前进，则无异于是要按照历史和地理条件所许可的唯一方向去扩张，即矛头指向在西方列强的威胁下惴惴不安的、半觉醒的民族所居处的亚洲大陆。诺曼指出，明治日本的领袖们看不出有任何理由不去参与分割中国的逐鹿，倘若经济压力、国内市场狭小和重要原料缺乏可以视为正当理由的话，那么日本比其他各国更当理直气壮。在 1885年伊藤博文在和李鸿章谈判时，就承认了日本有（对朝鲜）扩张的必要。日本、中国和列强相对处境的变化，已明确显示出日本不必冒重大危险就可以将衰微的清朝对朝鲜的控制一举廓清。参见〔加〕诺曼：《日本维新史》，姚广廙译，北京，商务印书馆，1992 年，第 197、202 页。

图的中心。之后的日本媒体和文学作品中所描绘的清国的落后、懒散、丑陋以及朝鲜的腐败、无能等,都是这种价值观下的必然现象。芝原拓的研究指出,即使在当时民间也可以看到,自明治维新以来的十年,已经浸透了骄傲自满的开化日本观和充满蔑视的亚洲观念。①

这种文明野蛮的图式之中,"脱亚"为必然之势,而日本的众多媒体和知识分子参与了这一否定像的构筑。最典型的是福泽谕吉的《脱亚论》,"与恶友亲近者,难免自己也成为恶友。我们于心底谢绝亚洲东方的恶友。"②明确昭示日本应把中国和朝鲜留在亚洲而采取"脱亚"路线,强调日本已经达到西洋之文明水准,国民精神已经脱离亚洲之固陋,而步入西洋文明之列,"毋宁脱离其队伍,与西洋文明共进退";"对待支那、朝鲜之方法,已不可因系邻国而特别客气,必须以西洋人待其之方法而加以处分。"显然,日本已经与仍然处于落后野蛮状态的亚洲构成无法兼容之势,这些"专制的"、"半开化"的或是"未开化"的亚洲诸国,便构成了日本在自我身份确认时的他者,成为建构近代日本人同一性的重要手段。这有效地达成对别国的优越感和"民族差别意识",为之后日本争霸亚洲、以文明国之名来解放亚洲、"推广世界之道理"争取了合法性。可以说,日本在中国和朝鲜进行的侵略战争,就是近代日本在认识上始终一贯构建异质的作为否定性他者的中国像和朝鲜像,并且将这种否定最终付诸战争行为的结果。子安宣邦深刻地指出:"其墓碑上镂刻着的,是将自己与他者中国差异化——这一近代日本所命中注定的,将其认识上的实践推向极端的人留下的言辞。"③

扩张给日本带来的是战争赔偿、资源和市场,强兵保证了富国,并以文明对野蛮的名义体面地占领殖民地;强兵还保证了富民,并以国家近代化成就的方式转化为对民众的补偿,实现政府对正在形成中的以契约为基础的"利益社会"的承诺。对外战争还可以转移国内矛盾,增加政府统治的有效性、合法性,巨大的收益还能成为实现官民一致、维系国内人心的极好手段。内政外交两方面的问题交织得如此紧密,以致不将二者联系起来考虑而孤立讨论便会抹杀历史科学。④ 日本在明治之后二十年来通过和平谈判所未能办到之事,几乎在隔宿之间就以实力完成了。这不只是为侵略扩张助长了气焰,也进而成为宣扬"天皇万岁"、"日本神国"、"日本优越论"的重要证据,民

---

① 芝原拓自(ほか):『日本近代思想大系12 対外観』,東京,岩波書店,1988年,508~509ページ。

② 参见福沢諭吉:「脱亜論」,『福沢諭吉選集』第7卷,東京,岩波書店,1981年。

③ 〔日〕子安宣邦:《东亚论:日本现代思想批判》,赵京华编译,长春,吉林人民出版社,2004年,第86页。

④ 〔加〕诺曼:《明治维新史》,姚广廙译,北京,商务印书馆,1992年,第197页。

众在天皇神国之下形成广泛的团结和一致，成为勇于作战和为国献身的国家臣民。正因如此，战后，"民族差别意识"也成为日本国内许多知识分子和政治家不断反省的重要问题。应该说，直到今天，它都并没有得到彻底解决。①

这种对外弱肉强食的国际政治观，深层次的理论基础在于对所谓"国家理性"②观点的歪曲利用。按照弗里德曼（Milton Friedman）的观点，国家理性是一种从国家构成的本质或国家得以存在的正当性角度来理解的理性认识，国家安全与存续并不是一个国家得以存在的最根本的正当理性。国家的理性基础是对个人自由和权利的尊重，从根本上来说，它是一种立宪意义上的国家，宪政是国家作为一个整体的关键。用韦伯的话来说，国家理性已不是一种工具理性，而是一种价值理性。作为国家的正当性根基，它不能无视正义的要求，或者说，体现着正义的国家理性才是真正的理性。

按照上述弗里德曼对国家理性的阐述，明治日本将国家的安全与存续问题绝对化，将其作为国家存在的最根本正当性，保卫现存的政治秩序成为国家理性的主要目的，任何政治手段都是允许的。由此，国家的理性根据就变成国家单方面的需求，个人在这个理性中没有了地位，失去了存在的根基，对于其他国家明显缺少"对国际正义这一问题的关心"，将本国国权凌驾于别国国权之上，也造成"国民的使命感的贫乏和不足"。③ 在这种不受制约的国家理性的名义下，宪政主义变成了空话，对外侵略扩张成为政治秩序存续的基本理由，扩展国权具有相当的正当性。植手通有指出，日本"近代的国家平等观念还在确立与未确立之间，就被弱肉强食的权力政治观所压倒，因而最终未能牢固地扎下根来"，这导致明治日本的对外膨胀态度"异常的、早熟的肥大化"。这种权力观所带来的后果，"是从国内的等级支配的眼光来看待国际关系，所以国际关系一开始就是二选一的问题：征服或吞并对方，或者为对方征服或吞并。"④

第二节　近代日本国民铸造的客观条件和成功经验

近代日本国民能在外来压力下急速且高效地形成，江户时代发达的教

---

① 参见栗月静：《政治、学术与民众感情：专访中日共同历史研究中方首席委员步平教授》，《世界博览》2010 年 4 期。

② 本问题的部分内容得益于高全喜所撰《国家理性的正当性何在？》一文的启示，载王炎主编：《宪政主义与现代国家》，北京，生活·读书·新知三联书店，2003 年，第 1～19 页。

③ 松本三之介：「明治思想における伝統と近代」，東京，東京大学出版会，1996 年，3ページ。

④ 植手通有：「対外観の転換」，自橋川文三、松本三之介：『近代日本政治思想史 1』，東京，有斐閣，2004 年，67ページ。

育和市场化的经济形态为其奠定了客观条件。近代国家的制度性保障、形成近代国家的统一市场、四位一体的文化教育整合机制、领导阶层的与时俱进及有效引导是近代日本国民铸造的成功经验。

一、客观条件：江户时代的良好准备

布莱克认为，江户时代对现代化运动有很大影响的一些趋势已经开始出现，它们是后来发生变化的出发点和历史基础。[①]"正因为具有自生的砧木，也才可能嫁接明治以后的西方近代思想。"[②]从国民铸造这点来看，江户时代日本较为发达的教育和经济形态为近代国民的铸就奠定了良好基础。

（一）发达的学校教育机构

江户中期以后，在政府的监督和帮助下，兴起了许多面向本地民众的教育机构，幕府直辖学校、各藩的藩校、平民的乡校，还有私塾、讲习所等成为近代公共教育的萌芽。面向民众子弟的初等教育机构是"寺子屋"。"寺子屋"多利用自家住房或某些公共场所进行教学，规模小、程度低，但学生就近入学，学习的内容极为实用，颇受欢迎，因此在广泛提高平民文化知识水平、养成国民的学习习惯和尊重知识的风气等方面为近代国民的形成奠定了良好基础。此外，还有不少学者的私塾成为新观念和思想产生的摇篮，明治维新时许多知识分子和维新骨干都受过私塾教育。另一些私塾，例如二宫尊德的"报德社"、石田梅岩开办的"心学私塾"，在启发民智、增进修养方面也适应了时代的需要。[③]

学校机构的发展提高了教育的普及程度。江户末期男子的识字率是40％～50％、女子是15％。[④]武士及农村的村长之类的干部几乎100％识字，城市商人识字率也达到80％以上。[⑤]明治之前的就学人数达130万以上，与《学制令》颁布后的1873年相差无几。在江户等政治经济和文化中心

---

① 参见〔美〕西里尔·E.布莱克：《日本和俄国的现代化——一份进行比较的研究报告》，周师铭等译，北京，商务印书馆，1984年，第24～25页。

② 〔日〕家永三郎：《日本文化史》，刘绩生译，北京，商务印书馆，1992年，第171页。

③ 二宫尊德的"报德社"运动，致力于在农民中普及道德教育。他力主农业是万业之本，重视农民和农业生产的改进，肯定农民身上传统的勤俭美德和人与人之间的平等关系等，影响很大。江户时代后期城市商人及工匠、平民中还流行"心学"教育。当时的心学倡导者石田梅岩及其后人力主商人合法营利的正当性，主张凭借自己的诚实劳动与智慧获取利润，这对儒学教条来说是具有革命性的思想。他还主张节俭、勤奋、戒贪戒伪。这些主张不仅体现于心学的教育机构，也渗透到许多寺子屋、乡校之中。

④ 参见王桂编著：《日本教育史》，长春，吉林教育出版社，1987年，第85、59页。

⑤ Irene Tauber, *The Population of Japan*, Princeton: Princeton University Press, 1958, pp. 26～28.

地区，1848～1860年平民子弟入学率已达86％，一般小商店店主以上的家庭，其子女几乎100％都上了学。赖肖尔认为，在江户时代，日本人的读写能力就比亚洲任何地区高，被公认为可与同时期欧洲的水平相匹敌，这是日本现代化的重要因素之一。①

教育较高程度的普及促进了思想的活跃与进步。寺子屋和私塾面向社会全体儿童，各类儿童同窗共学，没有分别，成绩好坏全凭自己的能力和努力程度。这种打破身份阶层界限的实践产生了近代"能力本位"的思想萌芽。它向人们显示了通过更多的教育、通过自己的奋斗而提升自己的可能性。中江藤树说："学习可以使人成为圣人。"②人们逐渐认识到所受教育程度与能力的提高可使社会地位和生活水平也得到提高，因此门阀和出身就自然地不那么重要了。这种教育状况使得明治维新后引入近代教育制度所遇到的阻力较小，并为近代日本国民的铸就提供了良好条件。

（二）市场化的经济形态

18世纪日本社会进入封建社会末期，由于幕府实施了诸如兵农分离、建设城下町、铸造货币、充实交通制度、统一度量衡、废除商业流通限制的种种举措，生产力大幅提高。从江户中期开始，日本农村开始由自然经济逐渐转向商品经济。③ 商品农作物种类增多，领主实施了特产专卖政策，强制农民种植。农民通过出售剩余产品，逐步摆脱"生产年贡的工具"这一称号而成为商品生产者和富农。德川时代，已有51个藩实施藩营专卖，包括盐、米、纺织品直至木材、樟脑等二十余类产品。④ 农村形成了从批发到零售的完善的商品流通机构，各地商品交易额迅速扩大。1736年，大阪商品购入总额达银十余万贯，总额在1200贯以上的商品达25种。棉花的规模化生产在18世纪初已经在摄津平野乡开始出现，⑤江户中期后，粮食产量有较

---

① 参见〔美〕赖肖尔：《近代日本新观》，卞崇道译，北京，生活·读书·新知三联书店，1992年，第19～20页。

② 〔日〕麻生诚等：《教育与日本现代化》，刘付忱译，北京，人民教育出版社，1980年，第3页。

③ 巴林顿·摩尔（Moore Barrington Jr.）曾记述道，"德川时代的后半期在农业技术方面确实取得了重大进步"，"部分是由于农业增加了产量的结果，通过市场而进行的交换也越来越多地扩展到农村地区。同样，钱的使用也日益普及。""到了18世纪中叶，向雇工经营的转化已成为一股强大的潮流。""到19世纪中叶，农业中商业关系的侵入对旧秩序来说无疑构成了一种危险的处境，也为明治时代留下一系列严重的问题。"参见〔美〕巴林顿·摩尔：《民主与专制的社会起源》，拓夫等译，北京，华夏出版社，1987年，第213～215页。

④ 转引自李文：《武士阶级与日本的近代化》，石家庄，河北人民出版社，2003年，第127～128页。

⑤ 高尾一彦：「摂津平野郷棉作の発展」，『史林』1951年第34号。

大增长，①并促进了农村手工业如棉纺织业的发展。② 按照马克思的观点，一定数量的劳动力在同一时间、同一场地为了生产同一种商品、在同一资本家的指挥下工作，便是资本主义生产的历史与逻辑的起点。③ 兵农分离政策的实施加大了经济领域的自主性和能动性，参觐交代制度的确立、商业组织的完善促进了商品流通。到了德川中期，日本已经初步形成了以大阪和江户两大都市为中心的统一的国内市场，统一市场具有了人、物、信息交换的可能，为近代国民的产生奠定了客观基础。依田憙家评价道："商品的流通成为西洋先进文明传播的一个重要途径。日本克服了幕府与三百诸侯分立的状态，建立起以天皇为中心的统一国家，正是以德川时代中期形成的统一性国内市场为基础的。"④

在农村，新兴的商人阶层开始兴起，他们同时还是地主、手工厂主、高利贷主或乡村政治领袖。城市中，大阪、东京和京都的批发商店和城下町的特权商人掌握着以"贡租"⑤为中心的商品流通网络，并在一定程度上通过对幕府、藩财政的介入控制了幕府、藩的商业统治权。幕末较高的商品经济发展程度，使开港后许多商人并不反感这个能够带来巨额财富的新时代，在批发商支配能力增强和地主商人化的过程中，普通农民也不同程度地参与进来，他们显示出来的并非是对商业的殊死抵抗，而是对开港后发展贸易的很强的适应感。这些逐步形成的市场化经济形态具备了与西方资本主义商品经济的同质性和可转化性。

二、成功经验一：近代国家的制度性保障

日本国民国家建设中制度的整备对近代国民的形成极为重要。从世界现代化国家的历史看，问题的关键在于社会的结构与制度是否能够给民众有效的活动提供一定的空间。⑥ 如果说，明治的启蒙期知识分子在构筑近代政治理论体系方面发挥了重要作用的话，那么明治政府则主导、准备和确

---

① 速水融、宫本又郎：「経済社会の成立」，『日本経済史』第 2 巻，東京，岩波書店，1988 年，44 ページ。

② 塩沢君夫：「尾西地区における寄生地主の成立」，歴史研究会編：『明治維新と地主制』，東京，岩波書店，1956 年。

③ 参见〔德〕马克思：《资本论》第 1 卷，北京，人民出版社，2004 年，第 358 页。

④ 〔日〕依田憙家：《日中两国近代化中经济论之比较》，叶坦、蒋松岩译，北京，中国社会科学出版社，1994 年，第 27 页。

⑤ 贡租是封建领主剥削农民的主要形式，农民除了要缴纳占收成 60％～80％ 的实物地租外，还要缴纳十几种杂税和履行各种义务。

⑥ 参见李文：《武士阶级与日本的近代化》，石家庄，河北人民出版社，2003 年，第 357 页。

立了与近代政治理念相符合的各种政治、经济以及社会文化制度，保障了近代国民铸造所必须满足的最低层次的条件。本书第二章已经从天皇亲政、奉还版籍、废藩置县、四民平等、户籍、学制、兵制、法制和税制、地方自治、政党制度、议会制度（开设国会）、立宪以及教育制度的整备等诸方面进行了大量阐述。可以说，明治政府在政治上已经迈出了与西方国家接轨的步伐，尽管步履蹒跚，但最终还是采纳了西方的宪政模式，完成了权力结构的调整。

这些与近代国民国家建设相适应的制度建设，为近代国民"民族"和"公民"两方面特质的铸造提供了基础性环境和一定的体制空间。这个空间是19世纪70年代就开辟出来并逐步扩大的，1890年国会的开设和宪法的颁布标志着近代民主体制的确立，第一次世界大战后还从制度上进一步扩大了民主权利。身份制度的废除加速了日本全社会的新陈代谢，社会向着尊重实力的方向发展，经济领域取代军事领域成为有志之士施展身手的舞台，任何领域都不为特定角色所独占。尤其是建立立宪制度后，民众开始获得公民权，包括参政权、财产私有权、自由选择职业和工作权利以及言论、出版、结社等权利，日本已经在由身份社会转向初步的市民社会。而这是一个"一连串的社会、经济和心理信条全都受到侵蚀或放弃、人民转而选择新的交往格式和行为方式的过程"[1]。前已述及，这一过程对庶民各群体和阶层产生巨大影响，使他们的生活浸透了变革的因素，有利于全国的团结一致以及新价值观和新知识的传播。柳田国男的描述是："这真是一个一切都在飞跃的时代，'旧弊'成了最使人难堪的骂人话，人们对新时代的期待如火如荼。"[2]这样让人"又惊又喜"的世道变化，是近代制度变革的结果。正因如此，一些学者认为，明治时期的民众还不是国民，而是臣民，但这样的臣民，也不是以往的封建臣民可以等同的，而是有民主的体制为他们个性意识的苏醒做保障的。

制度的形成，不仅规范和推动了民众心理和观念的近代化，也提供了民众通过制度进行斗争的基本框架和平台。与西方相比，前近代的日本，并不是一个有民主传统的国家，民主的基础极为薄弱，进行国民国家建设是外来危机的产物，明治维新后建立起来的国民国家从本质上是一个威权主义政权（有人又称绝对主义国家，或是官僚制统治体制）。日本政治学者藤田省三曾指出，威权主义国家的任务在于"集中全部行政手段于国家结构，完成

---

① 参见李文：《武士阶级与日本的近代化》，石家庄，河北人民出版社，2003年，第236页。

② 宋成有：《明治初期"文明开化"运动中的三大矛盾》，《世界历史》1988年第4期。

经济基础方面的资本主义原始积累,并实行近代国家向民主化的发展"。按照一些学者的研究,日本没有议会民主制的传统,又在官僚制统治体制下实现经济的跳跃式发展,最终在政体建设上还是采用了议会民主制,其原因,一是日本统治集团赞成议会民主制的价值取向。领导层对西方资产阶级民主政治的本质是认同的,都赞成实现立宪政治,分歧仅仅在于实行的时机和条件。二是对所效法的样板进行了日本化的改造。在对各国政体进行比较、权衡的基础上,日本决定以普鲁士为主要蓝本,最终形成了自己的立宪政体。与欧洲各国相比,日本的立宪政治有两个突出的特点,一个是中心权威的存在,一个是行政系统的特殊地位。[1]

由于领导层赞成立宪的价值取向,日本制度的近代性得以保持,议会制度和政党制度得以逐步确立,社会政策不得不相对开放,社会在民众博弈的压力下得以逐步发育。由于制度又进行了日本化改造,每一项制度引进和建立过程中均结合日本社会的实际情况不断调整和修正,使得这种制度在没有民主传统的日本也能逐步为各阶层所接受,从而成为实现国民整合的前提。立宪政体通过对新成长的社团、阶级、政党的制度性容纳,克服了藩阀政治下的权力独占与失衡状态,在更高的层次和水平上增强了政府的代表性,从而大幅度提高了自身的适应能力。立宪政体将国家与民间社会的相互分离改变为对国家与人民之间权利的明确规定,将参与权扩大到所有具有选举权的人,将静态的权力分割转为动态的多元共享。产生于民间的社会团体、阶级和政党在介入和参与政治决策过程、制衡和限制政府的同时,又成为政府运转赖以存在的基础,而这恰是现代政治系统的特征之一。社会急剧变革中被动员起来的社会集团由于在不同程度上获得了参与权,增强了对立宪政体的认同感,避免了灾难性的国家分裂和混乱。虽然这种民主还非常有限,但新的政治共同体提高了制度化的程度,扩大了获得支持的广度和集团与个体对国家整体利益分享的程度,从而在富国强兵等口号下在全民族范围内形成了一个上下同心、官民一致的社会整体。[2] 大正民主时期,个人主义思潮高涨,通过政府和政党、民众之间的多重反复博弈,社会空间逐步扩大,社会风气较明治时期已经为之大变。民众也逐步具备了国民所需的另一个条件——主体意识和权利意识,以及相应的行动。民众的抗争活动,为民主架构下政府与民众之间进行协商、运作积累了经验。

① 参见武寅:《论日本近代民主制的建立》,《中国社会科学》2002 年第 2 期。
② 参见李文:《士族身份的转换与市民社会的形成》,石家庄,河北人民出版社,2003 年,第207～209 页。

白鲁恂认为,政治发展意味着从臣属型文化走向公民型文化,政治参与的扩大,使人们对平等原则更加敏感,更多的人接受普遍的法律、政治体系的能力不断增强。公民文化的培养建设不是仅靠教育来完成的,公民文化需要通过公民在长期的民主政治实践中不断孕育和成长。① 这种实践过程,就是国民成长和铸造的过程。没有上述制度性保障,近代日本民众走向国民便缺乏空间和舞台。

三、成功经验二:近代国家统一市场的形成

在西方,"国民"经常被看作理性主义(Rationalism)的产物。理性主义创造了民族国家所需要的一系列观念,诸如"国民"观念,在民族国家范畴下,唯有国民才把国家看作他的法定家园;全国范围内法律统一、平等的观念,在法律面前所有民众地位平等的观念;国家的存在就是为其国民服务的观念;对国家的忠诚要大于对氏族、地域和团体的忠诚观念,等等。但"国民"与民族国家一样,在本质上是近代资本主义生产关系变革的产物。中世纪中期王权的增强和生产关系社会化的发展造就了民族国家的基本形式,而其本质,则只能是到资本主义革命时代才能填充的。"资产阶级,由于一切生产工具的迅速改进,由于交通的极其便利,把一切民族甚至最野蛮的民族都卷到文明中来了。……正像它使乡村从属于城市一样,它使未开化和半开化的国家从属于文明的国家,使农民的民族从属于资产阶级的民族,使东方从属于西方。"②理性主义只是创造了观念,而资本主义则创造了民族国家所需要的一系列物质条件,诸如不受别人支配而可以自由出卖自己劳动的"民众",从而为现代公民身份的形成造就了物质前提;创造了依靠复杂的劳动划分把各个阶级连接起来,把同一疆域内的民众连接起来,把统一疆域内生产不同劳动产品的地区连接起来从而使之成为一体的经济条件。这些都说明,民族国家只是在资本主义革命时代才达致完备的。③ 国民的出现,必须是资本主义经济发展到一定阶段才有可能。通过发展经济,开放更大的市场,完成经济基础方面的资本主义原始积累,形成统一的国内市场,实现经济的高度统合是形成国民的重要条件,也是日本近代国民铸造的重要经验。

---

① 转引自何忠国、朱友粉:《公民文化:一种参与型复合政治文化》,《学习时报》2007 年 9 月 7 日。

② 《马克思恩格斯选集》第 1 卷,北京,人民出版社,1972 年,第 255 页。

③ Leodard Tivery, *The Nation State: The Formation of Modern Politics*, Oxford: Oxford Press, 1981, p. 35.

德川时代的经济形态为近代国民形成奠定了客观条件。但是,由于地方分国体制,实际上这种统一市场还具有相当的局限性和较强的地域色彩。明治维新后,要实现创立"新日本"和铸造"新日本人"的国家目标,维护国家的经济独立,实现经济的统一进而实现经济的资本主义现代化成为明治政府的头等重要课题。需要进一步强化和扩大江户时代已经出现的市场化解决形态,将其转换为真正统一的国内市场。

从 1870 年起,政府相继制定官营邮政制度,统一全国的邮政和通信事业;1872 年大藏省发行新纸币,统一了全国的货币市场;1872 年颁布《国立银行条例》,1876 年进行大幅修改,创设了现代银行制度和统一的财政金融体系;1881 年成立了日本铁道会社,开始了大规模的铁道建设;同年,还设立农商务省,将内务、工部、大藏等分散的事业统合起来,完成了经济统一的任务。

从明治初期开始,政府便大力引进和移植西方各国的技术设备,兴办各章模范工厂和实验场,"劝奖百工",以鼓励民间发展资本主义工商业。1873年,以内务省为中心,开始全面推进殖产兴业。设立官营工厂(缫丝、纺织、矿山、造船等);完善铁路、道路、港湾等基础设施在内的众多项目。1880 年政府对官办企业进行拍卖,除军工、铁道通信等产业外,其余工矿业一律民营化。政府则通过重点扶持和保护财阀得以控制国家经济。19 世纪 80 年代后期,松方财政后,企业数量迅速增加,许多官办工厂和矿山转为民办,涌现出一批现代企业家。日本的经济开始被纳入世界资本主义市场之中,经济现代化以远远超出政治和社会现代化的发展速度突飞猛进。

明治政府还确立了"贸易立国"的方针,积极开展海外市场调查,实施"开拓海外直销"政策。经济与外交并举是明治政府的贸易立国的特色。1875 年明治政府明文规定驻外领事的任务之一,便是掌管各驻在国口岸之贸易事务。依靠国家权力推行的海外贸易政策,推动了经济发展和国民经济体系的建立。从 1880 年后,日本的对外贸易形势出现好转,对外倾销的触角已延伸到中国。依赖于对邻国的经济掠夺和商品倾销,日本成功地完成了经济的统合,增强了经济国力。毫无疑问,日本对外侵略扩张的道路是必须批判的,但明治政府励精图治,利用国家力量迅速采取果断措施,引导资本主义工商业的强劲发展,这也是其工业化成功的关键因素。

经济的集中、统一的实现,创造了国内统一的资本主义市场,加快了人、财、物的流动及信息和观念的广泛传播,也促使了日本国内不同阶层、不同地域开始连结起来,逐步创造出民众对"我是日本人"的共有意识,民族特质得以创造出来。而市场资本主义的发展则必然又孕育出自由、平等的思想和权利观念,这便是自由民权运动兴起和大正民主运动走向高潮的核心原因。可以说,统一的国内市场的建立成为民众"公民"特质形成的经济根源。由于是以国权独立和维护为根本目的,政府在强力主导中,采用了依靠财阀政商等特权资本家的方式,资本主义的发展本身具有较强的封建性和垄断性,给民众"公民"特质的发展和成长造成极强阻碍。这正是日本近代资本主义发展不成熟的症结所在。

四、成功经验三:"四位一体"的文教整合机制

教育是近代日本国民铸造的极重要一环。明治政府对此高度重视,整备教育制度、颁布和强制推广《教育敕语》的意识形态,均是这种工作的重要举措。但是,仅有这些还不足以将民众的爱国心和对天皇的忠诚调动起来,还需要通过仪式、祭典、位阶勋章等"国家装饰化"所具有的组织力来强化对国家的认同。明治以后,日本的全部祭日都与传统的宫廷仪式联系起来,有的还与农村的季节性祭典融为一体。通过祭奠仪式等系列举措,明治政府在实践中创立了通过听觉、视觉和触觉等身体感觉来实现"君之代、万岁、御真影、日之丸"四位一体的文化教育整合机制。

听觉,即利用声音等为传播媒介,在各级各类学校和各种仪式庆典上颂唱国歌《君之代》,祝福天皇万世千秋,以调动民众对天皇的神圣情感。此外,还以《明治宪法》颁布的宪法祭祀为契机,创造出了高呼"万岁"的口号。较之《君之代》,"万岁"一词朗朗上口,更易表达。此后,从重大庆典游行至小型的征兵欢送仪式,都会高呼"万岁"。有些重大仪式上,军乐队与飞机的空中分列式音响相配合,给予国民强大冲击力。被鼓舞了士气的民众由此兴奋起来,并叫喊"大日本帝国万岁"。[①] 这种"祝声"传播所酿就的陌生民众间的共属氛围,具有使民众尊皇爱国的"感动人心之力量",有效地实现了对民众的统合。

视觉,即指的是发放天皇的"御真影",强制规定祭奠仪式上悬挂"御真影",将"日之丸"旗视为日本的象征,到处悬挂"天皇为日神之子孙"以及"天皇之德广布"的标语。前已述及,宪法祭上泛滥"日之丸"旗和"御真影"创造出了形成国民所需要的一体性氛围,也引导产生出作为"国民"所必须拥有的精神象征和自豪感。数目庞大的宣扬皇室和战争胜利的美术作品,也给人强烈震撼力,而神社、忠魂碑和无数的纪念馆则引发民众作为日本人的一体感和责任感,激发其为国牺牲的勇气和豪情。

---

① 亀井勝一郎:『現代史の課題』,東京,岩波書店,2005年,106~117ページ。

触觉,即规定要对"御真影"鞠躬行礼和叩拜,祭祀游行大典上民众要手执"日之丸"旗不断挥舞,天皇巡幸时的触摸百姓以及庆典上应和民众祝福时的不断"挥手"致意等举动。挥舞各种大小的"日之丸",说明国旗的意识在民众中已经扎根。而前述1898年天皇阅兵时民众的"弯腰"、"默礼"以及同声合唱《君之代》等动感的动作,所带来的是"每个人心中都充满了尊敬之念和欢喜之心"。①

就这样,以巡幸、游行等国家祭典仪式、神社大祭和大大小小全民祝祭日活动等为舞台,通过听觉、视觉、触觉的三种身体感觉的感知渠道,明治政府在引发民众认同方面,实现了"君之代、万岁、御真影、日之丸"的四位一体,使多数民众共有了作为国民的共同实感,在活动中都出色地完成了自身向政府所希望的国民角色的转换。

五、成功经验四:领导阶层的与时俱进和有效引导

已有研究表明,民族认同是具有天然群聚性和类别感知能力的人类都具有的社会认知,具有很强的自发性;而民族利益感悟却往往需要较高的社会认知能力或外因诱导作为条件,其自发性较弱。② 对一个民族内部的不同社会成员来说,总是文明程度较高、社会认知能力较强的阶层和个人对民族利益的感悟最早、认识最深,民族利益感悟在全民族中的扩展和深入总是由他们促进和推动的。精英分子对传统和本身局部利益的感悟开始,然后扩展到公众方面,在那里局部感悟被转化为一种社会意识,然后进入政治领域。③

近代日本国民的成功铸造典型地体现了上述道理。开国之后,岩仓使团游历欧美的经历,使他们回国后更进一步坚定了"形成新日本人"的意识和决心。由中下级武士为核心构成的明治领导阶层在剧烈变革之际,通过自我更新的方式,迅速适应潮流的巨大变化,清醒地认识到国民铸造的重要性,果断地抓住了"近代日本国民"的塑造这一核心课题,并以领导国家的杰出才干,对社会各阶层进行了组织动员。去地域化的中央集权措施和使民众均质化的措施,以及去奴仆化的废除身份制、地方自治和立宪制等维新制度,引导国家在极为严峻的形势下高效地推进了近代日本国民的形成。在明治政府领导层的引导下,日本朝野普遍形成了重视教育与学术的浓厚风

---

① 『東京日日新聞』,1898年2月9日。

② 参见王希恩:《民族过程与国家》,兰州,甘肃人民出版社,1998年,第159页。

③ Dawa Norbu,*Culture and the Politics of Third World Nationlism*,London:Routledge,1992,p.27.

气，广泛吸收世界先进文化，并将学术引向实用、专业和精深的发展方向。广泛而有效的教育机构体系得以不断建立，学术文化空气深入到一般民众心中，使日本具有了深厚的教育文化根基。这是近代日本国民得以形成的根本保证，也正是日本战败后能迅速崛起的最大资本。

明治初期的领导人继承了江户时期允许异端存在的传统。他们对幕末的知识分子阶层采取了宽容、包纳的态度，在一定程度上许可或默认中立派甚至对立派知识分子的存在，有的还委以其重任，从而使知识群体与士族领导之间保持了相互协调和优势互补的关系。这些知识分子在现实生活中分别承担着改革与近代化事业的指导者（志士型）和思想启蒙与知识更新的承担者（幕臣型）角色，随着自由民权运动的展开，知识分子的人数增加，民间知识阶层与官僚知识阶层的分化也日渐显著，但明治政府允许中立派甚至对立派的知识分子在民间开展事业的政策一直没有改变。私立大学庆应义塾大学和早稻田大学便是实例。东京专门学校、同志社、庆应等私立大学的最大特色，就在于为民众自由意识的产生与存在奠定了根基。① 明治后期的知识分子显示出更强的多元色彩，缔造了大正民主的"绚烂之花"。这种多元并存的状态本身显示出政府对社会发展的相对宽容和开放的政策，这恰恰就是日本近代立宪政治得到发展的重要缘由。默认社会多元发展，具有社会批判的可能性，也为民众"公民"特质的发展提供了空间。

当然，明治政府在引导民众对民族利益感悟的问题上也存在深刻教训。他们抓住国际局势的特点，利用对外纠纷和对外战争，酝酿出日本民众强烈的"受害意识"，制造出作为日本人的民族情感，从而为后来将民众引导上军国主义侵略道路提供了基础。此当后论。

总之，在明治政府领导者和精英的引领下，民众的"民族"特质和"公民"特质逐步增强，民族意识和社会变革意识相互渗透、相互转换；民族从原有的文化属性向政治属性不断发展，变革中的社会政治力量又努力造就和培植自身的文化属性，力图推动社会政治力量实现文化民族基础上的统一和凝聚。这些特点，在其后的国民化过程中不断显现。由此，诺曼赞赏道："回顾明治初年的艰难岁月，我们不论对'军事'和'官僚'这些字眼作怎样的理解，下述一点乃是不容争辩之事实：这些军事官僚在日本建设现代国家之际，乃是进步的先锋，现代化的前卫。"②

---

① 伊藤整（など）编集：『知識人の生成と役割』，東京，筑摩書房，1959 年，223ページ。

② 〔加〕诺曼：《日本维新史》，姚广廣译，北京，商务印书馆，1992 年，第 102 页。

第三节　近代日本国民铸造的深刻教训

从明治到大正时期,近代日本国民得以急速高效的铸造,亦留下了沉重而深刻的教训。

一、统治者以"国家权益"之名实施对民众权利的压迫

"国民"是定义国民国家的关键词,其政治生活状况真实反映了国家的基本构造。英国、法国等国民国家在其建立之初,由于自身的社会历史的演变逻辑,一开始就伴随着理性、自由和人的解放,不仅强调国家主权,也强调国民主权。其理论前提是民众作为国民拥有自律性,国家被看成独立自主的个体因契约而结成的共同体。在这种理论中,对国家认同的民族主义和对追求权利的自由主义二者并非是对立,而是同一事物的不同侧面,保持着内在的平衡和调和。所以,"nation-state"才有了"国民国家"的含义。但现实是,许多后发国家,为避免陷入殖民地的命运,将民族或国家的存续作为最优先课题,国民则被置于次要位置。吉登斯认为,国家主权和公民身份两种因素影响了民族主义的导向,"如果民族主义基本上导向主权——尤其是在国家遭受大量侵凌争夺的环境中,或者在国家强烈地整军备战之时——民族主义情绪可能发生一个排外的转折,即强调这个'民族'的超乎对手的优越性。于是,公民身份权利就可能发育孱弱或者大受限制,而公民权利和政治权利则更有可能大受蔑视。"[1]也就是说,成长于主权至上环境中的民族主义很可能是一种"侵略"性质的民族主义,公民身份权利在这种环境下将遭到蔑视。另一方面,如吉登斯所述的那样,如果公民身份权利得以更实质地扎根或得以实现,它们就会在一个相反的方向上影响主权和民族主义的关系,刺激民族主义情感向更加多元化的方向发展。[2]

近代日本国民的发展显然是与前一种状况联系在一起的。明治政府在政治上的首要课题是建立近代统一的国民国家,而创立国民又是其中最紧迫的课题。它不得不面临着既要将民众拉入政治生活,又要将民众排除在政治之外的内在矛盾,这恰恰也是近代日本内部的脆弱性。维新政府急需在一种"国民缺席"的条件下,"使全国人民的心里都具有国家的思想",[3]把

---

① 〔美〕安东尼·吉登斯:《民族—国家与暴力》,胡宗泽等译,北京,生活·读书·新知三联书店,1998年,第144页。

② 同上书,第262页。

③ 富田正文(ほか)編:『福沢諭吉選集』第7巻,東京,岩波書店,1981年,60ページ。

民众从以前对国家秩序无责任的被动状态中解放出来。作为一个后发国家，国民建构上，日本同时兼具了启蒙性、压迫性、侵略性三种导向，但启蒙性很快被压迫性和侵略性所取代。明治政权实施的"富国强兵"、"文明开化"等各项近代化的改革，完全是以国家为本位和目的的。在日本跃升至"与西洋同等"的强国后，统治阶级为了帝国扩张的需要，仍将国民解放的课题"留待将来解决"，强调国家主权而忽视国民主权，仍然极力以前近代的道德或宗教等因素来维系民众对国家的认同，极为被动地调整着民众与国家之间的联系。可以这样说，明治政权实质上追求的不是形成真正的国民，而是兼有客体性和主体性的"臣民"，即在实现民众"臣民化"（个人成为天皇制国家的工具）的同时，又实现民众的"国民化"（仍作为客体的个体积极地支持国家）。

从最后的结果来看，从明治到大正好容易得到一定程度发育的近代"公民"特质，在脆弱的现代民主制度下，最后却演变成为"国民缺席"[①]的结局，"国民"最后只是"国家臣民"人格，其对国家的认同也不是基于独立主体的自由意志。民众作为"臣民"，被定位于一种"崇高的无知"状态。他们对国家的认同是基于以忠孝为基础的天皇制伦理、国家神道和对亚洲的侵略这种利益诱导的原理，是一种没有主体性的"主体"的自愿追随和盲从。而且，民众的同质性情感，也是作为一种"当然不能不如此"的"集体催眠"状态而存在的。[②] 这种"集体催眠"，和丸山真男的"通过压抑的转嫁保持精神均衡"这一日本独特的社会心理是一致的。

民众成为顺民，恰恰符合天皇制国家对内对外政策的需要。没有自主的国民，民众自我反思能力弱化，无法从内部产生对体制和文化质疑和反抗的力量，只能绝对服从。正因如此，有日本学者又指出，近代日本是一个"国民丧失"[③]的时代。无论是知识分子还是劳动者，大多数丧失了对国家的本质、起源和存在理由进行质疑的政治意识。在"二战"期间，拒绝参加军队的日本人仅仅只有38人，而同期的美国由于"出于良心拒绝服兵役"而选择牢狱之路的美国国民有16000人，英国国民则高达59000人，[④]由此可以看出，天皇制国家实质上是难以从内部被颠覆的。

① 松本三之介：『明治思想における伝統と近代』，東京，東京大学出版会，1996 年，9 ページ。
② 〔韩〕尹健次等：《近代日本的民族认同》，《民族译丛》1994 年第 6 期。
③ 小路田泰直：『国民「喪失」の近代』，東京，吉川弘文館，1998 年，7 ページ。
④ 转引自向卿：《日本近代民族主义（1868～1895）》，北京，社会科学文献出版社，2007 年，第460 页。

二、统治者以"民族自立"之名实施对外扩张和国际压迫

近代日本国民的发展即如吉登斯所言,民族主义情绪产生了排外情绪,产生了超越对方的优越性,通过对他者的蔑视与妖魔化,强化自身的受害意识,激发起民众的同仇敌忾之心。近代日本民众的"民族"特质急速且高效地成长,为国家认同提供了有效的凝聚力,然而这种特定的认同中隐含的群体自恋和群体自我崇拜是一种极具扩张性、弥散性并能够刺激民众狂热情绪的意识形态,它始终蕴藏着一种压迫他者的逻辑冲动,具有民族利己主义的潜在性格。这样的性格使得日本步入近代之后一直未能正确处理好政治正义与国家权益的关系,打着民族自立的招牌推行对外扩张,实施国际压迫,不仅将民众全盘引上国家臣民的歧路,也使国家引来了灭顶之灾。

斯塔夫里阿诺斯(Leften Stavros Stavrianos)曾指出,造成东亚地区分裂愈发严重的是东亚国家本身。同样面对欧美列强的殖民侵略和控制,"日本能采纳和利用西方强国的原则,并将它们用于自卫及后来的势力扩张。相形之下,中国却不能以改变西方方式重新组织自己。"①日本汲取了中国强国地位丧失和沦为欧美列强殖民地的教训,一方面打破地区割据和身份制,按照近代规则改变了国内的政治体制与结构;另一方面,正如吉田松阴所想的"一君万民",将天皇神话加以扩大,创造出了天皇制国家,以此谋求国民之一体化。经过明治维新,日本避免了中国那样的殖民地命运,反而迅速崛起,很快进入了西方列强的行列。但是,按照富永健一的观点,日本国民国家的整合并非是自发实现的,而是西方列强的威胁带来的外部危机和攘夷之紧迫感的产物,这种紧迫感使国体观念和天皇制意识形态从始至终包藏着一种强迫感。攘夷的排外性加上古代式的神秘符咒,使日本人在国家观念上被非理性的思维所支配。②尽管同为东亚国家,日本却开始按照与欧美殖民国家同样的甚至更为残酷的方式对待其他东亚国家,甚至为了确保日本的独立,自己最终走上了侵略亚洲的道路。遭逢世界历史转换期的日本,就选择了一条这样的路线来解决处于危机状态的自己的"民族问题":一边急切地构筑带有复古色彩的、以天皇为中心的国家体制,积极引进西欧文明;一边侵略亚洲。

明治政府中的"攘夷论者"对国际事务中的对等性完全无知,以国内的

---

①　〔美〕L. S.斯塔夫里阿诺斯:《全球通史:1500年以前的世界》,吴象婴等译,上海,上海社会科学出版社,1992年,第464页。

②　参见〔日〕富永健一:《日本的现代化与社会变迁》,李国庆等译,北京,商务印书馆,2004年,第292～293页。

阶层支配体系视角来看待国际关系，恰如北一辉所言："正如国内的阶级斗争旨在重整不平等的区分，国际间也可以为了重新划定现阶段不公不义的势力范围而光荣出师。"①福泽谕吉在《脱亚论》中的"对付支那、朝鲜之办法，不必因其为邻邦而稍有顾虑，只能按西洋人对待此类国家之办法对待之"的思想成为日本政府处理与其他东亚国家关系时的主要理论依据。"国际"问题从一开始就被简单化为一个"二择一"的问题：征服乃至并吞对方，或者被对方征服和并吞。伟大的民族都是全球的征服者，日本尽管是后来者，但日本也应该发动海外竞逐才对——这个主张听起来多么合理啊！由于没有更高的约束国际关系的规范意识，依照权力政治的准则，在昨天还是消极的防卫意识，到了明天就突然变成无限制的扩张主义。

日本"国民"的形成，与日本侵略亚洲的过程，尤其是与大规模对外战争的展开有着巨大的关联，明治政府在这个过程中所起的作用相当大。为了达到侵略亚洲的目的，日本的知识分子和政治家还有目的地创造了"亚细亚"这一极模糊性概念，它除了代表"后进"性外，再无他物。"进步的欧洲"与"落后的亚洲"是文明与野蛮的对立，这一格局下，日本在强化对欧洲的崇拜的同时，也煽动了民众对亚洲的蔑视观，以此促进日本民众的爱国之心。尽管真正威胁日本独立的是欧美列强侵略亚洲，但日本却将导致这种威胁的责任推到亚洲诸国的"文明度不够"上来。这样就导出了一个荒谬的理论：解决这个问题的唯一方略，是由日本向亚洲各国"输出文明"，而这个过程，便是侵略的过程。从 19 世纪 70 年代中期开始，在同欧美国家争取更平等地位的同时，明治统治者开始寻找理由，制造与朝鲜和中国的矛盾，造成 80 年代与中国和朝鲜的一系列纠纷。在 70 年代的琉球事件、吞并琉球王国以及 80 年代的"壬午兵变"和"甲申事变"中，日本都将中国和朝鲜作为他者，从舆论上加以妖魔化，渲染日本的奇耻大辱，从而有效地制造出日本民族的自我认同和一体感。1910 年日本正式吞并朝鲜，东亚地区进一步被分裂。但为了自身行为的合法化，它又做出另一副姿态。正如尹健次所说，一方面它将天皇和"国民"这类意识形态推向前台，另一方面则又打出抵制西欧支配的所谓东洋之"关联性"，捏造出东洋集体认同的神话，企图在东西洋对抗这个核心问题上将人的价值观反转过来，以便借此将日本对亚洲的侵略总结为"大义"之举。这反映出日本的"民族认同"形成过程中，不论是对亚洲的认识，还是对亚洲各民族的认识，都隐藏着极大的虚

---

① 转引自〔日〕富永健一：《日本的现代化与社会变迁》，李国庆等译，北京，商务印书馆，2004 年，第 93～94 页。

伪性。

　　按照相关理论,民主政治、魅力型领袖和具有煽动力的学说结合在一起,是侵略性民族主义生成的基本要素。如果说法西斯主义是侵略性民族主义的典型,吉登斯则在某种程度上表明了它与公民身份之间的关联:"法西斯主义国家是下列两个方面的成功结合:首先是侵略或者排外性的民族主义,其次是对作为共同体利益最终仲裁者的国家的普遍忠诚。"①近代日本国民形成的过程,在抛弃政治正义、进行国际压迫以实现国家权益和民族自立的口号的感染与理论引导下,最终提供了法西斯主义得以形成的上述两大条件。对天皇制国家普遍忠诚的国家意识早已达成并深深浸透于民众精神之中,但这里显现的,不是福泽谕吉的独立自尊的有权利意识的国家公民,而是只有国家却没有自我主体意识的国家臣民。

三、走向国家臣民的原因:近代日本市民社会发育的不成熟

　　按照前章关于近代国民形成条件的相关理论,近代国民的公民特质是通过市民社会的发展才得以形成和成熟的。"所谓的市民社会,首先是指作为人的市民相互交往的社会。""正是市民构成了自由平等的法主体的现实基础。"②也就是说,国民的形成是需要"市民"来补充的。

　　明治维新后一系列制度的实施,新思想、新文明得到广泛传播,民众思想观念和生活方式发生巨变。但是,从社会层面来看,市民社会未得到充分发育是日本社会现代化的重要缺陷。与西方相比,日本的市民社会出现较晚且发育不充分。从经济上看,日本社会存在着作为绝对主义的天皇制权力,半封建的地主小农业依然残存于农村,轻工业领域也大量存在着以前近代的雇佣关系为基础的中小企业。农村社会中存在的农奴制和居于产业构造中心的巨大国营企业歪曲了市民社会的关系,阻碍了市民社会的发展。③而在政治和社会上,士族身份虽然转换,但士族的原有行为方式和思维习惯(如"等级式集团主义")在民间得到保留并进一步扩散,成为了近代日本市民社会形成过程的另一重要特征。

　　西方市民社会的发达是以独立的个人和缔结契约的集团为基础,是个体自由与法治得以生成的温床,成熟的市民社会能对中央权力起一定的制衡作用,也起着对政府职能的补充作用。"私利私欲"的民要成为自由的主

---

　　①　Anthony Giddens, *Social Theory and Modern Sociology*, Stanford: Stanford University Press, 1987, p. 178.

　　②　平田清明:『市民社会と社会主義』,東京,岩波書店,1969年,79、86ページ。

　　③　参见内田義彦:『日本資本主義の思想像』,東京,岩波書店,1967年,30ページ。

权者，一是由启蒙知识分子所带来的"启蒙"；二是重视代议士即"智者"的作用，以此制造出一大批政治上的中间层；三是必须出现立法者；四是存在着可与世俗化权力共生的"市民宗教"。在日本，由于后进国的条件所限，政治中间层及"市民宗教"全都止步于形成阶段。公共性的出现是市民社会的标志，假若从这个角度看，日本近代的公共性（或疑似公共性）成立于1890年前后，最终只是一种由每个人的特殊意志拼凑起来的公共性。[①]

明治统治者制定的经济和速度优先的发展模式，虽然也需要通过身份平等和权利保障来逐步转向市民社会，但民权的发展要让位于国权的维护，实施过程中，一个"顺民社会"比一个市民社会更有利达成国家目标。由此，明治政府的"等级式集团主义"作为"和魂"的重要内容加以弘扬，通过神化天皇把人们置于一种宗教式狂热状态。直到"二战"战败，日本"市民社会"的发育是很不充分的，更不如说是一个"顺民社会"。[②] 这样的社会的确为日本国民的民族特质的形成提供了巨大的配合力量，但也导致了整个社会服从法西斯统治、全民走上战争道路的严重后果。

"二战"后，日本许多学者进行了反思，在现代主义观念下，国家与社会及社会主体的关系得到了重新的探讨。其中，丸山真男是最有代表性的人物。

在丸山真男看来，市民社会毋宁说是一种动态的社会，通过自立于国家的各种中间团体对国家进行制衡。他的这种构想不仅是对战后日本现状的自觉和反省，也反映出"二战"后日本社会的历史状况。那就是，尽管帝国曾经有过非常高的言论自由度，有多党竞选制度，也有大正时期壮大兴盛的各种团体，但帝国议会没有权力控制军队和内阁，对行政权没有制约，对军队没有任何插足的权力，从兵源的编制到教育、财政都控制在天皇手中，首相管不了军队，没有形成一套使军权、财权和人事权保持平衡的制约机制，各种本来就不强大的中间团体最后都被剿灭在国家主义的威权之下，个人也都成为国家的工具。

丸山真男将日本和近代欧洲国家加以比较并指出，近代欧洲的国家是一种"中性国家"，"对于真理和道德的内容采取价值中立的立场，有关价值的判断完全委任于其他的社会集团（比如说教会），甚至委任给个人的良心；而国家权力正是建立在舍弃了价值后的一种纯粹形式上的法的机构这一基

---

① 参见〔日〕佐佐木毅、〔韩〕金泰昌主编：《日本的公与私》，刘雨珍等译，北京，人民出版社，2009年，第63页。

② 参见尚会鹏：《日本社会现代的启示——从个人与集团的角度考察》，《日本学刊》1996年第2期。

础上的。"①而近代日本没有能够致力于实现"国家所具有的技术的、中立的性格"，"当国家秩序所具有的性格未得到自觉认识时，本应由国家秩序所保证的私人领域便毫无立足之地。在我国，是不会将个人的事务仅仅视为私事私物的"。所以，"国家权力独占了精神权威和政治权威的结果便是，国家活动内容的正当性的基准仅仅存在于（作为国体的）内容本身。"②丸山对"超国家主义"的批判，直接指向将权威和权力集中于一身的国家体制。这种体制不容一切所谓的"私人领域"存在，当然也不容忍作为资产阶级意义上的市民社会的存在。

丸山真男在《日本的思想》一书中进一步将日本近代国家权力结构中由上至下自觉行使权力的主体性意识的欠缺看作天皇制国家特有的病理，即"不负责任的体系"。他指出，在以绝对价值体天皇为中心的整个国家秩序中，自由的、具有主动性意识的个人缺乏对行动的制约力，而是被上级者（进而与终极价值相近者）所控制，上下之间不存在不被控制的个人，由此发生了通过压抑的转嫁得以保持精神均衡的现象。这是一个来自上面的压迫感通过恣意向下发泄而按顺序转嫁、由此其平衡得以维持的体系。可以说，这正是近代日本从封建社会继承过来的最大"遗产"之一。由于这种主体性意识的欠缺产生出了"通过压抑的转嫁保持精神均衡"这一日本独特的社会心理，这便是战争期间日本普通士兵犯下滔天暴行的心理基础。

丸山真男完全否认近代日本的个人主体性存在——这是从最后的结果来说的，并不意味着日本近代市民社会没有发育。但他通过主体性意识的欠缺来分析天皇制国家特有的权力结构和社会心理，恰好揭示出近代日本市民社会发展的不充分与不成熟。如前所述，国家强制性的实现日本民众对国家认同，让他们内心隐含着浓厚的群体自恋，实质上在全社会刺激了极具扩张性、弥散性、狂热性的意识形态，导致民族主义行动中褊狭、暴戾之气如影随形。宣扬民族主义的方式简单、速度太快，而市民社会并未得到高度充分的成长，从而使民族主义的双刃剑在大正之后逐步显现出来，造成完全无法控制的所谓"暴走"局面。按照相关吉登斯的理论，市民社会的强固能够形成有效控制民族主义的力量。近代日本市民社会发育的不成熟，正是日本民族主义失控的重要原因，在实践中造成了只能迎合民族主义的舆论导向。没有以"市民"为补充的近代日本国民，无法克服和制衡自身日益膨

① 松沢弘陽、植手通有編：「超国家主義の論理と心理」、『丸山眞男集』第 9 巻，東京，岩波書店，1996 年，12ページ。
② 同上书，第 15~16 页。

胀而狂乱的民族主义倾向和极端国家主义倾向，最后只能走向国家臣民。

昭和后期，日本军国主义者正是利用并在这些"宁为玉碎"的国家臣民的高度配合之下，在海外开疆拓土的扩张道路上一路狂奔，终至1945年战败才停下脚步。战争不仅给亚洲人民带来深重灾难，也拼光了日本明治开国近一个世纪以来积数代人胼手胝足之功构筑的国富，并把整个民族推向了亡国灭种的边缘。这种惨痛教训，时至今日，仍然值得日本的政治家以及日本社会认真反思和警醒。

结　　语

从理论上看，近代日本国民的铸造是一个容易引发巨大想象力但又充满巨大挑战的学术难题。历史学学者试图接近它，却发现依靠史学的传统研究方法，过于缥缈而难以捉摸。这一重任需要由政治学来完成。笔者采用了首先对国民进行概念界定的方法，以此视角来观察明治到大正时期近代日本国民的铸就问题。这种具有理论框架的长时段的对一个抽象的政治存在形态的理解，形成了与历史学分析截然不同的图景，也呈现出不同的研究思路和研究结论。

一、全书观点小结

何谓国民？笔者首先认为，国民国家建设有制度和民众两方面的要求。前者是对国家体制和国家形态的基本要求——从割据走向统一，从分散走向集中，从模糊的疆域转变为清楚的主权界限。后者是对该统治国度的民众的要求——从对地域的认同上升为对主权国家的认同，从依附的人身关系转变为独立平等的人身关系，从君主的生杀予夺转变为政府通过法律对个人权利的保障。也就是从传统的"臣民"转变为近代"国民"。近代国民的构建是国民国家建设的基础，也是国民国家建设的重要内容。国民不等于"民族"，也不是简单的作为"国家的成员"，而是作为近代性的政治存在形态。在国家形成过程中，"国民"这种成员资格意味着：具有族属身份，具有对主权国家的认同，具有公民权。国民权利、国家归属和国家认同构成近代国民的三大支柱，同时具备民族特质和公民特质是国民的内在属性。既有权利意识又有国家意识，这便是国民。笔者认为，近代国民国家的基本特征决定近代国民形成的条件为：第一，"去地域化"——打破地区割据，达成对国家的共同认同，形成具有一体感的、统一的民族特质。第二，"去奴仆化"——打破身份制度，以平等的公民身份取代等级制的属民身份，以形成公民特质。"去地域化"是近代国民建构的最基本、最核心的条件，民族—国家由此得以体现。"去奴仆化"是国民最本质的特征，民主—国家因此而得到保证。两个指标缺一不可。

近代日本关于铸造国民有何构想？笔者结合日本的实际情况，指出日本在近代国家转型的潮流中，最早也最有效率地铸造了近代国民，这是其国家建设取得成功的重要原因。幕藩体制下的日本，严格的身份制度和地方分国的封建领主制度明确区分了统治者与被统治者的世界，决定了德川时代的民众从本质上是臣民，处于政治统治的客体地位。在外来危机的压力下，明治新政府面临着将臣民转变为具有国家的共属意识、关心和参与国家政治的近代国民的重要任务。福泽谕吉作为知识分子的最杰出代表，率先提出了关于国民铸造的系统化构想。森有礼作为最有影响的体制内行政官僚，最早重视以国家介入的方式来创造国民主体。木户孝允作为明治初期政治家的代表、陆羯南作为明治中后期社会文化人的代表也提出了铸造日本国民的构想。他们的思想和政策极大地影响了日本国民的形成进程。

近代日本国民以何种渠道得以创造出来？笔者提出了近代日本国民铸造的两大渠道，即近代日本国民的铸造过程是明治政府自上而下强制性地推动，以及社会底层民众自下而上地对政府的强权和专制进行抵抗的相互作用的过程。近代日本的国民建设的动力之一，是明治政府希望铸造具有国家意识、能够实现明治政府富国强兵、对外扩张路线的国民。官方以自上而下的国家强制方式推行了制度改革。通过天皇亲政制度，实现了权力从幕府到天皇的回归，体现了日本近代国家形成过程中的政治集中。通过"版籍奉还"和"废藩置县"，统一国家主权，建立户籍制度、学制、征兵制，推行地税改革以及法制统一，实现了"去地域化"，形成了均质化国民，达成了统合民众的最基本的制度前提。通过实现"去身份制"的四民平等，创立公议制度，颁布《明治宪法》，实行地方自治制度，实现了"去奴仆化"的政治扩大化的制度变革。明治政府还通过创立天皇神话、形成有效的学校教育体系、颁布《教育敕语》，以及确立国旗、国歌和实行祭典仪式、创立国语等文化统合方式，利用强制力成功地建立了一套整合民众的教育体制，创造出了日本式的国民化教育渠道，建立起天皇主义的意识形态的统治地位，成功地催生了近代日本民众对国家的忠诚和认同。

近代日本的国民建设的动力之二，在于社会底层民众的希望，是想要将自己变成具有公民权利和自由的国民，让自己具有公民特质。而这不是政府恩赐的结果，而是在民众与政府不断的对峙和博弈的过程中促使政府开放权利才逐渐得以形成的。民众由此采取了自下而上地对政府的强权和专制进行抵抗的方式。自由民权运动最大的效果，是在国民形成方面发挥了巨大作用。通过政党政治的发展，民众开始政治觉醒，通过立宪政治的实现,民众的政治能力得到锻炼,通过地方社团的发展,民众的抵抗能力得以增进,妇女参政兴起,庶民生活浸透了变革因素,国民的公民特质开始铸造出来。20世纪初叶,大正时代的民众运动是民众要争取成为国民的第二波抗争。反体制力量兴起,展开了社会主义运动、劳农运动和无政府主义运动,女性主义和运动也得到发展,工人罢工的组织化程度提高。政府和企业均开始出台一系列扩大民权的措施。公民特质有了进一步发展。

但是现实中,两种国民铸造动力作用的结果是,来自政府方面的影响力远远大于来自自由民权运动及以后的大正民主党人的影响力。大正民主社会转瞬即逝,刚成长壮大起来的"公民"特质被扼杀,从而出现从国民向臣民的悲剧性回归。日本近代国民铸造在很大程度上变成为国家臣民的铸造,即由过去的藩属臣民变成国家臣民。但是,大正民主的精神根植为民众之血肉,为战后日本国民的重新崛起并走向国家公民奠定了基础。

近代日本国民经过哪些环节得以形成?笔者在前面宏观分析的基础上,通过微观角度剖析了几个典型事件中民众政治意识的变迁。笔者认为,经过1873年的征兵制、19世纪70年代末兴起的自由民权运动和1884年的"甲申事变",随着帝国主义阶段的到来和山县有朋对外政策的出台,日本近代积累起来的外交屈辱与国家战略结合在一起,实际上已经无法保证"国民"的两大特质朝着均衡发展的方向发展。19世纪90年代中期的甲午战争,由于交互了"对外战争"与"印刷资本主义"两大特点,彻底改变了国民发展的路径,强化了"民族"共同体的一体感,完全掩盖了已经在逐步发展起来的"公民"的权利意识,导致了"民族"与"公民"特质的二元断裂,促成了近代日本民众"民族"特质的完全形成。甲午战争是近代日本国民形成的重要标志,同时也给日本的国家和社会走向带来了一系列负面影响。

近代日本国民铸造究竟有哪些特点、经验和教训?在前面分析基础上,笔者认为,其主要特点是:横纵轴交错与时空交互的结合体;实践过程的压迫性;明显的阶段性与不均衡性;与"他者"差异化的强化与利益诱惑。近代国家的制度性保障、近代国家统一市场的形成、四位一体的文化教育整合机制、领导阶层的与时俱进与有效引导,是近代日本国民成功铸造的主要经验。江户时代发达的教育和已经存在的市场化的经济形态为近代日本国民的铸造提供了客观条件。统治者为了帝国扩张的需要,以国家权益之名压制民众权利,打着"民族自立"的招牌推行对外扩张,实施国际压迫,不仅将民众引上国家臣民的歧路,也将国家推向军国主义道路,引来灭顶之灾,这是近代日本国民铸造的深刻教训。近代日本市民社会发育的不成熟是导致这种结果的重要原因。

二、研究中的几点反思

近代日本国民铸造的深刻教训，笔者认为，既与日本统治者制定的国家战略和推行的政策紧密关联，在理论上，这也是近代国民国家自身局限性的反映，对此应该认真给予深刻反思。

首先，早期国民国家所追求的是"一个民族，一个国家、一种语言"的模式。本尼迪克特·安德森指出，国民国家（Nation-State）是指以民族的同一性为基础所建立的近代国家。"一个民族，一个国家，一种语言"的说法，正是国民国家的产物。这种模式下，国家走向统合的力量越强，排他性的力量也越强。为实现"一个民族，一个国家，一种语言"的理念，明治政府将民族和国家视为一体，试图通过天皇、神道、扩张同化等种种措施将多民族的日本转变为一个日本民族，将本国国民的建立在对他国民族、少数民族权利的践踏和损害基础之上，犯下了伤害其他民族自尊心和利益的惨绝人寰的罪行。在对内、对外以及中心与周边的关系问题上，"国民国家论"通过驱使种种文化、社会和政治的装置，在一定的国家中保障其居民的法律权力，并使居民均质化以形成国民。这种做法实际上在某种意义上设立了一个陷阱，即一个国家在形成国民进而形成国民国家的过程中，就意味着其周边国家和地区必然出现国民无法形成的问题。或者说，正因为周边国家无法形成"国民"，所谓中心国家的"国民"形成才变得可能。这样的教训应被历史永远铭记。

其次，国民国家体系本身是一个矛盾的共同体。其深刻根源在于民族－国家和民主－国家之间在内在理念与逻辑上的矛盾和冲突。现代国家是根据理性原则建构的，但主权与人权、统治与合法性并不总是均衡一致的。民族－国家的建构理性是民族主义，强调的是国家整体性，国家利益的至高无上性。民主－国家的建构理性是民主主义，强调的是构成国家的个体性，个人自由和权利的至高无上性。这两种主义如果不能保持相对均衡而走向极端就会导致现代国家的生存困难，甚至崩溃。极端民族主义容易走向法西斯主义，而过度民主主义也容易使国家在激烈的世界竞争体系之中因缺乏整体竞争力而走向失败和解体。从世界各国现代化的普遍经验来看，最不易克服的是极端民族主义。就日本而言，近代日本狂乱的民族主义的狂飙突进，就轻易地冲破了脆弱的现代民主制度，使得国家走向崩溃，国民成为炮灰。正是在这个意义上，"二战"后，日本学者已经反省认识到，将民族看作至高意识形态的民族主义已经成为人类共同的枷锁。但这种认识并不随着时代发展而愈益成为共识，也很难说民族主义和民主主义的内在矛盾就已经解决。相反,随着社会经济等国际国内环境的变化,今天的日本为了实现所谓"国家正常化"和国益最大化,其政治中已经出现了一些正在复苏"二战"前操纵民众的民粹主义的做法,这不仅对民众权利带来了侵害,也造成了东亚局势的动荡与不安。

再次,现代国家的上述矛盾决定了所铸造的"国民"本身具有矛盾的性格。前已述及,明治政府不得不面临着既要将民众拉入政治生活,又要将民众排除在政治之外的内在矛盾。而这恰恰也是近代日本内部的"脆弱性",它也决定了国民形成的"民族特质"和"公民特质"的不均衡,这种结构性的矛盾导致民族特质强势性地压倒公民特质,其结果便是国权压倒民权,国家对民众权利保障的责任在"为国献身"、"为国而死"的口号下往往转变为国家对民众权利的压抑,蜕化为民众对国家义务的刚性奉献。这不只是日本,也是处于现代化进程中的其他后发国家所面临的普遍性问题。由于这种矛盾性格,高度抽象的"国民"概念现实中被虚空化、模糊化和低矮化,被分解为或是"民族",或是"公民",或是"臣民"。其实质如前所述,是统治阶级以均质性的"国民"掩盖了阶级统治的本质。

应该说,这种理论上的局限不仅给自己认识和分析问题带来困扰,增加认识难度,也造成今后国家发展理论难以逾越的严重障碍。值得指出的是,认清国民国家理论上的这种局限,并不能掩盖近代日本统治者采取对外侵略扩张错误国策、通过操纵民众将国家引向军国主义战争道路,以致给东亚和世界带来深重灾难的事实。相反,近代日本国民国家的发展道路和国民铸造的教训,时刻提醒当今仍无法摆脱并在某种程度上还在深化的国民国家体系的各国,如何警惕本国的极端民族主义的泛滥仍然是一个需要政治家、知识分子和社会各阶层理性思考并慎重对待的重大问题。

参考文献

一、中文文献

（一）马列著作

《马克思恩格斯全集》第 21 卷,北京,人民出版社,2003 年。

《马克思恩格斯选集》第 1 卷,北京,人民出版社,1972 年。

《马克思恩格斯选集》第 3 卷,北京,人民出版社,1995 年。

《马克思恩格斯文集》第 4 卷,北京,人民出版社,2009 年。

《资本论》第 1 卷,北京,人民出版社,2004 年。

《列宁全集》第 24 卷,北京,人民出版社,1990 年。

《列宁全集》第 25 卷,北京,人民出版社,1988 年。

《斯大林选集》上卷,北京,人民出版社,1979 年。

（二）中文著作

陈秀武:《近代日本国家意识的形成》,长春,东北师范大学出版社,2008 年。

淳于森泠:《宪政制衡与日本的官僚制民主化》,北京,商务印书馆,2007 年。

丛日云编著:《中国公民读本》,天津,天津教育出版社,2006 年。

崔世广主编:《日本现代化过程中的文化变革与文化建设研究》,石家庄,河北人民出版社,2009 年。

郭冬梅:《日本近代地方自治制度的形成》,北京,商务印书馆,2007 年。

李剑鸣:《世界历史上的民主与民主化》,上海,上海三联书店,2011 年。

李文:《士族身份的转换与市民社会的形成》,石家庄,河北人民出版社,2003 年。

梁启超:《论学术之势力左右世界》,《饮冰室合集(1)·文集之六》,北京,中华书局,1989 年。

梁启超:《新民说》,郑州,中州古籍出版社,1998 年。

林尚立:《政党政治与现代化:日本的历史与现实》,上海,上海人民出版社,1998 年。

鲁迅:《且介亭杂文末编》(附集),北京,人民文学出版社,2007 年。

马戎:《民族与社会发展》,北京,民族出版社,2001 年。

宁骚:《民族与国家——民族关系与民族政策的国际比较》,北京,北京大学出版社,1995 年。

《世界历史》编辑部编:《明治维新的再探讨》(论文集),北京,中国社会科学出版社,1981 年。

王建娥等:《族际政治与现代民族国家》,北京,社会科学文献出版社,2004 年。

王希恩:《民族过程与国家》,兰州,甘肃人民出版社,1998 年。

王炎:《宪政主义与现代国家》,北京,生活·读书·新知三联书店,2003 年。

吴廷璆:《日本史》,天津,南开大学出版社,1994 年。

向卿:《日本近代民族主义(1868~1895)》,北京,社会科学文献出版社,2008 年。

许介麟:《谁最了解日本》,北京,中国文史出版社,1989 年。

殷燕军:《近代日本政治体制》,北京,社会科学文献出版社,2006 年。

臧佩红:《日本近现代教育史》,北京,世界知识出版社,2010 年。

周颂伦:《近代日本社会转型期研究》,长春,东北师范大学出版社,1998 年。

(三)中文译著

〔美〕A. 英格尔斯:《人的现代化》,殷陆君译,成都,四川人民出版社,1985 年。

〔美〕埃德温·赖肖尔:《日本人》,孟胜德、刘文涛译,上海,上海译文出版社,1982 年。

〔美〕埃德温·赖肖尔:《近代日本新观》,卞崇道译,北京,生活·读书·新知三联书店,1992 年。

〔英〕埃里克·霍布斯鲍姆:《民族与民族主义》,李金梅译,上海,上海世纪出版集团,2006 年。

〔美〕安德鲁·戈登:《日本的起起落落——从德川幕府到现代》,李朝津译,桂林,广西师范大学出版社,2008 年。

〔英〕安东尼·D. 史密斯:《民族主义:理论意识形态历史》,叶江译,上海,上海人民出版社,2006 年。

〔英〕安东尼·吉登斯:《民族—国家与暴力》,胡宗泽等译,北京,生活·读书·新知三联书店,1998 年。

〔日〕安丸良夫:《近代天皇观的渗透》,刘金才等译,北京,北京大学出版社,2010 年。

〔美〕巴林顿·摩尔:《民主与专制的社会起源》,拓夫等译,北京,华夏出版社,1987 年。

〔英〕巴特·范·斯廷博根编:《公民身份的条件》,郭台辉译,长春,吉林出版集团有限责任公司,2007 年。

〔日〕坂本太郎:《日本史》,汪向荣等译,北京,中国社会科学出版社,2008 年。

〔美〕本尼迪克特·安德森:《想象的共同体:民族主义的起源与散布》,吴叡人译,上海,上海世纪出版集团,2005 年。

〔加〕卜正民、施恩德:《民族的构建:亚洲精英及其民族身份认同》,陈城等译,长春,吉林出版集团有限责任公司,2008 年。

〔美〕查尔斯·蒂利:《强制、资本和欧洲国家(公元 990~1992 年)》,魏洪钟译,上海,上海世纪出版集团,2005 年。

〔日〕村上重良:《国家神道》,聂长振译,北京,商务印书馆,1992 年。

〔日〕大隈重信:《日本开国五十年史》(影印本下册),上海,上海社会科学院出版社,2007 年。

〔英〕戴维·米勒、韦农·波格丹诺、〔中〕邓正来等编:《布莱克维尔政治学百科全书》,北京,中国政法大学出版社,1992 年。

〔英〕恩靳·伊辛、布雷恩·特纳:《公民权研究手册》,王小章译,杭州,浙江人民出版社,2007年。

〔日〕飞鸟井雅道:《明治大帝》,王仲涛译,北京,人民出版社,2011年。

〔美〕菲利克斯·格罗斯:《公民与国家:民族、部族和族属身份》,王建娥、魏强译,北京,新华出版社,2003年。

〔日〕福泽谕吉:《福翁百话——福泽谕吉随笔集》,唐沄、张新华译,上海,上海三联书店,1993年。

〔日〕福泽谕吉:《福泽谕吉教育论著选》,王桂主译,北京,人民教育出版社,1991年。

〔日〕福泽谕吉:《劝学篇》,群力译,北京,商务印书馆,1984年。

〔日〕福泽谕吉:《文明论概略》,北京编译社译,北京,商务印书馆,1982年。

〔日〕富永健一:《日本的现代化与社会变迁》,李国庆等译,北京,商务印书馆,2004年。

〔日〕高桥哲哉:《国家与牺牲》,徐曼译,北京,社会科学文献出版社,2008年。

〔德〕黑格尔:《法哲学原理》,范扬、张启泰译,北京,商务印书馆,1961年。

〔英〕J. S. 密尔:《代议制政府》,汪暄译,北京,商务印书馆,1982年。

〔日〕吉田茂:《激荡的百年史——我们的果断措施和奇迹般的转变》,孔凡、张文译,北京,世界知识出版社,1980年。

〔日〕加藤节:《政治与人》,唐士其译,北京,北京大学出版社,2006年。

〔日〕家永三郎:《日本文化史》,刘绩生译,北京,商务印书馆,1992年。

〔美〕贾恩弗兰科·波齐:《近代国家的发展——社会学导论》,沈汉译,北京,商务印书馆,1997年。

〔日〕近代日本思想史研究会:《近代日本政治思想史》第1卷,马采译,北京,商务印书馆,1991年。

〔日〕近代日本思想史研究会:《近代日本思想史》第2卷,李民等译,北京,商务印书馆,1992年。

〔日〕井上清:《日本现代史》第1卷,吕明译,北京,生活·读书·新知三联书店,1956年。

〔美〕L. S. 斯塔夫里阿诺斯:《全球通史:1500年以前的世界》,吴象婴等译,上海,上海社会科学院出版社,1992年。

〔日〕铃木贞美:《日本的文化民族主义》,魏大海译,武汉,武汉大学出版社,2008年。

〔日〕鹿野政直:《福泽谕吉》,卞崇道译,北京,生活·读书·新知三联书店,1987年。

〔美〕罗伯特·吉尔平:《世界政治中的战争与变革》,武军等译,北京,中国人民大学出版社,1994年。

〔英〕洛克:《政府论》下篇,瞿菊农、叶启芳译,北京,商务印书馆,1982年。

〔日〕麻生诚等:《教育与日本现代化》,刘付忱译,北京,人民教育出版社,1980年。

〔美〕迈克尔·曼:《社会权力的来源》第1卷,刘北成、李少军译,上海,上海人民出版社,2002年。

〔美〕迈克尔·曼:《社会权力的来源》第2卷,陈海宏等译,上海,上海人民出版社,2007年。

〔法〕米歇尔·福柯:《规训与惩戒》,刘北成、杨远婴译,北京,生活·读书·新知三联书店,2007年。

〔法〕莫里斯·迪韦尔热:《政治社会学》,杨祖功、王大东译,北京,华夏出版社,1987年。

〔日〕牧原宪夫:《民权与宪法》,臧志军译,香港,中和出版,2015年。

〔加〕诺曼:《明治维新史》,姚广廙译,北京,商务印书馆,1992年。

〔英〕佩里·安德森:《绝对主义国家的系谱》,刘北成、龚晓庄译,上海,上海人民出版社,2001年。

〔以〕S.N.艾森斯塔特:《日本文明——一个比较的视角》,王晓山、戴茸译,北京,商务印书馆,2008年。

〔日〕升味准之辅:《日本政治史》第1卷,董果良、郭洪茂译,北京,商务印书馆,1997年。

〔荷〕斯宾诺莎:《神学政治论》,温锡增译,北京,商务印书馆,1997年。

〔日〕松本三之介:《国权与民权的变奏——日本明治维新精神结构》,李冬君译,北京,东方出版社,2005年。

〔日〕丸山真男:《日本政治思想史研究》,王中江译,北京,生活·读书·新知三联书店,2000年。

〔日〕丸山真男:《福泽谕吉与日本的近代化》,区建英译,上海,学林出版社,1992年。

〔日〕丸山真男:《日本的思想》,区建英译,北京,生活·读书·新知三联书店,2009年。

〔美〕西里尔·E.布莱克:《日本和俄国的现代化——一份进行比较的研究报告》,石士均译,北京,商务印书馆,1992年。

〔日〕小森阳一:《日本近代国语批判》,陈多友译,长春,吉林人民出版社,2003年。

〔日〕新渡户稻造:《武士道》,张俊彦译,北京,商务印书馆,1993年。

〔日〕信夫清三郎:《日本政治史》第1卷,周启乾译,上海,上海译文出版社,1982年。

〔日〕信夫清三郎:《日本政治史》第2卷,周启乾等译,上海,上海译文出版社,1988年。

〔日〕信夫清三郎:《日本政治史》第3卷,吕万和等译,上海,上海译文出版社,1988年。

许宝强、罗永生编译:《解殖与民族主义》,北京,中央编译出版社,2004年。

〔古希腊〕亚里士多德:《政治学》,颜一、秦典华译,北京,中国人民大学出版社,2002年。

〔日〕依田憙家:《日中两国近代化中经济论之比较》,叶坦、蒋松岩译,北京,中国社会科学出版社,1994年。

〔英〕以赛亚·伯林:《自由论》,胡传胜译,南京,译林出版社,2003年。

〔日〕源了圆:《日本文化与日本人性格的形成》,郭连友、漆红译,北京,北京出版社,1992年。

〔日〕远山茂树:《日本近现代史》第1卷,邹有恒译,北京,商务印书馆,1983年。

〔日〕子安宣邦:《东亚论:现代日本思想批判》,赵京华译,长春,吉林人民出版社,2004年。

〔日〕佐佐木毅、〔韩〕金泰昌主编:《国家·人·公共性》,金熙德、唐永亮译,北京,人民出版社，2009年。

〔日〕佐佐木毅、〔韩〕金泰昌主编：《日本的公与私》，刘雨珍等译，北京，人民出版社，2009年。

（四）中文论文

陈秀武：《吉野作造独立人格刍议》，《日本学论坛》2002年第1期。

崔玉军：《全球化、民族认同与现代性——〈民族与民族主义读本〉评价》，《国外社会科学》2006年第6期。

戴宇：《略论日本近代国民国家的形成》，《日本研究》2004年第1期。

韩大元：《美浓部达吉立宪主义思想研究》，《比较法研究》2010年4期。

韩水法：《理解市民与公民概念的维度》，《文景》2008年第11期。

何新华：《威权主义之后：东亚资本主义发展道路的演变和终结》，《书屋》2004年第2期。

何忠国、朱友粉：《公民文化：一种参与型复合政治文化》，《学习时报》2007年9月7日。

〔日〕黑田由彦：《日本现代化进程中公共性的构造转换》，《吉林大学社会科学学报》2005年第11期。

栗月静：《政治、学术与民众感情——专访中日共同历史研究中方首席委员步平教授》，《世界博览》2010年4期。

林呈蓉：《从历史风土探讨日本"国家意识"的建构》，《台湾国际研究季刊》2006年9月第2卷第3期秋季号。

林开强：《共和主义视野中的自主自治》，《社会科学研究》2008年第1期。

刘柠：《日本如何从"大正民主"走进法西斯时代》，《东方早报》2011年3月9日。

刘铮：《大嚼大咽经典名著的一代：日本"大正教养主义"与日本读书论》，《南方周末》2014年6月27日。

孟庆澍：《世界舞台上的民族主义》，《读书》2010年第2期。

秦晖：《中产阶层并非民主的必要条件》，《东方早报》2010年1月25日。

尚会鹏：《日本社会现代的启示——从个人与集团的角度考察》，《日本学刊》1996年第2期。

施超伦：《幕藩体制下日本武士阶级的精神观念形态》，《世界历史》1991年第1期。

宋成有：《明治初期"文明开化"运动中的三大矛盾》，《世界历史》1988年第4期。

王超伟：《吉野作造民本主义思想的形成过程》，《解放军外国语学院学报》2007年第3期。

王缉思：《民族与民族主义》，《欧洲》1993年第5期。

王文岳：《追求经济国度：日本共同体形构的政治经济分析》，台北，台湾大学政治学所博士论文，2007年。

武心波：《"天皇制"与日本近代"民族国家"的建构》，《日本学刊》2007年第3期。

武心波：《一个"古怪"而"特殊"的国家——战后日本的"国家再造"虚实探》，《日本学刊》2004年第1期。

武寅：《论日本近代民主制的建立》，《中国社会科学》2002年第2期。

严绍璗：《日本当代"国家主义"思潮的思想基础》，《亚太论坛》2005年创刊号。

杨孔炽:《日本学校公民教育的历史由来》,《教育史研究》2000年第3期。

叶江:《当代西方的两种民族理论——兼评安东尼·史密斯的民族(nation)理论》,《中国社会科学》2002年第1期。

袁灿兴:《对日本大正民主的思考》,《书屋》2008年第1期。

张树青等:《关于民族国家的思考》,《兰州大学学报》(社会科学版),1999年第4期。

张翔:《日本为何难谢罪:日本武士道的前世今生、历史作用》,《新民晚报》2015年4月16日。

赵亚夫:《日本的军国民教育:1868~1945》,北京,首都师范大学博士论文,2002年。

朱耀辉:《城市文明与西欧民族国家的兴起》,上海,复旦大学博士论文,2003年。

邹晓翔:《试论明治中期"国民论派"陆羯南的政治思想》,《东北亚论坛》1995年第2期。

二、日文文献

(一)日文著作

B. S. バーナード・シルバーマン(ほか):『アメリカ人の吉野作造論』,宮本盛太郎(ほか)編訳,東京,風行社,1992年。

E. H. ノーマン:『日本における近代国家の成立』,東京,岩波書店,1993年。

J. S. ミル:『功利主義論』,東京,中央公論社,1967年。

T. フジタニ(ほか):『天皇のページェント―近代日本の歴史民族誌から』,米山リサ訳,東京,日本放送出版協会,1994年。

『太政類典』第1編第79巻,東京,国立公文書館デジタルアーカイブ。

イ ヨンスク:『「国語」という思想―近代日本の言語認識』,東京,岩波書店,1996年。

ハンナ・アレント:『人間の条件』,志水速雄訳,東京,筑摩書房,1994年。

粟屋憲太郎:『十五年戦争期の政治と社会』,東京,大月書店,1995年。

安丸良夫:『近代天皇像の形成』,東京,岩波書店,2007年。

安在邦夫:『日本の近代―国家と民衆』,千葉,梓出版社,1984年。

安川寿之輔:『日本近代教育の思想構造―福沢諭吉の教育思想研究』,東京,評論社,1979年。

安部博純:『近代日本政治史―史料構成』,東京,南窓社,1976年。

伊藤彰男(ほか)編集:『社会・生涯教育文献集 Ⅳ-39』,東京,日本図書センター,2001年。

伊藤整(など):『知識人の生成と役割』,東京,筑摩書房,1959年。

伊藤隆:『大正期「革新」派の成立』,東京,塙書房,1978年。

一ノ瀬俊也:『近代日本の徴兵制と社会』,東京,吉川弘文館,2004年。

宇田友猪編集:『自由党史』上,東京,岩波文庫,1957年。

園田英弘:『西洋化の構造―黒船・武士・国家』,京都,思文閣出版,1993年。

遠山茂樹:『自由民権と現代』,東京,筑摩書房,1985年。

遠山茂樹:『明治維新』,東京,岩波書店,1967年。

下山三郎編:『自由民権思想』下,東京,青木書店,1961年。

加藤陽子：『徴兵制と近代日本：1868～1945』，東京，吉川弘文館，1996 年。

家永三郎、松永昌三、江村栄一編：『明治前期の憲法構想』，東京，福村出版，2005 年。

家永三郎：『近代日本の争点』上，東京，毎日新聞社，1967 年。

家永三郎：『植木枝盛研究』，東京，岩波書店，1960 年。

家永三郎：『戦争責任』，東京，岩波書店，1985 年。

家永三郎（など）編集：『植木枝盛集』第 4 巻，東京，岩波書店，1990 年。

海後宗臣：『臨時教育会議の研究』，東京，東京大学出版会，1960 年。

海後宗臣（など）編：『日本教科書大系近代編第 3 巻　修身 3』，東京，講談社，1968 年。

海野福寿、大島美津子校注：『日本近代思想大系 20　家と村』，東京，岩波書店，1989 年。

丸山眞男：『戦中と戦後の間』，東京，みすず書房，1976 年。

丸山眞男：『日本政治思想史研究』，東京，東京大学出版会，1952 年。

丸山眞男著，松沢弘陽、植手通有編：『丸山眞男集』第 4 巻，東京，岩波書店，1995 年。

岩井忠熊：『近代天皇制のイデオロギー』，東京，新日本出版社，1998 年。

亀井勝一郎：『現代史の課題』，東京，岩波書店，2010 年。

吉田松陰：『講孟余話』，広瀬豊校，東京，岩波書店，1943 年。

吉田裕、吉見義明編集：『資料日本現代史 1　日中戦争期の国民動員』，東京，大月書店，1984 年。

吉田裕：『徴兵制—その歴史とねらい』，東京，学習の友社，1981 年。

吉野耕作：『文化ナショナリズムの社会学—現代日本のアイデンティティの行方』，名古屋，名古屋大学出版会，1997 年。

吉野作造：『明治文化全集 1　憲政篇』，東京，日本評論社，1928 年。

宮原誠一（ほか）編：『資料日本現代教育史 4　戦前』，東京，三省堂，1974 年。

玉井清編集：『戦時日本の国民意識—国策グラフ誌「写真週報」とその時代』，東京，慶應義塾大学出版会，2008 年。

金原左門：『大正デモクラシーの社会的形成』，東京，青木書店，1967 年。

原田勝正：『「国民」形成における統合と隔離』，東京，日本経済評論社，2002 年。

五味文彦、高埜利彦、鳥海靖：『詳説日本史研究』，東京，山川出版社，1998 年。

後藤靖：『士族反乱研究』，東京，青木書店，1967 年。

広田昌希：『文明開化と民衆意識』，東京，青木書店，1980 年。

高橋幸八郎（ほか）編：『日本近代史要説』，東京，東京大学出版会，1980 年。

高見勝利編：『美濃部達吉著作集』，東京，慈学社出版，2007 年。

高柳光寿、竹内理三編：『角川日本史辞典』，東京，角川書店，1982 年。

国家学会編：『明治憲政経済史論』，東京，宗高書房，1974 年。

国立教育研究所内日本近代教育史料研究会編：『資料文政審議会』第 1 集，日野，明星大学出版部，1989 年。

国立教育研究所編集：『日本近代教育百年史 3　学校教育篇』，東京，文唱堂，1974 年。

今井宇三郎:『日本思想大系 53 水戸学』,東京,岩波書店,1973 年。

佐谷眞木人:『日清戦争―「国民」の誕生』,東京,講談社,2009 年。

佐藤進:『日本の自治文化―日本人と地方自治』,東京,ぎょうせい,1993 年。

佐藤友之:『昭和天皇下の事件簿』,東京,現代書館,2001 年。

佐伯啓思:『「市民」とは誰か?―戦後民主主義を問いなおす』,東京,PHP 研究所,1997 年。

坂田吉雄編:『明治前半期のナショナリズム』,東京,未来社,1958 年。

山中永之佑監修:『近代日本地方自治立法資料集成 2 明治中期編』,東京,弘文堂,1994 年。

山田公平:『近代日本の国民国家と地方自治―比較史研究』,名古屋,名古屋大学出版会,1991 年。

山内昌之:『帝国と国民』,東京,岩波書店,2004 年。

山本文雄:『日本新聞史』,東京,国際出版,1948 年。

寺崎修、玉井清:『戦前日本の政治と市民意識』,東京,慶應義塾大学出版会,2005 年。

寺崎昌男、戦時下教育研究会編集:『総力戦体制と教育―皇国民「錬成」の理念と実践』,東京,東京大学出版会,1987 年。

鹿野政直、由井正臣編集:『近代日本の統合と抵抗 1 1868 年から1894 年まで』,東京,日本評論社,1982 年。

実藤恵秀:『中国人留学日本史』,東京,くろしお出版,1960 年。

芝原拓自(ほか):『日本近代思想大系 12 対外観』,東京,岩波書店,1988 年。

酒井直樹:『死産される日本語・日本人―「日本」の歴史・地政的配置』,東京,新曜社,1996 年。

酒井直樹:『日本思想という問題―翻訳と主体』,東京,岩波書店,1997 年。

小股憲明:『近代日本の国民像と天皇像』,大阪,大阪公立大学共同出版会,2005 年。

小森陽一:『日本語の近代』,東京,岩波書店,2000 年。

小川為治:『開化問答』巻上,国文学研究資料館,二書屋明治七年刊複印本,東京,平凡社,2005 年。

小葉田淳:『日本史辞典』,東京,数研出版,1983 年。

小路田泰直:『国民「喪失」の近代』,東京,吉川弘文館,1998 年。

松下芳男:『徴兵令制定史』,東京,五月書房,1981 年。

松成義衛:『日本のサラリーマ』,東京,青木書店,1957 年。

松尾章一:『近代天皇制国家と民衆・アジア』上,東京,法政大学出版局,1997 年。

松尾尊兌、三谷太一郎、飯田泰三編:『吉野作造選集 3 大戦から戦後への国内政治』,東京,岩波書店,1995 年。

松本三之介、山室信一編:『日本近代思想大系 10 学問と知識人』,東京,岩波書店,1988 年。

松本三之介:『明治思想における伝統と近代』,東京,東京大学出版会,1996 年。

松本三之介:『明治精神の構造』,東京,岩波書店,1993 年。

松野修：『近代日本の公民教育』，名古屋，名古屋大学出版会，1997 年。

植原悦二郎：『日本民権発達史』第 1 巻，東京，日本民主協会，1958 年。

植村邦彦：『「近代」を支える思想―市民社会・世界史・ナショナリズム』，京都，ナカニシヤ出版，2001 年。

森有礼著、大久保利謙編：『森有礼全集』第 1、2 巻，東京，宣文堂書店，1972 年。

政党政治研究会：『議会政治 100 年―生命をかけた政治家達』，東京，徳間書店，1988 年。

正田健一郎編集：『日本における近代社会の形成』，東京，三嶺書房，1995 年。

西川長夫、松宮秀治編著：『幕末・明治期の国民国家形成と文化変容』，東京，新曜社，1995 年。

西川長夫：『国民国家論の射程―あるいは「国民」という怪物について』，東京，柏書房，1998 年。

西田毅：『近代日本のアポリア―近代化と自我・ナショナリズムの諸相』，京都，晃洋書房，2001 年。

西田長寿（など）編：『陸羯南全集』第 1、2 巻，東京，みすず書房，1968、1969 年。

石川一雄：『エスノナショナリズムと政治統合』，東京，有信堂高文社，1994 年。

石田雄：『明治政治思想史研究』，東京，未来社，1977 年。

赤沢史朗：『資料日本現代史 12　大政翼賛会』，東京，大月書店，1984 年。

川人貞史：『日本政党政治―1890～1937 年』，東京，東京大学出版社，1992 年。

全国選挙管理委員会：『選挙資料』第三部，東京，一国選挙管理委員会，1967 年。

村上重良：『国家神道』，東京，岩波新書，1970 年。

多木浩二：『天皇の肖像』，東京，岩波書店，1988 年。

大久保利謙編：『近代史史料』，東京，吉川弘文館，1975 年。

大江志乃夫：『徴兵制』，東京，岩波書店，1981 年。

大江志乃夫：『明治国家の成立―天皇制成立史研究』，京都，ミネルヴァ書房，1959 年。

大石嘉一郎、西田美昭編著：『近代日本の行政村』，東京，日本経済評論社，1991 年。

大石学：『一九世紀の政権交代と社会変動―社会・外交・国家』，東京，東京堂出版，2009 年。

大津淳一郎：『大日本憲政史』第 1 巻，東京，原書房，1969 年。

大島美津子：『明治国家と地域社会』，東京，岩波書店，1994 年。

地方史研究協議会編集：『異国と九州―歴史における国際交流と地域形成』，東京，雄山閣，1992 年。

竹下直之：『道義の世界観と教育』，福岡，青葉書房，1943 年。

町田則文：『明治国民教育史』，東京，昭和出版社，1928 年。

長志珠絵：『近代日本と国語ナショナリズム』，東京，吉川弘文館，1998 年。

長谷川精一：『森有礼における国民的主体の創出』，京都，思文閣出版，2007 年。

長浜功：『国民学校の研究―皇民化教育の実証的解明』，東京，明石書店，1985 年。

田原嗣郎、守本順一郎：『日本思想大系 32　山鹿素行』，東京，岩波書店，1970 年。

田村安興：『ナショナリズムと自由民権』，大阪，清文堂出版，2004 年。

田中彰:『近代天皇制への道程』,東京,吉川弘文館,2007 年。

都丸泰助:『地方自治制度史論』,東京,新日本出版社,1982 年。

土方和雄:『「日本文化論」と天皇制イデオロギー』,東京,新日本出版社,1983 年。

東京大学社会科学研究所編:『現代日本社会』第 4 巻,東京,東京大学出版会,1991 年。

藤田省三:『天皇制国家の支配原理』,東京,未来社,1968 年。

徳富猪一郎:『木戸松菊先生』,東京,民有社,1928 年。

内閣制度百年史編纂委員会:『歴代内閣総理大臣演説集』,東京,大蔵省印刷局,1985 年。

内田義彦:『日本資本主義の思想像』,東京,岩波書店,1967 年。

日本史籍協会編:『大久保利通文書』第 3、5 巻,東京,東京大学出版会,1968 年;第 7 巻,1969 年。

日本史籍協会編:『木戸孝允日記』第 2、3 巻,東京,東京大学出版会,1967 年。

日本史籍協会編:『木戸孝允文書』第 1、3、4、7、8 巻,東京,東京大学出版会,2003 年。

日本地方自治学会編:『日本地方自治の回顧と展望』,東京,敬文堂,1989 年。

比較史・比較歴史教育研究会編集:『黒船と日清戦争—歴史認識をめぐる対話』,東京,未来社,1996 年。

樋口陽一:『自由と国家』,東京,岩波書店,1989 年。

美濃部達吉:『現代憲政評論—選挙革正論其の他』,東京,岩波書店,1930 年。

美濃部達吉:『逐条憲法精義』,東京,有斐閣,1927 年。

美濃部達吉著、宮沢俊義補訂:『日本国憲法学原論』,東京,有斐閣,1952 年。

布川弘:『神戸における都市「下層社会」の形成と構造』,兵庫,兵庫部落問題研究所,1993 年。

福沢諭吉著、富田正文校注:『福翁自伝』,東京,慶應義塾大学出版会,2009 年。

福沢諭吉:『福澤諭吉全集』第 15 巻,東京,岩波書店,1970 年。

文部省編:『国体の本義』,東京,内閣印刷局,1937 年。

文部省編集:『学制百年史 資料編』,東京,帝国地方行政学会,1972 年。

平田清明:『市民社会と社会主義』,東京,岩波書店,1969 年。

平凡社編:『大百科事典』第 5 巻,東京,平凡社,1984 年,

牧原憲夫:『客分と国民のあいだ:近代民衆の政治意識』,東京,吉川弘文館,1998 年。

明治文化研究会編:『明治文化全集 17 皇室篇』,東京,日本評論社,1992 年。

明治文化研究会編:『明治文化全集 10 正史篇』下,東京,日本評論社,1992 年複刻版。

明治文化研究会編:『明治文化全集 2 自由民権篇』,東京,日本評論社,1992 年複刻版。

明治文化研究会編:『明治文化全集 24 文明開化篇』,東京,日本評論社,1992 年。

毛利敏彦:『明治維新の再発見』,東京,吉川弘文館 1993 年版。

有泉貞夫:『明治国家と民衆統合』,東京,岩波書店,1976 年。

林竹二:『林竹二著作集』第 2 巻,東京,筑摩書房,1986 年。

尹健次：『日本国民論—近代日本のアイデンティティ』，東京，筑摩書房，1997 年。

尹健次：『民族幻想の蹉跌—日本人の自己像』，東京，岩波書店，1994 年。

檜山幸夫：『近代日本の形成と日清戦争—戦争の社会史』，東京，雄山閣，2001 年。

（二）日文论文

本山幸彦：「森有礼の国家主義とその教育思想」，『人文学報』（京都大学人文科学研究所）1958 年第 8 号。

本山幸彦：「森有礼の国家主義と教育思想」，『人文学報』（京都大学人文科学研究所）1958 年第 8 号。

長谷部恭男：「法治概念の日本の継受—行政学の削減と憲法学の拡張」，『早稲田大学比較法研究所講演記録集』，2008 年。

大日方純夫：「近代日本成立期研究の見取図：地域の視点から」，『歴史評論』2002 年 11 月号。

大沢真幸：「A.D.スミス＜ネーションのエスニックな諸起源」，『ナショナリズム論の名著 50』，東京，平凡社，2002 年。

福沢諭吉：「藩閥寡人政府論」，『福沢諭吉選集』第 6 巻，東京，岩波書店，1981 年。

福沢諭吉：「时事小言・通俗外交论」，『福沢諭吉著作集』第 8 巻，東京，慶應義塾大学出版会，2003 年。

福沢諭吉：「通俗国権論」，『福沢諭吉全集』第 4 巻，東京，岩波書店，1960 年。

福沢諭吉：「脱亜論」，『福沢諭吉選集』第 7 巻，東京，岩波書店，1981 年。

福沢諭吉：「西洋事情」，『福沢諭吉選集』第 1 巻，東京，岩波書店，1980 年。

高尾一彦：「撮津平野郷棉作の発展」，『史林』1951 年第 34 号。

鬼頭清明：「国民国家を遡る」，歴史学研究会編：『国民国家を問う』，東京，青木書店，1994 年。

吉野作造：「民衆的示威運動を論ず」，『中央公論』1914 年第 4 号。

江木千之：「兵士体操を復興せよ！」，『教育時論』1916 年第 1138 号。

井上哲次郎：「勅語衍義」，松本三之介編：『日本近代思想大系 31　明治思想集Ⅱ』，東京，筑摩書房，1977 年。

林竹二：「森有礼とトーマスレイクハリス」，『日米フォーラム』1963 年第 9 巻第 3 号。

林竹二：「森有礼研究一　森駐米代轡公使の辞任」，『東北大学教育学部研究年報』1967 年第 15 集 。

林竹二：「森有礼研究二　森有礼とキリスト教」，『東北大学教育学部研究年報』1968 年第 16 集。

鈴木健二：『日本のナショナリズムとマスメディア—資本主義・国民国家・マスメディアの相互規定性において』，東京，東京大学博士論文，1996 年。

鹿野政直：「国民の形成」、「臣民・市民・国民」，『近代日本政治思想史Ⅰ』，有斐閣，1971 年。

色川大吉：「天皇制のイデオロギーと民衆意識」，『色川大吉著作集』第 2 巻，東京，筑摩書房，1995 年。

石井紫郎校注：「徳川成憲百箇条」，『日本思想大系 27　近世武家思想』，東京，岩波书店,1974 年。

　　辻本雅史:「森有礼の思想形成—近代国民教育の構想」,『研究紀要』(京都光華女子大学)1984 年第 22 号。

　　司馬遼太郎:「坂の上の雲 1」,『文藝春秋』,1969 年 7 月。

　　松野修:「近代日本の公民教育」,『教育学研究』1998 年第 4 期。

　　松沢弘陽:「自由民権論の政治思想　覚え書き」(石田雄教授還暦記念号),『社会科学研究』(東京大学)第 35 巻第 5 号,1984 年。

　　速水融、宮本又郎:「経済社会の成立」,『日本経済史』第 2 巻,東京,岩波書店,1988 年。

　　丸山眞男:「福沢諭吉の儒教批判」,『丸山眞男集』第 2 巻,東京,岩波書店,1996 年。

　　丸山眞男著,松沢弘陽、植手通有編:「超国家主義の論理と心理」,『丸山眞男集』第 9 巻,東京,岩波書店,1996 年。

　　丸山眞男:「福沢の秩序とその人」,『三田新聞』1933 年 11 月 25 日号。

　　丸山眞男:「陸羯南と国民主義」,「陸羯南—人と思想」,『中央公論』1947 年 2 月号。

　　文部省:「本省事務」,『文部省第十三年報』1885 年 11 月号。

　　西村裕一:「美濃部達吉の憲法学の考察」,『国家学会雑誌』2008 年第 121 巻第 11、12 号。

　　塩沢君夫:「尾西地区における寄生地主の成立」,歴史研究会編:『明治維新と地主制』,東京,岩波書店,1956 年。

　　植手通有:「対外観の転換」,橋川文三、松本三之介:『近代日本思想史大系 3　近代日本政治思想史 1』,東京,有斐閣,2004 年。

　　中江兆民:「三酔人経綸問答」、「干渉教育」、「国会論」、「国家議士の後盾」,『近代日本思想大系 3　中江兆民集』,東京,筑摩書房,1974 年。

　　中江兆民:「憂世慨言」,『明治文学全集 13　中江兆民集』,東京,岩波書店,1977 年。

　　竹越興三郎:「新日本史」,松島栄一編:『明治文学全集 77　明治史論集 1』,東京,筑摩書房,1965 年。

三、英文文献

A. D. Smith, *Theorise of Nationlism*, New York: Holmes & Meier Publishers, 1983.

Adrian Hastings, *The Construction of Nationhood*, Cambridge: Cambridge University Press, 1998.

Anthony Giddens, *Social Theory and Modern Sociology*, Stanford: Stanford University Press, 1987.

B. C. Shafer, *Nationality: Myth and Reality*, New York: Harcourt, Brace and Company, 1955.

Charles Tilly(ed.), *The Formation of National States in Western Europe*, Princeton: Princeton University Press, 1975.

Dawa Norbu, *Culture and the Politics of Third World Nationalism*, London: Routledge, 1992.

G. A. Almond and S. Verba, *The Civic Culture: Political Attitudes and Democracy in*

Five Nations, Princeton: Princeton University Press, 1963.

Irene Tauber, *The Population of Japan*, Princeton: Princeton University Press, 1958.

J. Dunn, *Western Political Theory in the Face of the Future*, Cambridge: Cambridge University Press, 1979.

John Breuilly, *Nationalism and the State*, Manchester: Manchester University Press, 1993.

Lucian W. Pye, *Aspects of Political Development: An Analytic Study*, New York: Little, Brown & Company, 1966.

Leonard Binder, *Crises and Sequences in Political Development*, Princeton: Princeton University Press, 1971.

Leodard Tivery, *The Nation State: The Formation of Modern Politics*, Oxford: Oxford Press, 1981.

Reinhard Bendix, *Nation-building & Citizenship: Studies of Our Changing Social Order*, New York: John Wiley, 1964.

W. G. Beasley, *The Rise of Modern Japan*, New York: St. Martin's Press, 2000.

附　　录

表1　《山梨日日新闻》所刊"甲申事变"后民众反应的相关报道标题

1884 年 12 月 19 日	《论朝鲜事变》
1884 年 12 月 22 日	《吾国与清国之关系》
1885 年 1 月 7 日	《国民若无尽义务之觉悟不行》
1885 年 1 月 8 日	投稿:《新年书感》
1885 年 1 月 12 日	投稿:《论将清国作为文明国》
1885 年 1 月 13 日	《雪本国之耻非本国之自力不行》
1885 年 1 月 13 日	投稿:《知名誉之可贵》
1885 年 1 月 28 日	《致文部卿论》
1885 年 2 月 5 日	投稿:《为朝鲜策非先追捕支那兵不可》
1885 年 2 月 6 日	投稿:《需要对清迅速谈判》
1885 年 2 月 23 日	《难矣哉！牧民之官！》
1885 年 2 月 28 日	《我并非乘清国之难》
1885 年 3 月 7 日	投稿《国权扩张之策如何?》(一)
1885 年 3 月 9 日	投稿《国权扩张之策如何?》(二)
1885 年 3 月 10 日	投稿《国权扩张之策如何?》(三)
1885 年 3 月 14 日	投稿《日清之比较》(一)
1885 年 3 月 16 日	投稿《日清之比较》(二)
1885 年 4 月 1 日	《清国成我强敌》
1885 年 4 月 15 日	《应恐惧的是俄国》
1885 年 4 月 27 日	《俄英之战备》

表2　《山梨日日新闻》所刊甲午战争时期的词丛

1894 年 9 月 27 日	《祝战捷》《送兵》 《日英新约缔结,希望其他国家也快速缔约》 《将大元帅陛下之威德辉耀于海外》 《追悼战死者——虽死犹肥其根成菊之露》

（续表）

1894 年 9 月 28 日	《松崎陆军大尉之战死》
	《板垣海军少佐之战死》
	《桦山海军中将之胆气》
	《清国舰队黄海大败》
	《清国北洋舰队败后之景况》
	《恭亲王败舰实检》
	《失败督军李鸿章》
	《两陛下仁惠巡幸以励征清猛将勇士》
1894 年 9 月 29 日	《祝我海陆军之大战胜》（俳谐连歌 八章）
1894 年 10 月 1 日	《闻平壤陷落，缴获敌炮 40 门》
	《败军满洲骑兵之陌路》
	《北清之海上权重回我手》
	《闻东学党再起》
1894 年 10 月 18 日	《闻我海陆军之胜报》
	《海陆军全胜缴获移交》
	《切记猪尾奴日本之仁惠》
	《搅醒清军顽梦》
1894 年 10 月 22 日	《甲午秋夜书感》
1894 年 10 月 25 日	《甲午之秋》
1894 年 10 月 26 日	《日本兵士进军》《清兵万骑累累皆毙命》
	《猪奴无神经》《日清媾和说纷纷》《帝国临时议会》
1894 年 11 月 1 日	《武田信玄》《军资献纳》《清国兵士》
	《天长节》
1894 年 11 月 2 日	《皇恩》《临时议会一亿五千万元之军费》
	《我军渡鸭绿江》《九连城之清兵交战败走》
	《佐藤大佐胜入清第一站》《第二军之前途》
1894 年 11 月 16 日	《我军在占领地置民政厅安抚归降之民》《金州之岛民来我第二军营下》《我海军俘获敌之船舰》《善逃将军宋庆》
1894 年 11 月 19 日	《一致协和》《清廉洁白》《信义》《慈爱》
1894 年 11 月 30 日	《题平壤鏖战图》《感咏》《闻旅顺口战捷有作》
1894 年 12 月 8 日	《日本军之大捷》
1894 年 12 月 20 日	《战后月》《占领通远堡》《清人感悟之迟钝》
	《日本新领地》
1894 年 12 月 21 日	《外征之军，连战连胜，祝捷之会，到处起，卒然赋长句一篇》（汉诗）
1895 年 1 月 9 日	《乙未元旦》《军寒岁月》《寄海祝》
1895 年 1 月 20 日	《甲午岁晚》《新殖民地》《满洲之雪渤海之冰》《读战报有感》《国威》

1895 年 2 月 9 日	《乙未元旦》《北山祝捷会之日大捷》 《追悼平城名誉战死之山口安太郎》 《追悼平城名誉战死之内藤悠三郎》 《看同君生前从战地给其父母之寄书》
1895 年 2 月 10 日	《征清战报速传给委屈之公众》 《日清交战大小二十余次缴获大炮》 《降使来朝》
1895 年 2 月 13 日	《咏征清军人之唱歌与短题》
1895 年 2 月 16 日	《征清军》(汉诗)《吉田少尉》(汉诗)
1895 年 2 月 21 日	《闻威海卫之陷落》《读鸭绿江架桥报告书》 《闻刘公岛降服四千余清人》《怜丁汝昌之自杀》
1895 年 2 月 26 日	《拜读宣战之诏敕》《清廷狼狈》《清兵逆袭》 《占领地民政厅》《北京城也快陷落》
1895 年 2 月 28 日	《悼殉国兵士》《威海卫清舰之降参》
1895 年 3 月 2 日	《对日清交战英国之举动》《某国东洋舰队长追踪我舰队其举动可恶至极》《我舰队解放刘公岛之清兵》《清国海军比其陆军稍有骨气》《大寺少将之战死》《北洋舰队之全灭》 《乞和李鸿章之来日》
1895 年 3 月 7 日	《旅顺口及威海卫之占领》
1895 年 3 月 15 日	《赋成欢陆战》《赋牙山陆战》《赋海陆战》
1895 年 3 月 21 日	《战争之雪》
1895 年 3 月 24 日	《闻平壤大捷有作》《新版图人民》
1895 年 4 月 6 日	《日美新约之批准济》《关于清国使臣遭难》 《休战条约》
1895 年 5 月 31 日	《旅顺所见》《旅顺偶成》《营口偶成》 《营口阻雨》
1895 年 6 月 1 日	《大捷歌 天长节》《御还幸奉别》《善后策》 《出征》《纪念》《建碑》《战殁》《卫生》
1895 年 7 月 27 日	《读〈叛徒与清国〉》
1895 年 7 月 28 日	《待新版图台湾之沐我王化》
1895 年 8 月 3 日	《读大沽陷落之战电》《国民协会》 《革新党之集会》
1895 年 9 月 15 日	《本月 16 日平壤陷落一周年》
1895 年 11 月 5 日	《天长节》
1895 年 12 月 11 日	《故陆军三等护士长内田君墓碑铭》(汉诗)
1895 年 12 月 18 日	《台北城官舍偶作》

表3 《山梨日日新闻》所刊甲午战争时期关于唤起国民的
相关报道(1894 年 7 月～1895 年 12 月)

1894 年 7 月 10 日	《国民应成为政府的先导》
1894 年 7 月 13 日	《自屈政策之效果》《日清战争之趋势》
1894 年 7 月 16 日	《前进！执东洋之霸权》 短讯:《危机转瞬》(局势一变)
1894 年 7 月 17 日	《只有一断》
1894 年 7 月 18 日	《果然看到妨害》《我成王者之师》
1894 年 7 月 21 日	《勿贻大患》《国民皆兵》《我敌清也》《皇上英武》
1894 年 7 月 24 日	《勿忘总选举》《政商忘国》 《国辱要以血来洗》《为率先之义乃华族之任务》
1894 年 7 月 26 日	《让其结北京城下之盟》
1894 年 8 月 1 日	《对外硬之真价值》
1894 年 8 月 6 日	《宣战之诏敕》《永久之和平》
1894 年 8 月 7 日	《战胜后之处分》(借金、经济补偿金、朝鲜问题)
1894 年 8 月 8 日	《自主的外交》
1894 年 8 月 13 日	《硬派大会之决议》
1894 年 8 月 14 日	《清帝之宣战诏敕:妄诞不稽之极》
1894 年 8 月 17 日	短讯:《硬派大演说概况》 《战争与选举》《凯旋之光景》
1894 年 8 月 21 日	《告峡中志士》
1894 年 8 月 24 日	《思宪法之责任》
1894 年 8 月 27 日	《应顾及峡中人之面目》《木偶的候选人》
1894 年 8 月 29 日	《告吾党之士》
1984 年 8 月 30 日	《日本之天职》
1894 年 9 月 1 日	《其心一转即是卖国》(选出忠良之议员,是国民之责任)
1894 年 9 月 3 日	《全局之胜败》《社会之制裁》
1894 年 9 月 10 日	《吾人同胞之决心》
1894 年 9 月 11 日	《敦促必须自觉人民之自觉》
1894 年 9 月 17 日	《以何酬我军队?》《应多多辨别》《妇女亦应勇敢奋起》
1894 年 9 月 18 日	《平壤之大胜》《不可听从和议》
1894 年 9 月 20 日	《人心刷新》《海军如何?》
1894 年 9 月 21 日	《海军之大胜》《注意体育》
1894 年 9 月 25 日	《外交维新之机熟》
1894 年 9 月 26 日	《干戈之外的战争》
1894 年 9 月 27 日	《没有容忍媾和说之余地》
1894 年 9 月 28 日	《战争与文学》
1894 年 9 月 29 日	《日本语》《修身教授》
1894 年 10 月 1 日	《他等何以成亡状?》
1894 年 10 月 4 日	《武人得意之时代》

1894 年 10 月 9 日	《应该记忆之一日》
1894 年 10 月 18 日	《硬派第一胜》《期望硬派议员》
1894 年 10 月 20 日	《再图育英家》
1894 年 10 月 25 日	《形势一变之机》《陛下再次下赐御制之绷带》
1894 年 10 月 26 日	《军人家族扶助之急》《本世纪最大海战》
1894 年 10 月 27 日	《今尚不是媾和之时》《诺鲁曼之中国论》
1894 年 10 月 29 日	《国民之重责》《战后之大策》
1894 年 10 月 31 日	《文明拓殖》
1894 年 11 月 1 日	《必须惩罚朝鲜乱民》《应该如何收拾战局？》
1894 年 11 月 2 日	《明日之天长节》
1894 年 11 月 9 日	《让战利品展览吧》
1894 年 11 月 10 日	《战争与国民》
1894 年 11 月 13 日	《奉读敕语》
1894 年 11 月 16 日	《李相不要误解我国民》
1894 年 11 月 19 日	《应动观虎狼之心》（三国干涉）
1894 年 11 月 29 日	《人类之敌》《民心之反动》 天皇敕语：《赐海陆军》
1894 年 11 月 30 日	《拒绝清使》
1894 年 12 月 3 日	《东西势力之接近》
1894 年 12 月 4 日	《南方经略》
1894 年 12 月 5 日	《排斥清使》
1894 年 12 月 6 日	《参加祝捷会》
1894 年 12 月 8 日	《日本之文明》
1894 年 12 月 11 日	《日清战争与新闻记者》
1894 年 12 月 12 日	《国论之一致》
1894 年 12 月 13 日	《识者应自我努力》
1894 年 12 月 20 日	《国家观念之胜败》
1894 年 12 月 21 日	《恤兵之急务》 短讯：《甲府市第一祝捷会》《缴获品展览》
1894 年 12 月 29 日	《送 27 年》
1895 年 1 月 3 日	《迎明治 28 年》《寄在外将士》
1895 年 1 月 9 日	《新岁之景象》《皇室与平民》
1895 年 1 月 20 日	《休战拒绝》
1895 年 2 月 9 日	《国论乃真价》
1895 年 2 月 13 日	《北洋舰队覆灭》《陆军之任务》
1895 年 2 月 15 日	《我国民之大觉悟》
1895 年 2 月 16 日	《丁提督之降服》
1895 年 2 月 21 日	《日本在世界中之天职》
1895 年 2 月 26 日	《国民之忍耐》《祝捷与葬祭》
1895 年 3 月 3 日	《日清战争之余惠》
1895 年 3 月 7 日	《尚武之本领》

（续表）

1895 年 3 月 19 日	《迎李鸿章》
1895 年 3 月 21 日	《经济上的战争》《李氏的地位》
1895 年 3 月 24 日	《要正礼文》
1895 年 4 月 3 日	《大名誉及大利益》《惩罚南清之时期》
1895 年 4 月 6 日	《对外思想与爱国心》
1895 年 4 月 14 日	《和局》《民意》
1895 年 4 月 19 日	《媾和条件》
1895 年 4 月 25 日	《捧读大诏》
1895 年 4 月 28 日	《文明西渐之机》
1895 年 5 月 1 日	《人心之昂扬》《战后之国民》
1895 年 5 月 4 日	《乾坤一赌》
1895 年 5 月 5 日	《新闻报纸之沉默》
1895 年 5 月 8 日	《外交之胜败》
1895 年 5 月 14 日	《庆祝之时机》《建社与建碑》
1895 年 5 月 19 日	《自信和隐忍》
1895 年 5 月 20 日	《南方之新版图》《教育者之责任》
1895 年 5 月 26 日	《东西实力之接触》
1895 年 5 月 30 日	《台湾扫清》《十年修养》
1895 年 5 月 31 日	《凯旋军人》
1895 年 6 月 1 日	《国民之自省》
1895 年 6 月 9 日	《军人与学生》《军人与国民》
1895 年 6 月 16 日	《教育敕语即教育之大主义》
1895 年 7 月 13 日	《国人之敌忾心》
1895 年 7 月 16 日	《国民与政府》
1895 年 7 月 27 日	《战后之人心》
1895 年 8 月 2 日	《快速进剿》《应敬天意》
1895 年 9 月 1 日	《期望教育家》《武士精神之教养》（一）
1895 年 9 月 3 日	《期望教育家》《武士精神之教养》（二）
1895 年 9 月 5 日	《听悲泣之声》《分恩赐之富》
1895 年 9 月 15 日	《只有依靠国民》
1895 年 9 月 20 日	《国民之持重》
1895 年 10 月 22 日	《国家主义和教育家》《国民与外交》
1895 年 10 月 26 日	《阁臣之责任》《国民之意向》
1895 年 11 月 3 日	《奉祝天长节》
1895 年 11 月 5 日	《允许对外决心之告白》
1895 年 11 月 22 日	《凯旋军人欢迎会》
1895 年 12 月 18 日	《举国一致》
1895 年 12 月 19 日	《一是隐蔽一是夸耀》

后　记

本书是我的博士论文的修改稿，也是我这些年来从事政治学研究抑或日本研究的一个小小成果。2011年夏天，当我从复旦大学博士毕业之后，便立即将书稿发给商务印书馆，获得其首肯，由此开始了书稿修改的漫长历程。其间有幸获得国家社科基金后期资助，使预定的出版计划又延迟至今，历时五年，方见天日。

攻读博士，对于已经工作多年的我来说，只是于之前懵懂无知岁月反省后的选择。因为有了上天的眷顾，基础薄弱和学术训练欠缺的我能够来到自己心仪的复旦大学攻读政治学博士，感受到了从未有过的人文学术氛围。疯狂的补课和读书，带给自己的除了疲惫，还有精神上的充实和愉悦。今天能凑成这本拙稿，实有赖于这样的读书经历。但坦率地说，写完稿子后我才有些后怕，对近代日本国民问题的研究，于我而言完全是一种"加持"，已经超出了自身的学术能力，由此诚惶诚恐地捧上这部书稿，期待来自各方的批评指正。

能走到今天，首先要感谢我的导师臧志军老师。感谢他接受了基础薄弱的我做他的学生，他的聪慧、潇洒和眼光，让我常有"听君一席话，胜读十年书"的豁然开朗之感。论文从定题、写作和修改的全过程，都得益于他的教诲。尤其是修改让他操劳太多，迄今仍心怀歉意。

我要感谢陈明明老师，多年来一直关心和激励我。他扎实的理论功底和出众的文采让我望尘莫及，但更让我感动的是他的刻苦和低调的学者精神。当我偷懒懈怠时，往往会想到他充满期望和关切的眼神，促使我又重新认真起来。

我要感谢林尚立老师，在不知选什么题目时，是他让我关注近代日本国民国家的问题，成为我确定论文主题的重要参考。其创新精神和宽广深邃的政治学思维是我今后学术道路上的重要引导。

我还要感谢曾经给我授课的曹沛霖老师、浦兴祖老师、郭定平老师、刘建军老师等诸多复旦大学国际关系与公共事务学院的师长。我的同学熊易寒、李辉、周建勇以及学生李中仁、黄建洪诸位博士给我复旦的学习提供了许多帮助。从他们那里，我感受到了复旦大学政治学人的魅力。

本书的写作，还得到了日本国际交流基金的资助。庆应义塾大学高桥伸夫教授在我论文的选题、项目申请以及赴日后的学习生活给予了难以言谢的无私帮助。山田辰雄教授虽年事已高，但时时过问我生活和学习情况，特别是文稿出来后，他以日本学者的视角指出我今后应该进一步细分化的研究目标。他们身上所蕴含的认真、心无旁骛的学者精神让浮躁的我自惭形秽。庆应义塾大学的国分良成教授、段瑞聪教授、卫藤安奈博士、江藤名保子博士、李彦铭博士、郑浩澜博士、吴茂松博士以及明治大学杜景尧、秦小红博士，志愿者君琢和代女士、村上有纪子女士、丸林史子女士等人，都给予我在留学期间诸多帮助，创价大学国际部的高桥强教授对于本书写作也给予了鼎力支持，在此一并致谢。

我的朋友臧运祜、郭淮莲、孙绍红、黄大慧、丛宁丽、淳于淼泠、郭冬梅、梁保卫等老师在我留日期间也给予了我在生活和学术上极大的帮助。我论文的一些思考得益于他们的启示，我很怀念那段大家一起相互切磋学习的日子。

我应该感谢的还有以朱铃教授、邓介增教授、何云庵教授、鲜于浩教授、林伯海教授为代表的西南交通大学政治学院的师长和同行们。二十余年的相知相识，他们一直尽全力帮助、鼓励和支持我，给予了我外出留学和读博的自由空间。学院政治学系的老师在我外出期间给予我和我的家庭极大的关照，这份浓情厚谊一直温暖着我前行的步伐。

最后，我还要感谢我的家人，他们以极大的牺牲为我的学业支撑起了一片自由的绿荫。感谢我的女儿，她的自觉和努力，让我省去许多后顾之忧，甚感欣慰。

从比较政治学视角而言，由于我的学养和功力所限，本书仍然还存在理论提炼不够、视野狭窄等诸多弱点，深以为憾。就日本学研究而言，首次从事日本史方面的专门研究，才疏学浅，书中定有许多无知和错误，殷切希望各位不吝赐教。不管何种方式的批评指正，我都非常感谢。

作为科学研究上的后知后觉者，青春虽逝，却深感科研之路才刚刚起步。今后的人生，希望自己能拿出更有分量的研究，以回报给关心和支持我的每位师长和亲朋。

田雪梅

2016 年 5 月

特别鸣谢

日本国际交流基金"海外日本研究"项目
日本创价大学"日中友好学术研究资助计划"
西南交通大学"思想政治教育出版基金"

对本书写作和出版的大力支持！